VIS-À-VIS

# MYANMAR

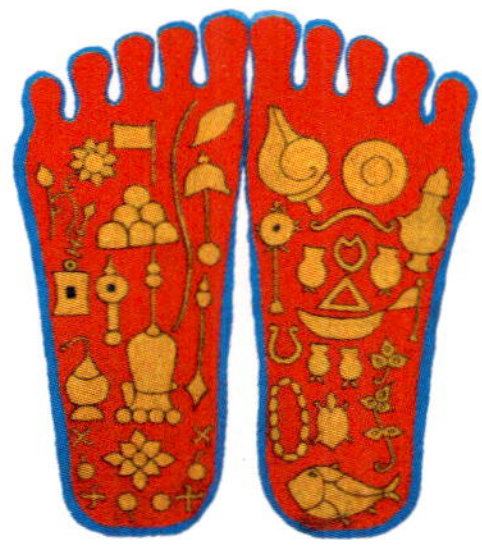

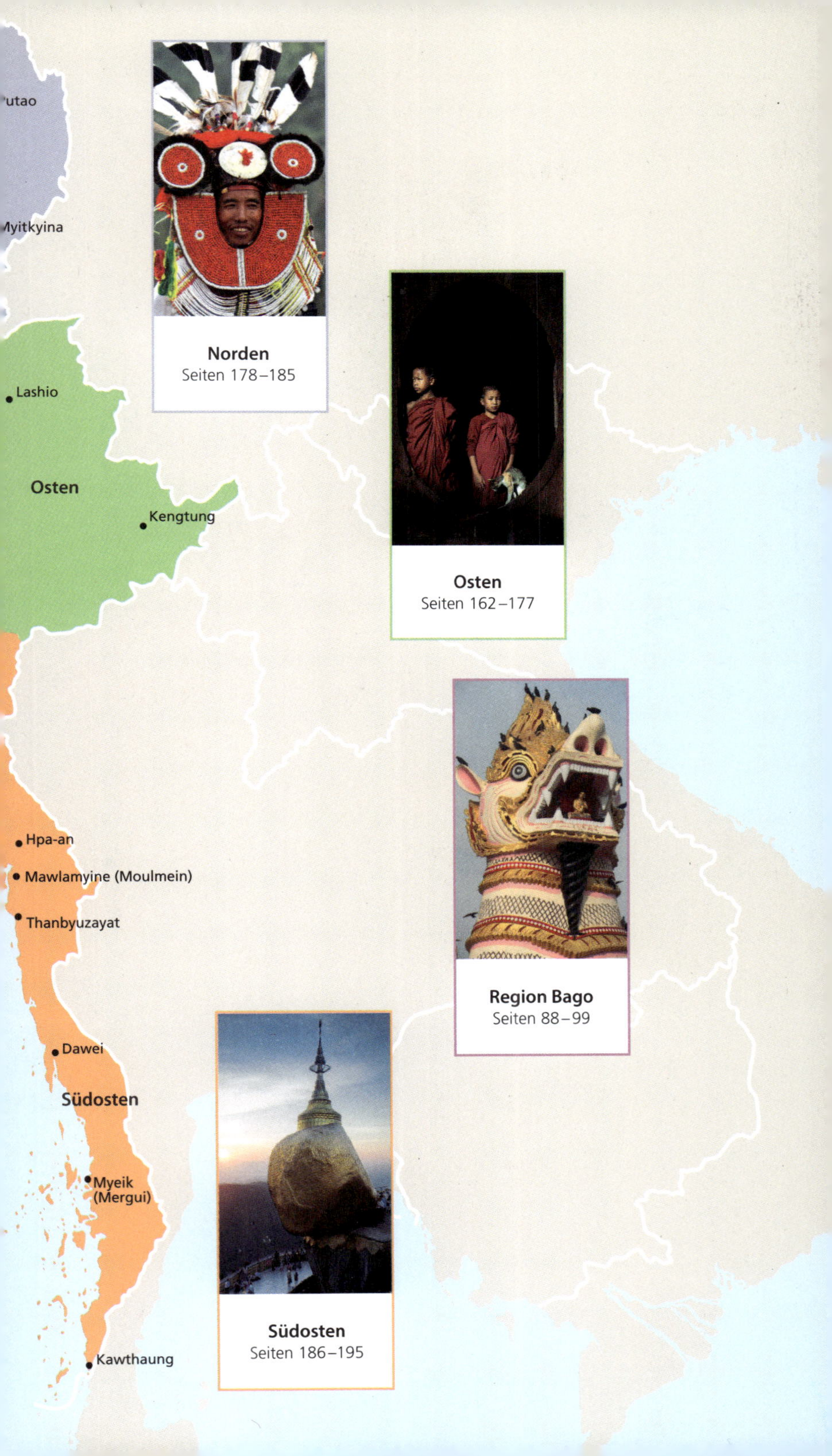

Putao
Myitkyina
Norden
Seiten 178–185
Lashio
Osten
Kengtung
Osten
Seiten 162–177
Region Bago
Seiten 88–99
Hpa-an
Mawlamyine (Moulmein)
Thanbyuzayat
Dawei
Südosten
Myeik (Mergui)
Südosten
Seiten 186–195
Kawthaung

VIS-À-VIS

# MYANMAR

Hauptautor **David Abram**

DK

London • New York • München
Melbourne • Delhi

DK | Penguin Random House

www.dorlingkindersley.de

**Produktion** Bigmetalfish Design Services

**Project Manager** Sunita Gahir

**Texte** David Abram

**Fotografien** James Tye

**Illustrationen** Peter Bull Art Studio, Arun Pottirayil

**Kartografie** Suresh Kumar, Subhashree Bharti, Reetu Pandey, Casper Morris

**Redaktion und Gestaltung**

*Dorling Kindersley Ltd., London:* Georgina Dee, Vivien Antwi, Kate Berens, Michelle Crane, Jason Little, Ellen Root, Charlotte Cade, John Oates, Debra Wolter, Ankita Awasthi Tröger, Anna Streiffert, Fay Franklin, Scarlett O'Hara, Sunita Gahir



Titel der englischen Originalausgabe:
Eyewitness Travel Guide *Myanmar*
Zuerst erschienen 2014 in Großbritannien
bei Dorling Kindersley Ltd., London
A Penguin Random House Company

Für die deutsche Ausgabe:



**Aktualisierte Neuauflage 2017 / 2018**

**Programmleitung** Dr. Jörg Theilacker, DK Verlag
**Projektleitung** Stefanie Franz, DK Verlag
**Projektassistenz** Sonja Baldus, DK Verlag
**Übersetzung** Barbara Rusch, München
**Redaktion** Gerhard Bruschke, München
**Schlussredaktion** Petra Zanner, Berlin
**Umschlaggestaltung** Ute Berretz, München
**Satz und Produktion** DK Verlag
**Druck** Vivar Printing Sdn Bhd, Malaysia

ISBN 978-3-7342-0123-3
2 3 4 5 19 18 17 16

Dieser Reiseführer wird regelmäßig aktualisiert. Angaben wie Telefonnummern, Öffnungszeiten, Adressen, Preise und Fahrpläne können sich jedoch ändern. Der Verlag kann für fehlerhafte oder veraltete Angaben nicht haftbar gemacht werden. Für Hinweise, Verbesserungsvorschläge und Korrekturen ist der Verlag dankbar. Bitte richten Sie Ihr Schreiben an:

Dorling Kindersley Verlag GmbH
Redaktion Reiseführer
Arnulfstraße 124 • 80636 München
travel@dk-germany.de

◀ **Intha-Fischer am Inle-See rudern mit einem Bein** ***(siehe S. 168)***
◀ ◀ **Umschlag: Pagoden in Alt-Bagan** ***(siehe S. 122f)***

# Inhalt

**Stehende Buddha-Figur in Bodhi Tataung** ***(siehe S. 158)***

## Myanmar stellt sich vor

**Tanzvorführung im Karaweik-Palast, Rangun** ***(siehe S. 220)***

Mönche in einem Ruderboot vor dem Kloster Nga Phe Kyaung im Inle-See *(siehe S. 166–168)*

## Die Regionen Myanmars



## Zu Gast in Myanmar



## Grundinformationen

Türkisfarbenes Meer am Strand von Ngapali *(siehe S. 106)*

Buddha-Statue, Setkyathiha-Pagode, Mandalay *(siehe S. 142)*

Ananda-Tempel (12. Jh.) in Bagan *(siehe S. 124f)*

# Benutzerhinweise

Dieser Reiseführer soll Ihren Aufenthalt in Myanmar mit praktischen Hinweisen und Empfehlungen zu einem Erlebnis machen. *Myanmar stellt sich vor* bietet einen Überblick über das Land und seine Geschichte und Religionen, seine reiche Kultur und seine vielen bunten Festivitäten. *Die Regionen Myanmars* erläutert anhand von Karten, Bildern und Illustrationen die spannendsten Sehenswürdigkeiten des Landes. Empfehlungen zu Hotels und Restaurants, Shopping, Unterhaltung, Sport und Aktivurlaub finden Sie in *Zu Gast in Myanmar*. Die *Grundinformationen* am Ende liefern praktische Tipps für die Reiseplanung und für den Aufenthalt in diesem faszinierenden Land.

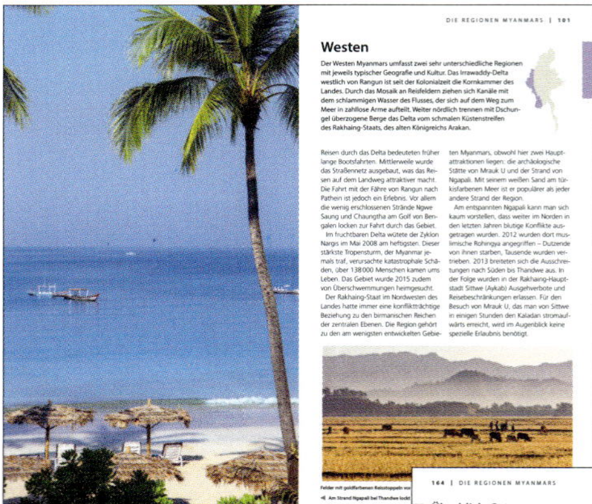


## Die Regionen Myanmars

Myanmar ist in diesem Reiseführer in acht Regionen (inklusive Rangun) unterteilt. Jedes Kapitel beginnt mit einem Kurzporträt, das auf den Charakter der jeweiligen Region eingeht. Alle Sehenswürdigkeiten sind nummeriert und auf der *Regionalkarte* der folgenden Doppelseite eingezeichnet.

### 1 Einführung

Die Einführung zu jedem Kapitel beschreibt Landschaft, Geschichte und Charakter jeder Region sowie die touristischen Attraktionen.

### 2 Regionalkarte

Die *Regionalkarte* bietet eine Übersicht über das Gebiet und gibt Tipps zu Touren per Auto oder mit öffentlichen Verkehrsmitteln. Alle im Kapitel vorgestellten Sehenswürdigkeiten sind nummeriert.

**Sehenswürdigkeiten auf einen Blick** listet die Haupttattraktionen des Kapitels nach Kategorien auf.

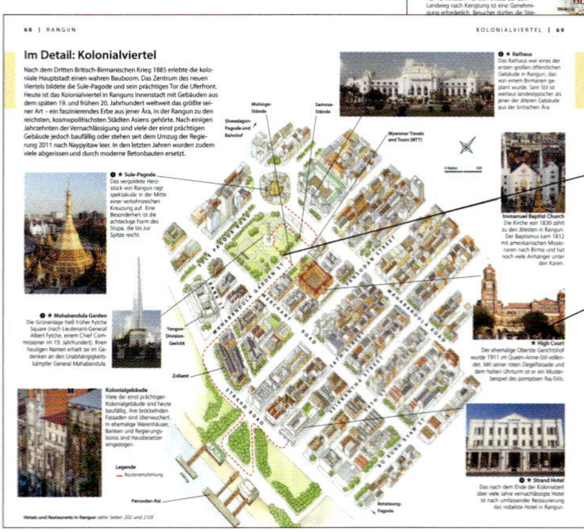


**Routenempfehlungen** führen Sie durch die interessantesten Straßen des Viertels.

**Sterne** markieren Sehenswürdigkeiten, die man nicht versäumen sollte.

### 3 Detailkarte

Die *Detailkarte* zeigt wichtige Gebiete oder Orte aus der Vogelperspektive. Sehenswürdigkeiten sind zur raschen Orientierung kurz erläutert.

## 4 Detaillierte Informationen

Alle wichtigen Orte und Sehenswürdigkeiten der Region werden hier einzeln beschrieben. Die Reihenfolge entspricht der Nummerierung auf der *Regionalkarte*. Praktische Informationen ergänzen die Beschreibungen.

**Jede Region** ist anhand der Farbcodierung leicht zu finden. Eine Übersicht über die Farben zeigt die vordere Umschlagklappe.

**Themenseiten** behandeln Besonderheiten einer Region oder eines Orts.

## 5 Stadtpläne

Bedeutende Orte und Städte werden detailliert beschrieben. Auf *Stadtplänen* sind die Sehenswürdigkeiten sowie die Verkehrsknotenpunkte eingetragen.

**Kästen** behandeln bestimmte Themen zu einem Ort oder eine Sehenswürdigkeit genauer.

## 6 Hauptsehenswürdigkeiten

Den Highlights sind zwei oder mehr Seiten gewidmet. Archäologische Stätten werden im Überblick, historische Gebäude im Aufriss dargestellt. Fotos zeigen die interessantesten Aspekte der vorgestellten Attraktion.

**Schwarze Zahlen im weißen Kreis** verweisen auf den »Außerdem«-Kasten, wo Sie zusätzliche Detailinformationen oder nette Kleinigkeiten finden.

**Infoboxen** auf den Doppelseiten der Highlights enthalten viele praktische Informationen für die Planung Ihres Besuchs.

## 7 Praktische Hinweise

In den Kapiteln *Zu Gast in Myanmar* und *Grundinformationen* finden Sie praktische Hinweise für Ihre Reise, z. B. Informationen über Hotels, Restaurants, Shopping, Transportmittel, medizinische Versorgung, Geld und Kommunikation.

**Auf einen Blick** listet die Kontaktdaten für im Text vorgestellte Organisationen und Unternehmen auf.

# MYANMAR STELLT SICH VOR

# Myanmar entdecken

Die folgenden Touren sind so konzipiert, dass Sie möglichst viele Highlights dieses faszinierenden Landes erleben. Zwei Städtetouren führen durch Rangun (Yangon) und Mandalay. Die zweiwöchige Tour führt Sie zu allen sehenswerten Orten – von den Städten Rangun und Mandalay bis zum märchenhaften Inle-See im Osten und den Ruinen des mittelalterlichen Bagan im Westen. Mit den Tipps zur Verlängerung können Sie Ihre Reise weiter ausdehnen. Wegen des teilweise schlechten Straßenzustands in Myanmar ist die zweiwöchige Reise mit einigen Inlandsflügen verbunden. Wer den zusätzlichen Abstecher über Kengtung im äußersten Osten des Landes unternehmen möchte, kommt um den Flug nicht herum, denn alle anderen Wege dorthin sind für Reisende gesperrt. Sittwe im Rakhaing-Staat erreicht man hingegen auch mit der Fähre.

## Zwei Wochen in Myanmar

- Lassen Sie sich von Größe und Pracht der goldenen **Shwedagon-Pagode** in Rangun beeindrucken, dem wichtigsten Bauwerk der Buddhisten.
- Erkunden Sie **Ranguns Kolonialviertel** und erliegen Sie dem maroden Charme der Gebäude aus der Raj-Ära.
- Bestaunen Sie die riesigen liegenden Buddha-Statuen von **Bago**, eine Tagesfahrt von Rangun entfernt.
- Besuchen Sie die **Kyaiktiyo-Pagode**, deren Namensgeber, der Goldene Fels, jeden Moment vom Berg zu stürzen scheint.
- Erleben Sie die einzigartige Stimmung am **Inle-See** und lassen Sie sich von schwimmenden Gärten, Einbeinruderern und Pfahldörfern faszinieren.
- Erforschen Sie in **Imwa** die Ruinen einer der ersten Hauptstädte Myanmars und entdecken Sie die stuckverzierten Klöster aus Teakholz.
- Nach der Tour durch die Paläste und Bauwerke aus Birmas Goldenem Zeitalter im 19. Jahrhundert locken die Märkte von **Mandalay**.
- Blicken Sie vom breiten Irrawaddy auf König Bodawpayas unvollendeten Stupa von **Mingun**, Myanmars Gegenstück zu den Pyramiden.
- Folgen Sie den kurvigen Wegen und Treppen den **Sagaing-Hügel** hinauf, die Sie an Tempeln mit Glasmosaiken und goldenen Stupas vorbeiführen.
- Genießen Sie am See von **Amarapura** die zauberhafte Stimmung bei Sonnenaufgang, wenn viele Pendler, Mönche und Gärtner über die schmale U-Bein-Brücke aus Teakholz marschieren.
- Bewundern Sie den unvergesslichen Anblick der glutroten Tempeltürme mit ihren Spitzen und alten Klöster, die sich in der trockenen Steppe von **Bagan** erheben.

**Dörfer der Chin**
Auf der Fahrt am Flussufer des Lemro zur alten Stadt Mrauk U passiert man die Dörfer der Chin, die nach einem Aufstand vom Grenzgebiet zu Bangladesch vertrieben wurden. Die Dörfer leben heute von Fischfang und Landwirtschaft. Ein Besuch verschafft einen Einblick in die Lebensweise der Chin.

◀ **Ein Fresko (17. Jh.) im Ananda-Tempel von Bagan zeigt eine Szene am birmanischen Hof** ***(siehe S. 124f)***

**Sagaing**
Auf dem Sagaing-Hügel am Westufer des Irrawaddy bei Mandalay thronen Hunderte goldene Stupas, Tempel und weiße Klöster. Ein Netz von Treppen verbindet die Schreine und ermöglicht einen immer wieder neuen, weiten Blick über das spirituelle Herzland von Oberbirma.

**Inle-See**
Die Intha errichteten am Inle-See Hütten, Tempel und Klöster auf Pfählen, zudem legten sie schwimmende Gärten an. Diese Lebensweise hat sich angeblich im 18. Jahrhundert entwickelt, als ein König den Intha verboten haben soll, an Land zu bauen.

Die Shwedagon-Pagode dominiert das Stadtbild von Rangun *(siehe S. 74–77)*

## Zwei Tage in Rangun

***Viele Besucher erreichen Myanmar über Rangun. In den Straßen pulsiert das Leben, die Kolonialarchitektur der alten Hauptstadt ist äußerst fotogen. Die Shwedagon-Pagode ist das bedeutendste sakrale Bauwerk des Landes.***

- **Anreise** Der Flughafen Mingaladon liegt im Norden von Rangun. Die Fahrt von dort in das Zentrum dauert etwa eine Stunde.
- **Weiterreise** Vom Flughafen Mingaladon bestehen Flugverbindungen ins In- und Ausland. Der Hauptbahnhof liegt im Zentrum der Stadt, etwas nördlich der Sule-Pagode.

### Erster Tag

**Vormittags** Der Tag beginnt an einer der Garküchen in der Mahabandula Road mit einer *mohinga* (Nudelsuppe) zum Frühstück. Dann geht es nach Osten durch die quirligen Straßen des **Kolonialviertels** *(siehe S. 68f)* mit den Gebäuden aus der Raj-Zeit zur **Sule-Pagode** *(siehe S. 70)*, dem Zentrum der Altstadt. Nach dem Tee im **Strand Hotel** *(siehe S. 71)* führt ein kurzer Spaziergang am Fluss entlang zu einer der wichtigsten sakralen Stätten Myanmars, der **Botataung-Pagode** *(siehe S. 71)*. Von dort geht es mit dem Taxi durch die Stadt zum **Nationalmuseum** *(siehe S. 72)* und dem Löwenthron der Konbaung-Dynastie.

**Nachmittags** Nach der riesigen liegenden Buddha-Statue in der **Kyauk-Htat-Gyi-Pagode** *(siehe S. 78)* geben Sie dem **Nga Htat Gyi** *(siehe S. 78)* auf der anderen Straßenseite die Ehre. Die Buddha-Statue steht vor einer prächtig geschnitzten Holzkulisse. Mit dem Taxi geht es in 20 Minuten zum **Dargah von Bahadur Schah Zafar** *(siehe S. 72f)*, dem Grab des letzten indischen Großmoguls. Der Abend gehört der **Shwedagon-Pagode** *(siehe S. 74–77)*.

### Zweiter Tag

**Vormittags** Blicken Sie ganz früh nochmals zur Shwedagon-Pagode, die im dämmrigen Morgenlicht völlig irreal wirkt. Besuchen Sie danach die **Kaba-Aye-Pagode** (Weltfriedenspagode) im Norden mit der Höhle **Mahapasana Guha** *(siehe S. 80f)* – moderne Schreine am Ufer des Inya-Sees. Ganz in der Nähe sitzt der **Lawka Chantha Abhaya Labha Muni** *(siehe S. 81)*, eine riesige, aus einem einzigen weißen Marmorblock gehauene Buddha-Figur.

**Nachmittags** Mit dem Taxi geht es nach **Thanlyin** *(siehe S. 82)* und **Kyauktan** *(siehe S. 83)* auf der anderen Seite des Yangon. Nach einstündiger Fahrt bieten eine vergoldete Pagode auf einem Hügel und ein Inseltempel Ablenkung vom Großstadtrummel. Zurück in der Stadt genießen Sie am **Kandawgyi-See** *(siehe S. 79)* unterhalb der Shwedagon-Pagode die Café-Kultur Ranguns.

Öffentlicher Park am Kandawgyi-See, Rangun *(siehe S. 79)*

Weitere Informationen zu den Verkehrsmitteln in Myanmar *siehe Seiten 238–241*

## Drei Tage in Mandalay

***Von vergoldeten Stupas auf dem Hügel von Sagaing bis zu den weißen, von den Briten 1885 geplünderten Tempeln – Mandalay steht für sechs Jahrhunderte Reichsgeschichte. In den Straßen vermischen sich Tradition und Moderne.***

- **Anreise** Inlandsflüge landen am Flughafen von Mandalay, der sich etwa 45 Kilometer südöstlich der Innenstadt befindet.
- **Weiterreise** Die Fähren und Ausflugsboote legen an den Landungsbrücken am Irrawaddy am Ende der 35th Street genau westlich des Zentrums ab.

**Kutschen auf einer Allee in Inwa bei Mandalay** ***(siehe S. 154f)***

### Erster Tag

**Vormittags** Die Gebäude innerhalb der wehrhaften Mauern des **Königspalasts** *(siehe S. 144f)* sind größtenteils moderne Nachbauten. Aber man bekommt ein Gefühl dafür, wie der Komplex im 19. Jahrhundert gewirkt haben muss. Dann locken die myanmarischen Düfte und Aromen des **Zegyo-Marktes** *(siehe S. 143)* und anschließend die Stille in der goldenen **Eindawya-Pagode** *(siehe S. 143)*.

**Nachmittags** Nach der Mittagshitze spazieren Sie durch das Gebiet unterhalb des **Mandalay-Bergs** *(siehe S. 146f)* zu den Tempeln und Pagoden des alten Nordostviertels der Stadt und dann hinauf auf den Gipfel für einen Blick über Mandalay im Sonnenuntergang.

**Weiße Stupas um die Sandamuni-Pagode, Mandalay** ***(siehe S. 148f)***

### Zweiter Tag

**Vormittags** Kurz nach der Dämmerung überqueren Sie mit Mönchen und Markthändlern eines der bekanntesten Fotomotive Myanmars, die **U-Bein-Brücke** *(siehe S. 152)* von Amarapura, um zur weißgoldenen **Kyauktawgyi-Pagode** *(siehe S. 152)* auf der anderen Seite des Sees zu gelangen. Der nächste Halt ist die riesige **Pahtodawgyi-Pagode** *(siehe S. 152)* im Nordwesten, ein beeindruckendes Relikt der untergegangenen Königsstadt. Nehmen Sie ein Taxi zurück in die Stadt zum **Mahamuni-Tempel** *(siehe S. 142)*, in dem sich die Betenden von morgens bis abends drängen. Nach einem kurzen Blick auf die goldene Buddha-Statue erkunden Sie die Werkstätten der Steinhauer und Metallarbeiter der umgebenden Straßen und noch kurz den **Jademarkt** *(siehe S. 142)*. Von dort spazieren Sie zur **Shwe In Bin Kyaung** *(siehe S. 142)*. Das Teakholzkloster ist eine Oase der Ruhe im hektischen Mandalay und einer der wenigen Überreste der Hauptstadt des 19. Jahrhunderts.

**Nachmittags** Heute führt Sie der Weg zum **Viertel der Goldschläger** *(siehe S. 142)*, in dem Blattgold noch mit der Hand hergestellt wird. Danach lockt Shopping in den Mega-Einkaufszentren an der 78th und 79th Street *(siehe S. 217)*. Abends warten eine Musik- und Tanzaufführung, ein Puppentheater oder eine *a-nyeint*-Show *(siehe S. 220f)* auf einer der Showbühnen Mandalays.

### Dritter Tag

**Vormittags** Um 9 Uhr legt das Boot ab, das Sie auf dem Irrawaddy nach **Mingun** *(siehe S. 156f)* bringt. Dort besichtigen Sie den kolossalen, unvollendeten Stupa und die umliegenden Bauten. Danach fahren Sie mit dem Taxi am Westufer entlang nach **Sagaing** *(siehe S. 153)*, wo Hunderte Tempel, Stupas und Klöster einen bewaldeten Bergzug krönen.

**Nachmittags** Von der Mandalay-Seite des Flusses nehmen Sie die Fähre nach **Inwa** *(siehe S. 154f)*. Dort lassen Sie sich in einer Pferdekutsche durch die Ruinen der alten Königsstadt Ava fahren. Zwischen Reisfeldern und Bananenpflanzungen verstreut stehen zahlreiche buddhistische Tempelanlagen. Die alten Klosterbauten aus Teakholz werden noch als Novizenschulen genutzt.

## Zwei Wochen in Myanmar

- **Anreise** Ankunft und Abflug erfolgen über den Mingaladon International Airport in Rangun.
- **Weiterreise** Um die folgende Reise in zwei Wochen zu bewältigen, benötigen Sie mindestens vier Inlandsflüge und für drei Tage einen Mietwagen mit Fahrer.
- **Reservierungen** Für keine der Sehenswürdigkeiten und keines der Bauwerke auf dieser Reise müssen Sie den Eintritt im Voraus buchen. In der Hochsaison (Dez–Feb) sind lediglich die Flüge gelegentlich ausgebucht. Ein seriöses Reisebüro wird Ihnen Flüge für diese Zeit reservieren.

**Liegende Shwethalyaung-Buddha-Figur, Bago** ***(siehe S. 94)***

### Erster und zweiter Tag: Rangun

*Siehe Tour in Rangun auf S. 12*

### Dritter Tag: Bago

Fahren Sie früh nach **Bago** *(siehe S. 92–95)*. Nach 90 Minuten erreichen Sie die Ruinen des mittelalterlichen Pegu, der alten Hauptstadt der Mon, mit dem Shwethalyaung-Buddha.

### Vierter Tag: Kyaiktiyo

Mit dem Wagen geht es in drei Stunden von Bago nach Kinpun und dort zur **Kyaiktiyo-Pagode** *(siehe S. 190f)*. Steigen Sie in einem der besseren Hotels unterhalb des Gipfels ab. Dort können Sie den Goldenen Fels bewundern, wenn er in der Abenddämmerung sanft im Kerzenlicht leuchtet und bei Sonnenaufgang unwirklich zu schimmern beginnt.

**Schwimmende Gärten der Intha auf dem Inle-See** ***(siehe S. 166)***

### Fünfter Tag: Von Rangun nach Nyaungshwe

Nehmen Sie am Morgen den Bus zurück nach Rangun, um von dort zum Heho Airport am Inle-See zu fliegen. Den restlichen Tag besichtigen Sie die Straßen, Klöster und fotogenen Pagoden von **Nyaungshwe** *(siehe S. 169)*.

### Sechster Tag: Inle-See

Die Bootsfahrten über den **Inle-See** *(siehe S. 166f)* beginnen in der Regel vor Sonnenaufgang. Erste Anlaufstation ist einer der Wochenmärkte, auf denen die Ethnien der Region in traditioneller Kleidung ihre Produkte verkaufen. Danach geht es zu den schwimmenden Gärten der Intha und dem Pfahldorf Nampan, der Phaung-Daw-U-Pagode bei Ywama und den alten Stupas der Shan in Inthein. Unterwegs laden die kleinen Cheroot-Fabriken, die die traditionellen myanmarischen Zigarren herstellen, Silberschmiede und Lotos-Seidenwebereien zum Shoppen.

### Siebter Tag: Pindaya/ Mandalay

Am Morgen fahren Sie per Taxi vom Inle-See zur Shwe-Umin-Höhle bei **Pindaya** *(siehe S. 174f)*, die Tausende Buddha-Figuren und kleine Stupas birgt. Zum Mittagessen geht es im Dorf Pindaya in eines der Restaurants am See. Danach fahren Sie schon früh zum Heho Airport und nehmen einen Flug nach Mandalay.

### Achter bis zehnter Tag: Mandalay

*Siehe Tour in Mandalay auf S. 13*

**Tipps zur Verlängerung**
Zwei Ausflüge ab Mandalay verlängern die Reise um je zwei Tage. Der erste führt in das milde Klima der früheren Sommerresidenz der Briten **Pyin U Lwin** *(siehe S. 160)* und deren botanische Gärten. Von dort geht es per Bahn nach Nordosten über den spektakulären **Gokteik-Viadukt** *(siehe S. 160f)* über eine Dschungelschlucht. Der zweite Ausflug führt nach **Monywa** *(siehe S. 158)* und dann zur **Thanboddhay-Pagode** *(siehe S. 158)*, zu den Kolossalstatuen von **Bodhi Tataung** *(siehe S. 158)* und den alten **Pho-Win-Taung-Höhlen** *(siehe S. 159)*.

**Farbenprächtige Fassade der Thanboddhay-Pagode** ***(siehe S. 158)***

**Weitere Informationen zu den Verkehrsmitteln in Myanmar** *siehe Seiten 238–241*

## Elfter Tag: Von Mandalay nach Bagan

Zu den Ruinen der alten Hauptstadt der Bamar bei **Bagan** *(siehe S. 122f)* kommt man am besten auf dem Irrawaddy. Die Ausflugsboote brauchen dafür etwa elf Stunden, während der Sie das Landleben an den Ufern beobachten können.

## Zwölfter Tag: Bagan

Sie stehen früh auf, um noch vor Sonnenaufgang an der **Shwesandaw-Pagode** *(siehe S. 134f)* zu sein – den Aufwand lohnt der Anblick, wenn sich die Tempel im Dämmerlicht in Orange getaucht aus der Dunkelheit erheben. Anschließend geht es in den **Dhammayangyi-Tempel** *(siehe S. 135)* und zum Nudelfrühstück nach **Alt-Bagan** *(siehe S. 122f)*. Dann besichtigen Sie die anderen Sehenswürdigkeiten. Sobald die Mittagshitze nachlässt, wenden Sie sich den Bauten der nördlichen Gruppe zu, wie dem **Upali Thein** *(siehe S. 126)* mit den Wandgemälden und daneben dem **Htilominlo** *(siehe S. 127)*. Beenden Sie den Tag bei der goldenen **Shwezigon-Pagode** *(siehe S. 128)* von Anawrahta beim Dorf Nyaung U.

**Eingang zum Htilominlo-Tempel in Bagan** ***(siehe S. 127)***

## 13. Tag: Bagan

Der Morgen gehört den Tempeln bei den Dörfern **Myinkaba** *(siehe S. 132f)* und **Neu-Bagan** *(siehe S. 132)*. Auf dem Weg sehen Sie sich die Läden mit den Lackarbeiten und die Werkstätten der Puppenmacher an. An der eleganten **Mingalazedi-Pagode** *(siehe S. 134)* bewundern Sie das mit glän-

**Kassapa-Buddha im Ananda-Tempel in Bagan** ***(siehe S. 124f)***

zend grünen Kacheln verzierte Fundament des letzten großen Stupa, der in Bagan erbaut wurde, und am **Gubyaukgyi-Tempel** *(siehe S. 133)* von der UNESCO restaurierte Wandgemälde. Nachmittags entdecken Sie auf der **südlichen Ebene** *(siehe S. 129)* in der archäologischen Zone bei Minnanthu die tantrisch beeinflussten Bilder in den Schreinen. Die *Versuchung durch Mara* im Nandamannya-Tempel zeigt die vergebliche Verführung des Buddha.

## 14. Tag: Von Bagan nach Rangun

Der letzte Tag der Rundreise wird bei Tagesanbruch mit einer unvergesslichen **Ballonfahrt** *(siehe S. 129)* über den Ruinen von Bagan und einem anschließenden Champagnerfrühstück gefeiert. Nach dem Flug nach Rangun bleibt etwas Zeit, um Souvenirs einzukaufen und abschließend die Shwedagon-Pagode zu besichtigen.

### Tipps zur Verlängerung

Wenn Sie noch eine Woche Zeit haben, fahren Sie nach **Sittwe** *(siehe S. 107)* im Rakhaing-Staat und besichtigen die Ruinenstadt **Mrauk U** *(siehe S. 110f)*, wo überwucherte Stupas und Ordinationshallen aufragen. Die schönste und einfachste Anfahrt führt mit dem Boot von Sittwe über den Kaladan. Auf dem Weg zurück nach Rangun genießen Sie den weißen Sand und das türkisfarbene Wasser am Strand von **Ngapali** *(siehe S. 106)*. Sehenswert ist auch **Kengtung** *(siehe S. 177)*, die Hauptstadt von Myanmars Goldenem Dreieck, in der vor allem Tai leben. Weitere Minderheiten leben in den Dörfern in den Hügeln der Umgebung, die Ziele für Tageswanderungen sind.

**Ruinen der früheren Hauptstadt Mrauk U** ***(siehe S. 110–114)***

# Ein Porträt Myanmars

Goldene Pagodenspitzen, beeindruckende archäologische Stätten, Traumstrände, herrliche Berge und eine faszinierende traditionelle Kultur – kein Wunder, dass Myanmar nach der Lockerung des Tourismusboykotts im Jahr 2010 rasant steigende Besucherzahlen verzeichnet. Auch die Myanmaren freuen sich über die Öffnung ihres Landes. Nach dem wegweisenden Wahlerfolg der National League for Democracy (NLD) unter Aung San Suu Kyi im Jahr 2015 und mit den erfolgversprechenden Reformvorschlägen sieht Myanmar nach Jahrzehnten des Bürgerkriegs und der wirtschaftlichen Stagnation wieder hoffnungsvoll in die Zukunft.

Myanmar erstreckt sich über ungefähr 2050 Kilometer vom östlichen Himalaya bis zur von Palmen gesäumten Küste an der Andamanensee und besitzt eine bemerkenswerte landschaftliche Vielfalt. In einem weiten Halbkreis umgeben mit dichtem Dschungel bewachsene Bergketten die weite, halbtrockene Ebene des Kernlands. Dort fließen die großen Ströme Irrawaddy (Ayeyarwady), Sittaung, Chindwin und Thanlwin, die in den Golf von Bengalen und den Golf von Mottama (Martaban) münden. In ihren ausgedehnten Mündungsgebieten bilden Flüsse und Bewässerungskanäle wahre Labyrinthe. Die Reisfelder in diesen Regionen sind die Kornkammer des Landes.

Im Norden und Osten erstreckt sich Richtung chinesischer Grenze das Shan-Hochland, ein Kalkplateau mit kahlen Bergen und steilen, von Flüssen eingetieften Schluchten. Weiter südlich, an der Grenze zu Laos und Thailand, liegt das für seine Opiumproduktion berüchtigte Goldene Dreieck. Im Westen zieht sich entlang den Grenzen zu Bangladesch und Indien ein schmales Band hoher Gebirgszüge, das im äußersten Norden im Massiv des Hkakabo Razi mit 5881 Metern den höchsten Gipfel Myanmars sowie Südostasiens aufweist.

Der Süden Myanmars läuft in einem schmalen Landstreifen entlang der Tenasserim-Küste aus. Diesem Küstenabschnitt sind zahllose Inseln und Eilande sowie die Korallenriffe des Myeik-Archipels vorgelagert. Dies ist eine der letzten Küstenregionen Südostasiens, die noch weitgehend unerschlossenen ist. Dort, wo die Wildnis bis an das Meer reicht, leben die Moken als Seenomaden.

**Bauern bearbeiten ihre Felder in der Nähe von Kalaw und Nyaungshwe im Osten Myanmars**

◀ **Tempelruinen und Felder der Historischen Königsstadt Bagan in der Morgendämmerung** *(siehe S. 116–137)*

Die Frauen der ethnischen Minderheit Padaung sind für ihre Messinghalsringe bekannt

## Bevölkerung

Myanmars ethnische Vielfalt ist ein Spiegelbild seiner Geografie. Die Birmanen, oder auch Bamar, sind die Nachfahren indotibetischer Nomaden, die die Ebene im Zentrum des Landes im 9. und 10. Jahrhundert n. Chr. eroberten. Sie stellen etwa 70 Prozent der gut 51 Millionen Einwohner Myanmars und dominieren Regierung, Behörden und Militär. In den Randregionen lebt ein komplexes Mosaik von Minderheiten wie die Rakhine (Arakanesen), Mon, Karen, Kachin, Chin und Shan, die sich im Laufe der Geschichte alle schon einmal gegen den Staat der Birmanen auflehnten oder dies immer noch tun.

Vergoldete Buddha-Statue aus Teakholz

In den Bergregionen der Grenzgebiete und im Shan-Hochland leben viele kleine, zersplitterte Gruppen, wie die Pa-O, Danu, Padaung und Akha, die an ihren kunstvollen Trachten zu erkennen sind. Vervollständigt wird dieses Kaleidoskop an Völkern und Kulturen noch durch Inder (Nachfahren von Arbeitern, die während der britischen Herrschaft nach Birma kamen) und chinesische Einwanderer. Sie dominieren heute die Wirtschaft von Mandalay und bilden in einigen der großen Städte im Nordosten die Mehrheit.

## Religion und Kultur

Als sich das Bagan-Reich stabilisierte, entwickelte sich im 11. Jahrhundert in Birma eine stark hierarchisch gegliederte, feudale Gesellschaftsordnung. Diese traditionellen Strukturen der birmanischen Gesellschaft lösten sich nach der Eroberung durch die Briten im 19. Jahrhundert weitgehend auf und wurden nach der Unabhängigkeit durch die autokratische, sozialistische Ideologie der Militärs ersetzt. Eine Konstante in der langen, bewegten Geschichte des Landes ist der allgegenwärtige Einfluss des Buddhismus auf die myanmarische Kultur. Er soll schon zu Lebzeiten von Siddharta Gautama Buddha (um 563–483 v. Chr.) in der Region Fuß gefasst haben und ist heute die Religion von knapp 90 Prozent der Bevölkerung.

Myanmars Buddhismus folgt der Theravada-Schule, die vermutlich mit den Pyu im 5. Jahrhundert n. Chr. ins Land kam und durch die Förderung der Könige der Mon-Staaten im frühen Mittelalter aufblühte. Unter den Herrschern von Bagan wurde der Theravada-Buddhismus zur Staatsreligion. Seine Anhänger sehen in ihm die reinste Form des Buddhismus, der sich strikt an den Lehren Buddhas orientiert, und betonen die Bedeutung der Vipassana-Meditation als Pfad zur Erleuchtung. Die Bevölkerung ist im Glauben so fest verwurzelt, dass fast jeder myanmarische Buddhist in seiner Kindheit oder Jugend zumindest einige Wochen in einem Kloster verbringt, um für sich und seine Familie Verdienste zu erwerben. Rund eine halbe Million Männer und 75 000 Frauen gehören einem buddhistischen Orden an. Damit ist ihr Anteil an der Bevölkerung höher als in jedem anderen buddhistischen Land. Im Kloster lernen die Mönche und Nonnen nicht nur die Lehre Buddhas, sondern auch Lesen und Schreiben. Das ist bis heute ein Hauptgrund für die vergleichsweise hohe Alphabetisierungsrate von über 92 Prozent im Land. Darüber hinaus ist das Kloster ein Zufluchtsort für arme, kinderreiche Familien, die ihre Kinder hier ernährt wissen. Die Mönche leben von Essens- oder Geldspenden der Bevölkerung. Nach buddhistischem Glauben bringt die uneigennützige Freigiebigkeit *dana* den Gläubigen Verdienste in der Zukunft. Lange Reihen von Mönchen in weinroten Umhängen, die von der Bevölkerung Reis in Spendenschalen sammeln, sind ein häufiger Anblick in Myanmar.

Das große Gewicht buddhistischer Philosophie und Moralvorstellung erlebt man als Besucher im rücksichtsvollen, freundlichen Verhalten der meisten Einwohner. Wer den etwas aufdringlicheren Umgang in anderen asiatischen Ländern kennt, ist von der kultivierten, zuvorkommenden Art, mit der Reisende in der Regel behandelt werden, angenehm überrascht. Nur äußerst selten wird man im Restaurant, im Taxi oder beim Einkaufen übervorteilt.

Die buddhistischen Lehren haben die Mönche jedoch nicht davon abgehalten, bei den Protesten gegen Myanmars Militärregime die Führung zu übernehmen. Die Mönche standen bei den Demonstrationen 2007 buchstäblich in der ersten Reihe. Deshalb wurde dieses Aufbegehren auch nach der Farbe der Mönchsgewänder »Safranrevolution« getauft.

Viel widersprüchlicher als diese Demonstrationen sind buddhistische Gewalttaten, die in den letzten Jahren gegen die muslimische Minderheit im Land ausgeübt wurden. Die Muslime stellen etwa vier Prozent der Bevölkerung und stammen von Händlern, Soldaten, Kriegsgefangenen und Flüchtlingen aus Indien sowie von königlichen Beratern aus Persien ab. Zwar kam es seit der Unabhängigkeit immer wieder zu Auseinandersetzungen zwischen Buddhisten und Muslimen, doch haben diese

**Junge Mönche in Bagan bekommen Reis gespendet**

Konflikte in den letzten Jahren vor allem im Nordwesten des Landes im Rakhaing-Staat an Härte gewonnen. Dort wurden Zehntausende Muslime, Angehörige der Minderheit der Rohingya, durch die Gewaltausbrüche vertrieben.

### Regierung und Politik

Die zunehmenden bewaffneten Aufstände ethnischer Minderheiten führten in den späten 1950er Jahren zur Einsetzung einer ersten Militärregierung. Seitdem kam es zu mehreren Militärputschen, und die Armee regierte das Land mit eiserner Hand. Demonstrationen, öffentlicher Widerstand und die Forderungen nach mehr Demokratie und Meinungsfreiheit wurden brutal unterdrückt. Diese rigide Haltung wiederum zog Sanktionen und einen Tourismusboykott westlicher Länder nach sich.

In den letzten Jahren kam es im politischen System Myanmars jedoch zu größeren Veränderungen: Im November 2015 wurden Parlamentswahlen abgehalten, die früher verbotene National League for Democracy (NLD) unter ihrer landesweit verehrten Führerin Aung San Suu Kyi ist nun die stärkste Kraft im Parlament. Die Pressefreiheit hat ein seit der Kolonialzeit unbekanntes Ausmaß angenommen, und viele aufständische Gruppierungen haben mit Myanmars Armee Tatmadaw Waffenstillstände abgeschlossen.

Pagode auf dem Goldenen Fels Kyaiktiyo

Allerdings scheint der Weg zur Demokratie noch immer weit zu sein, denn trotz politischer Reformen ist der Bruch mit dem alten System noch nicht geglückt. Weder die Medien noch die Justiz sind wirklich frei, und von den Gewinnen der staatlich kontrollierten Firmen, wie die aus der Erdöl- und Erdgasindustrie, erreicht nur wenig die ärmeren Schichten. Während 20 Prozent des Staatshaushalts in die Armee fließen, landen nur vier Prozent im Gesundheitswesen. Hinter den Kulissen haben die Generäle noch immer viel Macht und Einfluss. Unter anderem stehen ihnen automatisch 25 Prozent der Sitze im Parlament zu – ohne dass sie dafür gewählt werden müssten.

Trotzdem herrscht in Myanmar heute Optimismus. Die Menschen diskutieren so offen über die Politik des Landes wie seit Generationen nicht mehr. Sie hoffen, dass schon bald die herrschende Elite auf die Meinung der Bevölkerung hören muss. Ein erster Erfolg in dieser Richtung war die Einstellung der Arbeiten des riesigen Staudamms an einem Nebenfluss des Irrawaddy nach Protesten von myanmarischen Umweltschützern. Das geplante Wasserkraftwerk an diesem Damm sollte China mit Strom versorgen und myanmarischen Politikern die Taschen füllen. Es wird allerdings befürchtet, das der Baustopp nur vorübergehend ist.

### Wirtschaft und Entwicklung

Die wichtigste Antriebsfeder für den politischen Wandel der letzten Jahre war die schlechte ökonomische Lage des Landes. Während in den Nachbarstaaten die Wirtschaft nun seit Jahrzehnten floriert und der allgemeine Wohlstand zunimmt, blieb Myanmar weiterhin der ärmste Staat in Südostasien. Schätzungsweise rund ein Drittel der Bevölkerung lebt unterhalb der Armutsgrenze.

Als Wurzel des Übels gilt das chronische Missmanagement der Militärjunta im Bereich der Wirtschaft. Mit dem Export von Erdgas, Tropenholz und Edelsteinen nimmt die Regierung riesige Summen ein, die jedoch von einem mafiösen Netz aus etwa 20 Familien abgeschöpft werden. Diese Elite des Landes kann wegen ihrer engen Verbindung zur Armee auf das Wohlwollen der Militärjunta zählen. Sie profitiert zudem am meisten vom gegenwärtig steigenden Zufluss von Auslandsinvestitionen, die aufgrund der versprochenen Liberalisierung der Wirtschaft getätigt werden. Vor allem internationale Öl- und Gaskonzerne schauen begierig auf die unerschlossenen Reserven des Landes.

Obwohl der Export an Fahrt gewinnt, bleibt das Land stark von der Landwirtschaft abhängig, um die Bedürfnisse der Armen decken zu können. Rund 70 Prozent der Bevölkerung sind in diesem Sektor tätig – meist auf sehr ursprüngliche Art und Weise. Ochsenkarren sind ein gängiges Bild. Seitdem die Reisproduktion während der Militärherrschaft dramatisch zurückgegangen ist, wird der Großteil der Ernte im Inland verbraucht.

### Tourismus

Ein großer Hoffnungsträger im Hinblick auf die wirtschaftliche Zukunft ist der Tourismus, der aufgrund des von der NLD geforderten Boykotts jahrzehntelang stagnierte. Seit 2010 nimmt der Besucherstrom stetig zu, die Wachstumsraten sind sehr hoch. Kamen im Jahr 2013 noch rund zwei Millionen Besucher nach Myanmar, so waren es 2015 bereits rund doppelt so viele. Die rasante Entwicklung stellt das Land vor große Herausforderungen. Die Preise der wenigen Hotels haben mittlerweile europäisches Niveau erreicht, an beliebten Reisezielen kommt es immer wieder zu Strom- und Wasserknappheit.

Von diesem neuen Tourismusboom sollen nicht nur die Regierung und die reichen Familien profitieren, sondern das ganze Land. Deshalb fordert NLD-Führerin Aung San Suu Kyi, dass vor allem die lokale Infrastruktur gefördert wird, und bittet Besucher Myanmars, möglichst individuell zu reisen. Die aktuelle Entwicklung sieht jedoch noch anders aus. Die höchsten Einnahmen verzeichnen die großen Inlandsfluggesellschaften, zudem buchen die meisten Besucher Pauschalreisen bei großen Anbietern und steigen in Luxushotels und Hotelketten ab, die mit der Regierung verbundenen Firmen gehören.

**Der Mekong fließt in Myanmar durchs Goldene Dreieck**

Neben seiner Kultur und seinen Sehenswürdigkeiten ist Myanmars größter Schatz das Wesen seiner Menschen. Es mag an Infrastruktur und Bildung mangeln, aber die Herzlichkeit und Hilfsbereitschaft der Myanmaren berührt jeden Besucher und macht das Reisen unkompliziert. Die Bewohner drängen energisch darauf, sich wieder mit der Welt auszutauschen, von der sie so lange abgeschnitten waren. Auch wenn es nach einem Klischee klingt: Die Warmherzigkeit und Offenheit werden Ihre Erinnerungen mindestens ebenso prägen wie die herrliche Kunst und Natur des Landes.

# Landschaft, Flora und Fauna

Mit einer Nord-Süd-Ausdehnung von rund 2050 Kilometern umfasst Myanmar verschiedene Klimazonen und Landschaften. Da sich das Land nun auch ausländischen Forschern öffnet, werden fast täglich neue Tier- und Pflanzenarten entdeckt. Der Küstendschungel und die Regenwälder im Inland sind immergrün, in den Ebenen und den Reisfeldern im Irrawaddy-Delta herrscht sieben bis acht Monate im Jahr Trockenheit.

**Klares Wasser und weißer Sandstrand in Ngapali an Myanmars Westküste**

## Delta

Das gigantische Delta des Irrawaddy wächst jedes Jahr über 50 Meter weiter in die Andamanensee hinaus. Es ist die fruchtbarste und am dichtesten besiedelte Region Myanmars.

**Grünrücken-Nektarvögel** *(Cinnyris jugularis)* bauen beutelförmige Nester, die man oft an Zweigen und Ästen oder an Vorbauten der Häuser im Delta hängen sieht.

**Olive Bastardschildkröten** *(Lepidochelys olivacea)* sind in ihrem Bestand stark gefährdet. Sie wandern im Winter zur Eiablage an den abgelegenen Sandstränden des Deltas über Tausende von Kilometern.

**Irawadi-Delfine** *(Orcaella brevirostris)* leiden unter dem Fischfang mit Schlepp- und Stellnetzen. Die bedrohte Art lebt in den südostasiatischen Küstengewässern und wandert auch große Flüsse wie den Irrawaddy hinauf.

## Trockenzone

Das Arakan-Joma-Gebirge schirmt im Westen die Ebene des Kernlands vom Monsun ab. Es ist hier trockener als im übrigen Land, im Winter sind Böden und Büsche ausgedörrt.

**Schwarzkopfedelsittiche** *(Psittacula himalayana finschii)* sorgen im trockenen Kernland Myanmars für viele Farbtupfer am Himmel. Man findet sie auch oft kreischend in den Baumkronen und Ruinen sitzen.

**Hummelfledermäuse** *(Craseonycteris thonglongyai)* leben auch in den Kuppeln und Torbogen der verlassenen Tempel von Bagan. Ihre eigentliche Heimat sind aber die karstigen Landstriche im Südosten des Landes.

**Birma-Sternschildkröten** *(Geochelone platynota)* haben kontrastreich gemusterte Rückenpanzer und sind stark gefährdet. Man sieht sie nur noch selten im schattigen Gebüsch.

## Abholzung

Myanmars Waldfläche nimmt rasant ab. Zwischen 1990 und 2005 sind etwa 18 Prozent der Wälder abgeholzt worden, und der Raubbau stieg im letzten Jahrzehnt exponentiell an. Trotz internationaler Wirtschaftssanktionen wird noch immer hauptsächlich Teakholz in großen Mengen exportiert. Der Gewinn fließt in die Taschen der Militärs. Korruption in der Regierung Myanmars und Gier nach Profiten in den Nachbarländern hinterlassen ausgedehnte Landstriche verwüstet und unfruchtbar.

**Ein Arbeitselefant trägt einen Baumstamm**

## Berge

Die Gebirge um die zentrale Ebene Myanmars sind für ihre Teakholzbestände bekannt. Ihre Artenvielfalt ist jedoch durch großflächige Abholzungen stark gefährdet.

**Das Chinesische Schuppentier** *(Manis pentadactyla)* ist stark gefährdet. Sein Lebensraum wird zunehmend zerstört, sein Fleisch ist begehrt, die Schuppen werden in der traditionellen chinesischen Medizin verwendet.

**Rote Pandas** *(Ailurus fulgens)* sind selten und scheu. Sie leben in den Bergwäldern im Norden des Landes und sind wegen der starken Abholzung bedroht.

**Indochinesische Tiger** *(Panthera tigris corbetti)* werden in den Gebirgen im Norden vor allem für den Bedarf in der traditionellen chinesischen Medizin gewildert. Ihr Bestand ist trotz des größten Tigerreservats der Welt auf unter 100 Tiere geschrumpft.

## Küste

An der 1930 Kilometer langen Küste Myanmars wachsen streckenweise noch immer Tropen- und Mangrovenwälder bis zum Meer. Die Küstengewässer sind reich an Meerestieren.

**Tropenfische** tummeln sich in riesiger Zahl im klaren Wasser der Myeik-Inseln. In dem marinen Ökosystem, einem der unberührtesten der Welt, wird das Tauchen streng reguliert.

**Gabelschwanzseekühe** *(Dugong dugon)* leben in den abgelegenen breiten und flachen Buchten des Rakhaing-Staats und der Myeik-Inseln. Die scheuen, nomadischen Einzelgänger fressen Seegras und werden in Myanmar nicht gejagt.

**Riesenmantas** und **Riffmantas** *(Manta birostris/Manta alfredi)* sind wahre Giganten. Sie werden bis zu sieben Meter breit und 1,35 Tonnen schwer.

# Irrawaddy

Von seinem Quellgebiet im östlichen Himalaya schlängelt sich der Irrawaddy (Ayeyarwady) über 2000 Kilometer durch Myanmar nach Süden bis zu seiner Mündung in den Golf von Bengalen. Seit je ist der Fluss ein bedeutender Verkehrsweg von China zum Indischen Ozean. Er war immer eine Lebensader für die vielen Reiche, die an seinen Ufern aufblühten. Zu ihren Hauptstädten kämpften sich Invasoren, Missionare und Händler aus aller Welt stromaufwärts. Rudyard Kipling hat den Fluss im Gedicht *On the Road to Mandalay* verewigt. Auch heute bewässern Millionen von Menschen mit dem Wasser des Irrawaddy ihre Felder. Eine Fahrt auf dem Fluss ist zu jeder Jahreszeit ein Erlebnis, das einem den zeitlosen Charakter des Landes auf unvergessliche Weise näherbringt.

**Mingun**
König Bodawpaya überwachte von einer Insel im Fluss den Bau seines gigantischen Stupa bei Mingun. Das unvollendete Bauwerk ist heute das auffälligste Monument am Irrawaddy.

**Sagaing**
Nach dem Fall von Bagan wurde Sagaing im frühen 14. Jahrhundert die Hauptstadt des Landes. Die Stadt lag ideal, um den Handel auf dem Fluss zu kontrollieren.

**Bagan**
Die Hauptstadt der Bagan-Dynastie liegt strategisch günstig in einer Flussbiegung. Sie war die größte von allen mittelalterlichen Städten, die am Irrawaddy gegründet wurden.

**Myit Sone**
Erst ab dem Zusammenfluss von Maikha und Malikha bei Myit Sone heißt der Fluss Irrawaddy bzw. Ayeyarwady. Seine Quellen liegen jedoch viel weiter im Norden in den Gletschern des Himalaya. Ein umstrittenes Wasserkraftprojekt, das den Fluss mit einem Damm aufstauen sollte, wurde 2011 vorerst gestoppt.

**Bhamo**
An der Stelle, an der der Fluss in seinem Oberlauf ganzjährig schiffbar wird, liegt Bhamo. Hier kann man die Flussboote besteigen, die in drei Tagen gemütlich in den Süden nach Mandalay fahren.

**Zweiter Durchbruch**
Unterhalb von Bhamo verengt sich das Bett des Irrawaddy auf etwa 100 Meter. Der Fluss zwängt sich dort malerisch zwischen steilen Kalksteinwänden durch die Schlucht des Zweiten Durchbruchs.

## Namensherkunft

Die Bezeichnung Irrawaddy ist die Übersetzung des birmanischen Namens Ayeyarwady Myit, was »Wohltat der Menschen« bedeutet. Er verweist darauf, dass der Fluss die Felder mit seinem Schlamm und Wasser fruchtbar macht und reichlich Fisch liefert.

**Fischer auf dem Fluss bei Mandalay**

**Irrawaddy-Delta**
Der mächtige Strom mündet in einem gewaltigen Delta in die Andamanensee. Das flache Gebiet ist die Kornkammer des Landes, auch wenn häufig Zyklone darüberziehen.

# Irrawaddy-Kreuzfahrten

Zwei Jahrtausende nach dem Bau der ersten Städte am Irrawaddy ist der Fluss noch immer Lebensader für Millionen von Menschen. Reisenden bietet die Flotte von Fähren und Kreuzfahrtschiffen tolle Einblicke in das Land. Eine Fahrt auf dem schlammigen blaubraunen Strom ist ein Erlebnis – sei es in einem der Fünf-Sterne-Luxuskreuzfahrer aus Teakholz, in der spartanischen dritten Klasse einer staatlichen Doppeldeckerfähre nach Bhamo oder gemütlich in einem Kahn von Mandalay nach Mingun tuckernd. Auch auf dem Chindwin, dem längsten Nebenfluss des Irrawaddy, verkehren Kreuzfahrtschiffe.

**Mit Teakholz getäfelte Kajüte eines Luxuskreuzfahrers**

## Luxuriöse Kreuzfahrten

*Die Kreuzfahrtschiffe sehen aus wie die alten Dampfer der Irrawaddy Flotilla Company. Sie fahren auf den landschaftlich und touristisch reizvollen Abschnitten des Flusses. Längere Kreuzfahrten werden mit Landausflügen zu Sehenswürdigkeiten wie Bagan kombiniert und die Passagiere dazu gelegentlich mit Ochsenkarren ans Ufer gebracht.*

**Die Kreuzfahrtschiffe** bieten Swimmingpools, klimatisierte Kabinen und Gourmetküche – und traumhafte Ausblicke auf den Strom.

## Preiswert reisen

*Mit den staatlichen Fähren bereist man den Fluss auf typisch myanmarische Weise. Sie sind günstig und fahren weite Strecken. In den Tourismuszentren werden auch Tagesausflüge angeboten.*

**Zwischen Mandalay und Bhamo** verkehren ganzjährig große staatliche Fähren. Sie sind langsam, dafür kommt man aber mit den Einheimischen in Kontakt. Die gedeckten Motorboote sind schneller, aber weniger bequem.

**Beim Tagesausflug nach Mingun** fährt man von Mandalay eine Stunde den Fluss aufwärts. Der Blick vom Boot auf den unvollendeten Stupa ist fantastisch. Von September bis April kann man von Mandalay auch nach Bagan fahren.

**Die Expressfähre nach Bhamo legt in Kyaukmyaung an und nimmt Passagiere und Fracht an Bord**

## Fahrten auf dem Oberlauf

*Die Strecke zwischen Bhamo und Mandalay am Oberlauf des Irrawaddy wird von den grün-weißen Booten der Inland Water Transportation befahren. Die Reise dauert mit drei Stopps in Shwegu, Katha und Kyaukmyaung je nach Fahrtrichtung zwischen 24 Stunden und drei Tagen. Im April, wenn der Wasserstand niedrig ist, sitzen die Boote manchmal auf einer Sandbank auf und die Mannschaft muss sie mühsam wieder flottbekommen.*

## Händler am Irrawaddy

Sobald die Fähren anhalten, drängen sich Flusshändler mit Körben und Tabletts heran. Einige stehen bis zur Brust im Wasser vor dem Schiff, andere klettern an Bord, gehen herum und bieten mit lauten Rufen ihre Waren an – ein fester Bestandteil der Geräuschkulisse am Fluss. Von frittierten Samosas über Nudeln, Früchte, Fischspieße und Maiskolben bis zu Softdrinks, Bier, Zigaretten und Blumen wird alles verkauft.

**Der Hafen von Mandalay** ist für die meisten Schiffe Endstation. Seit dem Bau der Autobahn nach Rangun und der Zunahme der Busverbindungen wird diese Strecke auf dem Fluss kaum noch befahren.

**Händler verkaufen Essen an Passagiere**

# Buddhismus

Knapp 90 Prozent der Myanmaren sind Buddhisten, der Glaube durchdringt jede Facette des Alltags. Die Lehren Buddhas, den Pali-Kanon bzw. das *Tipitaka*, brachten im 3. Jahrhundert v.Chr. Mönche aus Indien nach Myanmar. Dort vermengten sich die Lehren mit der Anbetung von Geistern, den *nat*. So entstand eine eigene Form des Theravada-Buddhismus, die dem der Thai ähnelt und doch in vielerlei Weise einzigartig ist. Die Myanmaren glauben, dass der Buddhismus das Individuum, die Familie und die Nation stärkt und man durch richtiges Verhalten Verdienste für das jetzige oder noch kommende Leben erwirbt.

**Shin Arahan setzte 1056 den Theravada-Buddhismus in Bagan durch**

### Theravada-Buddhismus

*Theravada ist die älteste bestehende Schule des Buddhismus. Sie entwickelte sich nach dem dritten buddhistischen Konzil 250 v. Chr. Mönche brachten sie zuerst in die Königreiche der Mon und Pyu. 1056 beauftragte König Anawrahta den Gelehrten Shin Arahan, die Schule auch in Bagan zu verbreiten.*

### Die Drei Juwelen

Die *triratna* (»Drei Juwelen«) des Buddhismus – Buddha (der Große Lehrer), *dharma* (das Daseinsgesetz) und *sangha* (die buddhistische Gemeinde) – sind die Eckpfeiler des Glaubens.

### Der Pali-Kanon

Die Grundlage des Theravada-Buddhismus bildet eine der ältesten Überlieferungen von Texten Buddhas. Sie sind in der Sprache Pali verfasst und werden Pali-Kanon oder *Tipitaka* (»drei Körbe«) genannt. Sie enthalten Ordensregeln sowie Lehrreden und Abhandlungen.

### Die Vier Edlen Wahrheiten

Die Vier Edlen Wahrheiten werden in Buddhas erster Lehrrede erläutert und gelten im Theravada als Zusammenfassung seiner wesentlichen Lehren. Sie beschreiben die Ursachen des Leidens und den Weg zur Erlösung.

## Bräuche und Rituale

*Der Buddhismus ist ein philosophisches und ethisches System, dessen Ziel es ist, den Menschen vom Leiden und damit vom Kreislauf der Wiedergeburt zu erlösen. Der Theravada in Myanmar fußt vor allem auf Bräuchen, die dem Einzelnen auf seinem spirituellen Pfad helfen. Rituale geben Tag, Jahr und Leben eine Struktur und den Menschen die Gelegenheit, Verdienste zu erwerben und höhere Mächte um Fürsprache zu bitten.*

**Auftragen von Blattgold**
Myanmarische Buddhisten spenden vor allem gerne Blattgold. In einigen bekannten Schreinen tragen es die Pilger selbst auf. Allerdings dürfen dies nur Männer.

**Vipassana**
Wörtlich übersetzt bedeutet Vipassana »durch den Schleier der Unwissenheit sehen«. Die Meditationsform zielt darauf ab, Einsicht und Konzentration zu fördern.

**Erwerb von Verdiensten**
Verdienste (in Sanskrit *punya*) erlangt man durch gute Einstellungen und Taten. Sie tragen zur spirituellen Befreiung des Menschen bei. Ihre drei Grundlagen sind Geben, Tugend und geistige Entwicklung. Eine häufige Form zum Erwerb von Verdiensten ist das Geben von Almosen und Spenden an Mönche und Stupas. Oft sieht man deshalb Laien, die den Mönchen Reis in Schalen oder Taschen füllen.

**Mönche und Nonnen**
In Myanmar gibt es etwa eine halbe Million Mönche und rund 75 000 Nonnen, die sich auf neun offiziell anerkannte Orden verteilen. Mönche tragen weinrote, Nonnen blassrote Umhänge.

# Pagoden

Die Pagoden bilden die Zentren der buddhistischen Schreine und heißen in Myanmar *zedi* oder *paya*. Niemand weiß, wie viele es davon tatsächlich gibt, doch allgemein gilt, dass kein Land mehr von diesen Stupas hat. Ob vergoldet, getüncht oder ziegelrot – seit man vor über zwei Jahrtausenden begann, die sterblichen Überreste Siddharta Gautamas und seiner Anhänger in monumentalen Bauwerken zu bestatten, bestimmen diese die Silhouetten der Orte in diesem Teil der Welt. Die eleganten Spitzen der birmanischen *zedi* wurden den Almosenschalen von Buddha und seinem Gefolge nachempfunden und verbinden so symbolisch die Gläubigen direkt mit den Wurzeln ihres Glaubens.

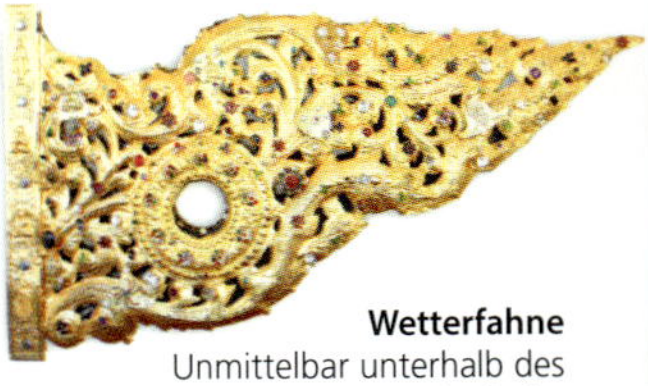

**Wetterfahne**
Unmittelbar unterhalb des Diamantenauges befindet sich eine Wetterfahne, die die Windrichtung anzeigt.

**Shan-Stupas**
Die Shan in den östlichen Bergen Myanmars haben eine ganz eigene Form der Stupas entwickelt. Charakteristisch für diese *zedi* sind ihre lang gezogenen Spitzen. In Inthein am Inle-See und in Kakku *(oben)* bei Taunggyi sind sie in besonders großer Zahl zu sehen und wurden in den letzten Jahren renoviert.

## Entwicklung des Stupa in Birma

Von den ältesten Stupas der Pyu-Königreiche (1. Jh. v. Chr. – 9. Jh. n. Chr.) bis zu den Pagoden des 17. Jahrhunderts hat sich die Form der Bauwerke stark verändert. Die grundlegenden symbolischen Elemente blieben jedoch erhalten.

**Payagyi, Sri Ksetra,** ist der älteste Stupa Myanmars (4. Jh. n. Chr.). Der indische Einfluss ist noch klar erkennbar.

**Bawbawgyi, Sri Ksetra,** ist ein Jahrhundert jünger als Payagyi. Der Zylinder steht auf einem niedrigen Fundament.

**Bupaya, Bagan** (9. Jh.). Die zylindrische Kuppel ist im Pyu-Stil verlängert, hat aber elegant abgerundete Kanten.

**Lawkananda, Bagan** (11. Jh.), hat eine Kuppel im Pyu-Stil mit einer stark ausgeprägten Sockelplatte.

***Hti* (Bekrönung oder Schirm)**
Wenn eine Pagode renoviert oder gebaut wird, wird in einer Zeremonie der *hti* angebracht. Dieser besteht aus fein gehämmerten und kunstvoll verzierten Metalllagen, die im Wind klingeln.

***Bo bo gyi* (Planetenposten)**
Rund um den Sockel des Stupa befinden sich (im Uhrzeigersinn, im Nordosten beginnend) Schreine für Sonne (Sonntag), Mond (Montag), Mars (Dienstag), Merkur (Mittwochmorgen), Rahu (Mittwochnachmittag), Jupiter (Donnerstag), Venus (Freitag) und Saturn (Samstag). Jeder Tag wird auch mit einem eigenen Tier assoziiert *(siehe S. 76)*.

## Myanmars größter Stupa

Der größte Stupa des Landes steht in Mingun *(siehe S. 156f)* flussaufwärts von Mandalay. König Bodawpaya gab ihn 1790 in Auftrag, doch er wurde nie vollendet. Der Ziegelbau wäre 150 Meter hoch geworden – höher als die Pyramiden von Gizeh. An den geborstenen Seiten führen Stufen zu einer Terrasse hinauf. Der Aufstieg wird mit einer grandiosen Aussicht über die Umgebung belohnt.

**Bodawpayas Stupa in Mingun**

**Shwezigon, Bagan** (1102), führte die Glockenform sowie achteckige und runde Terrassen in die Bauweise der Stupas ein.

**Dhammayazika, Bagan** (1196), stellte den glockenförmigen Stupa auf einen fünfseitigen Sockel. Er blieb ein Einzelstück.

**Mingalazedi, Bagan** (13. Jh.), der letzte große Stupa der Bagan, sprengte die Größe sämtlicher früherer Pagoden.

**Pahtodawgyi, Amarapura** (1820), spiegelt mit seiner hohen Spitze die Pracht der Blütezeit der Konbaung-Ära im 19. Jahrhundert.

**Shwedagon, Ragun,** vereint die eleganten Linien der Mon-Zeit mit den Proportionen und Dimensionen der Konbaung-Ära.

# Buddha-Darstellungen

Im Theravada-Buddhismus hat die Darstellung der historischen Figur des Religionsstifters Siddharta Gautama zentrale Bedeutung. Sie wird nicht nur verehrt, sondern ist auch Vorbild und zeigt Buddha als göttliches Wesen und als Menschen, der Tugenden und Inhalt seiner Lehren in reinster Form verkörpert. Sein Abbild wirkt als Quelle kosmischer Macht, kann Wünsche erfüllen und erinnert an den »Weg der Wahrheit« und das »rechte Tun«. Mit der Herstellung, dem Spenden oder dem Kauf einer Buddha-Darstellung erwirbt ein myanmarischer Buddhist einen großen Verdienst.

**Mahamuni in Mandalay, eine bedeutende Darstellung**

## Der Bhumisparsha-Buddha

*Als Buddha erleuchtet wurde, meditierte er mit seiner Hand in der* bhumisparsha mudra*-Haltung: linke Handfläche nach oben im Schoß, rechte Fingerspitzen berühren den Boden. So rief er die Erde an, Zeugin zu sein, dass er es wert war, ein Buddha zu werden.*

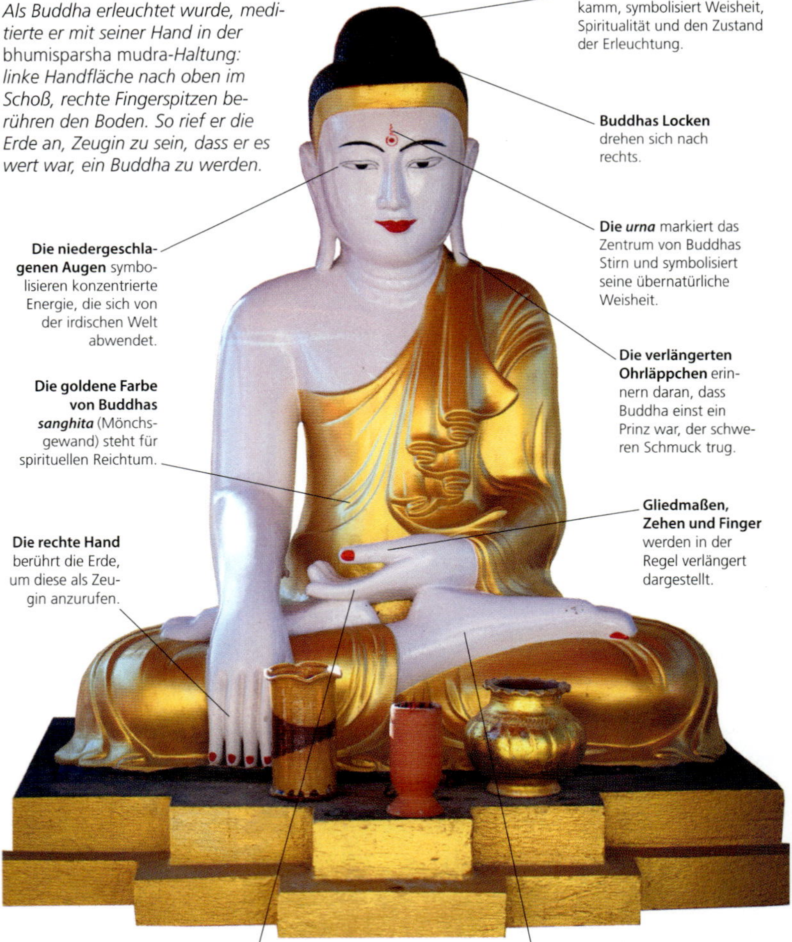

**Die *ushnisha***, der Scheitelkamm, symbolisiert Weisheit, Spiritualität und den Zustand der Erleuchtung.

**Buddhas Locken** drehen sich nach rechts.

**Die *urna*** markiert das Zentrum von Buddhas Stirn und symbolisiert seine übernatürliche Weisheit.

**Die niedergeschlagenen Augen** symbolisieren konzentrierte Energie, die sich von der irdischen Welt abwendet.

**Die verlängerten Ohrläppchen** erinnern daran, dass Buddha einst ein Prinz war, der schweren Schmuck trug.

**Die goldene Farbe von Buddhas *sanghita*** (Mönchsgewand) steht für spirituellen Reichtum.

**Gliedmaßen, Zehen und Finger** werden in der Regel verlängert dargestellt.

**Die rechte Hand** berührt die Erde, um diese als Zeugin anzurufen.

**Die nach oben zeigende Handfläche** symbolisiert meditative Ruhe.

***Padmasana***, der Lotossitz mit den beiden nach oben geschlagenen Beinen, ist die Sitzstellung zur Meditation.

## Mudras

Mudras sind symbolische oder rituelle Handhaltungen, die sich aus der antiken indischen Ikonografie herleiten. Sie sollen ihre tiefere Bedeutung denjenigen vermitteln, die sie sehen oder benutzen. Außerhalb der religiösen Bildersprache werden sie auch in der Kunst, im Tanz, im Yoga und in der Meditation verwendet. Die unten abgebildeten sieht man am häufigsten.

***Bhumisparsha mudra* der bezeugenden Erde** | ***Dhyana mudra* der Meditation** | ***Dharmachakra mudra* des Lehrens** | ***Varada mudra* der Barmherzigkeit** | ***Abhaya mudra* der Furchtlosigkeit**

## Die *Asanas* und *Lakshanas*

*Buddha wird immer in einer* asana *(stilisierte Haltung) dargestellt, entweder liegend, sitzend, stehend oder gehend. An seinem Körper sind immer die 32 körperlichen Merkmale zu sehen. Diese sogenannten* lakshana *sind der äußere Ausdruck seiner inneren spirituellen Stärke und leiten sich vom antiken indischen Konzept des Mahapurusha, des »großen Geistes«, ab. Dazu gehören etwa die breite Brust und die glatte goldene Haut.*

**Buddha-Figuren, Pagode Umin Thounzeh, Sagaing**

**Der *Buddhapada*** (Fußabdruck des Buddha) symbolisiert die »Erdung der Transzendenz«. Seine 108 Symbole verheißen Glück und sind um das *dharmachakra* (Rad des Gesetzes) angeordnet.

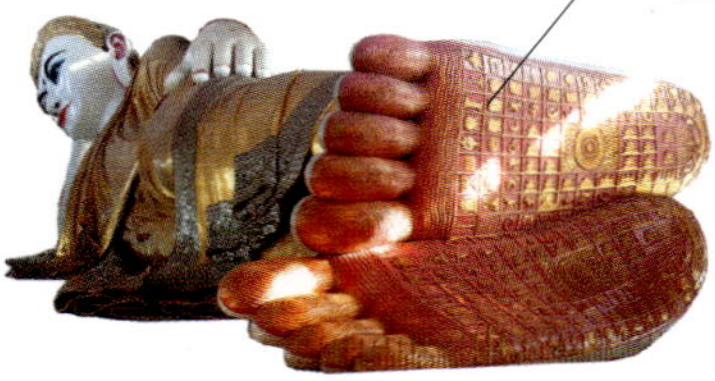

**Liegende Buddha-Figur, Kyauk-Htat-Gyi-Pagode, Rangun**

**Stehende Buddha-Statue im Ananda-Tempel, Bagan**

## Die Herstellung der Buddha-Figuren

Eines der größten Zentren der Buddha-Produktion ist das Viertel um den Mahamuni-Tempel in Mandalay, in dem die meistverehrte Buddha-Statue des Landes steht. In den Gassen um den Tempel befinden sich Dutzende von Werkstätten, die Abbildungen des Gautama Buddha in allen Größen und Formen herstellen. Die Statuen aus Gips, Bronze oder Messing werden im ganzen Land in Wohnungen, Tempeln oder Schreinen aufgestellt.

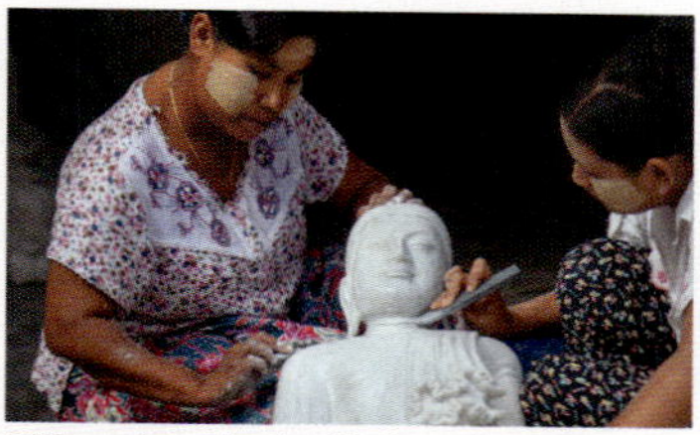

**Bildhauerinnen in einer Werkstatt**

# Theater, Musik und Tanz

An den Höfen der Könige bildeten sich über Jahrhunderte die klassischen Formen von Musik und Tanz heraus. Nach der Eroberung Siams (Thailand) im 14. Jahrhundert kamen mit siamesischen Tänzern und Musikern auch deren hoch entwickelte, stilisierte Kunst nach Inwa (Ava) und Amarapura. Dort vermischte sie sich mit lokalen Formen, die im alten Bagan aus noch viel älteren Stilen Indiens entstanden waren. Dieses Erbe wird bis heute ebenso gepflegt wie die volkstümlicheren Kunstformen vom *yok thei pwe* (Marionettentheater) bis zu *nat-pwe*-Tänzen.

**Musiker und Tänzer am Hof eines Königs der Konbaung-Ära**

## Klassischer Tanz

*Zum Repertoire des klassischen birmanischen Tanzes* (siehe S. 220) *gehören verschiedene Stile, wie z. B. der* Kinnara-*Tanz. Inspiriert vom Zwitterwesen aus Vogel und Mensch der buddhistischen Mythologie, ahmt er das Fliegen nach und wird in Kostümen des Konbaung-Hofs des 19. Jahrhunderts aufgeführt.*

**Die *Kinnara*-Flügel** sind an den Händen der Tänzer befestigt.

**Die stilisierten Bewegungen** von Kopf und Augen folgen der Musik.

**Die Flügel** bestehen aus versteiften Brokatgewebe oder -karton mit Pailletten.

**Die Füße** bleiben wie bei vielen indischen Tänzen flach auf dem Boden.

**Hockende oder kniende** Stellungen werden oft eingesetzt.

**Die Aufführungen** werden mit *kyi waing* begleitet. Diese Kreise aus 21 Buckelgongs gehören zu den traditionellen *hsaing-waing*-Ensembles.

## Klassische Musik

Fast alle Melodien und Lieder der klassischen Tradition Birmas, die heute aufgeführt werden, stammen aus der Maha Gita. Deren Fundus entwickelte sich an den königlichen Höfen und bildet nun das Repertoire für Konzerte, *yok thei pwe* und Filmmusiken. Die klassische Musik wird traditionell von *hsaing-waing*-Ensembles aufgeführt. Der Stil mit seinen schnellen Melodie- und Rhythmuswechseln soll nach der Eroberung Ayutthayas in Siam an den Königshöfen des 17. Jahrhunderts entstanden sein.

**Xylofon-Spieler mit einer *pattala* (Bild aus dem 19. Jh.)**

## Volkstraditionen

*Während die Könige am Hof die klassischen Künste förderten, vergnügte sich das Volk in etwas weniger raffinierten Veranstaltungen. Den Stoff für nächtelange Aufführungen von Marionettenspielen liefern Erzählungen aus der Mythologie. Sehr beliebt sind heute* a-nyeint pwe *und die wenig zurückhaltenden* nat pwe. *Diese anzüglichen Besessenheitstänze werden zu Live-Musik von schrill kostümierten Travestiedarstellern aufgeführt* (siehe S. 42).

**Das Marionettentheater *Yok thei pwe*** entwickelte sich unter den Konbaung zur hohen Kunst und wurde im 19. Jahrhundert sehr beliebt. Zur Aufführung kommen historische und religiöse Stoffe, deren moralische Botschaften von 28 Charakteren vermittelt werden.

**Die stupaförmigen Hüte** gleichen denen in den buddhistischen Wandgemälden des alten Indien.

**Stark geschminkt** sind Tänzerinnen und Tänzer.

**Die Gesten** sind von den symbolisch aufgeladenen buddhistischen Mudras abgeleitet.

**Der *Kabyalut* oder *Gabyar-lut*** besteht aus 22 Grundhaltungen und ist die Basis des Tanzes im heutigen Myanmar.

***A-nyeint pwe*** ist eine traditionelle Unterhaltungsform, die Satire, Komödie, Theater und Tanz kombiniert. Die Moustache Brothers *(siehe S. 220)* gehören zu den bekanntesten Vertretern dieses *pwe*-Genres.

**Die *saung gauk*** oder birmanische Harfe ist die einzige asiatische Harfe, die noch gespielt wird. Sie ist ein Nationalsymbol Myanmars.

**Verzierter Resonanzkörper mit 13 bis 16 Saiten**

***Hne* (Oboe)**

***Pat waing* (Trommelkreis)**

# Traditionelle Kleidung

Frauen und Männer tragen im Alltag überwiegend traditionelle Kleidung. Wichtigstes Stück der Garderobe ist der farbenprächtige »Wickelrock« *longyi*, der bei der Frau *htamein* heißt. Die lange, gemusterte Stoffbahn verdrängte in der britischen Kolonialzeit den bauschigeren *pahso*, als sie, zumindest in den oberen Schichten, zum Zeichen der Unterstützung der Unabhängigkeitsbewegung wurde. Auf die Sauberkeit der Kleidung wird in Myanmar großer Wert gelegt. Frauen und Kinder jeden Alters streichen sich häufig Thanaka, eine gelblich-weiße Paste aus Baumrinde, ins Gesicht.

**Paar mit feinen Gewändern und Schmuck, wie sie früher Höflinge trugen**

### Historische Gewänder

*Die traditionellen Gewänder stammen in ihrer heutigen Form vom Hof der Konbaung (1752–1885), wo Schmuck und feine Stoffe per Gesetz den Beamten und ihren Frauen vorbehalten waren. Unter den Briten wurden kurze Haare,* longyi *und Shan-Jacken im chinesischen Stil modern und verdrängten bei den Männern lange Haare und* pahso*; die* htamein*, ein wenig kürzer und die Taille betonend, wurden mit Jacken und Baumwollblusen kombiniert.*

**Myanmarische Rubine sind leuchtend rot**

## Birma-Rubine

Rund 200 Kilometer nordöstlich von Mandalay werden im Mogok-Tal Rubine abgebaut, die für Schmuck verwendet wurden. Besonders prächtige Beispiele sind Juwelen und Gewänder, die am Hof der Konbaung-Dynastie getragen wurden. Heute erzielen myanmarische Rubine höchste Karatpreise und zählen zu den teuersten Edelsteinen der Welt. Sie sind für ihre Reinheit und die »taubenblutrote« Farbe berühmt.

## *Longyi* und *Htamein* heute

*Als zur britischen Kolonialzeit viele Inder einwanderten und ihre traditionellen leichten* lungi *aus Baumwolle mitbrachten, verdrängten die* longyi *die* pahso *als Alltagsgewand.* Longyi *haben meist klare, bunte Karomuster, während* htamein *lebhafter gefärbt und gemustert sind. Beide sind im Klima Myanmars angenehm zu tragen. Kunstvoll verzierte Stücke werden zu formellen Anlässen getragen, dünne Baumwollstücke im Alltag.*

***Longyi* und *htamein* werden üblicherweise im Alltag getragen**

## Regionale traditionelle Gewänder

*Die vielen ethnischen Minderheiten Myanmars besitzen ihre eigenen Trachten, die sich meistens völlig von dem unterscheiden, was die Mehrheit der Bevölkerung trägt. Die Jacken im Mandarinstil der Shan sind allerdings weitverbreitet. In den Bergen im Norden, Osten und Westen gehört zur Tracht oft auch eine schmucke Kopfbedeckung, etwa ein handgewebter Baumwollturban, und schwere Schmuckstücke.*

**Die Ried- oder Bambushüte im chinesischen Stil** werden oft von Männern und Frauen im Shan-Staat und der Mandalay-Region getragen.

**Die Pa-O** am Inle-See tragen traditionell weite, dunkelblaue Anzüge mit roten, gelben, grünen oder orangen, gemusterten Turbanen und gewebte Shan-Taschen.

**Akha**-Frauen tragen kunstvoll gestaltete Kopfbedeckungen. Die dunklen Jacken und Röcke sind oft stark bestickt.

**Shan**-Frauen sind oft mit birmanischen *htamein* bekleidet, die Männer mit weiten Hosen und Jacken im Mandarinstil.

**Die Naga** tragen ihre Trachten nur noch bei Festen. Dazu gehört ein großer Kopfschmuck mit bunten Perlen und Federn.

# Traditionelle Sportarten

In Europa kennt kaum jemand *chinlone,* aber in Myanmar ist es Nationalsport. Passend zum Buddhismus ist es kein Wettkampfsport. Die Teilnehmer versuchen, sich einen kleinen Rattanball mit den Füßen zuzuspielen. Die Mannschaften werden danach bewertet, wie schön sie spielen, nach der Komplexität und Athletik ihrer Bewegungen, der Schnelligkeit ihrer Reaktionen und der Eleganz ihrer Haltungen. Ein weiterer im Land weitverbreiteter Sport ist das Kickboxen oder *lethwei*. Nur ist hier das Ziel der K.-o.-Schlag. Beide Sportarten demonstrieren eindrucksvoll die grundlegende Dualität von Kooperation und Aggressivität.

***Tapandaing* wird wie *chinlone*, aber nur von Frauen gespielt**

### *Chinlone*

*Das Spiel ist eine der Besonderheiten Myanmars.* Chinlone *wird im ganzen Land mit Leidenschaft gespielt. Ziel ist es, den Ball so lange wie möglich in der Luft zu halten, auch die Schwierigkeit und Ausführung der definierten Bewegungen werden gewertet.*

***Wein kat* oder Mannschaftsspiel**
Im Wettbewerb wird *chinlone* in Mannschaften mit sechs Spielern gespielt, wovon fünf einen Kreis um den sechsten im Zentrum bilden, wie hier die Frauennationalmannschaft Myanmars.

**Bewegungen im *chinlone***
Es gibt um die 200 Arten, den Ball zu spielen. Viele der Bewegungen kommen vom Kampfsport oder Tanz. Bei den am höchsten bewerteten Spielweisen wird der Ball blind im Rücken gespielt.

**Ball**
Die *chinlone*-Bälle bestehen aus geflochtenem Rattan und haben einen Durchmesser von 13 Zentimetern. Die kleinen, leichten und etwas elastischen Bälle eignen sich perfekt für die trickreichen Spielweisen.

**Straßen-*chinlone***
*Chinlone* wird meistens aus reinem Vergnügen gespielt und wo immer dafür genügend Platz ist – in Parks, auf Plätzen und Straßen, an Stränden oder am Ufer, so wie hier am Irrawaddy.

## *Lethwei*

*Kickboxen oder* lethwei *ist ein Kampfsport, der in ganz Südostasien seit Jahrhunderten ausgeübt wird. Die moderne Form entstand in den 1950er Jahren. Heute wird nach Punkten entschieden, früher wurde gekämpft, bis einer der Kämpfer k.o. ging.*

**Regeln des *lethwei***
Bei dieser Vollkontaktsportart dürfen die Kämpfer Ellenbogen, Hände, Knie, Beine, Füße und sogar den Kopf verwenden. Von Jabs bis Roundhouse-Kicks, kreisförmig ausgeführte Fußtritte, wird alles eingesetzt.

**Gesprungener Ellenbogenschlag, mithilfe des gegnerischen Knies wird Höhe gewonnen**

**Beim Kniestoß wird zugleich der Kopf des Gegners nach unten gezogen**

**Beim Side-Kick wird gegen den Kopf des Gegners getreten**

**Schläge im *lethwei***
Myanmarische Boxer lernen, durch Schlagtechniken mit verschiedensten Körperteilen die Verteidigung ihres Gegners zu durchbrechen, wie etwa Ellenbogen- und Kniestöße. Ellenbogenschläge gehören zu den effektivsten Mitteln, um einen K.o. zu erreichen.

***Lethwei* in der Geschichte**
Kickboxen ist seit Jahrhunderten populär. Die meisten Dörfer veranstalten ihre eigenen Wettkämpfe. Das Bild entstand in den 1890er Jahren und zeigt einen *lethwei*-Kampf in einer Sandarena unter freiem Himmel. Die Kämpfer tragen nur Lendentücher und einen Gazewickel an den Händen.

# Feste

Die schier zahllosen Feste Myanmars hängen fast alle mit dem buddhistischen Kalender zusammen – von stillen Andachten in den örtlichen Schreinen bis zu Massenveranstaltungen wie dem Thingyan, dem »Wasserfest« zum birmanischen Neujahr. Dann steht das ganze Land still, jeder wird bis auf die Haut durchnässt. Neben den landesweiten religiösen Feierlichkeiten hat jede Region eigene Feste, zu denen in traditioneller Kleidung getanzt wird. Auch die jährlichen *nat pwe* sind ein guter Grund zum Feiern. In den Schreinen für die Geister führen Travestiedarsteller zu Musik Besessenheitstänze auf.

**Beim Fest der Shwedagon-Pagode *(März)*** werden am Fuß des großen Stupa *(siehe S. 74f)* Tausende Kerzen angezündet.

***Nat pwe* (mehrere, über das Jahr verteilt)**
Bei Veranstaltungen wie dem Fest für die »Mutter der zwei Lords« in Taungbyon wird musiziert, getanzt, gespielt und reichlich Alkohol getrunken, während man zu den 37 *nat*-Geistern betet und um ihre Gunst bittet *(siehe S. 136f)*.

**Goldvogel-Fest *(Sep/Okt)***
Beim wichtigsten religiösen Fest am Inle-See werden vier der fünf Buddha-Statuen der Phaung-Daw-U-Pagode im prunkvollen *hamsa*-Vogelkahn über den See bewegt. Die Figuren sind mit einer derart dicken Schicht Blattgold bedeckt, dass man ihre ursprüngliche Form kaum noch erkennen kann *(siehe S. 166f)*.

**Ballonfest in Taunggyi *(Nov)***
Tagsüber kann man Ballone in allen Formen und Größen besichtigen. Nachts steigen riesige, kunstvoll gestaltete Ballone aus Papier in den Himmel auf. Sie sind mit Feuerwerkskörpern vollgepackt, die über den Köpfen der begeisterten Menge gezündet werden *(siehe S. 172)*.

**Manau-Fest** ***(Jan)***
Zum Nationalfeiertag strömen die Kachin in die Hauptstadt ihres Staates Myitkyina und feiern ein großes *nat*-Fest. In farbenfrohen Trachten tanzen Tausende gemeinsam um hohe, schön geschmückte Pfähle, die *manautaing* *(siehe S. 182)*.

**Ananda-Tempel-Fest** ***(Dez/Jan)***
Der prächtige Ananda in Bagan *(siehe S. 124f)* ist einer der bedeutendsten Tempel in Myanmar. Das Tempelfest zieht jedes Jahr Tausende Gläubige an, die zu einem großen Teil in Ochsenkarren anreisen. Als Höhepunkt rezitieren 1000 Mönche 72 Stunden lang buddhistische Texte.

**Thingyan** ***(Apr)***
Zur heißesten Jahreszeit wird das Neujahrsfest gefeiert. In ausgelassener Karnevalsstimmung überschütten sich die Menschen gegenseitig mit Wasser. Ganz vorne dabei sind Gruppen von Mädchen, die von *pandal* (Pavillons) aus mit Feuerwehrschläuchen spritzen.

# Das Jahr in Myanmar

Das Jahr in Myanmar lässt sich klimatisch in drei Jahreszeiten einteilen: von November bis Februar ist es kühl, von März bis Mai ist es heiß und von Ende Mai bis Oktober nass. Viele der Feste liegen in den Übergangszeiten von einer dieser drei Perioden zur anderen, wobei die Jahreszeiten auch den Phasen des Reisanbaus entsprechen. In der Hitzeperiode werden die Felder gepflügt, in die Fluten des Monsuns der Regenzeit die Reissprösslinge gepflanzt, und zu Beginn der kühlen Jahreszeit ist die Ernte eingebracht. Dann ist auch die Hauptreisezeit in Myanmar, außerdem finden in dieser Zeit die meisten Tempelfeste statt. Ob es nun buddhistische Feiern sind oder sie zur Verehrung der *nat* (Geister) begangen werden: Fast alle Feste in Myanmar richten sich nach dem Mondkalender. Das buddhistische Jahr beginnt im April mit dem großen Wasserfest Thingyan. Dann herrscht überall im Land für eine Woche oder sogar länger ausgelassene Stimmung.

## Kühle Jahreszeit

Auch wenn es von November bis Februar im Vergleich zum restlichen Jahr relativ kühl ist, betragen die Durchschnittstemperaturen in der zentralen Ebene und in den Küstengebieten dennoch etwa 30 °C. Nach der Regenzeit ist der Himmel meistens wolkenlos. Diese Monate sind auch die beste Zeit für Badeurlaube. In den höheren Lagen wie etwa am Inle-See kann es nachts allerdings kühl werden.

### November

**Ballonfest** *(Nov)*, Taunggyi. Tausende Menschen kommen an den Stadtrand, um zuzusehen, wie die großen, aufwendig geschmückten und mit Feuerwerk gefüllten Ballone aus Papier aufsteigen, und um das anschließende Feuerwerk zu bewundern. Die besten Ballone bekommen einen Preis.

**Shwezigon-Fest** *(Okt/Nov)*, Bagan. Am 14. Tag des zunehmenden Mondes führt eine Prozession mit Kerzen und Feuerwerk um die Pagode. Die buddhistischen Mönche erhalten zu Vollmond Spenden, und die Umgebung der Pagode wird zu einem bunten Jahrmarkt.

**Shwesandaw-Fest** *(Nov)*, Pyay. An Vollmond des Monats Tazaungmon wird die Zahnreliquie der großen Pagode im Ort den Gläubigen gezeigt und dazu ein großes Fest gefeiert.

### Dezember

**Neujahr der Akha** *(Ende Dez)*, Kengtung. Die Akha feiern zweimal Neujahr, das Männerneujahr im Dezember und das Frauenneujahr bzw. Schaukelfest im August. Dann wird den Geistern der Ahnen geopfert, Lieder und Tänze werden in Trachten der Akha aufgeführt.

**Akha in Tracht beim Neujahrsfest *(Dez)***

**Traditioneller Tanz der Kachin beim Manau-Fest *(Jan)***

### Januar

**Manau** *(Anfang Jan)*, Myitkyina. Zum größten *nat*-Fest der Kachin kommen Tausende in ihren hübschen Trachten zusammen und feiern um den *manautaing* (heiligen Pfahl).

**Neujahr der Naga** *(Mitte Jan)*, Leshi. Viele Naga kommen in das Dorf Leshi, um in ihren traditionellen Gewändern Neujahr zu feiern.

**Ananda-Tempelfest** *(Jan)*, Bagan. Im birmanischen Monat Pyatho pilgern viele Buddhisten zum jährlichen Fest des Ananda-Tempels. Seine Mönche rezitieren drei Tage lang ununterbrochen aus heiligen Schriften und bekommen dann zum Vollmond Schüsseln voller Blumen und Früchte sowie Weihrauch und Geld geschenkt.

### Durchschnittliche monatliche Temperaturen

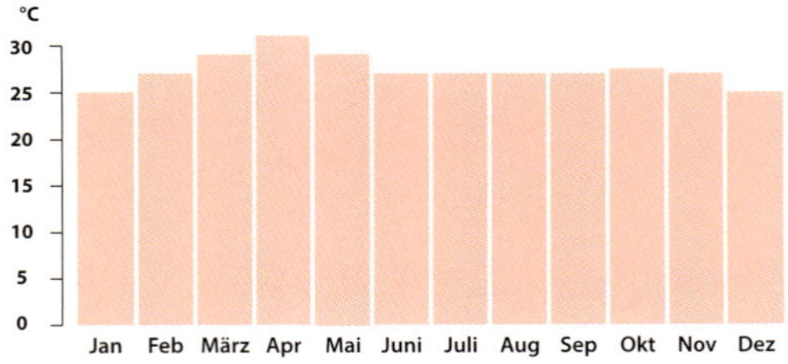


**Temperaturen**
Die ideale Reisezeit liegt zwischen November und Februar, wenn die Temperaturen nur selten über 32 °C steigen. Ab März liegen die Temperaturen in der zentralen Ebene bei 40 °C und darüber, in Rangun ist es dann nur wenig kühler. Am kühlsten ist es im Shan-Hochland.

## Februar

**Htamane** *(Feb)*, landesweit. Das Erntefest, am Vollmond des Monats Tabodwe, wird mit der gemeinschaftlichen Zubereitung eines Reiseintopfs in den Tempeln gefeiert.
**Mahamuni-Tempelfest** *(Feb/März)*, Mandalay. Neben den üblichen Opferritualen finden auch ein Jahrmarkt mit Musik und Tanz sowie Pferderennen und Bootsregatten statt.
**Moe-Byae-Fest** *(Feb)*, Moe-Byae, Shan-Staat. Das wichtigste Tempelfest der Shan wird zum Vollmond des Tabodwe mit Armbrustschießen und großem Jahrmarkt gefeiert.

## Heiße Jahreszeit

Ab Februar steigen die Tagestemperaturen wieder an und liegen Ende März in Bagan und Mandalay regelmäßig bei über 40 °C. Ab Mitte Mai steigt auch die Luftfeuchtigkeit an, Unternehmungen im Freien werden zur Herausforderung. Erst der Südwestmonsun bringt Ende Mai und im Juni Erleichterung. In archäologischen Stätten wie Bagan und Mrauk U gibt es wenig Schatten, Besichtigungen erfolgen in praller Sonne.

## März

***Shin-pyu*-Zeremonien**, landesweit. In den birmanischen Monaten Tabodwe und Tabaung bringen die Familien ihre herausgeputzten Söhne in *shin-laung-hlè-pwe*-Prozessionen zu den Klöstern, wo sie ihr *shin pyu* beginnen. Sie leben und studieren dann für einige Wochen oder länger mit den Mönchen.

**Darbringung von Blumen beim Shwedagon-Pagodenfest** ***(März)***

**Shwe-Myintzu-Pagodenfest** *(Feb/März)*, Indawgyi-See. Der Tempel liegt in der Mitte des größten Sees Myanmars. Die Pilger erreichen ihn zum Fest über einen schmalen Damm, der jedes Jahr auf mysteriöse Weise zu dieser Zeit entsteht.
**Fest der 9000 Lichter** *(März)*, Kyaiktiyo. Die Pagode des Goldenen Felsens feiert ihr jährliches Fest im März. Abertausende Opferkerzen für Buddhas Lehren tauchen den Tempel auf dem Fels in flackerndes Licht.
**Kakku-Pagodenfest** *(März)*, Kakku. Außer mit einem großen Jahrmarkt wird das Fest im Shan-Staat auch mit Aufführungen traditioneller Lieder und Tänze der Pa-O gefeiert. Am letzten Tag wird an Stupas ein Meer von Kerzen entzündet.
**Pindaya-Pagodenfest** *(März)*, Pindaya. Aus den umgebenden Hügeln strömen die Menschen zum Höhlentempel, um zu beten. Sie lagern in dieser Zeit innerhalb von Wagenburgen aus Ochsenkarren.
**Shwedagon-Pagodenfest** *(März)*, Rangun. Den Buddha-Statuen auf der Tempelterrasse werden Blumen, Weihrauch und Wasser dargebracht. Am Stupa leuchten Kerzen.
**Shwemawdaw-Pagodenfest** *(März/Apr)*, Bago. Im Mittelpunkt des Fests der größten Pagode in Bago stehen Theateraufführungen der Mon.

## April

**Thingyan** *(Mitte Apr)*, landesweit. Wenn die Hitze am größten ist, herrscht eine Woche lang Karnevalsstimmung. Überall bespritzt man sich mit Wasser, vor allem an den dazu errichteten *pandal* (Pavillons). Im liberalen Rangun ist man dabei nur leicht bekleidet.

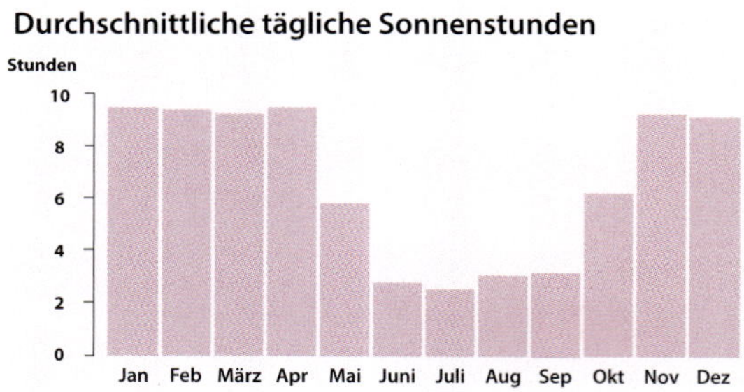


**Sonnenschein**
Die Tropensonne brennt in Myanmar das ganze Jahr über vom Himmel. Auch in der Monsunzeit gibt es nur selten einen Tag ohne Sonnenschein. Es ist daher immer wichtig, sich vor der Sonne zu schützen und reichlich zu trinken.

**Neujahr in Myanmar** *(Mitte Apr)*, landesweit. Das Ende des Thingyan feiern die Buddhisten mit mildtätigen Gaben. Sie speisen die Mönche, lassen Vögel aus Käfigen frei und erweisen den Alten ihre Reverenz.

**Sittaung-Tempelfest** *(Apr/Mai)*, Mrauk U. In der Ruinenstadt wird das große Tempelfest mit Kanalbootrennen und Ringerwettbewerben gefeiert.

**Kason** *(Apr/Mai)*, landesweit. Zu Buddhas Geburtstag werden Texte aus dem Pali-Kanon rezitiert. Die Menschen gießen mit Gefäßen voll heiligen Wassers die Bodhi-Bäume, die Buddhas Erleuchtung und den Übergang ins Nirwana symbolisieren.

## Mai

**Pa-O-Raketenfest** *(Mai)*, Taunggyi. Kurz vor dem Monsun werden Raketen mit Schwarzpulver aus lokaler Produktion in den Himmel geschossen, um viel Regen zu erbitten.

**Wat-Jong-Kham-Fest** *(Ende Mai)*, Kengtung. Die Jugend der ethnischen Minoritäten in der Region bewirft sich als Liebesbeweis mit Helmbohnen.

**Popa *Nat Pwe*** *(Mai/Juni)*, Popa Taung Kalat. Über 777 Stufen steigen die Pilger zum Gipfel des berühmten Berges bei Bagan hinauf, um dort im *nat*-Schrein Popa zu verehren. Bunt gekleidete Travestie-Orakel führen Besessenheitstänze auf.

## Juni

**Kaba-Aye-Rezitation** *(Mitte Juni)*, Rangun. Tausende Mönche versammeln sich in der Kaba-Aye-Pagode und tragen Verse aus den Nikaya-Schriften des *Tipitaka*-Kanons vor. Ähnliches geschieht im ganzen Land.

**Statuenverehrung im Schrein des Muttergeists, Popa *Nat Twe* *(Mai)***

**Pakokku-Thiho-Shin-Pagodenfest** *(Mitte Juni)*, Pakokku. Das religiöse Fest ist für die Bewohner am Westufer des Irrawaddy ein wichtiger Markt, werden doch hier die besten Bäume für *thanaka*-Paste angebaut.

**Gläubige wässern während der Feiern zu Kason einen Bodhi-Baum in Rangun *(Apr)***

**Durchschnittliche monatliche Niederschläge**

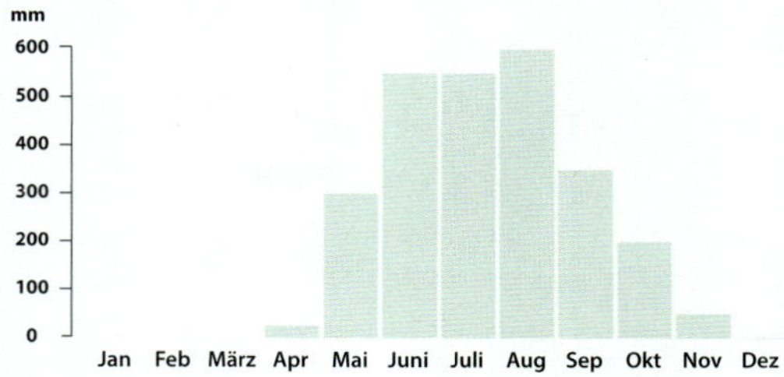


**Niederschläge**
Der Regen ist in Myanmar sehr ungleich verteilt. In Mandalay fallen etwa 915 Millimeter, in Taungu 2370 Millimeter, in Ye sogar 4641 Millimeter im Jahr. In der Zeit des Monsuns kommt es nahezu überall im Land zu sintflutartigen Regenfällen.

## Regenzeit

Im Mai werden die Schauer häufiger, im Juni setzen kräftige Monsunstürme ein, die aus Südwesten über das Land fegen. Die Hotels in den Badeorten schließen, und von Juli bis September ist es zum Teil schwierig, durch Myanmar zu reisen. Im Oktober kommt der Nordwestmonsun, die Regenfälle werden noch einmal heftig. Die Straßen sind dann oft überflutet, in den Bergen von Schlammlawinen verschüttet.

### Juli

**Dhammasetkya** *(Mitte Juli)*, landesweit. Die dreimonatige buddhistische Fastenzeit, die mit dem Vollmond im Waso anfängt, fällt in die Zeit des stärksten Monsuns. Die Menschen gehen in die lokalen Klöster und spenden den Mönchen Kleidung, Reis und andere wichtige Dinge.

**Waso-*Chinlone*-Fest** *(Juli/Aug)*, Mandalay. Die besten *chinlone*-Spieler Myanmars versammeln sich am Mahamuni-Tempel und spielen die Meisterschaft aus. Über 1000 Mannschaften nehmen am Wettkampf teil, der von traditionellen *hsaing waing*-Orchestern begleitet wird.

### August

**Fest der Mutter der zwei Lords** *(Juli/Aug)*, Taungbyon bei Mandalay. Dies ist zweifellos das aufregendste der vielen *nat*-Feste in Myanmar. Die vergoldeten Statuen der beiden Lords werden in einer riesigen Prozession durch das Dorf getragen. Hsaing-Musik, Spiele, Gesänge und Besessenheitstänze kommen zur Aufführung.

**Frauen weben zu Tazaungdaing Roben für die Mönche** ***(Okt)***

### September

**Manuha-Tempelfest** *(Mitte – Ende Sep)*, Myinkaba, Bagan. Riesenfiguren aus Pappmaschee, die Helden, überirdische Kreaturen und *nat* (Geister) darstellen, werden um die Dorfschreine getragen. Die ganze Nacht werden Tänze und Stücke aufgeführt.

**Goldvogel-Fest** *(Sep/Okt)*, Inle-See. Vier der fünf Buddha-Statuen der Phaung-Daw-U-Pagode werden in einer Bootsprozession im *hamsa*-Vogelboot über den See bewegt. Auch Jahrmärkte und Bootsrennen finden statt.

### Oktober

**Lichterfest im Thadingyut** *(Sep/Okt)*, landesweit. Am Ende der buddhistischen Fastenzeit wird Buddhas Rückkehr vom Himmel auf die Erde mit farbenfroher Festbeleuchtung gefeiert. Jedes Haus ist mit Kerzen und bunten Laternen erleuchtet.

**Elefantentanz-Fest** *(Mitte Okt)*, Kyaukse, bei Mandalay. In lebensgroßen Elefantenfiguren aus Bambus, Stoff und Papier kämpfen jeweils zwei Männer um die Auszeichnung für den besten Elefantentanz.

**Wettweben im Tazaungdaing** *(Ende Okt/Anfang Nov)*, landesweit. Im Mittelpunkt des Lichterfestes unter dem Vollmond im Tazaungdaing steht das traditionelle Wettweben von Mönchsroben, an dem unverheiratete Frauen teilnehmen.

### Feiertage

**Unabhängigkeitstag** *(4. Jan)*
**Tag der Union** *(12. Feb)*
**Vollmondfest im Tabaung** *(Feb/März)*
**Tag der Landbevölkerung** *(2. März)*
**Tag der Streitkräfte** *(27. März)*
**Neujahrsfest** *(13.–17. Apr)*
**Vollmondfest im Kason** *(Apr/Mai)*
**Tag der Arbeit** *(1. Mai)*
**Vollmondfest im Waso** *(Juni/Juli)*
**Tag der Märtyrer** *(19. Juli)*
**Vollmondfest im Thadingyut** *(Sep/Okt)*
**Vollmondfest im Tazaungmon** *(Okt/Nov)*
**Nationaltag** *(10. Tag nach Vollmond im Tazaungmon)*
**Weihnachten** *(25. Dez)*

# Die Geschichte Myanmars

**Wie in anderen Regionen Südostasiens können auch in Myanmar die Wurzeln der heutigen Kultur – und der andauernden ethnischen Auseinandersetzungen – viele Jahrhunderte zurückverfolgt werden. Das u. a. an Indien, China und Thailand grenzende Land war seit je vielfältigen Einflüssen ausgesetzt und hat schon aus strategischen Gründen viele Eroberer angezogen. Diese folgten den großen Flüssen, die das Gebiet durchziehen, und ließen sich in deren Tälern nieder. Das Ergebnis ist ein komplexes kulturelles Mosaik, an dessen Grenzen ständig neue Konflikte entstehen. Daran ändert auch der allgegenwärtige Buddhismus nichts, der sich vor mehr als 2000 Jahren von Indien her entlang den alten Handelsrouten verbreitet hat und auch heute noch die Kultur Myanmars maßgeblich prägt.**

Die frühesten Spuren des Homo sapiens im heutigen Myanmar stammen aus der Zeit zwischen 11 000 und 5000 v. Chr., als in der Anyathian-Kultur am Irrawaddy und Westrand des Shan-Hochlands die ersten Steinwerkzeuge hergestellt wurden. In der Padah-Lin-Höhle in den Hügeln nördlich von Pindaya nahe dem Inle-See *(siehe S. 166f)* wurden in den 1930er Jahren Werkzeuge und ockerfarbene Malereien von Jagdszenen und Händen gefunden.

Zwischen 1500 und 1000 v. Chr. verbreiteten sich Kupferverarbeitung und Reisanbau, der rasches Bevölkerungswachstum ermöglichte. Um 200 v. Chr. wanderten die Pyu, die eine tibetobirmanische Sprache sprachen, aus Yunnan in China ein und gründeten am Irrawaddy einige Siedlungen. Daraus entstanden gut organisierte, von Mauern geschützte Stadtstaaten, die in den Ebenen an den Flüssen Oberbirmas Bewässerungssysteme aufbauten und intensive Landwirtschaft betrieben. Größtes städtisches Zentrum war Hanlin beim heutigen Shweb am Westufer des Irrawaddy. Seine Wirtschaftskraft beruhte auf der Gewinnung von Salz und der Kontrolle des Handels auf dem Fluss, der ein stark genutzter Handelsweg zwischen China und dem Golf von Bengalen war. Irgendwann im 7. Jahrhundert wurde Hanlin schließlich von Sri Ksetra *(siehe S. 98f)* als Führungsmacht der Region abgelöst.

Kulturell standen die Pyu unter Einfluss des indischen Königreichs Andhra. Architektur, Kunst und Glaubensvorstellungen zeigen Merkmale des Mahayana-Buddhismus, Tantrismus, Hinduismus und die Verehrung lokaler *nat* (Geister). Der Theravada-Buddhismus kam im 5. Jahrhundert ins Land. Im 9. Jahrhundert löste das Königreich von Bagan die Pyu als dominierende Macht ab, doch Errungenschaften, wie birmanische Schrift, astrologischer Kalender und die Architektur der Pagoden, haben bis heute Bestand.

**11 000–5000 v. Chr.** Anyathian-Kultur

**3./2. Jh. v. Chr.** Der Buddhismus verbreitet sich in Birma

*Pyu-Münze aus Sri Ksetra mit Bhadrapitha-Trommel (7./8. Jh. n. Chr.)*

**5. Jh. n. Chr.** Gründung von Sri Ksetra, Bau des ersten zylindrischen Stupa

**11 000 v. Chr.** | 5000 | 1500 | 1000 | 300 | 200 | 0 | **600 n. Chr.**

**1500–1000 v. Chr.** Reisanbau und Metallverarbeitung breiten sich aus

*Steinarmreif, Taungthaman (Amarapura), ca. 500 v. Chr.*

**2. Jh. v. Chr.–1. Jh. n. Chr.** Erste Pyu-Stadtstaaten entstehen im Tal des Irrawaddy

**638** Die Pyu-Dynastie Vikrama erstellt den ersten Kalender

◀ **Detail eines steinernen Reliefs (6. Jh.) in der Nyaung-Ohak-Pagode in Inthein am Inle-See** ***(siehe S. 166f)***

## Rakhine und Mon

Etwa zur selben Zeit wie die Pyu besiedelten zwei weitere Gruppen Teile des Landes. Im Nordwesten entstanden die Stadtstaaten der Rakhine (Arakanesen), deren Wirtschaft neben Reisanbau auf dem Handel mit Indien beruhte. Bei Wethali und Dhanyawadi, in der Nähe der mittelalterlichen Stadt Mrauk U *(siehe S. 110f)*, sind Reste dieser Städte aus dem 4. Jahrhundert n. Chr. zu sehen, die buddhistische Traditionen und Einflüsse aus Indien zeigen.

Im Südwesten drangen die Mon vor, die ursprünglich aus dem westlichen China kamen. Sie besiedelten vermutlich im 9. Jahrhundert die Küstenebene um den Golf von Mottama (Martaban). Ihre Hauptstadt Thaton war der größte Hafen der Region. Später wurden sie von den Birmanen besiegt und gingen im Königreich Bagan auf, doch ihre hoch entwickelte Kultur wurde von den neuen Herren in großen Teilen übernommen.

**Der Bau der Shwezigon-Pagode begann unter Anawrahta**

## Dynastie der Bagan

Im frühen 9. Jahrhundert machte sich eine neue Macht aus dem Nordosten entlang dem Irrawaddy breit. Horden berittener Bogenschützen der Mranma oder Myanmar aus dem Königreich Nanzhao in Yunnan überfielen immer wieder die Städte der Pyu. Im Jahr 832 zerstörten sie Hanlin und verschleppten 3000 seiner Einwohner in die Sklaverei. Wenig später griffen sie Sri Ksetra an.

Nachdem die Pyu unterworfen waren, bauten die Mranma in einer Biegung des Irrawaddy nahe der Einmündung von dessen größtem Nebenfluss Chindwin die befestigte Siedlung Bagan. Seitdem heißen sie in den birmanischen Chroniken Bamar oder Burman. Die neuen Herren beherrschten ein Gebiet, das sich von Norden nach Süden über 320 Kilometer und von Osten nach Westen über 130 Kilometer ausdehnte. Für die nächsten 200 Jahre etablierte sich Birmanisch als Verkehrssprache, und Bagan verleibte sich alle umliegenden Stadtstaaten ein.

## Erstes Birmanisches Reich

Die Blütezeit der Bagan-Dynastie brach 1044 an, als ein Heranwachsender den Thron bestieg, nachdem er die Krone in einem Kampf Mann gegen Mann von seinem Cousin erobert hatte. Anawrahta »der Unbändige« (1044–78) vereinte durch eine Reihe von Feldzügen in weniger als zwei Jahrzehnten die vier großen Königreiche des mittelalterlichen Birma. Als er 1057 die Hauptstadt der Mon, Thaton, erobert hatte, kehrte er mit 30 000 Gefangenen zurück. Unter ihnen waren nicht nur die Königsfamilie der

**Mitte 7. Jh.** Die chinesischen Pilger Xuanzang und I Ching erwähnen die Pyu-Stadt Sri Ksetra

**849** König Pyinbya gründet Bagan (817–76) mit Stadtmauern, Burggraben und zwölf Toren

*Ananda, einer der schönsten Tempel von Bagan*

650 | 750 | 850 | 950 | 1050

**Anfang 9. Jh.** Die Mranma/Myanmar aus dem Nanzhao-Reich in Yunnan dringen in Oberbirma ein und lassen sich nieder

**832** Zerstörung von Hanlin

*Buddha-Amulett aus Terrakotta von der Pyu-Stadt Sri Ksetra (8./9. Jh.)*

**1056** Der buddhistische Mönch Shin Arahan reist nach Bagan

Mon, sondern auch viele erfahrene Baumeister und Architekten. Sie erschufen in den letzten 20 Jahren von Anawrahtas Herrschaft und in der Zeit seines Sohns und Nachfolgers Kyanzittha (reg. 1084–1112) zahlreiche Bauwerke in der Hauptstadt Bagan, darunter eine große Zahl von Klöstern, Stupas und Tempeln.

Der Wohlstand, der durch Handel und die militärischen Eroberungen entstand, ermöglichte nicht nur rege Bautätigkeit, sondern ging auch mit wirtschaftlichen, sozialen und religiösen Reformen einher. So wurde in dieser Zeit der Theravada-Buddhismus als Staatsreligion eingeführt. Eine wichtige Rolle spielte dabei der Mönch Shin Arahan (1034–1115), der Anawrahta zu dieser strengen, nüchternen Form des Buddhismus bekehrt haben soll. Er war aus dem Mon-Staat geflohen, als dieser von den hinduistischen Khmer aus dem Osten bedroht wurde, und diente in der Folge vier Bagan-Königen als geistlicher Berater. Während seines Wirkens wurde der Theravada-Buddhismus vorherrschende Religion und überlagerte den mystischeren Mahajana-Buddhismus, den Hinduismus und die Verehrung von Geistern.

Glasierte Fliese vom Ananda-Tempel, der unter König Kyanzittha erbaut wurde

Im 13. Jahrhundert kam es zum Niedergang des Bagan-Reichs. Die Befreiung der buddhistischen Klöster von der Steuer auf ihren Besitz leerte die Staatskasse. Ohne diese Einnahmen konnte keine große Armee unterhalten werden, Revolten brachen aus. 1277 und 1283, in der Herrschaftszeit Kublai Khans (1215–1294), drangen die Mongolen im Norden ein. 1287 plünderten sie Bagan, und das Reich zerfiel.

**Die Zeit nach Bagan**

Die Zeit nach der Zerstörung Bagans prägten Aufstände, viele Machthaber kämpften um die Vorherrschaft. Schließlich kristallisierten sich vier große Reiche heraus. In den Bergen im Osten herrschte ein Verbund von Shan-Häuptlingen, die mit den Mongolen gekommen waren. Im Nordwesten entstand 1430 das Reich Arakan, dessen Einflussgebiet von der Mündung des Ganges bis zum Irrawaddy reichte. In Oberbirma sah sich Inwa (Ava) als wahrer Nachfolger des Bagan-Reichs. Sein Ziel, Birma wieder zu vereinen, führte zu einem 40-jährigen Krieg mit dem Pegu-Reich in Unterbirma. Dieses konnte seine Unabhängigkeit jedoch wahren, ging sogar gestärkt aus diesem Krieg hervor und blühte durch den zunehmenden Seehandel auf. Bauwerke aus der Hochzeit dieses Reiches (1420–1530), die noch heute in Bago zu sehen sind, dokumentieren Wohlstand und Bedeutung dieses wichtigen Zentrums des Theravada-Buddhismus.

**1105** König Kyanzittha baut den Ananda-Tempel in Bagan

**Nach 1290** Marco Polo (1254–1324) ist der erste Europäer, der Birma (Mien) besucht und beschreibt

*Marco Polo, venezianischer Handelsreisender*

**1364** König Thadominbya (reg. 1345–67) verlegt die Hauptstadt von Sagaing nach Inwa (Ava)

**1150** – **1250** – **1350** – **1450**

**11.–13. Jh.** Blütezeit des Tempelbaus in Bagan

**1287** Zerfall des ersten birmanischen Königreichs nach der Invasion der Mongolen

*Kublai Khan, erster mongolischer Kaiser Chinas und Enkel von Dschingis Khan*

**1430** Men Saw Mon (1380–1433) oder auch Naramithla gründet die neue arakanesische Hauptstadt Mrauk U

### Taungu-Dynastie (Zweites Birmanisches Reich)

Im Norden Pegus wuchs im Tal des Sittaung eine neue Macht heran, die begehrlich auf Pegus Reichtum blickte. Nach der Eroberung von Inwa (Ava) 1527 durch eine Konföderation von Shan-Staaten flohen viele Bamar aus Oberbirma, ließen sich in Taungu, der Hauptstadt des Staats, nieder und stärkten König Tabinshwetis (reg. 1530–50) junges aufstrebendes Reich.

Tabinshweti wollte Taungu zum Zentrum eines Imperiums machen und eroberte 1539 die Mon-Gebiete von Pegu (Bago). Deren Reichtum nutzte er für weitere Feldzüge. 1545 kontrollierte er – mit Ausnahme von Arakan – ganz Ober- und Unterbirma. Gegen Ende seiner Herrschaft verfiel der König allerdings dem Alkohol und verlor den größten Teil seiner Eroberungen wieder. An seinem 34. Geburtstag wurde er ermordet.

Auf den Thron folgte ihm sein Schwager Bayinnaung (reg. 1550–81), der sich anschickte, die verlorenen Gebiete wieder einzunehmen. Bayinnaung gilt wegen seines strategischen Geschicks als bedeutendster birmanischer König. In den folgenden drei Jahrzehnten formte er das größte Reich in der Geschichte Südostasiens. Es umfasste neben Birma auch Laos, das südliche Yunnan, Siam und Manipur. Sein größter Erfolg war die Einbindung der Shan-Staaten durch ein Bündnissystem, das bis zur Eroberung Birmas durch die Briten 1885 bestand und sicherstellte, dass keine der folgenden Hauptstädte um das heutige Mandalay aus dem Osten angegriffen wurde.

**Darstellung von Adeligen am Hof der Konbaung im 18. Jahrhundert**

### Europäische Händler und Söldner

Während der Herrschaft des letzten mächtigen Taungu-Königs, Anaukpetlun (reg. 1606–28), unterlag die Region weiteren Einflüssen. Seit der Gründung der portugiesischen Kolonie Goa 1510 ließen sich europäische Händler an den Küsten Südostasiens nieder und drangen ins Hinterland vor. Portugiesische Sklavenhändler und Abenteurer wurden zu einer festen Instanz an den Höfen der Herrscher. Diese waren von den neuen Waffen und militärischen Taktiken beeindruckt und engagierten europäische Söldner für ihre Kriege – und bereuten dies meist bald. Beispielhaft war der König von Arakan, der Anfang des 17. Jahrhunderts den portugiesischen Abenteurer Filipe de Brito e Nicote als Statthalter der Hafenstadt Thanlyin einsetzte. De Brito nutzte seine Position aus, um das Hinterland auszuplündern, bis er 1613 von König Anaukpetlun *(siehe S. 82)* getötet wurde.

### Aufstieg der Konbaung (Drittes Birmanisches Reich)

Am Ende von Anaukpetluns Herrschaft erschütterten Aufstände das Land. In der Folgezeit zerfiel das Reich langsam. 1740 wurde die Hauptstadt von Pegu in

**1500**

**1527** Eine Konföderation von Shan-Staaten erobert Inwa

**1545** König Tabinshweti vereinigt Ober- und Unterbirma (außer Arakan) in einem Reich

**1550**

**1551** Bayinnaung wird gekrönt

*Statue von Bayinnaung, dem dritten König der Taungu-Dynastie*

**1569** Bayinnaungs Armee erobert Siam

**1600**

**1613** Anaukpetlun lässt de Brito pfählen

**1619** Die Britische Ostindien-Kompanie schickt eine Abordnung nach Pegu

*Filipe de Brito e Nicote, von den Birmanen Nga Zinga genannt*

das geschütztere Inwa verlegt. Doch 1752 erhoben sich die Mon, fuhren den Irrawaddy hinauf und eroberten die Hauptstadt. Angesichts des Vormarschs der Mon sammelte Aung Zeya nach einigen Scharmützeln mit den Mon eine kleine, aber hoch motivierte Armee um sich. Als die Mon 1752 die Verteidigung Inwas durchbrachen, erklärte sich Aung Zeya zum neuen birmanischen König und nahm den Ehrentitel Alaungpaya, »werdender Buddha«, an.

Der Name wird noch heute verehrt, denn König Alaungpaya (1714–1760) vertrieb nicht nur die Besatzungstruppen der Mon aus dem Reich, sondern konnte zwei Jahre später auch den Gegenschlag abwehren, als erneut eine Armee nach Norden marschierte, um Inwa wieder einzunehmen. 1757 revanchierte sich Alaungpaya, überfiel Pegu und ließ die gesamte Bevölkerung niedermetzeln.

In seiner kurzen, achtjährigen Herrschaft konnte Alaungpaya ganz Birma zurückerobern, unterwarf Manipur und das nördliche Thailand und legte damit den Grundstein für das dritte und letzte Birmanische Reich. Dies war das Reich der von ihm gegründeten Dynastie Konbaung *(siehe S. 54f)*.

**Seidenmalerei einer militärischen Übung der Konbaung**

### Herrschaft der Konbaung

Zur ersten ernsten Bedrohung der Konbaung-Herrschaft kam es 1767–70, als die mandschurischen Qing in Birma einfielen. Ihre Armeen rückten bis auf drei Tagesmärsche auf Inwa vor und lösten dort Panik aus. Doch Krankheiten und zäher Widerstand stoppten ihren Vormarsch. Nach diesem unerwarteten Sieg der Konbaung hielten sich die birmanischen Könige für unbesiegbar. Sie zogen sich danach in ihren luxuriösen Palast am Ufer des Irrawaddy zurück und überließen den Kampf ihren Generälen.

Das Bild der Konbaung als lasterhafte Größenwahnsinnige kam während der Herrschaft Bodawpayas (reg. 1782–1819) auf. Alaungpayas vierter Sohn ließ Dutzende Familienmitglieder und Konkurrenten ermorden, um auf den Thron zu kommen. Bodawpaya soll 207 Ehefrauen und Konkubinen sowie 120 Kinder gehabt haben. Doch er blieb in Erinnerung, weil er bei Mingun den weltgrößten Stupa aus Ziegel bauen lassen wollte – und weil er den Angriff auf Arakan befahl, bei dem Arakans Hauptstadt Mrauk U zerstört wurde. Die birmanische Armee kehrte im Triumph zurück. Sie brachte zudem die heiligste aller arakanesischen Buddha-Statuen als Beute mit: den Mahamuni. Noch heute befindet sich die Statue in Mandalay im Mahamuni-Tempel.

*Birmanische Kriegselefanten auf einem Tempelgemälde*

**1666** Die Moguln besiegen Arakan

**1740** Die Hauptstadt wird von Pegu nach Inwa verlegt

**1752** Gründung der Konbaung-Dynastie

650 | 1700 | 1750

**1688** Die Französische Ostindien-Kompanie gründet eine Niederlassung in Syriam

*Alaungpaya, Gründer der Konbaung-Dynastie*

**1767** Die Birmanische Armee greift Siams Hauptstadt Ayutthaya an

**1784** Bodawpaya besiegt Arakan

# Konbaung-Dynastie

Die Konbaung regierten Birma von 1752 bis zur Eroberung durch die Briten 1885. Sie waren die letzte Herrscherdynastie des Landes. Erster Konbaung war der legendäre Alaungpaya. Er kämpfte sich bis zum Regenten eines Reichs empor, das von den Grenzen Indiens bis zum Golf von Thailand reichte. Die höfische Kultur und spätere Reformen der Konbaung prägten die noch heute gepflegten traditionellen Künste, die Regierungsweise und die nationale Identität.

***Bhamarasana*** **(Bienenthron): Hier saß der König bei Ernennung seiner Hauptkönigin**

## Hof der Konbaung

*Am und mit dem Hof demonstrierten die Könige ihre absolute Macht. Ihr prächtigstes Symbol war der goldene* Sihasan, *der »Löwenthron«. Vor ihm mussten sich die Mitglieder der Königsfamilie, die Adeligen und Höflinge auf den Boden werfen. Als Sinnbild der birmanischen Herrschaft bildete der Löwenthron das Zentrum der Großen Empfangshalle im Palast von Mandalay* (siehe S. 144f).

**Thibaw und Supayalat**
König Thibaw (reg. 1878–85) und seine Königin gelten als Lord und Lady Macbeth in der Geschichte Südostasiens. Sie ließen die Mitglieder der Königsfamilie hinrichten, um ihre Macht zu festigen.

**Neun Edelsteine** zierten den Löwenthron, jeder stand für eine besondere Eigenschaft oder Tugend.

**Der Himmelskönig** repräsentierte die Rolle des Monarchen als Beschützer des Buddhismus und als höchster Richter seines Volkes.

**In Türnischen auf der Rückseite des Throns** standen Figuren von Kinnara und Kinnari, den Vogelmenschen.

**Der Sockel** in der Form von zwei Lotosblüten ist aus *yamanay*-Holz *(Gmelina arborea)* geschnitzt, das leicht, aber hart ist.

**Gesegnete Erde** von heiligen Plätzen im ganzen Königreich wurde im Fundament eingelagert.

## Kunst und Architektur der Konbaung

*Der Hof war nicht nur das politische Zentrum des Reichs, sondern auch das Zentrum künstlerischen Schaffens. Hier entstanden Tanzdramen, Musik und Lieder, erblühten Marionettentheater, Dichtung und Kalligrafie. In Mandalay errichteten Birmas beste Baumeister und Handwerker wunderbar ausgeschmückte Teakholzbauten, von denen nur wenige noch existieren.*

**Wandteppiche**
*Kalaga*, Samtgehänge bestickt mit Szenen aus der Mythologie, werden noch heute in der Tradition der Konbaung-Zeit hergestellt.

**Shwenandaw-Kloster**
Dieses Kloster aus Teakholz gehörte früher zum Palast. Es vermittelt einen Eindruck davon, wie die verschwundene Stadt einmal ausgesehen hat.

**Schnitzereien**
Nur wenige der kunstvollen Teakholzbauten der Konbaung-Handwerker existieren noch. Doch die Schnitzereien am Shwenandaw-Kloster und die noch erhaltenen religiösen Darstellungen bezeugen ihre Meisterschaft.

## Kriege der Konbaung

*Wie die meisten birmanischen Herrscher wollten auch die Konbaung ihr Reich erweitern. Der erste Konbaung, Alaungpaya, dehnte es bis an die Grenzen des heutigen Myanmar aus. Seine Nachfolger verleibten dem Reich noch Teile Indiens und Siam ein. Erst die Briten setzten diesen territorialen Ambitionen ein Ende.*

**Der Birmanisch-Siamesische Krieg und die Britisch-Birmanischen Kriege**
Bei der Eroberung Siams 1767 wurden große Schätze erbeutet, geschickte Künstler kamen an den Königshof. Ihre Spuren sind noch heute in der klassischen birmanischen Kunst zu entdecken. Den Gegensatz dazu bildeten die Britisch-Birmanischen Kriege. Die von den Briten auferlegten Reparationszahlungen schwächten die Macht der Konbaung für immer.

### König Thibaws Exil

Um sicherzustellen, dass König Thibaw für seine Untertanen kein Märtyrer wird, schickten ihn die Briten nach dem Dritten Britisch-Birmanischen Krieg ins Exil. Gerade als ein für die Jahreszeit ungewöhnlicher Regenschauer vorübergezogen war, wurde die Königsfamilie vom Palast durch eine trauernde Menge zum Kai eskortiert, von wo sie ihre Reise nach Ratnagiri in Indien antrat. Dort starb der König, niedergeschlagen und verarmt. Nach seiner Abreise wurde der Mandalay-Palast geplündert.

**Im Gemälde (um 1900) eskortieren britische Truppen die Königsfamilie**

**Sturm auf die Palisade, Erster Britisch-Birmanischer Krieg**

## Erster und Zweiter Britisch-Birmanischer Krieg

Auch Bodawpayas Enkel Bagyidaw (reg. 1819–37) verfolgte eine Expansionspolitik und marschierte gegen Manipur und Assam in Indien. Für die Britische Ostindien-Kompanie waren dies Pufferstaaten, die britisches Gebiet gegen eine birmanische Invasion schützten und zu deren Unterstützung sie Truppen entsandte. Als Birma schließlich den Bergstaat Cacher angriff, kam es zur direkten Konfrontation.

Der Erste Britisch-Birmanische Krieg (1824–26) endete für beide Seiten in einer Katastrophe: Etwa 15 000 britisch-indische Soldaten und weit mehr birmanische fielen. Bevor ihre Truppen die Überhand gewannen und das Blutvergießen beendet war, hatten die Kriegskosten von über fünf Millionen Pfund (heute etwa 24 Milliarden Euro) die Ostindien-Kompanie fast in den Ruin getrieben. Im Vertrag von Yandabo verlor Birma große Teile seines Territoriums einschließlich Arakans und zahlte riesige Entschädigungssummen, die die Wirtschaft des Konbaung-Reiches belasteten.

Der Zweite Britisch-Birmanische Krieg von 1852 brach aus, als der birmanische Gouverneur von Rangun zwei britische Kapitäne wegen Zollvergehen bestrafte. Der sich daraus entwickelnde Konflikt zog sich ein Jahr hin. Er endete mit der Annexion von Unterbirma durch die Briten und einem innerbirmanischen Bürgerkrieg, der zur Absetzung Pagan Mins und zur Inthronisation von König Mindon (reg. 1853–78) in Amarapura führte. Der gelehrte Buddhist Mindon verlegte die Hauptstadt nach Mandalay, wo er Klöster und Pagoden bauen ließ. Zudem leitete er Reformen ein, die Birma modernisieren sollten. Sie erfolgten jedoch zu spät – angesichts der katastrophalen Ereignisse, auf die Birma zusteuerte.

## Dritter Britisch-Birmanischer Krieg

Mindon starb 1878 ohne designierten Nachfolger. Nach monatelangen Intrigen wurde Prinz Thibaw (reg. 1878–85) auf den Thron gehievt. Er war mit Supayalat liiert, der Tochter von Mindons einflussreicher Witwe. Der neue König und seine Königin ließen kurz nach ihrer Krönung Hunderte Mitglieder der Königsfamilie ermorden, um jede Bedrohung ihrer Herrschaft zu beseitigen. Die Welt war empört, die Briten forderten die Absetzung. Der Dritte Britisch-Birmanische Krieg wurde 1885 durch einen Streit über Holzsteuern für schottische Teakholzhändler ausgelöst. Der birmanische

*Britische Soldaten an der Shwedagon-Pagode, Erster Britisch-Birmanischer Krieg*

*Bahadur Shah Zafar, Indiens letzter Mogul-Herrscher*

**1862** Bahadur Shah Zafar stirbt im Exil in Rangun

1800 | 1825 | 1850

**1824** Erster Britisch-Birmanischer Krieg

**1826** Vertrag von Yandabo zwischen der Britischen Ostindien-Kompanie und dem König von Inwa (Ava)

**1852** Zweiter Britisch-Birmanischer Krieg, die Briten erobern Rangun und bauen es aus

**1859** Mindon verlegt die Hauptstadt nach Mandalay

Widerstand gegen die britische Armee, die den Irrawaddy hinauf nach Mandalay zog, war diesmal nur schwach. Ohne einen Schuss kapitulierte Thibaw vor den Truppen General Henry Prendergasts. Die königliche Familie wurde nach Indien ins Exil geschickt.

### Kolonialherrschaft

Birma war nun offiziell ein Teil von Britisch-Indien. Es wurde von einem Gouverneur in Kolkata regiert, der die schon in Indien erfolgreich eingesetzte Teile-und-herrsche-Taktik anwandte, um die birmanische Mehrheit in Schach zu halten. Dies hatte in den folgenden rund hundert Jahren fatale Auswirkungen.

Das Irrawaddy-Delta wurde erschlossen, und die Wirtschaft boomte. Hunderttausende Inder wanderten ein, ab 1927 stellten sie die Mehrheit der Bevölkerung. Birmanen bekamen keine Stellen in der britischen Verwaltung, litten unter Arbeitslosigkeit und verarmten. Die Opposition unter den Birmanen gegen die Briten wuchs. An der Spitze standen radikale buddhistische Mönche und später Studentengruppen der Universität in Rangun, wie die »Dobama Asiayone« (Wir-Birmanen-Vereinigung). Einer ihrer Führer war der junge Sozialist Aung San, der Birma später in die Unabhängigkeit führen sollte. Seine Tochter ist die berühmte Aung San Suu Kyi.

### Zweiter Weltkrieg

Im Dezember 1941 marschierte Japan in Birma ein, um den Nachschub der Alliierten für die chinesischen Truppen über die »Burma Road« von Assam nach Yunnan zu unterbinden. Der Norden des Landes galt als Einfallstor nach Britisch-Indien und damit als Etappe auf dem Weg zur Beherrschung ganz Asiens.

Als die japanische Armee vorrückte, wurden die britisch-indischen Truppen etwa 1500 Kilometer in den Gebirgsdschungel an der indischen Grenze zurückgedrängt – begleitet von Hunderttausenden indischer Flüchtlinge, die von den Birmanen verfolgt und getötet wurden. Um ihre Heimat zu befreien, hatten sie sich mit den Japanern verbündet. Etwa 12 000 Soldaten und über 30 000 Zivilisten kamen in der Massenflucht um.

Der Vormarsch der Japaner wurde bei Kohima in Nordostindien gestoppt. Mit Luftangriffen drängten die Alliierten sie über den Chindwin zurück. Britische und US-Spezialeinheiten, wie die Chindits und Merrill's Marauders, wurden weit hinter den japanischen Linien abgesetzt und griffen von dort an. Der Kampf verlagerte sich vor allem in die Ebenen Zentralbirmas. Am 28. August 1945 kapitulierten die japanischen Besatzer.

**Ein Militärkonvoi auf der »Burma Road« um 1945**

**1878** König Mindon stirbt an der Ruhr

**1879** Thibaw beginnt, Angehörige zu ermorden

*Britische Truppen marschieren 1885 in Mandalay ein*

**1937** Die Briten gewähren Birma eine eingeschränkte Selbstverwaltung

**1941** Japanische Invasion

**1875** — **1900** — **1925**

**1885** Dritter Britisch-Birmanischer Krieg und britische Eroberung Birmas

**1884** Thibaw lässt etwa 400 Mitglieder der Königsfamilie im Gefängnis ermorden

*Die birmanische Armee unter britischem Kommando 1940*

**1944** Operation Capital: Die Alliierten erobern Birma zurück

**1945** Japanische Kapitulation

## Unabhängigkeit

Unter japanischer Besatzung war Birma ein Marionettenstaat, an dessen Spitze nominell die Führer der Birmanischen Befreiungsarmee standen. Im März 1945 wechselte Aung San die Fronten und schlug sich in der Endphase des Krieges mit seinen Truppen auf die Seite der Alliierten. Nach dem Krieg drängte Birma auf Unabhängigkeit. Im Januar 1947 waren die Verhandlungen mit den Briten abgeschlossen, 1948 sollte Birma die Souveränität erlangen.

Drei Monate später gewann Aung Sans Partei die nationalen Wahlen, doch die Freude währte nur kurz. Am 19. Juli wurden Aung San und sechs seiner Minister ermordet. U Nu, seit seiner Studentenzeit ein Freund von Aung San, wurde erster Premierminister des unabhängigen Birma. Danach kam es zu Protesten und Widerstand gegen die neue, von Birmanen dominierte Regierung. Kommunisten und Rebellen der chinesischen Kuomintang, frühere Widerstandskämpfer und ethnische Minderheiten wie Shan, Kachin und Chin, denen Autonomie versprochen worden war, kämpften gegen die Armee. Das Land glitt in den Bürgerkrieg ab.

**U Nu, Freund von Aung San und erster Premierminister von Birma**

## Militärherrschaft und 8888-Aufstand

Mit der Wirtschaft ging es rasend bergab. Die Reisexporte fielen, die Militärausgaben stiegen. U Nu übergab 1958 die Regierungsgewalt an die Militärregierung unter General Ne Win. Die chaotische politische Situation Birmas stabilisierte sich wieder.

Mit den Wahlen von 1960 kam U Nu erneut an die Macht. Wieder drohte das Land durch Autonomieforderungen in einen Bürgerkrieg abzugleiten. Erneut mischten sich Ne Win und die Armee ein. Der Staatsstreich von 1962 war der Beginn einer radikalen Militärdiktatur unter der Birmanischen Sozialistischen Programmpartei. Firmen, die Landwirtschaft und die Medien wurden verstaatlicht, ausländische Hilfsorganisationen und Parteien verboten. Birma schottete sich von der Außenwelt ab und wurde einer der ärmsten Staaten der Welt. Im Juli 1988 trat Ne Win nach Protesten von Studenten und Mönchen zurück. Mit den Demonstrationen vom 8. August 1988, die dem 8888-Aufstand seinen Namen gaben, breiteten sich die Proteste landesweit aus. Ihre Stimme wurde Aung Sans Tochter Aung San Suu Kyi. Die Junta rief das Kriegsrecht aus, die Proteste wurden gewaltsam niedergeschlagen. Tausende wurden eingesperrt, getötet oder flohen aus dem Land.

## SLORC

Im September 1988 kam durch einen erneuten Staatsstreich der State Law and Order Restoration Council (SLORC) unter General Saw Maung an die Macht, der

**1947** Aung San wird ermordet

**1948** Birma wird von den Briten in die Unabhängigkeit entlassen

**1958–60** General Ne Wins Regierung

*General Ne Win, Oberbefehlshaber und Gründer der Birmanischen Sozialistischen Programmpartei*

**1945** | **1955** | **1965** | **1975**

*General Aung San*

**1962** Premierminister U Nu durch Staatsstreich gestürzt

**1974** Neue Verfassung überträgt der Armee die Macht

*U Thant, UN-Generalsekretär (1961–71)*

1989 den Landesnamen in Myanmar änderte. Der SLORC setzte 1990 freie Wahlen an, die ihn bestätigen sollten. Er war von seinem Sieg überzeugt, glaubte er doch an eine sichere Unterstützung aus dem Volk. Zudem standen die führenden Mitglieder der oppositionellen Parteien unter Hausarrest. Doch die Wahl geriet für den SLORC zum Debakel. Die National League for Democracy (NLD) unter Aung San Suu Kyi holte 60 Prozent der Stimmen. Anstatt das Ergebnis zu respektieren, steckte der SLORC die Wahlgewinner ins Gefängnis, in Arbeitslager oder ließ sie »verschwinden«. Die 1991 mit dem Friedensnobelpreis ausgezeichnete Aung San Suu Kyi wurde für mehrere Jahre unter Hausarrest gestellt.

Nach 2000 dominierte General Than Shwe die Politik. Er leitete den Übergang zur Demokratie ein, doch wird er vor allem wegen seines monarchischen Gebarens und seines verschwenderischen Lebensstils in Erinnerung bleiben – und dafür, dass er Myanmars Hauptstadt von Rangun nach Naypyitaw verlegte.

## Safran-Revolution und Weg zur Demokratie

Eine enorme Preiserhöhung für Erdgas und Erdöl löste 2007 den nächsten Aufstand aus. Die landesweiten Proteste der von Mönchen angeführten Safran-Revolution wurden erneut brutal niedergeschlagen. 31 Menschen starben, Tausende wurden verhaftet.

2008 wurde ein Referendum über eine neue Verfassung durchgeführt. Die Opposition lehnte das Ergebnis ab, dennoch

**Aung San Suu Kyi, Vorsitzende der NLD**

bereitete es den Weg für umfassende Reformen. Aung San Suu Kyi kam 2010 frei, politische Gefangene wurden amnestiert, die Pressezensur gelockert. International reagierte man schnell auf die Veränderungen. Hillary Clinton (2011) und Barack Obama (2012) kamen zu Gesprächen nach Myanmar, die Touristenzahlen stiegen rasch an. Als bei Nachwahlen 2012 auch die NLD antrat, wurde Aung San Suu Kyi zur Abgeordneten gewählt. Im selben Jahr wurden zudem mit Minderheiten, die für eine Autonomie kämpften, Waffenstillstände geschlossen. Doch weiterhin flammten Unruhen auf. 2012 kam es im Rakhaing-Staat zu Ausschreitungen gegen die muslimischen Rohingya. Tausende wurden vertrieben, Dutzende starben.

Trotz dieser Ausbrüche war die demokratische Entwicklung nicht aufzuhalten. Bei den Parlamentswahlen vom November 2015 errang die NLD die absolute Mehrheit der Sitze. Mit Htin Kyaw (NLD), einem engen Vertrauten von Aung San Suu Kyi, wurde erstmals seit mehr als 50 Jahren wieder ein ziviler Staatspräsident gewählt.

**1989** SLORC erklärt das Kriegsrecht

**1991** Aung San Suu Kyi erhält den Friedensnobelpreis

**2005** Naypyitaw wird neue Hauptstadt

**2011** Thein Sein zum Präsidenten gewählt

**2012** NLD gewinnt bei den Wahlen Sitze; Waffenstillstand mit der Karen National Union

**2013** NLD wird bei den Wahlen stärkste Partei

**1985** | **1995** | **2005** | **2015**

**1988** 8888-Aufstand; Aung San Suu Kyi spricht an der Shwedagon-Pagode

*Straßenkämpfe in Rangun während des 8888-Aufstands*

**2008** Zyklon Nargis zerstört die Deltaregion

*Präsident Thein Sein*

**2013** Lokale Unruhen in Meiktila; Thein Sein kündigt die Freilassung politischer Gefangener an

# DIE REGIONEN MYANMARS

# Myanmar im Überblick

Myanmar erstreckt sich vom Himalaya im Norden bis zu tropischen Regionen im Süden. Dazwischen strömen die mächtigen Flüsse Sittaung und Irrawaddy durch weite Ebenen, die von dschungelbedeckten Bergen begrenzt werden. Im Osten durchzieht der Thanlwin (Saluen) das Shan-Hochland. In den Deltas der Ströme entstand zwischen den Kanälen ein Mosaik aus Reisfeldern, doch richten gerade dort regelmäßig Zyklone schwere Schäden an. Myanmar bietet zudem faszinierende Kunst und Kultur – von den grandiosen Ruinen von Bagan über die koloniale Architektur in Rangun zu den Musik- und Tanztraditionen, die insbesondere in Mandalay gepflegt werden.

**Der Hkakabo Razi** *(siehe S. 185)* ist Myanmars höchster Gipfel. Das einsam gelegene Massiv ist perfekt für Trekking-Abenteuer.

**Bagan** *(siehe S. 116–135)* am Irrawaddy zählt zu Südostasiens größten archäologischen Schätzen. Auf einer sandigen Ebene bieten die kunstvollen Relikte der untergegangenen Königsstadt trotz Schäden durch Naturkatastrophen und Vernachlässigung einen unvergesslichen Anblick.

**Mrauk U** *(siehe S. 110–114)* in den Bergen des Rakhaing-Staates birgt sehenswerte Relikte des mittelalterlichen Königreichs Arakan. Von der einst asienweit berühmten Pracht seiner Paläste und Tempel sind heute nur einige wenige Stupas und Ordinationshallen verblieben.

**Die Shwedagon-Pagode** *(siehe S. 74–77)* ist Myanmars bedeutendster buddhistischer Schrein. Der Komplex aus schimmerndem Gold und Marmor ragt hoch über Rangun in den Himmel. Die Schäden, die britische Invasoren und Erdbeben angerichtet hatten, wurden behoben, sodass die Pagode heute wieder in ihrer alten Pracht erstrahlt.

◀ **Blick vom Mandalay-Berg über den Irrawaddy und die Stupas von Mandalay** ***(siehe S. 142–149)***

**Mandalay** *(siehe S. 142–149)* bewahrt die letzten Relikte der Konbaung-Dynastie, zu denen auch das reich beschnitzte Teakholzkloster Shwenandaw zählt.

**Der Inle-See** *(siehe S. 166–168)* in den Shan-Bergen fasziniert mit Pfahldörfern der Intha, alten Stupa-Anlagen und Lotos-Seidenwebereien.

**Ngapali** *(siehe S. 106)* ist mit seinem goldenen Sandstrand und klarem, türkisfarbenen Meer Myanmars schönster Badeort.

**Bago** *(siehe S. 92–95)*, die alte Hauptstadt Unterbirmas, lockt mit buddhistischen Monumenten, darunter Myanmars beliebtesten liegenden Buddha-Statuen.

**Die Kyaiktiyo- oder Pagode des Goldenen Felsens** *(siehe S. 190f)* ist nach der Shwedagon-Pagode in Rangun und dem Mahamuni-Tempel in Mandalay der wichtigste Wallfahrtsort des Landes.

# Rangun

**Seit 2005 ist zwar Naypyitaw Myanmars offizielle Hauptstadt, dennoch ist Rangun (Yangon) die größte und bevölkerungsreichste Stadt und das politische, wirtschaftliche und kulturelle Zentrum des Landes geblieben. Rangun liegt am Zusammenfluss der Flüsse Hlaing und Bago und hat sich viel von seinem kolonialen Charme bewahrt. Doch hält hier wie an keinem anderen Ort in Myanmar auch das moderne Asien Einzug – mit Fünf-Sterne-Hotels, edlen Restaurants und klimatisierten Shopping Malls.**

Bis zur Invasion der Briten 1852 war Rangun eine schäbige Hafenstadt mit etwa 20 000 Einwohnern. Sie beeindruckte nicht durch ihren Seehandel, der noch dazu zurückging, sondern mit Myanmars bedeutendstem sakralem Bauwerk, der Shwedagon-Pagode. Sowohl der Handel als auch die Bevölkerungszahl nahmen infolge der britischen Eroberung zu, da nun zahlreiche Inder einwanderten. Die neuen Herren nannten die Stadt Rangun, die englische Variante des birmanischen Namens Yangon (»Ende des Streits«). So hatte sie Alaungpaya nach seinem Eroberungszug durch Unterbirma (1755–1757) getauft. Zu Beginn des 20. Jahrhunderts war Rangun eine der reichsten und weltoffensten Städte Asiens.

Die Briten legten am Flussufer eine planmäßige Stadt mit großen Verwaltungsbauten und vielstöckigen Wohnhäusern an. Rangun ist eine der wenigen Städte Südostasiens, in denen noch im großen Umfang koloniale Bausubstanz vorhanden ist. Allerdings haben japanische Bombardements im Zweiten Weltkrieg und sieben Jahrzehnte Vernachlässigung ihren Tribut gefordert. Die abgenutzten Fassaden bilden aber weiter eine faszinierende Kulisse für das quirlige Leben in den Straßen. Hier findet man schier zahllose Garküchen mit dampfender *mohinga* (Nudelsuppe), hier kämpfen Limousinen mit alten Rikschas um Platz.

Die Botataung- und die Sule-Pagode in der Innenstadt sind ebenso einen Besuch wert wie die traditionellen Märkte. Weiter nördlich ragt die Shwedagon-Pagode auf, die wichtigste Sehenswürdigkeit der Stadt. Noch etwas weiter Richtung Norden erreicht man die Vororte, wo Seen und von Parks gesäumte Alleen die Hitze lindern.

**Mönche lesen in der Mahapasana Guha an der Kaba-Aye-Pagode in Rangun im *Tipitaka***

◀ **Kunstvoll gestaltete Schreine der Shwedagon-Pagode** ***(siehe S. 74–77)***

# Überblick: Rangun

Ranguns Hauptsehenswürdigkeiten konzentrieren sich vorwiegend im Süden zwischen Fluss und Shwedagon-Pagode. Das Flair der Stadt erlebt man bei Spaziergängen durch das Kolonialviertel und entlang der Bogyoke Aung San Road zwischen Sule-Pagode und Marktgelände. Ansonsten ist die Innenstadt zu weitläufig, um sie zu Fuß zu erkunden. Mit dem Taxi erreicht man schnell die Sehenswürdigkeiten rund um die Shwedagon-Pagode. Vom Uferweg am Kandawgyi-See kann man den beeindruckenden Anblick des vergoldeten Stupa genießen, der sich im Wasser spiegelt. Sehenswert sind auch die Pagoden Kyauk Htat Gyi und Nga Htat Gyi im Zentrum sowie Richtung Flughafen die Kabe-Aye-Pagode und Lawka Chantha Abhaya Labha Muni.

**Die riesige liegende Buddha-Statue in der Kyauk-Htat-Gyi-Pagode**

## In Rangun unterwegs

Taxis sind preiswert und nur in der Hauptverkehrszeit schwer zu bekommen. Noch immer sind viele Rikschas im Einsatz, sie werden jedoch zunehmend durch Motorradtaxis ersetzt. Busse fahren in der ganzen Stadt. Als Besucher muss man sich arrangieren: Es gibt keine Streckenpläne, die Nummern und Endstationen sind auf Birmanisch geschrieben, zudem sind die Busse zwar preiswert, aber in aller Regel überfüllt. Hitze, Verkehr und Entfernungen machen Rangun zu keiner fußgängerfreundlichen Stadt, nur die Märkte und das Kolonialviertel erkundet man am besten zu Fuß.

## Sehenswürdigkeiten auf einen Blick

**Tempel, Pagoden, Gräber**

1 Sule-Pagode
5 Botataung-Pagode
7 Dargah von Bahadur Schah Zafar
8 Maha-Wizaya-Pagode
9 *Shwedagon-Pagode S. 74–77*
11 Nga-Htat-Gyi-Pagode
12 Kyauk-Htat-Gyi-Pagode
14 Koe-Htat-Gyi-Pagode
16 Kaba-Aye-Pagode
17 Lawka Chantha Abhaya Labha Muni

**Städte**

19 Thanlyin
20 Kyauktan

**Museen, historische Stätten und Gebäude**

2 Rathaus
4 Strand Hotel
6 Nationalmuseum
10 Märtyrer-Mausoleum
21 Taukkyan-Soldatenfriedhof

**Parks und Seen**

3 Mahabandula Garden
13 Kandawgyi-See
15 Inya-See
18 Hsin Hpyu Daw
22 Hlawga-Nationalpark

**Gläubige beten unter der aufwendig bemalten Decke der Maha-Wizaya-Pagode**

**Weitere Zeichenerklärungen** *siehe hintere Umschlagklappe*

Buddhistische Nonnen in der Botataung-Pagode

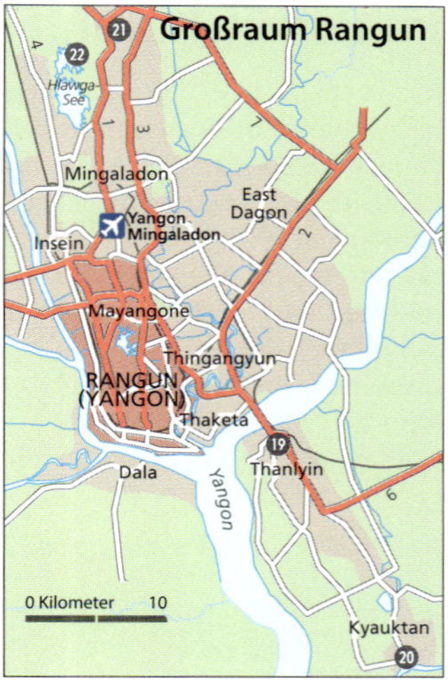


Legende
Kartenausschnitt
Hauptstraße
Nebenstraße
Eisenbahn

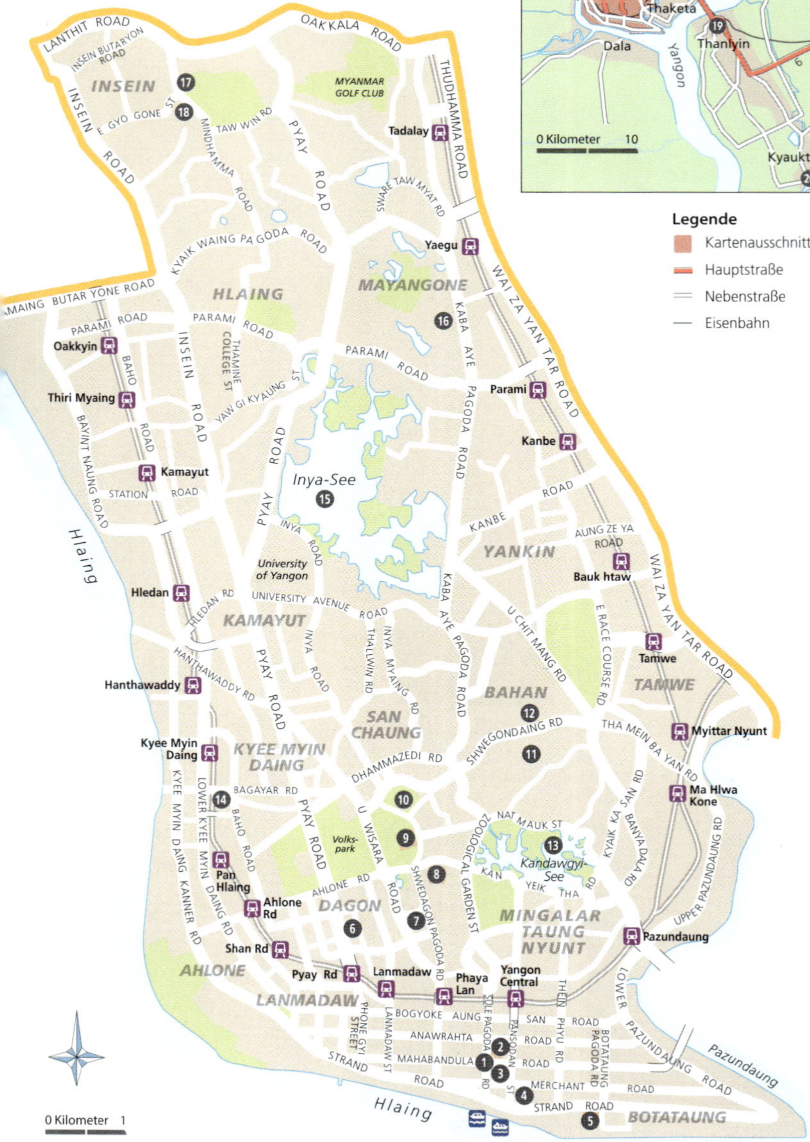

# Im Detail: Kolonialviertel

Nach dem Dritten Britisch-Birmanischen Krieg 1885 erlebte die koloniale Hauptstadt einen wahren Bauboom. Das Zentrum des neuen Viertels bildete die Sule-Pagode und sein prächtiges Tor die Uferfront. Heute ist das Kolonialviertel in Ranguns Innenstadt mit Gebäuden aus dem späten 19. und frühen 20. Jahrhundert weltweit das größte seiner Art – ein faszinierendes Erbe aus jener Ära, in der Rangun zu den reichsten, kosmopolitischsten Städten Asiens gehörte. Nach einigen Jahrzehnten der Vernachlässigung sind viele der einst prächtigen Gebäude jedoch baufällig oder stehen seit dem Umzug der Regierung 2011 nach Naypyitaw leer. In den letzten Jahren wurden zudem viele abgerissen und durch moderne Betonbauten ersetzt.

**❶ ★ Sule-Pagode**
Das vergoldete Herzstück von Rangun ragt spektakulär in der Mitte einer verkehrsreichen Kreuzung auf. Eine Besonderheit ist die achteckige Form des Stupa, die bis zur Spitze reicht.

**❸ ★ Mahabandula Garden**
Die Grünanlage hieß früher Fytche Square (nach Lieutenant-General Albert Fytche, einem Chief Commissioner im 19. Jahrhundert). Ihren heutigen Namen erhielt sie im Gedenken an den Unabhängigkeitskämpfer General Mahabandula.

**Kolonialgebäude**
Viele der einst prächtigen Kolonialgebäude sind heute baufällig, ihre bröckelnden Fassaden sind überwuchert. In ehemalige Warenhäuser, Banken und Regierungsbüros sind Hausbesetzer eingezogen.

**Legende**
Routenempfehlung

**❷ ★ Rathaus**
Das Rathaus war eines der ersten großen öffentlichen Gebäude in Rangun, das von einem Birmanen geplant wurde. Sein Stil ist weitaus landestypischer als jener der älteren Gebäude aus der britischen Ära.

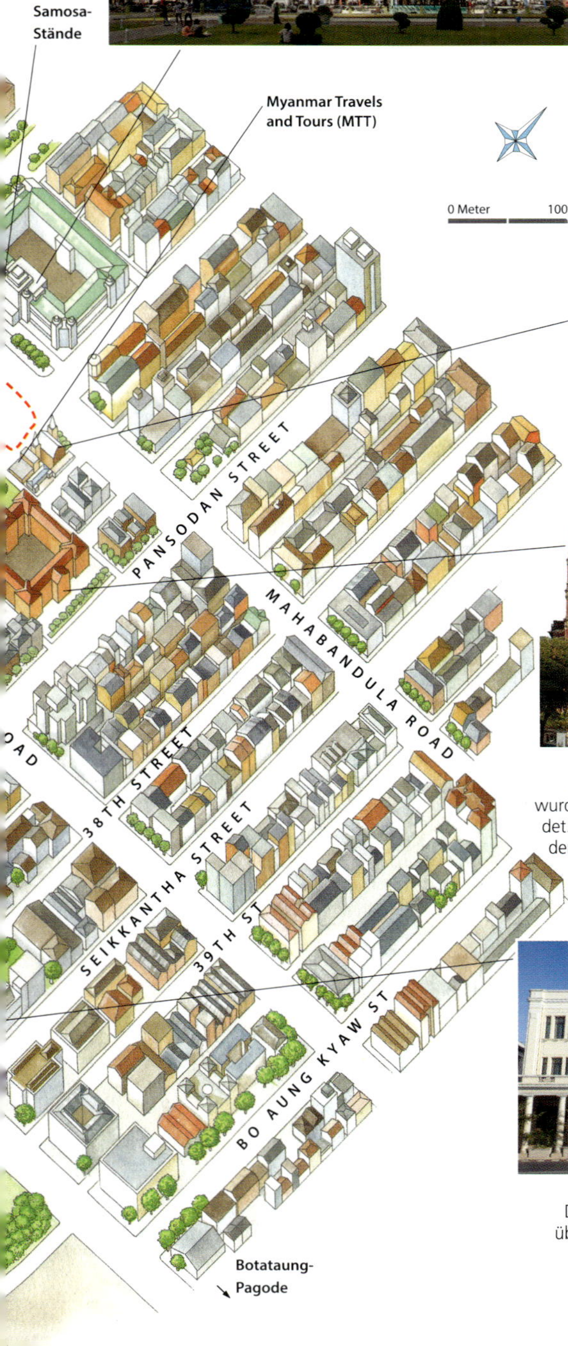

**Immanuel Baptist Church**
Die Kirche von 1830 zählt zu den ältesten in Rangun. Der Baptismus kam 1812 mit amerikanischen Missionaren nach Birma und hat noch viele Anhänger unter den Karen.

**★ High Court**
Der ehemalige Oberste Gerichtshof wurde 1911 im Queen-Anne-Stil vollendet. Mit seiner roten Ziegelfassade und dem hohen Uhrturm ist er ein Musterbeispiel des pompösen Raj-Stils.

**❹ ★ Strand Hotel**
Das nach dem Ende der Kolonialzeit über viele Jahre vernachlässigte Hotel ist nach umfassender Restaurierung das nobelste Hotel in Rangun.

## ❶ Sule-Pagode

**Stadtplan** D5. Ecke Sule Pagoda Rd und Mahabandula Rd. Central Train Station. Mahabandula Park Terminus. tägl. 5–21 Uhr.

Die Sule-Pagode war über Jahrhunderte (wenn nicht gar Jahrtausende), schon bevor die Briten ihr Raster aus rechtwinkligen Straßenzügen anlegten, ein wichtiges religiöses Zentrum. Buddhistischen Legenden zufolge enthält der 230 v. Chr. von Sona und Uttara errichtete Stupa ein heiliges Haar des Buddha Gautama. Die beiden Missionsmönche waren von Indien an den Hof in Thaton gesandt worden. Der Name der Pagode leitet sich wohl vom Wächtergeist des Orts, Sulerata, ab. Er soll die Mönche zum Singuttara geführt haben. Auf diesem Hügel sollen drei weitere Haare des Buddha in einem Schrein am Ort der heutigen Shwedagon-Pagode aufbewahrt worden sein.

Wie alt der Bau auch sein mag – sicher ist, dass er mehrmals umgebaut wurde, bevor die Mon-Königin Shin Sawbu (reg. 1354–71) von Pegu den zentralen *zedi* (Stupa) auf seine heutige Höhe von 44 Meter erweitern ließ. Ungewöhnlich an diesem Stupa ist, dass die sonst runde »Glocke« achteckig ausgeführt ist.

Die Pagode im von Leutnant Alexander Fraser angelegten Kolonialviertel ist nach der Shwedagon-Pagode *(siehe S. 74–77)* das prominenteste Wahrzeichen der Stadt. Aufgrund ihrer zentralen Lage spielte sie zudem eine wichtige Rolle im politischen Leben des Landes. Bei den Demonstrationen von 1988 und 2007 kam es auf dem Kreisverkehr um die Pagode zu blutigen Zusammenstößen zwischen unbewaffneten Zivilisten und dem Tatmadaw (Militär).

Um die Pagode haben sich Internet-Cafés, Copyshops und viele Läden niedergelassen, in der Umgebung ragen Hochhäuser auf. Die Haupteingänge zur Pagode befinden sich gegenüber den Einmündungen der großen Straßen. Die beste Aussicht auf das Bauwerk hat man von der Sky Bar im Sakura Tower, der einige Blocks nördlich an der Sule Pagoda Road steht. Besonders schön ist der Blick auf den *zedi* nach Einbruch der Dunkelheit.

**Das Rathaus verbindet britische und birmanische Stilelemente**

## ❷ Rathaus

**Stadtplan** D5. Mahabandula Rd. Mahabandula Park Terminus. für die Öffentlichkeit.

Das Rathaus aus der britischen Kolonialzeit steht nordöstlich der Sule-Pagode. Das mächtige Bauwerk aus den 1920er Jahren wurde nach Plänen des birmanischen Architekten U Tin erbaut. Die Schwerfälligkeit, die öffentliche Bauten der Briten aus jener Zeit oft kennzeichnet, wird durch Dachpagoden *(pyatthat)*, Pfauen, Lotosblumen, Schlangenformen und andere birmanische Elemente aufgelockert. Seit den 1960er Jahren war das Rathaus Schauplatz vieler Demonstrationen und in den letzten Jahren das Ziel einiger Bombenanschläge.

**Die golden schimmernde Sule-Pagode steht im Zentrum eines großen Kreisverkehrs im Herzen von Rangun**

**Hotels und Restaurants in Rangun** *siehe Seiten 202 und 210f*

Die elegante Lobby des Strand Hotel aus der Kolonialzeit

## ❸ Mahabandula Garden

**Stadtplan** D5. Sule Pagoda Rd. Mahabandula Park Terminus. tägl.

Dieser kleine Park vor dem Rathaus wurde nach General Mahabandula, einem Helden aus dem Ersten Britisch-Birmanischen Krieg, benannt. Er organisierte den tapferen, aber letztlich vergeblichen Widerstand gegen die Invasion der Briten 1824. Der General wurde an der Front von einer Granate getötet, als er gerade unter einem goldenen Sonnensegel die Moral seiner Soldaten stärken wollte. Danach brach der Widerstand zusammen. Der Obelisk in der Mitte des Parks ist ein Ehrenmal für die Gefallenen im Unabhängigkeitskampf des 20. Jahrhunderts. Am frühen Morgen nutzen viele Ranguner den Rasen für ihre Tai-Chi-Übungen.

Der Mahabandula Garden inmitten der Stadt ist eine Oase der Ruhe

## ❹ Strand Hotel

**Stadtplan** E5. 92 Strand Rd. (01) 243 377. Bogalay Zay, 200 m im SO.
**hotelthestrand.com**

Das Strand, seit seiner prunkvollen Eröffnung 1901 Ranguns nobelstes Hotel, wird oft in einem Atemzug mit Mumbais Taj Mahal Palace, dem Eastern & Oriental in Penang und dem Raffles in Singapur genannt. Das Hotel hat eine wechselvolle Geschichte. Anfangs gehörte es den Brüdern Sarkie. Diese armenischen Hotelunternehmer hatten als Erste erkannt, dass nach der Eröffnung des Suezkanals in Südostasien ein Bedarf an Luxushotels bestand, und eröffneten u. a. das Strand. In der Kolonialzeit stiegen hier Somerset Maugham, Rudyard Kipling, George Orwell und weitere Schriftsteller ab, die das Hotel in ihren Texten auch verewigten. Nach der Unabhängigkeit 1948 verfiel das Strand zunehmend. Mitte der 1990er Jahre wurde es wieder renoviert.

Teakholz- und Marmorböden, Mahagoni- und Rattanmöbel verbreiten Atmosphäre und Charme der Raj-Ära. Swimmingpool oder ein moderner Anbau fehlen hier. Unbedingt lohnend ist die Teestunde im berühmten Strand Café und der Genuss zeitloser Atmosphäre zu den sanften Harfenklängen einer traditionellen birmanischen *saung gauk*.

## ❺ Botataung-Pagode

**Stadtplan** F5. Strand Rd, 10 Gehminuten O vom Strand Hotel. Botataung-Pagode. tägl. 5–21.30 Uhr. Nov/Dez: jährliches Pagodenfest im Monat Nadaw.

Die Botataung-Pagode wird von den Buddhisten als der Aufbewahrungsort einiger der heiligsten Reliquien des Landes verehrt. Dem Glauben zufolge gelangten noch zu Buddhas Lebzeiten vor über 2000 Jahren acht seiner Haare von Indien nach Birma, wurden hier aufbewahrt und von einer 1000 Mann starken Wache beschützt. In der alten Mon-Sprache bedeutet *bo* »Soldat« und *tataung* »1000«. Als der Stupa im Zweiten Weltkrieg bombardiert wurde, befand sich darin das letzte verbliebene dieser Haare zusammen mit vielen anderen Objekten. Beim Wiederaufbau fand man kostbare Reliquien, von denen eines Knochenfragmente und eine Haarsträhne enthielt. Sie sind im goldenen *zedi* ausgestellt.

Der neue, 40 Meter hohe glockenförmige Stupa ist im Mon-Stil erbaut und mit Blattgold belegt. Eine bronzene Buddha-Figur der Konbaung-Zeit in einer Nebenhalle stand einst im Glaspalast von Mandalay, wurde 1885 von den Briten nach London entführt und 1951 wieder an Birma zurückgegeben.

Goldene Buddha-Figur in der Botataung-Pagode

**Stadtplan Rangun** *siehe Seiten 84–87*

**Statue des Königs Bayinnaung (Taungu-Dynastie) vor dem Nationalmuseum**

## ❻ Nationalmuseum

**Stadtplan** C3. 66/74 Pyay Rd, Dagon Township. (01) 2825 634. Pegu Club. tägl. 10–16 Uhr.

Das Nationalmuseum erreicht man am besten mit dem Taxi. Auch wenn die Beschreibungen und Beleuchtung nur spärlich sind, lohnt sich der Besuch alleine wegen des prunkvollen *Sihasana* im ersten Stock. Der »Löwenthron« der Konbaung-Dynastie gleicht weniger einem Sessel als einem Zeremonientor. Auf ihm saßen im Palast von Mandalay *(siehe S. 144f)* die Könige Mindon und Thibaw bei Audienzen mit Höflingen und Ministern. Den vergoldeten Thron krönen Ornamente, die Ochsenhörnern nachempfunden sind. Geschmückt wird er von üppigen Schnitzereien himmlischer Wesen, astrologischer Symbole und Blumenmotiven sowie von Glasmosaiken und den namensgebenden Löwen. Das kunstvolle Dekor symbolisierte die Verbindung zwischen dem König und dem himmlischen Reich Thagyamins, des Königs der *nat* (Geister). Im Saal sind in Glasvitrinen kleine Kopien weiterer Throne zu sehen, die einst im Palast von Mandalay standen.

In einem Nachbarsaal sind die mit Juwelen übersäten Amtsinsignien ausgestellt. Die fein gearbeiteten Schätze zeugen von der hohen Kunstfertigkeit der Konbaung-Kultur in der Yadanabon-Zeit im späten 19. Jahrhundert.

Sehenswertes bietet auch der Saal zur Frühgeschichte. Die Funde aus den archäologischen Grabungen von Sri Ksetra *(siehe S. 98f)* – Silberreliquien, Votivtafeln und eine Gruppe Bronzefiguren von Musikern, Tänzern und Clowns – sind seltene Hinterlassenschaften der Pyu-Kultur (1. Jh. v. Chr.–9. Jh. n. Chr.). Im dritten Stock findet man traditionelle Puppen und Musikinstrumente, u. a. ein *hsaing-waing*-Ensemble und einige *saung gauk*, birmanische Harfen. Der vierte Stock präsentiert eine erlesene Sammlung von altem Gold- und Silberschmuck, der oberste Stock Buddha-Darstellungen aus 1500 Jahren myanmarischer Geschichte sowie Trachten der Minderheiten Myanmars.

## ❼ Dargah von Bahadur Schah Zafar

**Stadtplan** D3. Zi Wa Ka St, nahe der U Wisara Rd. 43 von Sule-Pagode zur Haltestelle Shwedagon-Pagode Südtor. tägl. 8–20 Uhr.

Die letzte Ruhestätte von Indiens letztem Großmogul Bahadur Schah Zafar II. befindet sich in einer ruhigen Seitenstraße. Nach dem Aufstand von 1857 in Indien schickten die Briten den Großmogul ins Exil nach Rangun. Bis zu seinem Tod lebte er dort mit seiner Frau Begum Zeenat Mahal und einigen Familienmitgliedern vier Jahre lang unter Hausarrest.

Der verstorbene Großmogul wurde 1862 hastig und formlos im Garten beerdigt. Die britischen Beamten wollten so –

**Das Mausoleum von Bahadur Schah Zafar ist für die indischstämmigen Muslime Myanmars eine Pilgerstätte**

**Hotels und Restaurants in Rangun** *siehe Seiten 202 und 210f*

vergeblich – verhindern, dass sich das Grab zu einer Pilgerstätte entwickelte. Der genaue Ort des Grabs blieb zwar unbekannt, doch wurde anstelle des alten Hauses ein *dargah* (Mausoleum) erbaut. Als 1991 die Grube für ein neues Gebäude ausgehoben wurde, stieß man auf einen Ziegelbau mit den Gebeinen von Bahadur Schah, dessen Frau und eines Enkels. Mit seinen goldgefassten Seidendecken und duftenden Rosenblättern entspricht das Mausoleum seither mehr einer Kultstätte für einen berühmten Monarchen als für einen Gelehrten, Meister der Kalligrafie, hervorragenden Dichter und Sufi-Mystiker.

**Sufi-Musiker spielen vor dem *dargah* von Bahadur Schah Zafar II.**

**Die Maha-Wizaya-Pagode mit elfstufigem *hti* (Bekrönung)**

## ❽ Maha-Wizaya-Pagode

**Stadtplan** D3. gegenüber Südeingang Shwedagon-Pagode. 🚌 43 von Sule-Pagode zur Haltestelle Shwedagon-Pagode Südtor. 🕐 tägl.

Der einfache, aber wohlproportionierte moderne Stupa steht gegenüber dem südlichen Treppenaufgang zur Shwedagon-Pagode, auf der anderen Seite der U Htaung Bo Road. Das durch Spenden finanzierte Bauwerk von 1980 symbolisiert die Vereinigung aller theravadabuddhistischen Klöster des Landes.

Das nepalesische Königspaar spendete für die Reliquienkammer heilige Reliquien aus seiner Privatsammlung und die große Buddha-Darstellung im runden Zentralschrein innerhalb des Hauptstupa. Wandgemälde und Stuckarbeiten an der gewölbten Decke der Rundhalle zeigen Episoden aus dem Leben Buddhas und seine Erleuchtung.

Der *hti* (Bekrönung) des Bauwerks weist mit elf Stufen zwei Stufen mehr auf als die Shwedagon-Pagode gegenüber. Er ist eine Spende des Diktators General Ne Win.

### Indiens letzter Großmogul

Das einfache Holzhaus im Norden Ranguns entspricht so gar nicht dem Glanz des Roten Forts in Delhi und war dennoch die letzte Wohnstätte von Bahadur Schah Zafar II. Indiens letzter Großmogul verbrachte hier sein Lebensende im Exil – ohne Reichtümer, ohne Privilegien, ohne Stift, um seine geliebten Urdu-Gedichte zu schreiben. Hier büßte er für seine Rolle beim Sepoyaufstand von 1857, als sich *sepoys* (indische Soldaten) gegen die britischen Kolonialherren erhoben. Bei der Niederschlagung des Aufstands metzelten britische Truppen Hunderttausende Inder nieder und machten Delhi, Hauptstadt und Sitz des Großmoguls, dem Erdboden gleich. Der Darstellung William Dalrymples in *The Last Mughal* zufolge war Bahadur Schah jedoch eher unfreiwillige Galionsfigur denn unbeugsamer Führer der Aufständischen. Von einer Armee, die ihn nicht respektierte, genötigt, einen Krieg zu unterstützen, den er nicht wollte, musste er machtlos zusehen, wie die blutigen Ereignisse 1857 ihren Lauf nahmen und einen hohen Preis für seine Passivität zahlen. Die britischen Ankläger machten ihn verantwortlich für die Große Meuterei oder den Unabhängigkeitskrieg, wie Historiker den Aufstand je nach Sichtweise bezeichnen. Bahadur Schah wurde mit den überlebenden Mitgliedern seiner Familie nach Rangun deportiert. Dort verbrachte er das Ende seines Lebens und schrieb mit Holzkohle traurige Verse an die Wände seines Gefängnisses. Nach seinem Tod wurde sein *dargah* zur Pilgerstätte.

**Porträt des Großmoguls Bahadur Schah Zafar II., um 1838**

# ❾ Shwedagon-Pagode

Die Shwedagon-Pagode ist der heiligste buddhistische Schrein Myanmars. Der 99 Meter hohe Stupa dominiert nicht nur die Skyline von Rangun, sondern auch die buddhistische Religion des Landes. Kein Ort wird mehr verehrt und von mehr Menschen besucht. Der Sage nach beherbergt der Schrein Relikte von vier Buddhas, darunter acht Haare von Siddharta Gautama, die noch zu seinen Lebzeiten hierhergebracht wurden. Die Anlage wurde von den Herrschern Birmas stetig mit neuen Hallen, Schreinen, und Stupas vergrößert. Schäden, von Erdbeben und Vandalismus der britischen Eroberer verursacht, wurden behoben.

**Golden schimmert die Shwedagon-Pagode in der Abenddämmerung**

**★ Maha-Tissada-Glocke**
König Tharrawaddy (reg. 1837–46) ließ die rund 36 000 kg schwere Glocke 1841 gießen. Die Decke des Glockenpavillons ist mit Lackarbeiten überzogen, in die Glasmosaike eingearbeitet sind.

**Östliche Andachtshalle mit einer Statue des Kakusandha-Buddha**

## Außerdem

① **Die Naungdawgyi-Pagode** steht da, wo sich Buddhas Haare vor ihrer Aufbewahrung im Stupa befanden.

② **Die Mahabodhi-Pagode** ist ein Nachbau der Pagode in Bodh Gaya in Indien, wo Buddha erleuchtet wurde. Sie unterscheidet sich im Stil stark von den anderen Bauten.

③ **Den Bo-Bo-Aung-Schrein** schuf ein Magier mit Zauberkräften.

④ **Die rubinäugige Buddha-Statue Tawa Gu** ist eines der neun wundertätigen Objekte der Pagode.

⑤ **Die Bananenblüte** bedecken mehr als 13 000 massive Goldplatten. Die unteren Teile des Stupa sind nur mit Blattgold belegt.

⑥ **Die achteckigen oberen Terrassen** sind nur für Mönche geöffnet.

⑦ **64 Pagoden** umringen den Stupa, acht für jeden *bo bo gyi* oder Planetenposten *(siehe S. 33)*.

⑧ **Die Maha-Gandha-Glocke** wurde 1779 gegossen. Die Briten wollten sie nach London entführen, wobei sie in den Fluss fiel. 1825 wurde sie wieder geborgen.

**Nördliche Andachtshalle**
In der nördlichen Andachtshalle steht eine Statue von Siddharta Gautama und zu beiden Seiten der Halle die Planetenposten für die Venus.

**★ Südeingang und Andachtshalle**
In der Mitte der Kammer steht eine Statue von Konagamana, dem zweiten von bisher fünf Buddhas des gegenwärtigen Zeitalters. Das Dach ist mit wunderbaren Eisenarbeiten verziert.

## Infobox

**Information**
**Stadtplan** C2. Singuttara-Hügel, 4 km N der Sule-Pagode.
tägl. 4–22 Uhr. Aufzüge am Südeingang und im Osten; im Westen fährt eine Rolltreppe. Jährliches Pagodenfest (März).
**shwedagonpagoda.com**

**Anfahrt**
Yangon Mingaladon.
43 von Sule-Pagode.

**Denkmal für die Studentenrevolte von 1920, die den Unabhängigkeitskampf einläutete**

**Rakhine Tazaung**
Die Halle mit schön geschnitzten Dachgesimsen wurde von zwei reichen Händlern aus Arakan in Auftrag gegeben und beherbergt eine große liegende Buddha-Figur.

**In der westlichen Andachtshalle befindet sich eine Statue des Kassapa-Buddha**

## *Sein Bu* (Diamantauge)

Den höchsten Punkt der Shwedagon-Pagode bildet das *sein bu* (Diamantauge) an der Spitze der Pagode, ein unbezahlbarer Diamant mit 76 Karat. Wenn man an einer bestimmten Stelle der Terrasse zwei Meter vor- oder zurückgeht, sieht man, wie der Edelstein das Licht der Sonnenstrahlen in alle Regenbogenfarben bricht. Touristenführer und Mönche zeigen Ihnen die Stelle.

**Der Mahabodhi-Baum ist ein Ableger des ursprünglichen Banyanbaums in Bodh Gaya in Indien**

**★ Wunsch-Platz**
Die Gläubigen knien vor dem großen Stupa auf dem sternförmigen Platz, beten und hoffen, dass sich ihre Wünsche erfüllen. Von hier hat man einen schönen Blick auf den Stupa.

**Stadtplan Rangun** *siehe Seiten 84–87*

# Shwedagon-Pagode: Glanzlichter

Jeden Tag strömen Tausende Gläubige über vier Treppen hinauf zur Shwedagon-Pagode, um an deren zahllosen Schreinen zu beten. Die Besucher umkreisen die Pagode im Uhrzeigersinn, opfern an verschiedenen Stellen oder genießen den Anblick des großen Stupa aus den Hallen, die die mittlere Terrasse umgeben. Besonders weihevoll ist die Stimmung in der Abenddämmerung, wenn der Andrang am größten ist und die Mönche in den roten Roben auf den oberen Stufen die goldene Spitze umkreisen. Die Luft ist von Weihrauch geschwängert, der *zedi* erstrahlt im Licht. Die Kleiderordnung untersagt kurze Hosen, Miniröcke und tiefe Dekolletés. Ansonsten ist die Stimmung für einen Ort mit dieser überragenden religiösen Bedeutung sehr entspannt, was für die Toleranz und das gastfreundliche Wesen der Myanmaren spricht.

**Der Mahabodhi-Baum, Ableger des Baums der Erleuchtung Buddhas**

### Zaungdan

Den großen Stupa und die Terrasse, auf der er steht, erreicht man über vier große, überdachte, *zaungdan* genannte Treppenaufgänge im Norden, Osten, Süden und Westen. Sie werden von Läden gesäumt, die religiöse Objekte, Blumen, Weihrauch, Buddha-Figuren, Fahnen, Kerzen, Blattgold und Souvenirs verkaufen. Jeder Aufgang hat seinen eigenen Charakter. Die Treppe, die im Westen am Volkspark beginnt, wurde 1931 bei einem Feuer beschädigt und ist mit ihren Rolltreppen am modernsten. Am oberen Ende wachen zwei riesige, löwenartige *chinthe* (Wächterfiguren). Die 1460 erbaute Nordtreppe hat 128 Stufen. Die Osttreppe beginnt am Bahan-Basar und wirkt mit den feinen Holzschnitzereien und lackierten Säulen und Decken am traditionellsten. Hier und am südlichen Aufgang fährt jeweils ein Aufzug. Der Südaufgang wird am meisten benutzt, vor allem abends und an den Wochenenden.

### Mittlere Terrasse

Bei der Ankunft auf der mittleren Terrasse der Shwedagon-Pagode wird man von weißem Marmor und glänzendem Gold schier geblendet. Den alles überragenden Hauptstupa umgibt ein wahrer Wald aus vergoldeten und kunstvoll verzierten Nebenstupas, Schreinen und *tazaung* (Pavillons). Für den Prozessionsweg rund um den Stupa ließen die Mon-Könige den Hügel im 15. Jahrhundert einebnen und die Terrasse anlegen. Den Stupa umkreist man im Uhrzeigersinn *(let ya yit)*, da es Glück verspricht, dem Gang der Himmelskörper zu folgen.

Der erste Halt ist immer der *bo bo gyi* (Planetenposten), der dem Tag der Geburt *(siehe S. 33)* entspricht. Da der astrologische Kalender in Myanmar acht Wochentage kennt – der Mittwoch ist zweigeteilt –, stehen dort acht kleine weiße Buddha-Figuren für die entsprechenden Planeten. Ihnen opfern die Gläubigen Wasser, Blumen und Papierschirme. Jeder Tag wird mit einem Tier assoziiert, das unter der Statue zu sehen ist: Der geflügelte Greif steht für den Sonntag, der

**Einer der vier riesigen *zaungdan* (Treppenaufgänge) der Shwedagon-Pagode mit den Ladenzeilen zu beiden Seiten**

**Hotels und Restaurants in Rangun** *siehe Seiten 202 und 210f*

**Mittlere Terrasse der Pagode mit kunstvoll verzierten Nebenschreinen**

Tiger für Montag, der Löwe für Dienstag, der Elefant mit Stoßzähnen für Mittwochvormittag und ohne Stoßzähne für Mittwochnachmittag, die Maus für Donnerstag, das Meerschweinchen für Freitag und die Drachenschlange für Samstag. Die größeren Statuen hinter den Buddha-Figuren verkörpern *nat* (Wächtergeister).

Sehr beliebt sind auch die Neun Wunder der Shwedagon. Diese wundertätigen Statuen von Buddha, Heiligen, Zauberern und Geisterbeschwörern können dem Glauben zufolge Segen bringen und Übel abwehren. Jeden Abend ziehen Hunderte an ihnen vorbei zum sternförmigen Platz im Nordwesten, der Wünsche erfüllt. Dort beten sie leise und werfen sich vor dem Stupa zu Boden. Oft kommen Familien, um den *shin pyu* ihrer Kinder zu feiern, die mit dieser Zeremonie als Novizen für einige Zeit in ein Kloster aufgenommen werden. Die Kinder tragen Paillettenhüte und weiße Seidenanzüge, die Eltern *longyi* und *htamein* aus feiner Seide.

Sobald am Abend das Flutlicht angeschaltet ist, werden rund um den Stupa Tausende Kerzen und Räucherstäbchen angezündet.

### 3 Großer Stupa

Der Stupa wurde zur Aufbewahrung von acht Haaren des Buddha und einiger anderer Reliquien gebaut. Myanmars Buddhisten glauben, dass er schon 2500 Jahre alt ist, Archäologen datieren seinen Bau eher in das 4. bis 9. Jahrhundert und damit in die Ära der Mon. Der Stupa wurde mehrmals durch Erdbeben und Feuer beschädigt und stets noch größer und schöner aufgebaut. Königin Shin Sawbu *(siehe S. 70)* ließ ihn als Erste mit Blattgold bedecken und spendete dafür ihr Gewicht in Gold. Übertroffen wurde sie von ihrem Schwiegersohn König Dhammazedi, der dafür das Vierfache seines Gewichtes plus das Gewicht seiner Gattin in Gold spendete. Die heutige Höhe von 99 Meter erreichte der Stupa 1769.

Die Form der Pagode entspricht der Urform *(siehe S. 32f)* birmanischer Pagoden und wurde im ganzen Land häufig kopiert – zuletzt in der neuen Hauptstadt Naypyitaw, wo die Generäle am Stadtrand einen exakten Nachbau der Pagode errichten ließen.

Der spektakuläre goldene Turm auf dem Gipfel des Singuttara rang den Briten Bewunderung ab. Das hielt sie jedoch nicht davon ab, die Anlage in den Britisch-Birmanischen Kriegen 1824 und 1852 als Geschützstellung zu benutzen, die Schreine zu plündern und (erfolglos) zu versuchen, die große Maha-Gandha-Glocke für Kanonenkugeln einzuschmelzen.

In den letzten Jahrzehnten war die Pagode oft Sammelplatz der Pro-Demokratie-Bewegung. Beim Aufstand 1988 sprach Aung San Suu Kyi hier zu den Massen, 2007 besetzten im Verlauf der Safran-Revolution protestierende Mönche die Anlage *(siehe S. 59)*.

**Der wunderschön beleuchtete *zedi* (Stupa) der Shwedagon-Pagode**

## Legende der Shwedagon-Pagode

Eine beliebte Legende schreibt die Gründung des Stupa den Brüdern Pu und Tapaw (oder Tapusa und Hpalika) zu. Sie erzählt, dass die beiden von ihrem Vater, einem reichen Kaufmann, während einer Hungersnot nach Indien geschickt wurden, um in Bengalen Reis zu kaufen. Bei ihrer Fahrt auf dem Ganges trafen sie Buddha und wurden seine Schüler. Als Buddha hörte, dass die beiden aus Okkalapa (westlich von Rangun) stammten, gab er ihnen acht Haare, die sie zusammen mit Reliquien seiner Vorgänger unter einem Baum auf dem Singuttara begraben sollten. In Inschriften von 588 v. Chr. heißt es, dass die Brüder auf der Spitze des Hügels einen acht Meter hohen *zedi* für die Reliquien erbauten. Möglicherweise befinden sich das Reliquiar und der erste Stupa noch unter dem heutigen Bauwerk.

**Vergoldete Buddha-Figur**

## ⑩ Märtyrer-Mausoleum

**Stadtplan** C2. Arzani St, nahe Nordtor der Shwedagon-Pagode. 🚌 43 von Sule-Pagode zum Nordtor der Shwedagon-Pagode. 🕐 Di–So 9–16 Uhr. 

Das Märtyrer-Mausoleum steht im bewaldeten Park nördlich der Shwedagon-Pagode auf der anderen Seite der Arzani Street. Es wurde für General Aung San, einen der wichtigsten Führer der birmanischen Unabhängigkeitsbewegung, und weitere sechs Politiker errichtet. Sie alle wurden kurz vor der Unabhängigkeit des Landes in einer Sitzung des Verfassungskomitees am 19. Juli 1947 von Attentätern erschossen. An jedem Jahrestag legen hochrangige Politiker an der roten Mauer des Denkmals Kränze nieder. Auch General Aung Sans Tochter Aung San Suu Kyi, Führerin der Demokratiebewegung und Friedensnobelpreisträgerin, nimmt seit Aufhebung ihres Hausarrests 2010 an der Zeremonie teil. Beim Tod ihres Vaters war sie zwei Jahre alt. Die Attentäter wurden mit U Saw, ein Rivale von Aung San und Anstifter der Morde, ein Jahr später gehängt. Viel mehr als die rote Wand auf der höher gelegten Marmorterrasse inmitten von Rasenflächen ist hier nicht zu sehen, aber der Ort ist sehr stimmungsvoll.

Die Buddha-Statue der Nga-Htat-Gyi-Pagode thront vor einer Holzwand

## ⑪ Nga-Htat-Gyi-Pagode

**Stadtplan** E1. Shwegondaing Rd. 🚌 Haltestelle Bandarpin, Shwegondaing Rd. 🕐 tägl. 7–22 Uhr.

Eine der imposantesten sitzenden Buddha-Statuen thront in einem Tempel auf einem kleinen Hügel etwas nordöstlich der Shwedagon-Pagode. Er ist mit einer kurzen Taxifahrt zu erreichen. Die manchmal auch »Fünf-Stockwerke-Buddha« genannte Statue entstand 1558, die schützende Halle wurde erst 1930 gebaut. Die Statue ist wegen der reich mit Edelsteinen besetzten Krone, der sorgfältig gearbeiteten Robe, den flammengleichen Dekoren und dem prächtig geschnitzten Hintergrund bekannt. Das Licht, das durch die Fenster in der Kuppel fällt, leuchtet den Buddha auf sehr interessante Weise aus.

## ⑫ Kyauk-Htat-Gyi-Pagode

**Stadtplan** E1. Shwegondaing Rd. 🚌 Haltestelle Kyauk Htat Gyi, Chauk Htat Gyi, Shwegondaing Rd. 🕐 tägl. 7–20 Uhr.

Etwas weiter oben an der Shwegondaing Road steht ein Tempel mit einer gigantischen liegenden Buddha-Figur. Die 70 Meter lange, von einem reichen Birmanen gestiftete Statue wurde 1907 fertiggestellt und 1966 renoviert. Sie liegt in einer langen Wellblechhalle. Am nördlichen Ende der Halle steht eine abgestufte Plattform, von der man einen guten Blick auf die großen Füße hat. Deren Sohlen sind in Quadrate unterteilt, in denen 108 Glückssymbole eingearbeitet sind. Im Kloster nebenan leben etwa 500 Mönche. Dort befindet sich auch ein bekanntes Vipassana-Meditationszentrum.

Das Märtyrer-Mausoleum gedenkt der Ermordung von General Aung San und sechs seiner Mitstreiter

**Hotels und Restaurants in Rangun** *siehe Seiten 202 und 210f*

## ⓭ Kandawgyi-See

**Stadtplan** E3. Kan Yeik Tha Rd/ Bahan Rd, Dagon Tsp. 🚌 drei Haltestellen an der Bahan Rd. Regatta (Nov).

Der Kandawgyi-See (»königlicher See«) ist ein Erholungsgebiet in der Stadt. Er liegt 20 Gehminuten östlich der Shwedagon-Pagode, deren goldene Silhouette sich im Wasser spiegelt. Der flache See wurde von den Briten angelegt, um Rangun mit sauberem Wasser zu versorgen, und wird vom Inya-See *(siehe S. 80)* im Norden gespeist. Am Abend spazieren viele Ranguner über die hölzernen Stege und Brücken. Im November finden jedes Jahr staatlich organisierte Bootsrennen statt, in denen Einbeinruderer aus dem ganzen Land um die Wette staken. An der Straße am Südufer steht ein Luxushotel, in der Nähe werden zum Thingyan-Wasserfest im April große Pavillons aufgebaut. Von dort werden große Wassermengen auf die Feiernden gespritzt. Im Vorlauf zu den Wahlen von 2010 starben hier bei dem Fest neun Menschen durch einen dreifachen Bombenanschlag, mehr als 60 wurden verletzt.

Am tiefgrünen Nordufer des Kandawgyi-Sees erstreckt sich der **Bogyoke Aung San Park**. Er wurde um das zweistöckige Haus angelegt, in dem früher General Aung San und seine Frau Daw Khin Kyi lebten. Ein kleines Museum bewahrt heute dort die Erinnerung an den Mann, der wesentlich zur Unabhängigkeit Birmas beitrug. Am Eingang zum Park steht eine Bronzestatue von Aung San.

**Der auffällige Karaweik-Palast gleicht den Barken der Konbaung-Könige**

Am Südostufer liegt der Wald des **Kandawgyi-Naturparks**, mit Spazierwegen, Spielplätzen, Picknickplätzen, einem kleinen Zoo und Cafés. Tagsüber tummeln sich hier junge Familien, am Abend wird der Park zur Partyzone, in der die reiche und hippe Jugend der Stadt vor dem Spiegelbild der Shwedagon-Pagode auf dem See beim Essen und Trinken das Leben genießt.

Im Naturpark steht auch das auffälligste Bauwerk am See: Der fast surreal wirkende **Karaweik-Palast** scheint auf dem Wasser zu schwimmen. Die Regierung ließ den Palast mit dem vielstufigen Dach in den 1970er Jahren bauen. Er sieht aus wie die königlichen Vogelboot-Barken, in denen die Konbaung-Könige über den Irrawaddy fuhren. Die Buge bilden *karaweik*-Vögel aus der hinduistischen Mythologie. Heute sind im Palast ein Restaurant, Kunsthandwerksläden sowie ein Veranstaltungsraum, in dem abends traditionelle myanmarische Musik und Tänze für Reisegruppen aufgeführt werden.

**Bogyoke Aung San Park**
15, Bogyoke Museum Lane, Natmauk Rd, Bahan Township. tägl. 9–17 Uhr.

**Kandawgyi-Naturpark**
Kan Yeik Tha Rd, Bahan Tsp. tägl. 6–22 Uhr.

**Karaweik-Palast**
Kandawgyi-Naturpark, Kandawgyi-See. tägl. 12–22 Uhr. **karaweikpalace.com**

## ⓮ Koe-Htat-Gyi-Pagode

**Stadtplan** A2. Bagayar Rd. 🚌 Koe Htat Gyi an der Bagayar Rd. tägl. 6–20 Uhr.

Der riesige Koe Htat Gyi (wörtlich »neunstöckiger Buddha«) beeindruckt mit lebensechten Augen. Er sitzt in einer luftigen Wellblechhalle mit traditionellem neunstufigem Dach an der Bagayar Road im Zentrum Ranguns, nicht weit vom Ufer des Hlaing entfernt. Die 1905 vollendete Statue misst von den Zehen bis zum Kopf 22 Meter. Ihre Augen aus geblasenem Glas starren unterhalb der goldfarben und schwarz bemalten Decke unbewegt ins Leere.

**Die grünen Ufer des malerischen Kandawgyi-Sees in Rangun**

**Stadtplan Rangun** *siehe Seiten 84–87*

**Am Ufer des Inya-Sees, bei den Einwohnern Ranguns ein beliebtes Erholungsgebiet**

## ⓯ Inya-See

West Yankin/Sin Way Tin/Lava Hill Tsp. Kaba Aye Pagoda Rd. Irrawaddy-Literaturfest, Inya Lake Hotel (Nov).

Der etwa zehn Kilometer nördlich des Zentrums gelegene Inya-See wurde 1882 von den Briten am damaligen Stadtrand zur Wasserversorgung von Rangun aufgestaut. Heute ist das Gebiet um den See die nobelste Wohngegend in Rangun. Neben einer Reihe von exklusiven Anwesen befinden sich hier auch der Campus der Universität und die Botschaft der USA. Am See stehen die Residenz des verstorbenen Generals Ne Win und das oft abgelichtete Haus von Aung San Suu Kyi, in dem sie bis 2010 viele Jahre unter Hausarrest verbrachte. Ihr Haus ist eines der vielen Gebäude, die in der Kolonialzeit für hochrangige Offiziere am See gebaut wurden und nun zu den teuersten in Südostasien gehören.

An der Universität wurden früher Studenten aller Semester unterrichtet. Inzwischen studieren auf dem fast leeren Campus nur noch Graduierte. Alle Studiengänge wurden 1990 auf neue Institute an den Rändern der Stadt verteilt, um mögliche politische Studentenaktivitäten zu verhindern.

Am Südufer neben der Universität erstreckt sich der 15 Hektar große **Inya-See-Park**, dessen Böschungen mit Blumenrabatten bepflanzt sind. Die Grünanlage ist Kulisse zahlloser Filme und wird von den meisten Myanmaren mit dem Bild romantischer Liebe assoziiert. Kein Wunder, dass er bei jungen Paaren äußerst beliebt ist. Ganz im Gegensatz dazu gilt die **Weiße Brücke** (Tada Phyu) am Westufer des Sees als Symbol für die Brutalität der Militärdiktatur. Im März 1988 wurden dort Hunderte demonstrierende Studenten zwischen Stacheldrahtabsperrungen, Häusern und dem See eingekesselt, von der Geheimpolizei gnadenlos niedergeschossen und ertränkt. Der Vorfall löste landesweite Demonstrationen und in der Folge einige Monate später den 8888-Aufstand aus, der nach den Ereignissen vom 8. August 1988 benannt ist *(siehe S. 58)*. Die myanmarischen Dissidenten bezeichnen den Tag wegen des vielen Bluts, das die Gehwege färbte, als den »Tag der roten Brücke«.

**Eingang zum Campus der University of Yangon am Inya-See**

## ⓰ Kaba-Aye-Pagode

Kaba Aye Pagoda Road, Chawdwingone District. Kaba Aye, Kaba Aye Pagoda Road. tägl. 6–20 Uhr. Kaba-Aye-Rezitationen (Juni).

Die außergewöhnliche Pagode nordöstlich des Inya-Sees wurde in den 1950er Jahren im Vorfeld der Sechsten Buddhistischen Synode von U Nu erbaut, dem ersten Premierminister des unabhängigen Birma. Der Haupttempel bewahrt die Asche von zwei der wichtigsten Jünger Buddhas. Die Briten brachten sie 1854 als Kriegsbeute in das British Museum und gaben sie Myanmar später zurück. Für die

**Die Buddha-Statuen umrahmen die zentrale Säule der Kaba-Aye-Pagode**

Hauptstatue im inneren Schrein wurden 500 Kilogramm Silber verarbeitet. In der übrigen Anlage stehen viele weitere Statuen.

Auch die künstliche Höhle **Mahapasana Guha** entstand für die Synode von 1954. Sie soll die Höhle in Indien darstellen, in der die Erste Buddhistische Synode kurz nach dem Tod von Buddha Siddharta Gautama stattfand. Ihre riesige Aula fasst bis zu 10 000 Gläubige. Sie soll in nur drei Tagen und Nächten von Freiwilligen gebaut worden sein.

## ⓱ Lawka Chantha Abhaya Labha Muni

Mindhamma Road, Insein Township. 🚉 Insein Station, Yangon Circular Railway. 🚌 Sawbwar Gyi Kone, Pyay Rd. ◯ tägl. 6–21 Uhr.

Alle birmanischen Könige betrachteten makellos weiße Marmorblöcke als besonders Glück verheißendes Material, um daraus monumentale Buddha-Statuen zu fertigen. Als 1998 im Steinbruch von Sangyin 34 Kilometer nördlich von Mandalay ein außergewöhnlich großer Block auftauchte, beauftragte die Regierung sofort den besten Bildhauer des Landes, U Taw Taw, daraus eine Buddha-Statue zu hauen. Für die 600 Tonnen schwere und elf Meter hohe Buddha-Figur benötigte der Künstler mehr als ein Jahr.

Der kolossale Lawka Chantha Abhaya Labha Muni residiert in einem verglasten Schrein auf dem Mindhamma-Hügel in den nördlichen Vororten. Tafelbilder im Tempel schildern den bemerkenswerten Transport der fertigen Skulptur von der Werkstatt bei Mandalay in die damalige Hauptstadt Rangun. Um die Statue zu verschiffen, verlegte man extra ein Gleis mit acht parallelen Schienen von Sangyin zum Irrawaddy. Dort wurde sie in einer goldenen Zeremonienbarke mit *karaweik*-Köpfen nach Süden verschifft. An den Ufern beobachteten Zuschauer aufgeregt das Spektakel. Auf der zwölftägigen Fahrt hielt das Schiff täglich in einer Stadt, damit die Menschen der Buddha-Figur huldigen konnten. Auf einem weiteren speziell dafür verlegten Gleis fuhr man sie schließlich vom Hafen zum 15 Hektar großen Garten auf dem Mindhamma-Hügel. Die Statue ist für die Buddhisten eines der beliebtesten Ausflugsziele der Stadt. Man erreicht sie auf dem Weg zum Mingaladon International Airport und von den Hotels im Norden der Stadt.

## ⓲ Hsin Hpyu Daw

Mindhamma Road, gegenüber Lawka Chantha Abhaya Labha Muni, Insein Township. 🚉 Insein Station, Yangon Circular Railway. 🚌 Sawbwar Gyi Kone an der Pyay Road. ◯ tägl. 9–17 Uhr.

Weiße Elefanten gelten in Südostasien als Glücksbringer. Schon vor Jahrhunderten wollte jeder birmanische König – wie alle Herrscher der Region – einen Albino-Dickhäuter zu seinem Besitz zählen. Er sollte ihm Wohlstand, Glück und eine lange Regentschaft garantieren *(siehe S. 107)*. Der Brauch hat sich bis heute gehalten.

In einem kleinen Tempel in einem Park in Norden Ranguns hielten sich Myanmars frühere Militärmachthaber drei weiße Elefanten. Das eher rotbraune als weiße Trio lebt noch heute dort. Sie haben einen extra für sie angelegten Wasserfall, in dem sie gebadet werden, und einen überdachten Stall, damit ihre Haut vor der Sonne geschützt ist. Doch viele Besucher, die von den Touristenführern dorthin gebracht werden, finden den Anblick der angeketteten Tiere wenig erbaulich.

**Lawka Chantha Abhaya Labha Muni: Elf Meter hohe Buddha-Statue**

# Abstecher

Die Umgebung von Rangun bietet lohnende Ausflugsziele. Gleich auf der anderen Seite des Flusses liegen Thanlyin und Kyauktan, wo man in einem Halbtagesausflug einen alten Stupa und einen Inseltempel besichtigen kann. Auf dem Weg nach Bago oder Kyaiktiyo im Norden erreicht man den Taukkyan-Soldatenfriedhof. Dort sind Tausende Soldaten des Commonwealth begraben, die im Zweiten Weltkrieg in Birma fielen. Auch der Hlawga-Nationalpark am Stadtrand liegt auf dem Weg. Er schützt eines der letzten unerschlossenen Waldgebiete im Großraum Raguns.

**Terrasse der Kyaik-Khauk-Pagode in Thanlyin mit Nebenstupas**

## ⑲ Thanlyin

17 km SO von Rangun. 180 000. Yangon Mingaladon. Oak Pho Su Station. 173 oder 189 von Sule-Pagode.

In Thanlyin, dem ehemaligen Syriam, fanden Archäologen Objekte aus der Andhran-Zeit des 2. Jahrhunderts v. Chr. Als eigenständige Hafenstadt erblühte das gegenüber von Rangun gelegene Thanlyin aber erst im 16. Jahrhundert mit Ankunft des portugiesischen Abenteurers Filipe de Brito e Nicote. Portugal dehnte zu jener Zeit sein Einflussgebiet von Goa bis zu den Molukken (»Gewürzinseln«) aus. Im Zuge dessen kam de Brito als einfacher Schiffsjunge nach Südasien und schließlich bis Arakan, das sich zu jener Zeit am Höhepunkt seiner Macht befand. In Syriam erbaute er ein Fort – angeblich im Auftrag des Königs von Arakan, doch tatsächlich wollte er sich sein eigenes Königreich schaffen. Von seinem Fort aus plünderte er das Hinterland, kontrollierte die Schifffahrt des Gebiets und häufte Reichtum an. Rund 3000 Söldner aus Europa, Asien und Afrika unterstanden ihm. Diese Streitmacht wurde jedoch von der 4000 Schiffe starken Flotte geschlagen, die König Anaukpetlun 1613 schickte. Nach einer langen, blutigen Belagerung wurde der Hafen eingenommen und de Brito gepfählt.

An diese kurze Zeit europäischer Herrschaft an der Küste Birmas erinnert nur noch die einsame Ruine einer katholischen Kirche etwa 800 Meter südöstlich vom Fluss auf einem überwucherten Grundstück an der Kyaikalot Pagoda Road.

Thanlyins Renaissance begann in den 1980er Jahren mit dem Bau der Brücke über den Bago nach Rangun. In der Folge entstand bei **Thilawa** der größte und modernste Containerhafen des Landes, über den der Großteil von Myanmars Seehandel läuft. Außer der Kirchenruine bietet die Stadt mit den breiten Alleen und niedrigen Betonhäusern kaum Sehenswürdigkeiten.

**Umgebung:** Am südlichen Stadtrand von Thanlyin steht auf dem Hügel Hlaing Pote Kone die 800 Jahre alte **Kyaik-Khauk-Pagode**. Das in der Zeit der Mon errichtete Bauwerk ähnelt der Shwedagon-Pagode in Rangun. Der Schrein enthält dem Glauben zufolge Haare Buddhas, die König Sulathrima von Thaton im 3. Jahrhundert v. Chr. brachte. Der heute vergoldete Stupa wurde fünf Mal durch Erdbeben zerstört und danach wieder aufgebaut. Die von kleineren *zedi* umgebene Terrasse bietet einen schönen Blick über die Umgebung.

**Buddha-Statuen in der 800 Jahre alten Kyaik-Khauk-Pagode in Thanlyin bei Rangun**

**Hotels und Restaurants in Rangun** *siehe Seiten 202 und 210f*

Die »schwimmende« Ye-Le-Pagode in Kyauktan wurde auf einer kleinen Insel im Hmaw Wun gebaut

## ⑳ Kyauktan

20 km S von Thanlyin. 110 000. Yangon Mingaladon.

Kyauktan liegt am Hmaw Wun, einem Nebenfluss des Yangon, und ist vor allem wegen der einzigartigen »schwimmenden« **Ye-Le-Pagode** bekannt. Diese steht auf einer winzigen Insel mitten im Fluss. Der Tempel ist im traditionellen Stil verziert, in Gold gehalten und hat ein vielstufiges Dach. Von Rangun aus ist er ein beliebtes Ziel für einen Halbtagesausflug. Ausländische Besucher erreichen den Tempel mit Fähren, die billigeren Boote sind den Einheimischen vorbehalten. Zur Anlage gehört ein kleiner Teich voller Welse. Die Gläubigen füttern die Fische mit Puffreis, der nebenan verkauft wird.

**Ye-Le-Pagode**
tägl. 7–21 Uhr.

## ㉑ Taukkyan-Soldatenfriedhof

35 km N von Rangun an der Yangon–Bago Rd. 9 vom Aung Mingalar Bus Terminal. tägl. 7–11, 13–16.30 Uhr.

Auf dem gepflegten Friedhof am nördlichen Stadtrand von Rangun befinden sich die Gräber von 6374 Soldaten, die während des Zweiten Weltkriegs in Myanmar starben. Gedenkstätten erinnern an weitere 27 000 unbekannte Soldaten, die meist aus Britisch-Indien und Afrika stammten. Die polierten Gräber sind ein bewegender Anblick. Die meisten Soldaten starben unter unvorstellbar harten Bedingungen bei den Kämpfen gegen die Japaner. Der Friedhof liegt direkt an der Schnellstraße, sodass man ihn auf der Fahrt nach Bago, Mawlamyine oder Kyaiktiyo gut besuchen kann.

Kriegerdenkmal im Taukkyan-Soldatenfriedhof

## ㉒ Hlawga-Nationalpark

Yangon–Bago Rd. Yangon Mingaladon. 9 vom Aung Mingalar Bus Terminal. tägl. 8–18 Uhr.

Der 1982 gegründete Hlawga-Nationalpark umfasst etwas mehr als sechs Quadratkilometer Feuchtgebiete und Wälder. Er schützt die Grüngürtel um Kokanabe- und Hlawga-See am nördlichen Stadtrand von Rangun, von denen die Stadt einen großen Teil ihres Wassers bezieht. Der Nationalpark bietet Abwechslung zur Stadt, seine Tierwelt ist allerdings nicht sehr vielfältig. Hier wird man lediglich einige Affen, Sambars, Muntjaks und andere Hirsche sowie ab und zu ein Schuppentier erspähen. Im Park leben zudem verschiedene Reptilien – von Waranen und Pythons bis zu Kraits (Giftnattern) und Kobras.

Durch die Wälder zieht sich ein Netz von Wanderwegen. Angeboten werden kurze Elefantenritte und Bootsfahrten auf dem Hlawga-See. Ein Spielplatz mit einem großen Dinosaurier begeistert die Kinder. Besonders an Wochenenden ist der Park meist sehr gut besucht, wenn die Ranguner auf der Autobahn 1 (die Hauptroute nach Bago und Kyaiktiyo) zum Picknicken ins Grüne fahren.

Modelldinosaurier im Hlawga-Nationalpark am StadtrandRanguns

# Stadtplan

Rangun zu erkunden, ist eine Herausforderung. Da es für Birmanisch keine Standard-Umschrift gibt, werden Straßennamen in lateinischer Schrift verschieden geschrieben und stimmen nicht unbedingt mit den Varianten in diesem Buch überein. Manche Straßen haben zudem mehrere Namen, weil sie nach der Unabhängigkeit umbenannt wurden. Außer im Zentrum sieht man selten Hausnummern und dann meist in birmanischer Schrift. Die Kartenverweise der Hotels, Restaurants, Läden und Sehenswürdigkeiten beziehen sich auf den Stadtplan der folgenden Doppelseite. Die Kombination aus Buchstabe und Zahl gibt das Planquadrat an. Die Karte unten zeigt das Gebiet, das der Stadtplan abbildet, die Symbole sind in der Legende erklärt. Auf der gegenüberliegenden Seite listet das Kartenregister die im Stadtplan verzeichneten Straßen und Sehenswürdigkeiten auf.

**Abends erstrahlt der goldene *zedi* von Ranguns Sule-Pagode**

**Legende**

- Hauptsehenswürdigkeit
- Sehenswürdigkeit
- Anderes Gebäude
- Bahnhof
- Fährhafen
- Bootsanlegestelle
- Information
- Polizei
- Krankenhaus
- Buddhistische Pagode
- Buddhistischer Tempel
- Hinduistischer Tempel
- Moschee
- Kirche
- Synagoge
- Eisenbahn

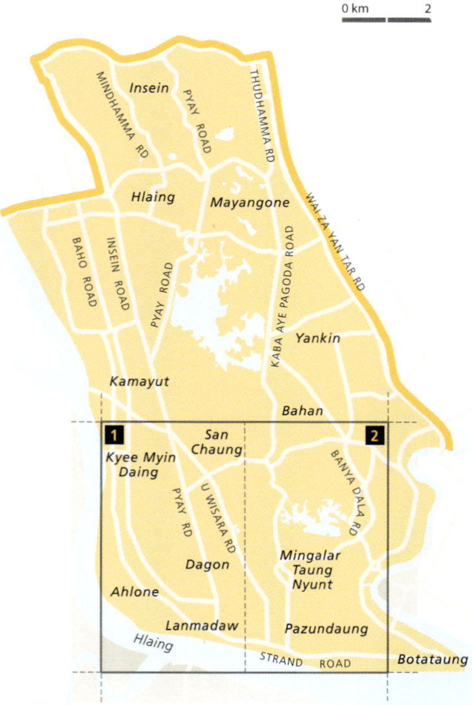


**Maßstab der Karten 1 – 2**

0 Meter 500

# Kartenregister

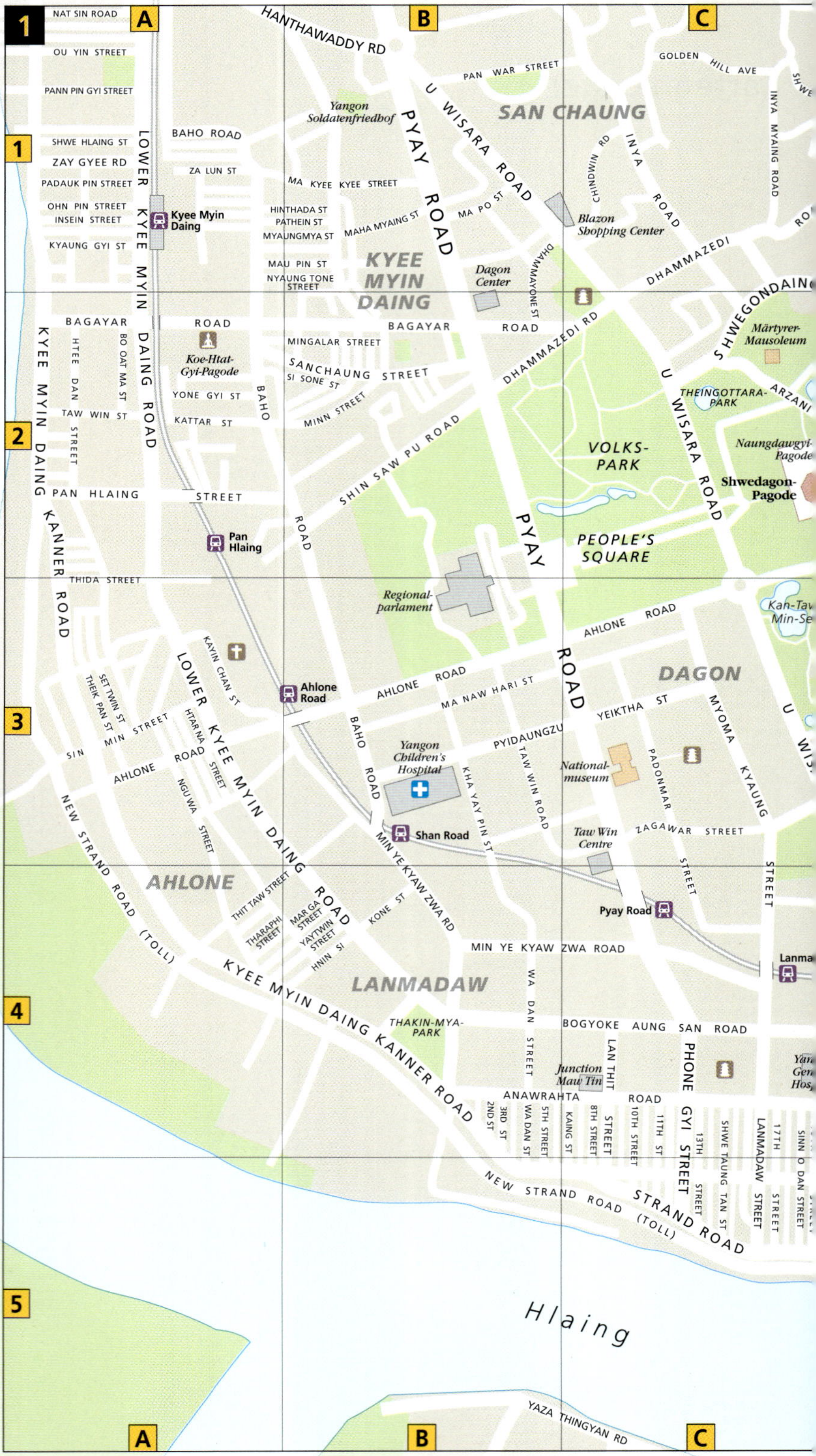
1
A
B
C
1
2
3
4
5
NAT SIN ROAD
OU YIN STREET
PANN PIN GYI STREET
HANTHAWADDY RD
PAN WAR STREET
GOLDEN HILL AVE
SAN CHAUNG
Yangon Soldatenfriedhof
PYAY ROAD
U WISARA ROAD
INYA ROAD
INYA MYAING ROAD
CHINDWIN RD
SHWE HLAING ST
ZAY GYEE RD
PADAUK PIN STREET
OHN PIN STREET
INSEIN STREET
KYAUNG GYI ST
LOWER KYEE MYIN DAING ROAD
BAHO ROAD
ZA LUN ST
Kyee Myin Daing
MA KYEE KYEE STREET
HINTHADA ST
PATHEIN ST
MYAUNGMYA ST
MAHA MYAING ST
MA PO ST
MAU PIN ST
NYAUNG TONE STREET
Blazon Shopping Center
KYEE MYIN DAING
Dagon Center
DHAMMAYONE ST
DHAMMAZEDI
BAGAYAR ROAD
MINGALAR STREET
SANCHAUNG STREET
SI SONE ST
MINN STREET
DHAMMAZEDI RD
SHWEGONDAING
Märtyrer-Mausoleum
KYEE MYIN DAING KANNER ROAD
HTEE DAN STREET
BO OAT MA ST
TAW WIN ST
Koe-Htat-Gyi-Pagode
YONE GYI ST
KATTAR ST
BAHO
SHIN SAW PU ROAD
THEINGOTTARA-PARK
ARZANI
VOLKS-PARK
Naungdawgyi-Pagode
Shwedagon-Pagode
PAN HLAING STREET
Pan Hlaing
ROAD
PEOPLE'S SQUARE
THIDA STREET
Regional-parlament
Kan-Taw Min-Se
AHLONE ROAD
KAYIN CHAN ST
Ahlone Road
MA NAW HARI ST
DAGON
SET TWIN ST
THEIK PAN ST
MIN STREET
SIN
HTAR NA STREET
LOWER KYEE MYIN DAING ROAD
YEIKTHA ST
MYOMA KYAUNG
PYIDAUNGZU
TAW WIN ROAD
BAHO ROAD
Yangon Children's Hospital
KHA YAY PIN ST
National-museum
PADONMAR
NGU WA STREET
Shan Road
MIN YE KYAW ZWA RD
Taw Win Centre
ZAGAWAR STREET
STREET
NEW STRAND ROAD (TOLL)
AHLONE
THIT TAW STREET
THARAPHI STREET
MAR GA STREET
YAYTWIN STREET
HNIN SI
KONE ST
Pyay Road
Lanma
MIN YE KYAW ZWA ROAD
LANMADAW
WA DAN STREET
THAKIN-MYA-PARK
BOGYOKE AUNG SAN ROAD
LAN THIT
PHONE GYI STREET
Junction Maw Tin
ANAWRAHTA ROAD
2ND ST
3RD ST
WA DAN ST
5TH STREET
KAING ST
8TH STREET
STREET
10TH STREET
11TH ST
13TH STREET
SHWE TAUNG TAN ST
LANMADAW STREET
17TH STREET
SINN O DAN STREET
NEW STRAND ROAD (TOLL)
STRAND ROAD
Hlaing
YAZA THINGYAN RD

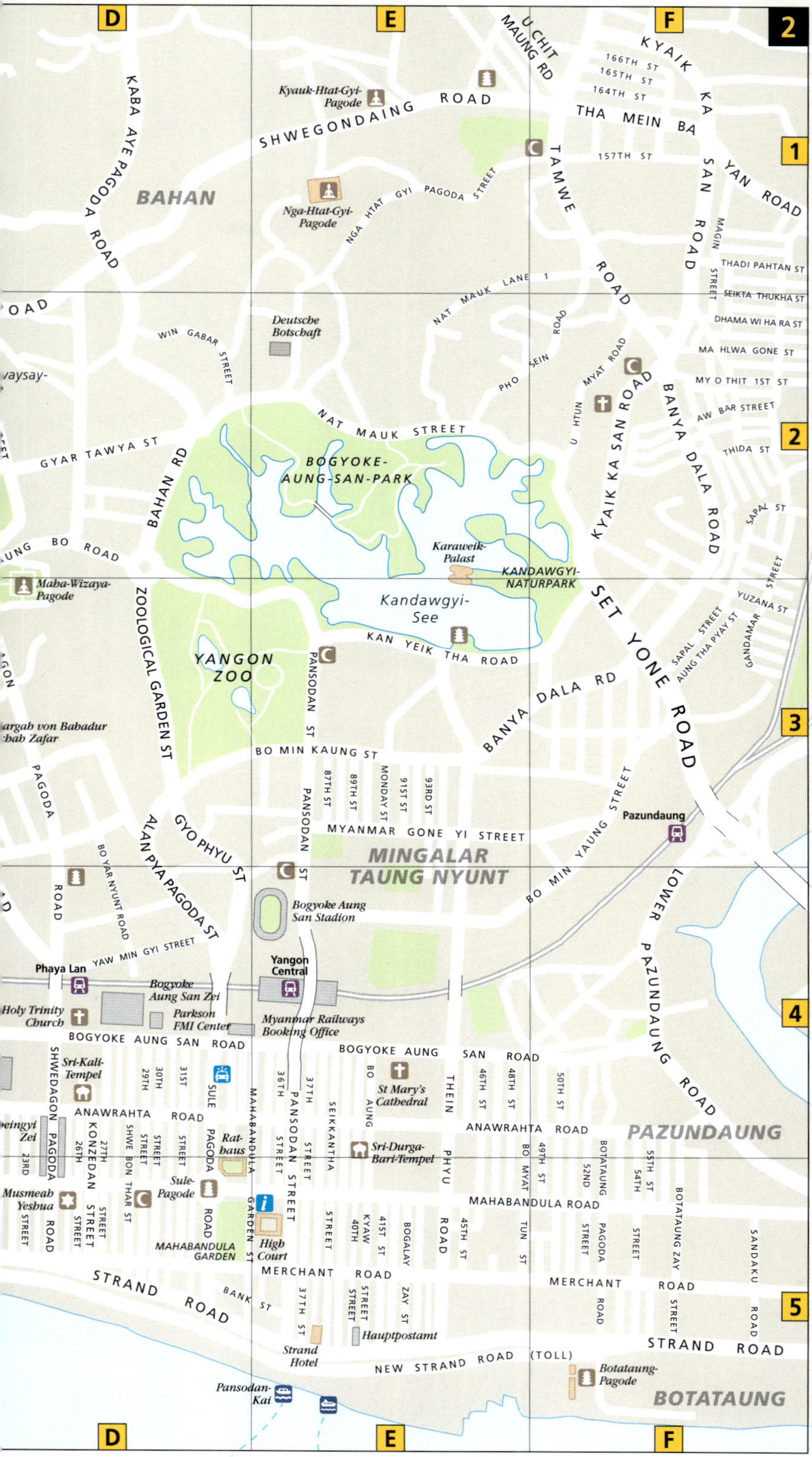
2
D
E
F
1
2
3
4
5
BAHAN
MINGALAR TAUNG NYUNT
PAZUNDAUNG
BOTATAUNG
Kyauk-Htat-Gyi-Pagode
Nga-Htat-Gyi-Pagode
Deutsche Botschaft
BOGYOKE-AUNG-SAN-PARK
Karaweik-Palast
KANDAWGYI-NATURPARK
Kandawgyi-See
YANGON ZOO
Maha-Wizaya-Pagode
Dargah von Bahadur Shah Zafar
Bogyoke Aung San Stadion
Pazundaung
Phaya Lan
Yangon Central
Bogyoke Aung San Zei
Parkson FMI Center
Myanmar Railways Booking Office
Holy Trinity Church
Sri-Kali-Tempel
St Mary's Cathedral
Sri-Durga-Bari-Tempel
Rathaus
Sule-Pagode
Musmeah Yeshua
MAHABANDULA GARDEN
High Court
Hauptpostamt
Strand Hotel
Pansodan-Kai
Botataung-Pagode
SHWEGONDAING ROAD
KABA AYE PAGODA ROAD
U CHIT MAUNG RD
KYAIK KA SAN ROAD
TAMWE ROAD
THA MEIN BA YAN ROAD
166TH ST
165TH ST
164TH ST
157TH ST
NGA HTAT GYI PAGODA STREET
THADI PAHTAN ST
SEIKTA THUKHA ST
DHAMA WI HA RA ST
MA HLWA GONE ST
MY O THIT 1ST ST
AW BAR STREET
THIDA ST
SAPAL ST
YUZANA ST
MAGIN STREET
NAT MAUK LANE 1
PHO SEIN ROAD
MYAT ROAD
U HTUN
BANYA DALA ROAD
WIN GABAR STREET
NAT MAUK STREET
GYAR TAWYA ST
BAHAN RD
BO ROAD
ZOOLOGICAL GARDEN ST
KAN YEIK THA ROAD
SET YONE ROAD
SAPAL STREET
AUNG THA PYAY ST
GANDAMAR STREET
PANSODAN ST
BO MIN KAUNG ST
87TH ST
89TH ST
MONDAY ST
91ST ST
93RD ST
MYANMAR GONE YI STREET
BO MIN YAUNG STREET
ALAN PYA PAGODA ST
GYO PHYU ST
BO YAR NYUNT ROAD
PAGODA ROAD
YAW MIN GYI STREET
LOWER PAZUNDAUNG ROAD
BOGYOKE AUNG SAN ROAD
SHWEDAGON PAGODA ROAD
29TH
30TH
31ST
SULE PAGODA ROAD
MAHABANDULA GARDEN ST
36TH STREET
37TH STREET
SEIKKANTHA STREET
BO AUNG KYAW
THEIN PHYU ROAD
46TH ST
48TH ST
50TH ST
ANAWRAHTA ROAD
23RD
26TH STREET
27TH STREET
KONZEDAN STREET
SHWE BON THAR ST
BO MYAT TUN ST
49TH ST
52ND STREET
BOTATAUNG PAGODA ROAD
54TH STREET
55TH ST
MAHABANDULA ROAD
40TH
41ST ST
BOGALAY ZAY ST
45TH ST
BOTATAUNG ZAY STREET
SANDAKU ROAD
MERCHANT ROAD
STRAND ROAD
BANK ST
37TH ST
NEW STRAND ROAD (TOLL)

# Region Bago

**Die weiten Schwemmebenen und Dschungel der Region bildeten die Kulisse für eine der prächtigsten Städte in der Historie Südostasiens, die Hafenstadt Bago (Pegu). Nach mehreren Eroberungen und der Verlagerung des Flussbetts des Sittaung, verfiel die Stadt langsam. Heute ist Bago ein Marktort mit spektakulären Ruinen, die auf 1400 Jahre Geschichte zurückblicken. Aus der mittelalterlichen Blütezeit stammt unter anderem die grandiose Shwemawdaw-Pagode, deren Stupa den der Shwedagon-Pagode in Rangun an Größe übertrifft.**

Der Sage nach wurde die Stadt 573 n. Chr. von einem Prinzenpaar der Mon gegründet. Die beiden sahen auf einer kleinen Insel ein *hamsa*-Vogelweibchen *(siehe S. 92)*, das sich auf dem Rücken seines Partners ausruhte. Genau an dieser Stelle erbauten sie Hanthawaddy, das spätere Zentrum des riesigen Mon-Reiches. Auf dessen Reichtum hatten es im Norden die birmanischen Könige von Taungu abgesehen. 1539 überfiel der Taungu-König Tabinshweti die Stadt, die die Europäer damals Pegu nannten. Sein Nachfolger Bayinnaung machte sie zur Hauptstadt des Zweiten Birmanischen Reichs.

Die Mon eroberten Bago 1740 kurzzeitig zurück. Nur 17 Jahre später kam König Alaungpaya, plünderte die Stadt und metzelte die gesamte Bevölkerung nieder. Nun begann Bagos Niedergang, der sich noch beschleunigte, als sich das Flussbett des Sittaung in den 1790er Jahren verlagerte. Plötzlich lag Bago eine Tagesreise vom Fluss entfernt und war damit vom lebenswichtigen Seehandel abgeschnitten. Von Rangun aus ist Bago ein schöner Tagesausflug oder man übernachtet dort bei einer Reise durch das Sittaung-Tal.

In Taungu sind beeindruckende Relikte aus der Zeit Tabinshwetis zu sehen. Doch der Ort am Fuß der Berge des Pegu-Joma-Gebirges ist heute vor allem das Zentrum für die Ausplünderung der einst reichen Teakholzbestände der Region. In den Holzfällerlagern im dichten Dschungel kann man übernachten und den Elefanten bei der Arbeit zusehen. Die Anfahrt erfolgt über die Schlaglochpiste, die Richtung Westen durch die Berge nach Pyay am Irrawaddy führt. Dort liegen zwischen Senffeldern und Brachland die geheimnisvollen Ruinen des alten Sri Ksetra.

**Die Statuenreihe in der Shwemyetman-Pagode in Shwedaung stellt die Jünger Buddhas dar**

◀ **Kopf einer *chinthe*-Wächterfigur (mythisches Löwenwesen) in der Shwesandaw-Pagode in Pyay *(siehe S. 97)***

# Überblick: Region Bago

Bago ist ein schönes Ziel für einen Tagesausflug von Rangun aus, mit dem Auto ist man in rund 90 Minuten dort. Taungu erreicht man auf der alten Straße nach Mandalay, dem National Highway 1. Direkter geht es auf der neuen Autobahn. Westlich von Taungu führt die berüchtigte Holzfällerpiste Oktwin – Paukkhaung durch das Pegu-Joma-Gebirge nach Pyay. Sie ist in der Regenzeit unpassierbar, ansonsten aber mit Geländewagen zu bewältigen. Bei einer Übernachtung in einem der Holzfällerlager kann man die Arbeitselefanten in Aktion sehen. Pyay ist ein beliebter Startpunkt für Kreuzfahrten. Nur wenige Besucher machen dort jedoch auf einer Reise nach Bagan und dem Norden Station, da man nur schwer weiterkommt. Hauptattraktionen sind die prächtige Shwesandaw-Pagode und die Ruinen von Sri Ksetra.

**Die Payama-Pagode in Sri Ksetra ist eine Sehenswürdigkeit bei Pyay**

### In der Region Bago unterwegs

Eine ganze Flotte von zerbeulten Lokalbussen und schnelleren Luxusbussen fährt auf der vierspurigen Autobahn von Rangun nach Bago. Die meisten Besucher kommen jedoch mit einem tageweise gemieteten Taxi aus Rangun. Auf der Fahrt nach Norden durch das Sittaung-Tal nach Mandalay halten die Busse in Taungu. Für den Weg über das Pegu-Joma-Gebirge empfiehlt sich ein Mietwagen. Sonstige Transportmittel durch die Berge beschränken sich auf Lastwagen, die erst losfahren, wenn alle Plätze besetzt sind. Nach Pyay am Irrawaddy fahren Busse, staatliche Fähren und Züge. Dort starten auch Kreuzfahrten von privaten Anbietern.

**Buddha-Statue am Nawdawgyi-Myathalyaung-Buddha, Bago**

**Weitere Zeichenerklärungen** *siehe hintere Umschlagklappe*

*Chinthe* am Eingang des Pavillons mit der Shwethalyaung-Buddha-Statue, Bago

## Sehenswürdigkeiten auf einen Blick

1. *Bago S. 92–95*
2. Taungu
3. Pyay (Prome)
4. *Sri Ksetra (Thayekhittaya) S. 98f*
5. Shwedaung
6. Akauk Taung

Blick von der Mahazedi-Pagode, Bago

**Legende**

- Autobahn
- Hauptstraße
- Nebenstraße
- Eisenbahn
- Divisionsgrenze
- Gipfel

0 Kilometer 30

# ❶ Bago

Die einstige Hauptstadt des Mon-Reiches und des Zweiten Birmanischen Reiches erlebte ihre Blütezeit zwischen 1420 und 1530. Damals sorgten die Gewinne aus dem Seiden-, Gewürz- und Sklavenhandel über den Indischen Ozean für volle Schatzkammern in Bago (Pegu). Durch die Handelsbeziehungen mit Indien und Sri Lanka wurde die Stadt auch ein Zentrum des Theravada-Buddhismus. Bago birgt deshalb viele sakrale Prachtbauten. Sie sind im typischen Stil der Gegenwart vergoldet oder mit Glanzlack bemalt, sodass ihr beträchtliches Alter nicht zu erahnen ist. Die Monumente sind auf zwei Viertel verteilt: Einige zieren im Osten die planmäßig angelegte Altstadt mit dem rechtwinkligen Straßennetz, andere finden sich im Westen auf der anderen Flussseite.

**Die mächtige goldene Spitze der Shwemawdaw-Pagode in Bago**

### Shwemawdaw-Pagode

Pagoda Rd. tägl. 7–21 Uhr. Tageskarte.

Kein Bauwerk der Region vermittelt so eindrücklich Macht und Reichtum des untergegangenen Mon-Reichs wie die 114 Meter hohe Shwemawdaw-Pagode. Ihre goldene Spitze überragt das alte Palastviertel von Bago. Die Pagode wurde für Reliquien Buddhas erbaut – Siddharta Gautama soll selbst zwei seiner Haare dafür gespendet haben. Der Originalbau wurde mehrmals verändert und vergrößert, sowohl von den Mon-Herrschern als auch von bußfertigen Königen von Bamar, die damit für die vielen Toten ihrer Eroberungszüge sühnen wollten. Bayinnaung spendete in den 1550er Jahren sogar seine Kronjuwelen für einen neuen *hti* (Bekrönung). Verheerende Erdbeben und Stürme im frühen 20. Jahrhundert zerstörten die Pagode fast völlig. 1947 wurde sie renoviert und hat nun Myanmars höchsten *zedi* (Stupa). Vier gedeckte *zaungdan* (Aufgänge) führen zur Hauptterrasse, auf der ein kleines Museum alte Buddha-Figuren zeigt, die nach dem Erdbeben von 1930 geborgen wurden. Überreste der alten Bananenblüte, die dem Beben ebenfalls zum Opfer fiel, sind am östlichen Zugang zu sehen. Die Shwemawdaw ist der wichtigste religiöse Ort der Region und wird ganzjährig von unzähligen Gläubigen besucht. Vor allem im April nutzen Tausende von Bauern die stille Zeit im Reisanbaukalender vor dem Monsun und kommen zum Pagodenfest.

## *Hamsa*-Vogel

Dem Mythos nach wählten zwei Mon-Prinzen den Gründungsort für Bago, die hier ein *hamsa*-Vogelpaar mit goldenen Hälsen auf einem winzigen Eiland landen sahen. Es war so klein, dass das Weibchen auf dem Rücken des Partners rasten musste. Der *hamsa* (birmanisch *hintha*) ist ein Wasservogel, der in vielen Überlieferungen Südostasiens vorkommt. Er symbolisiert Potenz, Stärke, Reinheit, göttliches Wissen und spirituelle Vollkommenheit und wurde in der buddhistischen Kunst oft verewigt, z. B. auf den Reliquienschreinen der Stupas. Der Vogel, dessen lateinischer Name *hansar* im Wortstamm der deutschen *Gans* steckt, wird verehrt, da er in allen drei Elementen – Wasser, Luft und Erde – heimisch ist.

**Altes birmanisches *hamsa*-Opiumgewicht**

### Hintha Gon

Hintha Gon Paya Rd. tägl. 7–21 Uhr. Tageskarte.

Auf der Kuppe eines flachen Hügels neben der Shwemawdaw sollen die *hamsa*-Vögel aus dem Gründungsmythos von Bago gelandet sein. Skulpturen des Vogelpaars stehen am Eingang zum Tempel Hintha Gon, der an das verheißungsvolle Ereignis erinnert. Eine Treppe an der Ostseite der Shwemawdaw führt auf den Hügel, von dem man bei Sonnenuntergang einen fantastischen Blick auf den goldenen Stupa im Westen hat. Der Tempel ist auch ein bedeutendes Zentrum der *nat*-(Geister) Verehrung. Alljährlich führen bei seinem *nat-pwe*-Fest Travestietänzer Besessenheitstänze auf.

### Kanbawzathadi-Palast

Myin Taw Tar Rd. tägl. 9–18 Uhr. Tageskarte.

In Bago wurden nie Hinweise auf den alten Mon-Palast gefunden, doch 1990 entdeckte man in der Parklandschaft südlich der Shwemawdaw Spuren von Pfostenlöchern und Ziegelfundamenten. Für Archäologen war klar, dass hier der Königspalast von Bayinnaung (reg. 1550–81) gestanden hatte. Er war einer der mächtigsten Könige Birmas und nahm die Stadt 1551 mit Elefanteneinheiten und portugiesischen Söldnern ein. Wie Hofchroniken berichten, forderte der Mon-Herrscher Smim Htaw

Das reich verzierte Tor zum Kanbawzathadi-Palast

(reg. 1550–52) seinen birmanischen Gegenspieler auf, den Krieg im Duell auf Elefanten zu entscheiden, um die Stadt zu retten. Bayinnaung behielt dabei die Oberhand.

Nach seinem Sieg ließ der König einen neuen, prächtigen Palast bauen. Der Engländer Ralph Fitch, der ihn 1586 sah, berichtete von verschwenderisch vergoldeten und kunstvoll gefertigten Holzgebäuden. Die eigenwillige Rekonstruktion des Palastes durch die Militärregierung hat nicht viel mit dem Original zu tun, vermittelt aber zumindest einen Eindruck von dessen Größe.

### Schlangenkloster

Bandula Rd. tägl. 8–20 Uhr.
Nicht nur ausländische Besucher, auch einheimische Buddhisten vertreiben sich im Thatana Lin Yaungshwe bzw. Schlangenkloster gerne die Zeit. Es steht einige Blocks südwestlich des Kanbawzathadi-Palastes am Hmorkan Tank. Der Stolz des Klosters ist ein neun Meter langer Python, der die Reinkarnation eines berühmten Abts aus dem Shan-Gebirge sein soll. Insbesondere in der buddhistischen Fastenzeit kommen Heerscharen von Gläubigen, um der Schlange die Ehre zu erweisen und Geld und Essen zu spenden. Zum Tragen des Python werden fünf Mönche benötigt. Außer im myanmarischen Monat Waso (Juni/Juli), wenn die angeblich 110 Jahre alt Schlange fasten muss, dürfen die Besucher sie auch berühren.

## Infobox

**Information**
**Straßenkarte** D5. 284 000.
Eintritt zu den Ruinen nur mit Tageskarte, Verkauf in der Shwemawdaw. Pagodenfest der Shwemawdaw (März/Apr); Hintha-Gon-*nat-pwe*-Fest (Dez).

**Anfahrt**
Yangon Mingaladon.

Der Python im Schlangenkloster soll ein wiedergeborener Abt sein

### Zentrum von Bago

① Shwemawdaw-Pagode
② Hintha Gon
③ Kanbawzathadi-Palast
④ Schlangenkloster
⑤ Nawdawgyi-Myathalyaung-Buddha
⑥ Shwethalyaung-Buddha
⑦ Kalyani Sima
⑧ Mahazedi-Pagode
⑨ Shwegugle-Pagode
⑩ Kyaik-Pun-Pagode

**Zeichenerklärung** *siehe hintere Umschlagklappe*

Nawdawgyi Myathalyaung – die größte liegende Buddha-Statue in Bago

### Nawdawgyi-Myathalyaung-Buddha

Shwethalyaung Rd. tägl. 7–20 Uhr. Tageskarte.

Im Westen Bagos liegt vor einem rechteckigen Wasserspeicher der Nawdawgyi Myathalyaung. Die Buddha-Figur wurde erst 2002 geschaffen und ist mit 76 Metern sogar länger als ihr bekannterer Nachbar, der Shwethalyaung-Buddha *(siehe unten)*. Dennoch wird sie viel weniger besucht. Wenn sich die Statue am frühen Morgen im glatten Wasser des Beckens spiegelt, ist sie am schönsten zu fotografieren.

### Shwethalyaung-Buddha

Pagoda Rd. tägl. 7–20 Uhr. Tageskarte.

Gleich nördlich des Nawdawgyi-Myathalyaung-Buddha liegt der Shwethalyaung, Bagos schönster liegender Buddha und größte Sehenswürdigkeit unter den Bauwerken im Westen der Stadt. Von Fuß bis Kopf ist er 55 Meter lang und erreicht eine Höhe von 16 Meter. Die Statue soll aus dem Jahr 994 stammen. Als Alaungpaya 1757 die Stadt einnahm, war sie von Dschungel überwuchert und vergessen. Erst als in den 1880er Jahren ein britischer Vermessungstrupp auf den Kopf stieß, der aus den Blättern hervorragte, wurde die Figur restauriert. Um ihre Bemalung zu schützen, die bis heute gut erhalten ist, baute man einen *tazaung* (Pavillon) aus Wellblech. Das mosaikartige Kopfkissen wurde erst im 19. Jahrhundert hinzugefügt. Der Buddha bei Mawlamyine *(siehe S. 193)* mag der größte liegende Buddha des Landes sein, der Shwethalyaung wird jedoch wegen seines besonders gelassenen Ausdrucks am meisten verehrt. Der Gesichtsausdruck der Statue soll auf den Gläubigen die Freude Buddhas übertragen, die dieser erfuhr, als er auf seinem Totenbett ins *parinirvana* einging. Er soll die Bedeutung seiner letzten Worte zu den versammelten Jüngern vermitteln: »Alles Leben ist Gegenstand des Zerfalls; bemüht euch mit Eifer um eure Befreiung.«

### Kalyani Sima

Kalyani Sima Rd. tägl. 7–20 Uhr. Tageskarte.

Um nach dem Ende des Ersten Birmanischen Reiches das Mönchstum wiederzubeleben, ließ König Dhammazedi (reg. 1471–92) am Shwethalyaung-Buddha u. a. diese große Halle zur Mönchsweihe bauen. Der Name erinnert an den Fluss Kalyani in Sri Lanka, an dem das Mahavira-Kloster steht. Dorthin schickte der König 22 Mönche, um sie erneut weihen zu lassen. Auf zehn Steintafeln an der Westseite der Halle erläutern Inschriften Dhammazedis Motive für diese Aktion: Er war bestürzt über das Sektierertum, das sich im späten 15. Jahrhundert im Buddhismus ausbreitete. Einige Steintafeln wurden bei Angriffen von de Brito 1599 *(siehe S. 52)* beschädigt, andere bei der Plünderung Bagos durch Alaungpaya 1757 *(siehe S. 53)*. Die in Pali und Mon beschriebenen Tafeln sind als Beleg für die Verbindungen zwischen Birma und Ceylon im Mittelalter von Bedeutung.

Die Halle war Vorbild für über 400 ähnliche Hallen, die Dhammazedi erbauen ließ. Sie stürz-

Der liegende Shwethalyaung-Buddha in Bago stammt aus dem 10. Jahrhundert

**Hotels und Restaurants in der Region Bago** *siehe Seiten 203 und 211*

te bei dem großen Erdbeben von 1930 ein und wurde danach wieder in moderner Form aufgebaut. Seitdem bedecken glänzende Marmorfliesen die Böden, den Hauptraum ziert ein Glasmosaik. Die Säulenbogen an den Seitenwänden stehen voller *nat*-Figuren, die mit Spiegeln bedeckt sind. Zweimal im Monat werden im Kalyani Sima Beichten abgehalten. Dabei werden Mönche öffentlich befragt, ob sie gegen die Vorschriften ihres Ordens verstoßen haben. Die Rituale, die dabei vollzogen werden, sind in den Inschriften Dhammazedis ausführlich beschrieben.

**Die Mahazedi-Pagode beherbergte einst eine gefälschte Zahnreliquie**

### Mahazedi-Pagode

Mahazedi Pagoda Rd. tägl. 7–21 Uhr. Tageskarte.

Rund einen Kilometer westlich des Shwethalyaung steht der weiße Mahazedi-Stupa. Dort bewahrte König Bayinnaung die mit Gold und Diamanten verzierte Reliquie auf, die ihm von Ceylonesen als Zahn des Buddha angedreht worden war. 1599 nahm König Anaukpetlun den Zahn mit. Der Stupa wurde später bei Angriffen König Alaungpayas und dem Erdbeben von 1930 zerstört. Heute erstrahlt die Mahazedi zusammen mit einem kleinen Tempel im Ananda-Stil und Bayinnaungs Siegesdenkmal wieder in alter Pracht. Der Ananda-Tempel bewahrt bunt bemalte Statuen von Bamar-Kriegern und einem Glück

**Die gewaltigen sitzenden Buddha-Statuen der Kyaik-Pun-Pagode**

bringenden weißen Elefanten. Der englische Reisende Ralph Fitch schrieb 1586, er hätte vier solcher Albino-Dickhäuter im Palast von König Bayinnaung gesehen.

### Shwegugle-Pagode

Shwegugle Pagoda Road. tägl. 8–21 Uhr. Tageskarte.

Dieser relativ wenig besuchte Stupa südlich der Mahazedi-Pagode ist vor allem wegen der Gewölbekammer interessant, die die Basis des Bauwerks umgibt. In dieser Kammer sind 64 sitzende Buddha-Figuren aufgestellt. Der Stupa wurde 1494 während der Herrschaft König Byinnya Rans II. (reg. 1491–1526) erbaut.

### Kyaik-Pun-Pagode

Kayik Pun Pagoda Rd, 4 km S vom Bahnhof, bei der Autobahn Rangun–Bago. tägl. 8–21 Uhr. Tageskarte.

Die Kyaik-Pun-Pagode, wörtlich »Vier Figuren«-Pagode, steht im Buschland am Südrand von Bago. Sie wurde von König Migadippa im 7. Jahrhundert erbaut und 1476 von König Dhammazedi renoviert. Sie besteht aus vier gigantischen sitzenden Buddhas, die Rücken an Rücken in die vier Himmelsrichtungen blicken. Sie sollen Kakusandha, Konagamana, Kassapa und Siddharta Gautama, den historischen Buddha, darstellen. Die Statuen sind beeindruckende 27 Meter hoch.

## Die gefälschte Zahnreliquie

Der eroberungswütige Despot Bayinnaung gründete Mitte des 16. Jahrhunderts das Zweite Birmanische Reich. Der König war von Machtsymbolen besessen, und für Theravada-Buddhisten ist das mächtigste Symbol die Zahnreliquie in Sri Lanka. Als Portugiesen die Reliquie 1560 angeblich erbeutet hatten, schickte er ein Schiff voller Gold in die portugiesische Kolonie Goa, um sie zu kaufen. Der dortige Gouverneur Constantino da Bragança war in Finanznöten und konnte sein Glück kaum fassen. Doch die religiösen Würdenträger auf Goa entschieden, dass ein Verkauf ein Sakrileg sei. Um nicht den Zorn der Inquisition auf sich zu ziehen, soll da Bragança den Zahn zerstört haben. Bayinnaungs Enttäuschung wich, als er hörte, dass der Zahn eine Kopie gewesen sei. Später kaufte er das »Original« von Ceylonesen und brachte es in die Mahazedi-Pagode in Bago. Aber auch dieser Zahn stellte sich als Fälschung heraus, genauso wie die Prinzessin, die er gleich miterworben hatte. Der König ignorierte einfach die Fakten und sprach dem Zahn trotzdem magische Eigenschaften zu. 1599 stahl Anaukpetlun den Zahn und brachte ihn nach Sagaing *(siehe S. 153)*.

**Bayinnaung, Nationalmuseum, Rangun**

Shwesandaw-Pagode (16. Jh.) mit Nebenschreinen in Taungu

## ❷ Taungu

**Straßenkarte** D4. 286 km N von Rangun. 66 000. Naypyitaw, 90 km im N Taungus.

Taungu ist die größte Stadt im unteren Sittaung-Tal und liegt mitten in Teak- und Bambuswäldern am Fuß des Shan-Hochlandes. Seit der Gründung von Naypyitaw weiter nördlich hat seine Bedeutung als Zwischenstopp auf dem langen Weg von Rangun nach Mandalay stark abgenommen. Die wenigen Besucher, die halten, wollen die spärlichen Hinterlassenschaften einer mächtigen Dynastie der Nach-Bagan-Zeit besichtigen, die hier vor 500 Jahren ihre Hauptstadt hatte.

Taungu wurde 1280 gegründet und hatte seine Blütezeit unter der Regierung von Tabinshweti (reg. 1530–50), der die Fürstentümer und Königreiche von Birma weitgehend wieder vereinte. Als Erstes eroberte er die Hafenstadt Bago (Pegu), die er 1539 zu seiner Hauptstadt machte. Vom mittelalterlichen Taungu ist nur noch wenig zu sehen, doch die Ausmaße des quadratischen Stadtgrabens und die Mauerreste sowie die kunstvolle Anlage des Kandawgyi-Sees im Südwesten lassen die einstige Bedeutung der Stadt erahnen.

Eindrucksvollstes Bauwerk ist die **Shwesandaw-Pagode** (spätes 16. Jh.). Im reich vergoldeten Stupa sollen sich Haarreliquien Buddhas befinden. Am Ende des gedeckten Zugangs im Norden stehen Statuen der sieben Herrscher der regionalen Dynastie, in den Seitenhallen mehrere große Buddhas, wie der 3,5 Meter hohe sitzende Buddha, der 1912 aus Bronze und Silber gegossen wurde.

Einige Blocks südöstlich der Shwesandaw steht die **Myasigon-Pagode** (19. Jh.) mit einem vergoldeten Stupa, der auf einem Ziegel-*pahto* (Tempel) mit Glasmosaikbogen steht, und einem sitzenden, von *bo bo gyi* umgebenen Buddha. Unter den Statuen in Nebenschreinen befinden sich auch chinesische Göttinnen, die ein deutscher Buddhist 1901 stiftete. Stolz des Pagodenmuseums sind ein bronzener Erawan, ein dreiköpfiger Elefant und Reittier von Indra, sowie ein stehender Buddha, der von Bayinnaung in der siamesischen Hauptstadt Ayutthaya erbeutet wurde.

**Shwesandaw-Pagode**
Pagoda Rd. tägl. 5–21 Uhr.

**Myasigon-Pagode**
Nahe Bahnhof Taungu.
tägl. 5–21 Uhr.

**Umgebung:** Taungu ist Ausgangspunkt für Ausflüge in die Bergwälder im Nordwesten. In den staatlichen Forstlagern und den Dörfern der Karen kann man zusehen, wie Mahuts mit ihren Arbeitselefanten auf traditionelle Weise Teakholzstämme aus dem Wald ziehen. Trotz jahrzehntelanger Sanktionen blüht die Holzindustrie Myanmars. Die Elefanten tragen nicht wenig dazu bei, kann man sie doch auch in für Maschinen ungeeignetem Gelände einsetzen *(siehe S. 107)*.

Die Forstlager bieten sich für einen Tagesausflug an, aber auch Übernachtungen sind möglich – so etwa im acht Hektar großen **Pho Kyar Forest Resort**, das Elefantenritte in den Wald anbietet. Dabei sieht man die Tiere bei der Arbeit, und man darf beim Baden der Kälber helfen. Zudem kann man auch mobile **Forstlager** tiefer im Wald besuchen.

**Pho Kyar Forest Resort**
50 km NW von Taungu, 16 km O von Thargaya, beim Ufer des Thaing, Swa Forest Reserve.

**Forstlager**
Mehrere in den Bergen um Taungu.
Dr Chan Aye, Myanmar Beauty Hotel, 7/134, Bo Hmu Po Kun St, Taungu.

Zahme Arbeitselefanten im Pegu-Joma-Gebirge

## ❸ Pyay (Prome)

**Straßenkarte** C4. 280 km N von Rangun. 135 000. Yangon Mingaladon. Shwesandaw-Pagodenfest (Nov).

Prome entstand Ende des 19. Jahrhunderts am Ostufer des Irrawaddy als Firmensitz der Irrawaddy Flotilla Company. Deren Schaufelraddampfer waren von 1865 bis in die 1940er Jahre das Hauptverkehrsmittel zwischen Rangun und Mandalay. Heute heißt der Ort Pyay. Hierher kommen nur wenige ausländische Besucher, die zudem in der Regel auf der Durchreise zu einem anderen Ziel am Fluss sind. Aber neben dem typisch myanmarischen Alltag gibt es hier auch einen schönen Markt am Fluss und einen aufsehenerregenden Stupa zu sehen.

Auf einem Hügel im Südosten der Stadt steht die prächtig vergoldete **Shwesandaw-Pagode**, die einen Meter höher als die Shwedagon-Pagode in Rangun sein soll. Besonders dramatisch wirkt der Stupa bei Sonnenuntergang, wenn seine Oberfläche vor dem Irrawaddy im Hintergrund leuchtet. Laut einigen Inschriften in einem Ziegel-*tazaung* (Pavillon) wurde der erste *zedi* (Stupa) 589 v. Chr. erbaut und unter der Herrschaft von König Kyanzittha von Bagan 1083 vergrößert. Doch erst König Alaungpaya, Gründer der Konbaung-Dynastie, ließ den Bau vergolden und ihm seinen speziellen Doppel-*hti* (Bekrönung) aufsetzen. Nach den blutigen Feldzügen Mitte des 18. Jahrhunderts sollte er als Symbol für die birmanische Einheit stehen.

Einen guten Blick auf die Shwesandaw-Pagode hat man von der Terrasse um den riesigen **Sehtatgyi-Buddha** (»zehnstöckiger Buddha«), der östlich der Pagode sitzt. Sein Kopf ragt fast genauso weit über den Baumwipfeln auf. Zur Statue gelangt man über einen gedeckten Gang an der Westseite.

Die Ruinen der alten Stadt Sri Ksetra *(siehe S. 98f)*, der Hauptstadt der Pyu-Könige, liegt etwa acht Kilometer östlich von Pyay. Wenn man hier übernachtet, kann man einen Tagesausflug nach Sri Ksetra unternehmen.

Der bebrillte Buddha in der Shwemyetman-Pagode in Shwedaung

**Shwesandaw-Pagode**
Pagoda St. tägl. 7–21 Uhr.

**Sehtatgyi-Buddha**
Pagoda St. tägl. 7–21 Uhr.

Blick von der Shwesandaw-Pagode auf den Sehtatgyi-Buddha in Pyay

## ❹ Sri Ksetra (Thayekhittaya)

*Siehe S. 98f.*

## ❺ Shwedaung

**Straßenkarte** C4. 14 km S von Pyay. 21 000.

Unter den zahllosen Buddha-Figuren des Landes hat die Statue in der **Shwemyetman-Pagode** in Shwedaung eine ganz besondere Stellung: Sie trägt eine Brille mit Goldfassung. Die erste Brille soll während der Konbaung-Zeit gestiftet und kurz danach gestohlen worden sein. Seitdem wurde die Brille bereits mehrmals ersetzt, da Diebe sie immer wieder stahlen. Der Shwemyetman-Buddha soll die Kraft haben, Augenkrankheiten zu heilen, und so ist der Tempel ein beliebter Pilgerort für alle in Myanmar, die Probleme mit ihren Augen haben.

**Shwemyetman-Pagode**
Shwedaung, Pyay Township.
tägl.

## ❻ Akauk Taung

**Straßenkarte** C4. Nahe dem Dorf Hton Bo (Tonbo). mit dem Auto 60 km S von Pyay nach Hton Bo, dann 45 Minuten mit dem Flussboot.

Ein weiterer beliebter Tagesausflug von Pyay aus ist eine Fahrt zur Akauk Taung. In diese Sandsteinklippe am Irrawaddy wurden Hunderte Buddha-Figuren in Felsnischen gehauen. Die Statuen sind das Werk von Binnenschiffern, die den Fluss befuhren. Sie mussten hier anlegen, um Zölle zu zahlen oder um zu warten, bis die Strudel im Strom schwächer wurden. Vom Wasser aus sind die weiß bemalten Schreine in der mit tropischem Grün bewachsenen Klippe ein spektakulärer Anblick. Sie gehören zu den schönsten Fotomotiven am Irrawaddy.

# ❹ Sri Ksetra (Thayekhittaya)

Charakteristisch geformte Stupas, trockene Gräben und Erdwälle in den Feldern einige Kilometer östlich des Irrawaddy bei Pyay sind alles, was von der vor 1200 Jahren größten befestigten Siedlung Asiens übrig blieb. Sri Ksetra, die »prachtvolle Stadt«, oder auch Thayekhittaya, war die Residenzstadt der Pyu-Könige und wurde durch den Handel auf dem Fluss und über den Golf von Bengalen mit Indien reich. Zwischen dem 4. und 9. Jahrhundert kannten sogar Reisende aus Ostchina und Indien die befestigte Stadt, die mit Tausenden Einwohnern die wohl größte des Landes war. Niemand weiß, warum Sri Ksetra verfiel, heutige Theorien gehen von einer Invasion der Mon aus. Die UNESCO erklärte Sri Ksetra im Jahr 2014 zum Welterbe.

**Buddha-Amulett aus Terrakotta, Pyu-Ära, (ca. 8./9. Jh.)**

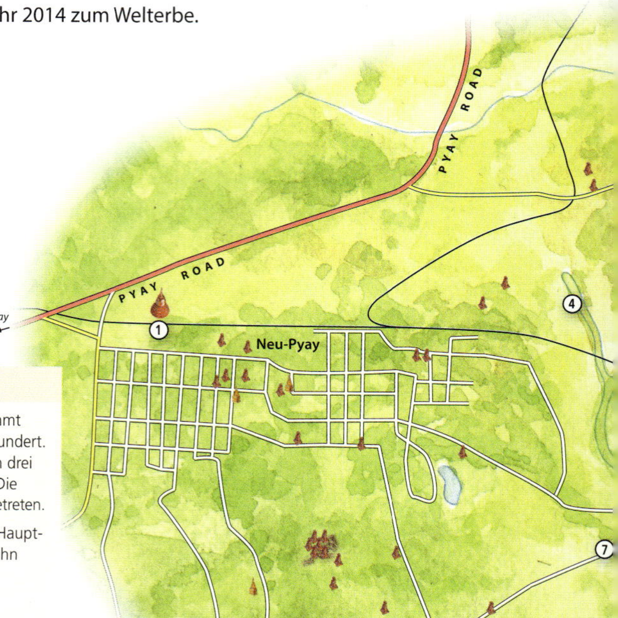


## Außerdem

① **Die Payagyi-Pagode** stammt vermutlich aus dem 5. Jahrhundert. Der große Ziegelstupa ist von drei Wandelterrassen umgeben. Die oberste dürfen nur Männer betreten.

② **Das Nat-Bauk-Tor** ist der Hauptzugang zu Sri Ksetra. Durch ihn führt die Straße nach Pyay.

③ **Archeology Field School**

④ **Alter Kanal**

⑤ **Die Eisenbahnstrecke nach Rangun** verläuft durch Sri Ksetra.

⑥ **Das kleine Museum** präsentiert Buddha-Statuen, Perlen und andere Ausgrabungsobjekte.

⑦ **Thronstein**

⑧ **Eine große Ruinengruppe** wurde am Südtor ausgegraben.

⑨ **Der Lemyethna-Tempel** besitzt vier originale Buddha-Reliefs.

⑩ **Im »königlichen Friedhof«** wurden viele große Begräbnisurnen und Münzen ausgegraben.

⑪ **In der Rahanta-Pagode** (11. Jh.) stehen Buddha-Figuren der Bagan-Ära, die auf das Palastgebiet blicken. Das nahe Rahanta-Tor wurde teilweise neu aufgebaut.

**★ Bawbawgyi-Pagode**
Der zylinderförmige Stupa aus dem späten 4. Jahrhundert ist der größte der Stadt. Er war das Vorbild für die frühen Pagoden in Bagan *(siehe S. 120f)*.

**★ Payama-Pagode**
Der schön restaurierte Stupa aus dem 4./5. Jahrhundert ist eines der ältesten Bauwerke des Landes.

## Infobox

**Information**
**Straßenkarte** C4. 8 km O des Irrawaddy in Pyay. ◯ tägl. 8–17 Uhr. gesonderte Tickets für Anlage und Museum.

**Anfahrt**
✈ Yangon Mingaladon. Von Pyay fahren Taxis und Tuktuks zur Anlage und bieten Touren an.

**Die Anlage des königlichen Palastes**
Im Zentrum der Stadt stand der Königspalast. Vor Kurzem ausgegrabene Ziegelfundamente zeigen die beeindruckenden Ausmaße der Anlage.

**Der Hügel des Khin-Ba-Stupa** stammt aus dem 5. oder 6. Jahrhundert und ist die älteste unberührte buddhistische Reliquienkammer Südostasiens. Sie enthielt mehrere kostbare Objekte, wie diese Silbermünze der Pyu.

**Bei-Bei-Pagode**
Der leere Schrein steht auf einem Sockel. Er stammt aus dem frühen 10. Jahrhundert, als die alte Stadt schon im Niedergang begriffen war.

**Straßenkarte** *siehe hintere Umschlaginnenseiten*

# Westen

**Der Westen Myanmars umfasst zwei sehr unterschiedliche Regionen mit jeweils typischer Geografie und Kultur. Das Irrawaddy-Delta westlich von Rangun ist seit der Kolonialzeit die Kornkammer des Landes. Durch das Mosaik aus Reisfeldern ziehen sich Kanäle mit dem schlammigen Wasser des Flusses, der sich auf dem Weg zum Meer in zahllose Arme aufteilt. Weiter nördlich trennen mit Dschungel überzogene Berge das Delta vom schmalen Küstenstreifen des Rakhaing-Staats, des alten Königreichs Arakan.**

Reisen durch das Delta bedeuteten früher lange Bootsfahrten. Mittlerweile wurde das Straßennetz ausgebaut, was das Reisen auf dem Landweg attraktiver macht. Die Fahrt mit der Fähre von Rangun nach Pathein ist jedoch ein Erlebnis. Vor allem die wenig erschlossenen Strände Ngwe Saung und Chaungtha am Golf von Bengalen locken zur Fahrt durch das Gebiet.

Im fruchtbaren Delta wütete der Zyklon Nargis im Mai 2008 am heftigsten. Dieser stärkste Tropensturm, der Myanmar jemals traf, verursachte katastrophale Schäden, über 138 000 Menschen kamen ums Leben. Das Gebiet wurde 2015 zudem von Überschwemmungen heimgesucht.

Der Rakhaing-Staat im Nordwesten des Landes hatte immer eine konfliktträchtige Beziehung zu den birmanischen Reichen der zentralen Ebenen. Die Region gehört zu den am wenigsten entwickelten Gebieten Myanmars, obwohl hier zwei Hauptattraktionen liegen: die archäologische Stätte von Mrauk U und der Strand von Ngapali. Mit seinem weißen Sand am türkisfarbenen Meer ist er populärer als jeder andere Strand der Region.

Am entspannten Ngapali kann man sich kaum vorstellen, dass weiter im Norden in den letzten Jahren blutige Konflikte ausgetragen wurden. 2012 wurden dort muslimische Rohingya angegriffen – Dutzende von ihnen starben, Tausende wurden vertrieben. 2013 breiteten sich die Ausschreitungen nach Süden bis Thandwe aus. In der Folge wurden in der Rakhaing-Hauptstadt Sittwe (Aykab) Ausgehverbote und Reisebeschränkungen erlassen. Für den Besuch von Mrauk U, das man von Sittwe in einigen Stunden den Kaladan stromaufwärts erreicht, wird im Augenblick keine spezielle Erlaubnis benötigt.

**Felder mit goldfarbenen Reisstoppeln vor den Bergen, die Mrauk U vom Lemro trennen**

◀ **Am Strand Ngapali bei Thandwe lockt das klare, blaue Wasser des Golfs von Bengalen zum Baden** ***(siehe S. 106)***

# Überblick: Westen

Der Traumstrand von Ngapali ist das Hauptziel der meisten Besucher, die über das Arakan-Joma-Gebirge in die eher spärlich besuchte Ecke im äußersten Nordwesten des Landes kommen. Die wenigsten reisen jedoch über Land an, da die Straße die meiste Zeit des Jahres nicht befahrbar ist. Besser erreicht man Thandwe, das Tor zum Ngapali, mit dem Flugzeug von Rangun. Am Strand kann man Tauchgänge zu den nahen Inseln unternehmen. Alle nötigen Einrichtungen findet man in den angrenzenden Kokosnusshainen. Mit dem Flugzeug erreicht man auch am besten Sittwe an der Mündung des Kaladan. Von dort gelangt man am bequemsten in die verlassene mittelalterliche Stadt Mrauk U.

Zur Orientierung

## Im Westen unterwegs

Zu den Städten im Delta führen Straßen. Von Rangun kommt man mit der Fähre nach Pathein. Von Rangun starten ganzjährig täglich Flüge nach Sittwe und Thandwe, die jedoch zwischen Dezember und Februar häufig überbucht sind. Von Taungup nördlich von Thandwe fahren an fünf Tagen die Woche Busse in das neun Stunden entfernte Sittwe. Dort starten jeden Morgen Fähren und Boote zu der je nach Schiff fünf- bis siebenstündigen Fahrt nach Mrauk U. Die Fahrt ist auch mit dem Taxi möglich, aber dann erheblich teurer. Mrauk U erreicht man auch mit dem Bus von Rangun und Bagan, die Fahrt ist jedoch sehr mühsam.

Eingang von Sittwes Lokhananda-Pagode

Blick von der Shwetaung-Pagode in der historischen Ruinenstadt Mrauk U bei Sonnenaufgang

**Weitere Zeichenerklärungen** *siehe hintere Umschlagklappe*

Fischerboote am Ngapali im westlichen Myanmar

Buddha-Statue auf dem Hügel im Dorf Mya Pyin, Ngapali

## Sehenswürdigkeiten auf einen Blick

1. Twante
2. Pathein
3. Chaungtha
4. Ngwe Saung
5. Thandwe
6. Ngapali
7. Sittwe
8. *Mraük U S. 110–114*
9. Wethali
10. Dhanyawadi

## Legende

- Hauptstraße
- Nebenstraße
- Eisenbahn
- Staatsgrenze
- Divisionsgrenze
- Gipfel

Den vergoldeten glockenförmigen *zedi* der Shwemokhtaw-Pagode in Pathein umgeben Dutzende Nebenstupas

## ❶ Twante

**Straßenkarte** C5. 46 km W von Rangun, eine Stunde auf der Straße über die Hlaing-Brücke oder 30 Minuten vom Dalah-Fähranleger. 42 000. Yangon Mingaladon.

Twante, ein typischer kleiner Ort des Irrawaddy-Deltas, ist vor allem für seine Töpferwaren bekannt. Von Rangun aus ist die Stadt Ziel eines Tagesausflugs. Dazu setzt man zuerst mit der Fähre vom Pansodan-Kai an der Strand Road nach Dalah am Südufer des Yangon über. Von dort nimmt man dann einen der regelmäßig verkehrenden Busse oder Jeeps, die nach Twante fahren.

Die Töpfereien sind kaum zu übersehen. An den Ufern des Kanals in Twante stapeln sich Tonwaren. Besucher werden auf Wunsch durch die Werkstätten geführt. Interessantestes Bauwerk in Twante ist die **Shwesandaw-Pagode** aus dem 11. Jahrhundert am südlichen Stadtrand. Im Stupa sollen sich Haare Buddhas befinden. Obwohl der Zyklon Nargis im Mai 2008 in Twante überaus schwere Schäden verursachte, hat ihn der Stupa im Gegensatz zu anderen sakralen Bauwerken der Stadt unversehrt überstanden.

## ❷ Pathein

**Straßenkarte** C5. 237 000. Yangon Mingaladon. Pathein Airport, am Nordostrand der Stadt bei der Universität. nach Myaungmya, dann mit dem Bus nach Pathein.

Pathein bzw. Bassein ist die Hauptstadt der Deltaregion und besonders dicht besiedelt. Ihr Wohlstand basiert auf den Reisfeldern, die sich rund um die Stadt schier endlos auszudehnen scheinen. Während der Kolonialzeit wurden Hunderte von Quadratkilometern Dschungel, Marsch- und Sumpfland kultiviert, Reis entwickelte sich im Lauf der Zeit zu Birmas wichtigstem Anbauprodukt. Aus dem ganzen Land sowie aus Indien strömten Menschen in das Delta, um dort auf den Feldern Arbeit zu finden. Birmas Reis schloss die Importlücke, die in Europa aufgrund des amerikanischen Bürgerkriegs entstanden war, und ermöglichte erst das Wachstum Kalkuttas und der britischen Plantagenkolonien in Malaysia. In den 1930er Jahren wurde etwa die Hälfte der Reisernte exportiert, doch nach der Unabhängigkeit sanken die Erträge rapide. In die Landwirtschaft wurde nicht mehr investiert, der Boden laugte aus, und die Bauern waren Dürren und Überschwemmungen hilflos ausgesetzt.

Patheins ganzer Stolz ist die 47 Meter hohe **Shwemokhtaw-Pagode**, deren goldener, glockenförmiger *zedi* (Stupa) im Zentrum der Stadt an der Flussbiegung aufragt. Die Pagode soll im 3. Jahrhundert v. Chr. gegründet worden sein und wurde seitdem immer

Das Warenangebot einer Töpferwerkstatt in Twante

wieder vergrößert – vor allem von Alaungsithu (reg. 1113–1168). Der rastlose König von Bagan ließ einen Großteil der Tempel, Weihehallen, Festungen und Stauseen in seinem Herrschaftsgebiet errichten. An der Spitze der Shwemokhtaw prangt ein *hti* (Bekrönung) mit drei Stufen. Die erste besteht aus Bronze, die zweite aus Silber, die dritte aus 6,3 Kilogramm Gold. Sie ist zudem mit 843 Rubinen, 829 Diamanten und 1588 Halbedelsteinen besetzt.

Ein Spaziergang entlang der Strand Road führt am Ufer an zahlreichen chinesischen und myanmarischen Tempeln vorbei. Dort sieht man Holzboote, mit denen die Tonwaren im Delta transportiert werden.

In der ebenfalls sehenswerten **Settayaw-Pagode** im Nordosten der Stadt wacht eine bronzene Buddha-Statue im Konbaung-Stil über einen Fußabdruck des historischen Buddha Siddharta Gautama. Zum Tempel führt eine hübsche rot-weiße Brücke, die insbesondere für Hochzeitsfotos sehr beliebt ist.

**Shwemokhtaw-Pagode**
Shwezedi Road. tägl. 6–20 Uhr. teilweise auch Zugang über den Südeingang.

**Settayaw-Pagode**
Mahabandula Rd. tägl. 8–21 Uhr.

**Mönch auf einer Rikscha in Pathein, Hauptstadt des Irrawaddy-Deltas**

## Sonnenschirme in Pathein

Ein traditionelles Handwerk im Delta ist die Herstellung von Sonnenschirmen. Im Rest des Landes ist diese Kunst praktisch ausgestorben, aber in Pathein blüht sie dank des Tourismus wieder auf. Einige Werkstätten produzieren die Sonnenschirme auf althergebrachte Weise aus Bambus, Papier, gewachster Baumwolle und Seide. Diese *Pathein hti* sind für kräftige Farben und feine Muster berühmt. Bei britischen Adeligen in der Zeit von Königin Victoria und König Edward waren sie ein beliebtes Accessoire, der Export lief auf Hochtouren. Viele der Werkstätten kann man besichtigen. Bei grünem Tee werden die verschiedenen Stufen der Herstellung gezeigt – vom Zurechtschneiden der Bambusspeichen über das Mischen der Pigmentfarben bis zur Bemalung der Schirme mit traditionellen Blumenmustern.

**Farbenprächtige Sonnenschirme mit traditionellen Mustern**

## ❸ Chaungtha

**Straßenkarte** C5. 40 km W von Pathein. 900.

Ranguner, die an Wochenenden den Strand von Chaungtha bevölkern, wollen weniger sonnenbaden und schwimmen denn mit Ochsenkarren fahren, picknicken und Meeresfrüchte essen. Von Montag bis Freitag gehört der kilometerlange goldene Sandstrand jedoch fast ausschließlich den wenigen Besuchern. Man erreicht ihn über die Straße, die von Pathein zuerst nach Norden und dann nach Westen führt. Unterkunft findet man in einer Reihe von farblosen Mittelklassehotels am Strand. Auf einem Felsen an dessen zentralem Abschnitt thront eine kleine Pagode.

Ein Tagesausflug führt zum Eiland Chaungtha Kyun im Südwesten. Man kann mit den Fischern übersetzen, die etwa einmal in der Stunde hinüberfahren. Das Wasser dort ist klarer und bietet Gelegenheit zum Schnorcheln.

## ❹ Ngwe Saung

**Straßenkarte** C5. 48 km W von Pathein. 4000.

Einige Buchten südlich von Chaungtha erstreckt sich der Strand Ngwe Saung. Dort ist der Sand noch etwas weißer und das Wasser noch etwas blauer. Auch wenn weder Chaungtha noch Ngwe Saung mit dem Ngapali *(siehe S. 106)* im Rakhaing-Staat mithalten können, sind es doch schöne Strände. Da das Gebiet nach dem Zyklon Nargis im Mai 2008 einige Jahre gesperrt war und die Anfahrt von Rangun zeitaufwendig ist, werden sie nur langsam erschlossen. Am Nordende des zehn Kilometer langen Strands liegen einige Hotelanlagen. Günstige Hotels und Gästehäuser findet man im Süden. Bootsbesitzer bieten Tagesausflüge zu den kleinen Inseln an sowie zu einer Bucht weiter im Süden jenseits des Dorfes Sinma. Dort ist das Wasser etwas klarer. Schnorchelausrüstung bekommt man in den Hotels.

Sandoway Resort am Traumstrand Ngapali

## ❺ Thandwe

**Straßenkarte** C4. 370 km NW von Rangun. 113 000. Yangon Mingaladon. Thandwe Airport, 5 km W an der Küste. tägl. außer Feiertage.

Die vielen Besucher, die im Winter auf dem Weg nach Ngapali durch Thandwe, das ehemalige Sandoway, eilen, sehen selten mehr als den Flughafen der Stadt. Aber es lohnt sich, für die 45-minütige Fahrt von Ngapali nach Thandwe ein Taxi zu nehmen, um dort den **Markt** im alten britischen Gefängnis zu besuchen. Einheimische drängen sich an den Ständen und kaufen Lebensmittel, Textilien und die typisch myanmarische Palette an Haushaltswaren.

Auf den Hügeln rund um die Stadt stehen drei vergoldete Stupas, von denen man einen wunderbaren Blick hat. Etwa 20 Gehminuten vom Markt Richtung Westen kommt man zur **Nandaw-Pagode** aus dem späten 8. Jahrhundert. König Minbra soll sie für eine Knochenreliquie von Buddha erbaut haben. In der **Sandaw-Pagode** soll sich ein Haar Buddhas, in der **Andaw-Pagode** eine Zahnreliquie befinden.

Im Oktober 2013 breiteten sich die Unruhen im Rakhaing-Staat im Norden südwärts bis Thandwe aus. Die Lage hat sich entspannt, es gibt derzeit keine Reisebeschränkungen.

## ❻ Ngapali

**Straßenkarte** C4. 6 km SW von Thandwe. Yangon Mingaladon. Thandwe Airport.

Klares türkisfarbenes Wasser, weißer Sand, raschelnde Palmwedel auf sanft wogenden Stämmen – Ngapali ist einer der schönsten Strände Südostasiens. Deshalb wollte die Militärregierung in den 1990er Jahren hier auch exklusiven Tourismus entwickeln. So sind die Hotels hier exklusiver als an der Küste des Deltas und für südostasiatische Verhältnisse exorbitant teuer. Sonnenterrassen mit uneingeschränktem Meerblick, Teakholz-Chalets und Infinity Pools gehören hier zu Standardausstattung.

Jenseits des Kaps liegt im Süden des fünf Kilometer langen Sandstrands das Fischerdorf Gyeiktaw. Die Bewohner sind selbst in der Hochsaison noch in der Mehrheit gegenüber den Touristen. Das wird sich jedoch spätestens dann ändern, wenn die großen Hotelanlagen fertiggestellt sind, die zurzeit gebaut werden.

Cafés und Restaurants am Strand von Ngapali

**Hotels und Restaurants im Westen** *siehe Seiten 203 und 211f*

## ❼ Sittwe

**Straßenkarte** B4. 900 km NW von Rangun. 180 000. Yangon Mingaladon. Sittwe Airport, 4 km SW vom Zentrum. von Taungup. nach Mrauk U. Mo–Sa.

Sittwe (ehemals Aykab), die Hauptstadt des Rakhaing-Staats, liegt an einem strategisch günstigen Ort an der Mündung des Kaladan. Die Briten bauten die Stadt im 19. Jahrhundert als Hafen- und Handelszentrum aus, doch seit der Unabhängigkeit sorgten Spannungen zwischen Rhakine und Birmanen dafür, dass die Region ins Abseits geriet. Heute ist sie einer der ärmsten Landstriche Myanmars.

Ein schwerer Rückschlag für die wirtschaftliche Entwicklung war 2012/2013 der Ausbruch ethnischer Spannungen zwischen Buddhisten und muslimischen Rohingya. Daraufhin untersagte die Regierung zeitweise Reisen in die Region. Bei den Übergriffen der Buddhisten starben Hunderte Rohingya, Tausende mussten in sichere Lager oder über die Grenze nach Bangladesch fliehen. Seitdem hat sich die Lage beruhigt, die Reisebeschränkungen für Sittwe wurden aufgehoben.

Goldfarbener Innenraum der Lokhananda-Pagode in Sittwe

Zwischen zwei Schiffsverbindungen kann man den großen Fischmarkt am Fluss besuchen, wo im Morgengrauen manch exotischer Fang gehandelt wird. Oder man fährt 1,5 Kilometer nach Süden zum View Point am Kap und genießt dort bei einem kühlen Bier den Sonnenuntergang.

Die Sammlung von Inschriften und archäologischen Funden im **Kulturmuseum des Rakhaing-Staats** ist nicht allzu üppig, dafür ist Sittwes Hauptstupa gigantisch. Die goldene **Lokhananda-Pagode** am Südrand der Stadt gab General Than Shwe 1997 in Auftrag. In der Weihehalle an der Nordseite sitzt ein sehenswerter Buddha aus Bronze und Messing, den Fischer aus dem Kaladan zogen. Er soll aus dem Jahr 24 v. Chr. stammen.

**Kulturmuseum des Rakhaing-Staats**
Main Rd. Di–Sa 9.30–16.30 Uhr.

**Lokhananda-Pagode**
Stadtteil Ball Lone Quin, beim Flughafen. tägl. 6–21 Uhr.

### Myanmars Elefanten

Myanmars Teakwälder waren schon immer Lebensraum von Elefanten. In Brauchtum und Überlieferungen des Landes nehmen sie einen prominenten Platz ein. In den alten Stupas symbolisieren sie Buddha, im Volksglauben spirituelle Macht und Lebenskraft. Vor allem die Albino-Elefanten gelten als Glücksbringer. Alle Könige Birmas wollten solche besitzen, da sie glaubten, dass ihnen die Tiere im Königspalast eine lange und erfolgreiche Regentschaft sichern würden. Die Vorstellung hat sich gehalten: Auch Myanmars Militärmachthaber hielten sich in Rangun und Naypyitaw weiße Elefanten, die dort noch heute in Gehegen leben.

Im letzten Jahrhundert zogen noch etwa 10 000 wilde Elefanten durch die Wälder, heute sind es nur noch rund 2000. Ursachen hierfür sind die Elfenbeinwilderei sowie die rapide Zerstörung ihres Lebensraums durch Bergbau, Wasserkraftwerke und Abholzungen.

Etwa 4750 Elefanten werden heute in den Wäldern Myanmars eingesetzt. Doch die zahmen Elefanten vermehren sich kaum, sodass die alten Arbeitselefanten durch neu gefangene Tiere ersetzt werden müssen. Gegenwärtig werden jedes Jahr etwa 50 bis 100 Elefanten mithilfe von Betäubungspfeilen gefangen. Dies gefährdet jedoch die Überlebensfähigkeit der Bestände stark. Die gefangenen Tiere werden durch Essens- und Schlafentzug, durch eingeschränkte Bewegungsfreiheit und Schläge gefügig gemacht. Diese »Zähmung« kann bis zu 20 Jahre dauern. Einige Forstlager bieten an, Arbeitselefanten bei der Arbeit zu beobachten. Wilde Elefanten wird man kaum sehen. Die Gebiete, in denen noch stabile Bestände leben, sind abgelegen und unzugänglich.

Elefant bei der Arbeit

Blick über Stupas und Schreine von Mrauk U *(siehe S. 110–114)* ▶

# ❽ Mrauk U

Arakan ist ein ausgedehnter grüner Küstenlandstrich in Myanmars Nordwesten. Der Vorgänger des Rakhaing-Staats war im 16. Jahrhundert ein Zentrum des Handelsnetzes, in dem zwischen Südindien und Indonesien Gewürze und Sklaven gehandelt wurden und das die Könige von Arakan reich machte. Von der Pracht der Hauptstadt Mrauk U erzählte man sich überall in Asien. Händler aus Persien, Afghanistan, Abessinien, Japan, China, Portugal und Holland ließen sich hier nieder. Die Künste erlebten eine Blütezeit, und auf den Märkten wurden Edelsteine und Parfüms verkauft. Als die Birmanen 1784 Mrauk U eroberten, flohen die 16 000 Bewohner. Heute stehen die Ruinen von Stupas und Tempeln auf weitem Brachland – vor allem im Morgendunst ein fantastischer Anblick.

**Lemyethna-Tempel**
Men Saw Mon, der erste König der Dynastie von Mrauk U, ließ den Tempel 1430 bauen. Kurz nach der Fertigstellung starb er.

**★ Dukkan Thein**
Die Weihehalle ließ König Minphalaung 1571 bauen. Zur oberen Terrasse kommt man über drei große Treppen. Der Ostzugang führt zu einem spiralförmigen Durchgang mit einigen besonders schönen Steinreliefs.

**★ Sittaung-Tempel**
Die Glanzstücke von Minbins Tempel verbergen sich in den Tiefen seiner Steinmauern: Gänge mit schönen Flachreliefs und Buddha-Figuren.

## Außerdem

① **Bandula Kyaung** ist der Schrein mit der kostbaren Sanda-Muni-Statue, die jahrhundertelang in einem Zementblock versteckt war.

② **Im Palastmuseum** sind Buddha-Darstellungen, Steininschriften, Münzen und ein maßstabgetreues Modell der Stadt ausgestellt.

③ **Der Königspalast** von Mrauk U gehörte zu den prächtigsten Residenzen Asiens. Heute ist davon nur noch wenig zu sehen.

④ **Andaw Thein** wurde 1530 von König Minbin umgebaut und 1596 von König Min Razagyi (reg. 1593–1612) für eine Zahnreliquie Buddhas zu einem Tempel erweitert.

⑤ **Ratanamanaung-Pagode**

⑥ **Sakyamanaung-Pagode**

⑦ **Peisi-Daung-Pagode**

⑧ **Die Shwetaung-Pagode** steht auf einem Hügel im Süden. Steigt man am frühen Morgen zu dem Stupa hinauf, wird man mit einem tollen Blick auf Mrauk U belohnt.

**Hotels und Restaurants im Westen** *siehe Seiten 203 und 211f*

**Ratanabon-Pagode**
Der elegante Stupa der Ratanabon gleicht einer riesigen Glocke. Der Name der Pagode weist darauf hin, dass sie eigentlich als Schatzhaus diente. Vermutlich wurde sie 1784 von den Birmanen geplündert.

## Infobox

**Information**
**Straßenkarte** B3. Von Sittwe per Boot 5–7 Std. nach NO.
**Tempel** tägl. 7–17.30 Uhr. **Museum** Di–So 10–16 Uhr. Ticketverkauf am Kai oder am Sittaung-Tempel (US-Dollar oder Kyat). Führer in Hotels oder am Sittwe Airport buchen. Sittaung-Fest (Apr/Mai).

**Anfahrt**
Yangon Mingaladon. Sittwe Airport. von Sittwe. Taxis fahren von Sittwe. Hotels organisieren Jeeps für Ausflüge. Tuktuks und Kutschen für Touren sind in Mrauk U verfügbar.

**★ Koethaung-Tempel**
Am östlichen Stadtrand sollen in der imposanten Pagode aus dem 16. Jahrhundert einst 90 000 Buddha-Figuren gestanden haben. Sie ist Mrauk Us größtes Bauwerk.

## Affenei-Stadt

Mrauk U wird oft als »Affenei« übersetzt. Der kuriose Name soll dem Ursprungsmythos der Stadt geschuldet sein, demzufolge sich am Ufer des Lemro einst ein Affe und ein Pfau paarten. Wahrscheinlicher ist, dass der Name von der birmanischen Gewohnheit kommt, Mrauk U falsch als »Myauk U« auszusprechen, was tatsächlich »Affenei« bedeutet. Der arakanesische Name wird jedoch mit »Heilige Stadt im Norden« übersetzt.

**Mandalays Mahamuni stammt aus Mrauk U**

**Straßenkarte** *siehe hintere Umschlaginnenseiten*

# Überblick: Mrauk U

Arakans verfallene alte Hauptstadt Mrauk U erstreckt sich im hügeligen Buschland zu beiden Seiten des Lemro, eines Nebenflusses des Kaladan. Die Ruinen stehen so dicht, dass man sie auf den sandigen Wegen gut zu Fuß oder mit einer Pferdekutsche erkunden kann. Wegen der Hitze sollte man die Besichtigung in die Morgenstunden oder auf den frühen Abend legen. Die Tickets erhält man am Fährkai oder am Sittaung-Tempel gegen US-Dollar oder Kyat.

**Der Eingang zum Palastmuseum mit Fundstücken aus Mrauk U**

**Ein Mönch spaziert an den Mauern des Königspalasts von Mrauk U**

### Königlicher Palast und Museum

Den Königspalast im Zentrum ließ schon der Gründer der Dynastie Mrauk U erbauen: Men Saw Mon (reg. 1404–33), den man auch Naramithla nannte. Der 1430 errichtete Komplex war einst das spektakulärste Bauwerk der Stadt. Der riesige reich dekorierte Holzpalast umfasste drei Ebenen und war von drei verbundenen Mauerringen umgeben. Nur von den äußeren Wällen blieben Teile bestehen, zudem einige Reste von Toren und der zentralen Plattform. Ein Bild einstiger Pracht vermitteln zeitgenössische Berichte. So schreibt der Augustinermönch Sebastian Manrique, der in der Stadt ab 1629 acht Jahre lang lebte, von goldenen Säulen und Räumen aus aromatischen Hölzern, die mit ihrem Wohlgeruch die Sinne betören. Ein Saal hieß »Haus des Goldes« und soll vom Boden bis zur Decke mit Gold verziert gewesen sein. Das Palastmuseum in der Westmauer präsentiert vor allem Reproduktionen von Objekten, die bei diversen archäologischen Grabungen gefunden wurden: einige Buddha-Statuen, Inschriften und Münzen.

### Sittaung-Tempel

Einige der beeindruckendsten Bauwerke von Mrauk U stehen in dem Gebiet direkt nördlich des Palasts am Fuß der Hügelkette, die von hier nach Norden verläuft. Auf Feldwegen und Pfaden kann man alle gut zu Fuß erreichen.

Das auffälligste Bauwerk der Nordgruppe ist der Sittaung-Tempel. König Minbin (reg. 1531–54) ließ ihn 1535 nach seinem erfolgreichen Bengalenfeldzug bauen. Zentrum der Anlage ist der große, glockenförmige Stupa, den zahlreiche Neben-*zedi* umgeben. Der Wandelgang um den Hauptschrein führt an Tausenden von Buddha-Figuren und -Darstellungen sowie *jataka*-Flachreliefs vorbei, die Szenen aus dem Leben des historischen Buddha zeigen. Sie wurden gründlich restauriert und sind nun beleuchtet. Die Reliefs zeigen das Leben in der damaligen Hauptstadt von Arakan und sind eine unschätzbare Quelle für die Erforschung dieser untergegangenen Kultur. Aufgrund der großen Zahl an

**Der glockenförmige Stupa des Sittaung-Tempel mit seinen Nebenschreinen**

**Bemalte Buddha-Statuen im Hauptschrein der Ordinationshalle Andaw Thein**

Figuren heißt das Bauwerk auch »Tempel der 80 000 Buddha-Darstellungen«. Inschriften an einer Säule am Haupteingang, die ursprünglich aus dem Dorf Wethali *(siehe S. 115)* stammt, erzählen die Historie der Herrscher von Arakan vom 5. bis 8. Jahrhundert.

### Andaw Thein

Etwas nordöstlich des Sittaung steht der ältere und kleinere »Zahnschrein« Andaw Thein. Um seinen Hauptstupa gruppieren sich auf einem achteckigen Fundament 16 kleinere Stupas. Der Tempel wurde 1520 als Ordinationshalle für die Weihe der Mönche gebaut. Später ließ König Min Razagyi die Halle vergrößern, um dort eine Zahnreliquie zu bewahren, die er aus Ceylon mitgebracht hatte.

### Ratanabon-Pagode

Noch ein wenig weiter im Norden steht die Ratanabon-Pagode aus dem Jahr 1612. Sie ist eindeutig der malerischste Bau der Nordgruppe. Der formvollendete Hauptstupa wurde im Zweiten Weltkrieg durch japanische Bomben zerstört und danach wieder aufgebaut.

### Dukkan Thein

Weiter im Westen liegt die beeindruckende Dukkan Thein oder Htukkanthein. Ihr charakteristischer Stupa ist von einem pilzförmigen *hti* bekrönt. Die Weihehalle thront auf einem Hügel auf zwei festungsartigen Terrassen. An der Ostseite führt eine Treppenflucht zu drei Gewölben, die ein Durchgang verbindet. Dort stehen 179 Buddha-Statuen. Sie werden von Figuren flankiert, die vermutlich die Arakanesen und ihre Frauen darstellen, die den Bau gespendet haben. Jede der Figuren trägt eine andere Frisur. Bei Tagesanbruch wird die große Buddha-Statue im Hauptschrein von einem Lichtstrahl beleuchtet, der durch ein Fenster in der Kuppel einfällt.

### Lemyethna-Tempel

Der Lemyethna ist das letzte sehenswerte Bauwerk der Nordgruppe. Im Inneren sitzen acht Buddha-Figuren auf Thronen um den Sockel einer achteckigen Säule. Die gegenüberliegenden Nischen sind leer, früher standen darin 20 weitere Statuen. Der quadratische Tempel mit vier Gewölbehallen im klassischen Stil von Bagan stammt aus der Zeit von König Men Saw Mon und zählt zu den ältesten Bauten der Stätte.

## Dörfer der Chin

Von Mrauk U gelangt man in zwei Stunden mit dem Boot auf dem Lemro nach Norden zu einigen Dörfern der Chin. Früher tätowierten Frauen dieser ethnischen Minderheit ihre Gesichter mit einem Netzmuster, was 1960 von der Regierung verboten wurde. Die Bedeutung der Tätowierungen ist unklar. Einer These zufolge entstellten sich die Frauen damit, um nicht als Sklavinnen oder Zwangsprostituierte verschleppt zu werden, einer anderen zufolge entsprachen sie dem Schönheitsideal der Chin. Ältere tätowierte Frauen lassen sich gegen Entgelt fotografieren. Unter dem Einfluss baptistischer Missionare wurden die Tätowierungen nach dem Zweiten Weltkrieg selten, auch im Kernland der Chin an der Grenze zu Bangladesch. Von dort wurden beim Aufstand gegen die Militärherrscher Tausende vertrieben, so wie die Flüchtlinge in diesen Dörfern. Sie freuen sich über Einnahmen, mit denen sie ihr Einkommen als Fischer und Bauern aufbessern.

**Chin-Frau aus Kyi Chaung**

Blick auf den Koethaung-Tempel, das größte Bauwerk von Mrauk U

## Koethaung-Tempel

Im Osten von Mrauk U stehen mehrere Monumente verstreut auf niedrige Hügel, zwischen Reisfeldern und Marschen. Dominantes Bauwerk ist der gewaltige Koethaung-Tempel. Da es auf den Wegen zu den Ruinen kaum Schatten gibt, sollte man sie früh am Morgen besichtigen oder mit Pferdewagen, Tuktuk oder Jeep dorthin fahren.

Der quadratische Koethaung ist nach Osten ausgerichtet. Auf jeder seiner fünf Terrassenstufen stehen Reihen kleiner Stupas. Sein Bauherr, Minbins Sohn Mintikka (reg. 1554–56), wollte seinen Vater mit einem größeren Tempel mit mehr Buddha-Darstellungen übertrumpfen. So soll die Zahl der Buddha-Darstellungen im Koethaung, dessen Name »90 000« bedeutet, die der im Sittaung um 10 000 übertroffen haben.

## Peisi-Daung-Pagode

Einen herrlichen Blick auf die Ostgruppe, vor allem auf den Koethaung, bietet die Peisi-Daung-Pagode auf dem benachbarten Hügel im Süden. Die Pagode wurde zwar noch nicht ausgegraben, doch sieht man fünf Buddha-Statuen mit großen Augen. Eine steht auf der Spitze, die anderen blicken darunter in die vier Himmelsrichtungen. Um dorthin zu gelangen, muss man sich durch das Gestrüpp kämpfen, das den Hügel zugewuchert hat. Doch der Blick über die Bananenhaine und Reisfelder der Umgebung lohnt die Mühe auf jeden Fall. Von hier erkennt man auch den dritten und äußersten Ring der Stadtmauern.

Affenstatue an der »Glocke« des Koethaung

## Ratanamanaung-Pagode

Die Ratanamanaung-Pagode steht knapp einen Kilometer nordöstlich des Palasts. Sie wurde 1652 von König Sandathudam Raza in Auftrag gegeben. Die schlichte Pagode ist ein massiver, vom Fundament bis zur Spitze achteckiger Steinbau. Bunt angemalte Planetenfiguren, die auf Elefanten und mythischen Kreaturen reiten, stehen entlang dem Wandelgang um den Stupa. An seiner Nordwestseite befinden sich Überreste einer Halle, die man Gupru (»weiße Höhle«) nennt. Hier wurde 1696 der Mönch Marone Pyi Ya feierlich zum symbolischen Herrscher von Mrauk U gekrönt. Den Titel behielt er ein Jahr.

Der ungewöhnlich gestufte Stupa der Sakyamanaung-Pagode

## Sakyamanaung-Pagode

Zweites Wahrzeichen der Ostgruppe ist die 82 Meter hohe Sakyamanaung-Pagode mit ihrem außerordentlichen *hti* (Bekrönung). Sie steht auf halbem Weg zwischen Palast und Koethaung-Tempel. Das König Thiri Thudhamma (reg. 1622–38) zugeschriebene Bauwerk war eines der letzten großen Projekte in Mrauk U. Das Besondere ist die Mischung von runden und achteckigen Ebenen, die zu einer Symmetrie führen. Ihre anmutige Erscheinung steht im Kontrast zu den grinsenden Ungeheuern, die mit ihren Schwertern den Eingang bewachen.

Buddha-Statuen der noch nicht ausgegrabenen Peisi-Daung-Pagode

Hotels und Restaurants im Westen *siehe Seiten 203 und 211f*

Payagyi-Buddha-Statue, eine Hauptsehenswürdigkeit in Wethali

## 9 Wethali

**Straßenkarte** B3. 10 km N von Mrauk U. Yangon Mingaladon. Sittwe Airport. von Sittwe nach Mrauk U, dann mit Leihwagen.

Zehn Kilometer nördlich der Grabungsstätte von Mrauk U sind einige wenige Spuren ihrer Vorgängerin zu sehen. Reste alter Wälle und teilweise ausgegrabene Fundamente von Klöstern und Tempeln sind alles, was von Wethali übrig blieb. Die Stadt wurde 327 n. Chr. von König Devan Sanda gegründet und war etwa 700 Jahre lang bewohnt. Sie hatte große Ähnlichkeiten mit den damaligen Städten der Pyu im Tal des Irrawaddy.

Die meisten wichtigen Funde wurden weggebracht, darunter ein Obelisk mit Inschriften, der nun am Eingang des Sittaung-Tempels *(siehe S. 113)* in Mrauk U steht, und einige Münzen und Skulpturen, die sich im Palastmuseum von Mrauk U *(siehe S. 112)* befinden. Ein bemerkenswertes Stück blieb jedoch vor Ort – eine fünf Meter hohe sitzende Buddha-Statue, die aus einem Steinblock gehauen wurde. Diese **Große Wethali Payagyi** gilt als eine der ältesten Buddha-Figuren Myanmars.

Silbermünze von König Chandra Surya

## 10 Dhanyawadi

**Straßenkarte** B3. 32 km N von Wethali. Yangon Mingaladon. Sittwe Airport. von Sittwe nach Mrauk U, dann mit Leihwagen.

Weitere 32 Kilometer nördlich liegt eine zweite untergegangene Stadt: Dhanyawadi. Einer lokalen Legende zufolge soll sie von Buddha 554 v. Chr., zur Regierungszeit von König Chandra Surya, besucht worden sein. Diesem Ereignis zu Ehren soll die riesige bronzene Buddha-Statue Mahamuni gegossen worden sein. Die Statue befand sich hier im **Mahamuni-Tempel**, bis sie 1784 *(siehe S. 142)* von König Bodawpayas Invasionsarmee über das Arakan-Joma-Gebirge nach Mandalay verschleppt wurde.

Der heute gründlich renovierte Tempel besitzt noch immer drei schöne Buddha-Statuen, die Pilger aus dem ganzen Land anziehen. Ein kleines Museum an der Südmauer des Schreins zeigt Tonscherben und Pali-Inschriften des alten Dhanyawadi, das seine Blütezeit wohl zwischen dem 4. und 6. Jahrhundert erlebte.

Dhanyawadi hatte eine ovale äußere Mauer, wie man sie auch von den Städten der Pyu kennt. Ihre Umrisse sowie die einer quadratischen Palastanlage sind am Boden nicht zu sehen, aber auf Satellitenbildern deutlich zu erkennen.

### Das untergegangene Reich Arakan

Am Höhepunkt seiner Macht gehörte das heute fast unbekannte Arakan zu Asiens legendären Königreichen. Vom Ganges bis zum Irrawaddy reichte das Einflussgebiet der Seemacht, die durch den Handel, vor allem mit Sklaven, reich wurde. Diese kaufte man von portugiesischen Sklavenhändlern, die an der bengalischen Küste auf Menschenjagd gingen, und verkaufte sie in großer Zahl zusammen mit Schiffsladungen an Reis an die holländische Kolonie in Batavia (Jakarta). Die Kassen von Mrauk U füllten zudem die Steuern aus eroberten Gebieten.

Zu ihrer Blütezeit reisten Glücksritter aus Asien und Europa in die Stadt mit damals etwa 160 000 Einwohnern. Dort erlebten sie eine Kultur, in der sich Einflüsse aus dem islamischen Nordindien und buddhistische Traditionen der Einheimischen mischten. Der Gründer der Dynastie, Men Saw Mon, hatte 25 Jahre im Exil am Hof des Sultans von Bengalen verbracht, um den Angriffen der Birmanen zu entgehen. In dieser Zeit lernte er fließend Persisch und begeisterte sich für die afghanisch beeinflusste indoislamische Kultur Bengalens, besonders für Dichtung, Musik und Architektur. Bei seiner Rückkehr nach Mrauk U 1430 begleiteten ihn bengalische Künstler. Die dortigen Hofgewänder orientierten sich mehr an der Mode der Moguln als an dem Thai-beeinflussten Stil der birmanischen Könige in Inwa (Ava). Leider gibt es nur noch wenige Objekte aus dieser Hochblüte der südostasiatischen Kultur. Eines der wenigen ist die Mahamuni-Buddha-Figur, die die Armee des birmanischen Königs Bodawpaya 1784 nach Mandalay brachte.

Ruinen von Mrauk U, Hauptstadt von Arakan

# Historische Königsstadt Bagan

Antike Ruinenstädte findet man in Myanmar in sehr großer Zahl, doch keine von ihnen ist derart faszinierend wie Bagan. Die Ruinen von insgesamt rund 2000 Klöstern, Tempeln, Schreinen und Stupas liegen in einer Biegung des Irrawaddy – die Überreste der Hauptstadt eines mächtigen Imperiums, dessen Blütezeit im 11. bis 13. Jahrhundert lag. Im Licht der auf- oder untergehenden Sonne erglühen in der staubigen Ebene die Ziegel von Hunderten elegant symmetrisch angeordneten Türmen und Bekrönungen in warmem Rotbraun – ein unvergesslich spektakulärer Anblick.

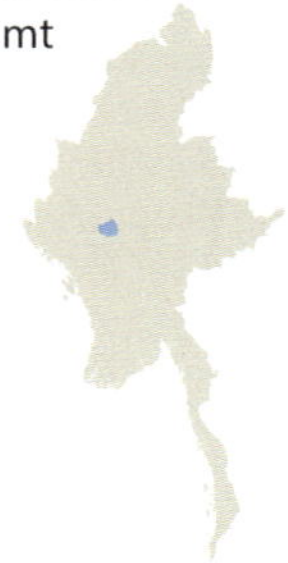

Bagan war eine blühende Metropole mit 50 000 bis 200 000 Einwohnern, die selbst Marco Polo zutiefst beeindruckte: Ihre goldene Skyline beschrieb er als »einen der schönsten Anblicke der Welt«. Mönche und Gelehrte aus ganz Asien kamen nach Bagan, um Philosophie, Recht, Astrologie und Medizin zu studieren. Die Religion durchdrang jeden Aspekt des Lebens. Unter dem Einfluss von Shin Arahan *(siehe S. 51)* führten Bagans Könige den Theravada-Buddhismus ein. Er überlagerte eine vielschichtige Mischung aus Glaubensvorstellungen, die auf der tibetisch beeinflussten Mahayana-Tradition, hinduistischen Shiva- und Vishnu-Kulten sowie der Verehrung lokaler *nat*-Geister beruhten.

Den kulturellen Wandel kann man an der sakralen Architektur Bagans ablesen. Kleine Schreine mit tantrischen Wandgemälden wurden mit der Zeit von hohen Tempeln und riesigen glockenförmigen Stupas abgelöst. Einige werden noch genutzt und von Scharen myanmarischer Pilger besucht. Viele ragen jedoch verlassen aus dem Gestrüpp hervor. Trotzdem ist fast keines der Bauwerke verfallen. In den 1990er Jahren leitete die Regierung ein umfangreiches Renovierungsprogramm ein. Dörfer wurden unter Zwang verlegt, ein hässlicher Aussichtsturm errichtet und Ruinen wiederaufgebaut – oft ohne Rücksicht auf das ursprüngliche Aussehen. Die UNESCO verweigerte Bagan daraufhin den Status eines Welterbes. Die Verschandelungen seitens der Regierung werden allerdings mühelos von der phänomenalen Schönheit der Monumente überstrahlt, die zu den architektonischen Wundern des Mittelalters gehören.

**Zwischen den alten Tempeln und Stupas von Bagan lassen die Dorfbewohner ihre Ziegenherden weiden**

◀ **Detailansicht einer Buddha-Figur im Htilominlo-Tempel, einem der großartigsten Schreine Bagans *(siehe S. 127)***

# Überblick: Historische Königsstadt Bagan

In der sogenannten Archäologischen Zone von Bagan verteilen sich rund 2000 Bauwerke über ein Gebiet von 50 Quadratkilometern. Die Eintrittskarten kauft man in US-Dollar bei der Ankunft am Flughafen, am Fähranleger oder bei einigen der großen Tempel. Im Dorf Nyaung U, dem Hauptmarkt und Verkehrszentrum, gibt es günstige Unterkünfte, in Alt-Bagan, in der Biegung des Flusses, vorwiegend exklusive Hotels. Die meisten Reisegruppen steigen in Neu-Bagan ab. Anfang 2016 verhängte die Regierung Myanmars an den Bauwerken von Bagan ein Kletterverbot, später wurden fünf Tempel (u. a. die Shwesandaw-Pagode) von dieser Regelung ausgenommen. Informieren Sie sich kurzfristig über die aktuelle Situation. Die meisten Tempel dürfen nur barfuß betreten werden.

Wandgemälde mit Szene aus dem Leben Buddhas, Sulamani-Pagode

### Sehenswürdigkeiten auf einen Blick

1. *Alt-Bagan S. 122f*
2. *Ananda-Tempel S. 124f*
3. Ananda Oak Kyaung
4. Sin Myar Shin
5. Upali Thein
6. Htilominlo
7. Shwe Leik Too
8. Gubyauknge und Gubyaukgyi
9. Nyaung U
10. Kyanzittha Umin
11. Shwezigon-Pagode
12. Sapada-Pagode
13. Südliche Ebene
14. Neu-Bagan
15. Myinkaba
16. Mingalazedi-Pagode
17. Shwesandaw-Pagode
18. Dhammayangyi-Tempel
19. Sulamani-Tempel
20. *Popa Taung Kalat S. 136f*

### In der Königsstadt Bagan unterwegs

Für die Erkundung von Bagan kann man sich in den meisten Hotels Fahrräder leihen. Aber die Reifen platzen leicht, und in der Hitze wird das Radfahren anstrengend. Es gibt sogar E-Bikes, deren Akku jedoch spätestens mittags leer ist. Bequemer ist die Tour mit einer Pferdekutsche. Die Kutscher kennen das Gelände sehr gut und geben Informationen zu den Bauwerken, doch ihr Englisch ist oft dürftig. Darüber hinaus sind auch Taxis erhältlich. Zwischen Nyaung U, Alt-Bagan, Myinkaba und Neu-Bagan verkehren regelmäßig Pick-ups. Für Popa Taung Kalat sind Taxis die beste Option, die Alternative sind Pick-ups, die vom Markt in Nyaung U losfahren. Manche fahren nur bis Kyaukpadaung, wo man nach Popa umsteigt. Alle Reisebüros verkaufen Fahrkarten für die *Malikha 2*, *Nmai Hka* und die Boote der Myanmar Golden River Group nach Mandalay. Sie fahren vom Kai in Nyaung U oder – in der Trockenzeit – in Alt-Bagan ab. Die langsameren IWT-Fähren verkehren zweimal die Woche. Fahrkarten werden im Büro am Fähranleger von Nyaung U und in Reisebüros verkauft.

**Weitere Zeichenerklärungen** *siehe hintere Umschlagklappe*

Der Souvenirladen und Ausstellungsstücke im kleinen Thanaka-Museum, Nyaung U

Figur aus dem Tuyin-Taung-Tempel in Popa Taung Kalat

Legende
- Hauptstraße
- Nebenstraße
- Weg
- Eisenbahn

# Sakrale Architektur in Bagan

Die goldene Ära der Sakralbauten in Bagan erstreckte sich über 250 Jahre, in denen sich der Baustil stark veränderte. Wurden anfangs noch die zylindrischen Formen der alten Pyu-Stadt Sri Ksetra nachgeahmt, bekamen die Stupas mit der Zeit eine schlankere, glockenförmigere Erscheinung, woraus sich die kunstvoll verzierte, sich verjüngende Spitze der klassisch birmanischen Architektur entwickelte. Aus Holzschreinen wurden hoch aufragende Meisterwerke mit Zugängen an vier Seiten, höhlenartigen Innenräumen und prächtigen Bekrönungen. Diese Entwicklung wurde durch Einführung des Spitzbogens möglich. Der Stilwandel spiegelt auch historische Umbrüche, was einen Aufenthalt zu einer Zeitreise macht.

**Fresko im Sulamani-Tempel, Bagan**

### Die Stupas von Bagan

*Die ältesten Stupas in Myanmar stehen in Sri Ksetra* (siehe S. 98f). *Ihre gestreckte zylindrische Form zeigt sich noch in den ersten Pagoden Bagans, die immer glockenförmiger wurden, mit abgeflachtem Mittelteil und einer sich verjüngenden Spitze. Gleichzeitig wurden sie größer, höher und auf Terrassen gesetzt* (siehe S. 32f).

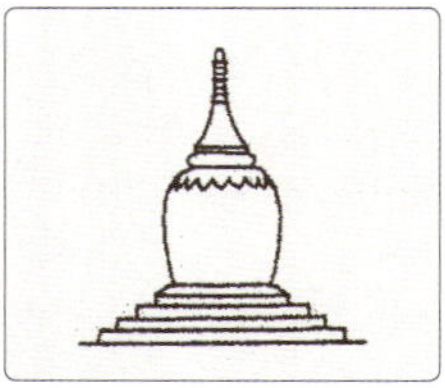

**Bupaya**
Frühe kürbisförmige Stupas wie Bupaya hatten sanft nach außen gewölbte Seiten und eine sich verjüngende Spitze.

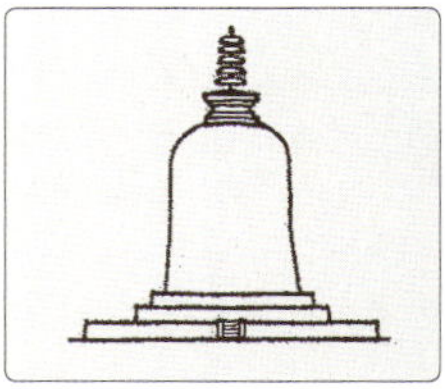

**Lawkananda**
Die Flanken wurden zunehmend gerader, die Oberkante abgerundeter. Sie gleichen etwas den frühen Pyu-Stupas.

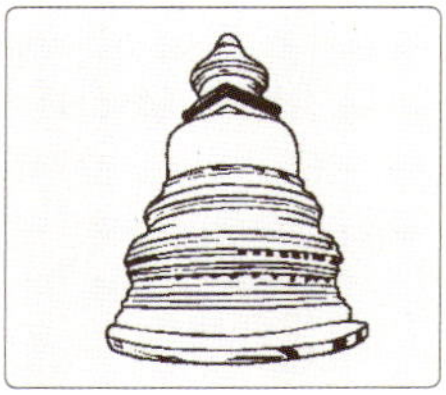

**Sapada**
Einige Pagoden zeigen mit der quadratischen Reliquienkammer über der Glocke singhalesischen Einfluss.

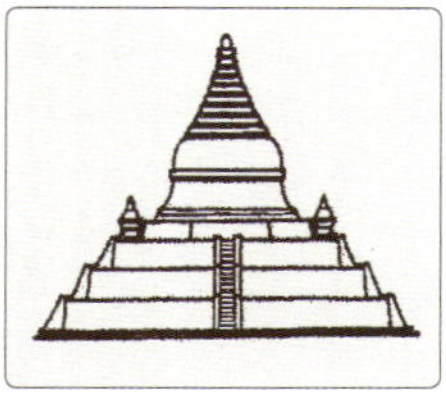

**Shwezigon**
Die Größe der Pagoden nahm zu. Stupas bekamen breite Glocken und wurden auf hohe Fundamente gesetzt.

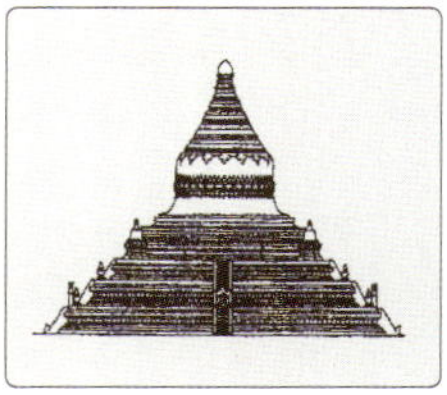

**Mingalazedi**
Mit majestätischen Stupas des 13. Jahrhunderts erreichten die birmanischen Pagoden ihre imposanteste Form.

### Bemalung und Stuckatur

Die Ziegelklöster und Tempel Bagans waren mit reicher Stuckatur verziert, die nass aufgetragen und geformt wurde und dann trocknete. Überreste zeigen, wie kunstvoll dieses Putzwerk war, das Figuren mythischer Kreaturen und Heiliger mit floralen Einfassungen und geometrischen Formen kombinierte. Die Tempelräume zierten Wandgemälde. Das älteste stammt aus dem 10. Jahrhundert, als Tantrismus und Hinduismus die birmanisch-buddhistische Ikonografie beeinflussten. Die Konbaung ließen Bilder in einem grafischeren, volkstümlicheren Stil malen.

**Stuckatur an der Weihehalle Upali Thein**

## Tempel von Bagan

*Zuerst folgten die Tempel den indischen Architekturstilen, mit der Zeit wurden sie jedoch größer und »typisch birmanisch«. Höhepunkt dieser Entwicklung sind die riesigen doppelstöckigen Schreine in der nördlichen Ebene.*

Spitzbogen und Torwächter, Nagayon

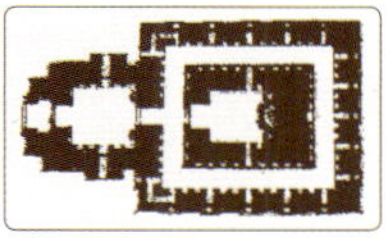

Grundriss des Nagayon

**Mon: Nagayon-Tempel**
Die frühesten Tempel Bagans wurden unter König Kyanzittha (reg. 1084–1112) im Stil der Mon erbaut. Der einzige Eingang führt in eine Vorhalle und zur heiligen Stätte im Inneren, in der eine Buddha-Statue thront.

**Übergangszeit: Ananda-Tempel**
Das Meisterwerk der Kyanzittha-Ära zeigt noch immer Mon-Einflüsse, hat jedoch die Form eines griechischen Kreuzes, vier Eingänge, Säulenvorbauten und Gewölbegänge, die den inneren Schrein umlaufen.

Der Grundriss zeigt die perfekte Kreuzform des Ananda-Tempels

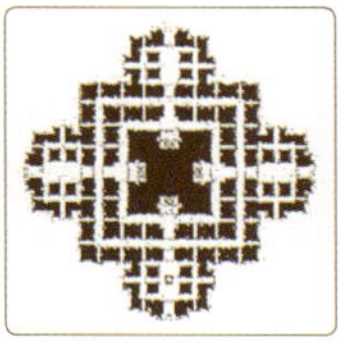

Die anmutige Eleganz der Fassade des Ananda-Tempels

**Späte Übergangszeit: Thatbyinnyu-Tempel**
Höher, schlanker und innen lichter dank der neuen großen Türen und Fenster – der verfeinerte Stil der Bamar im 12. Jahrhundert führte das Konzept der »hohlen« bzw. *gu*-Stil-Kuben ein, die aufeinander platziert wurden.

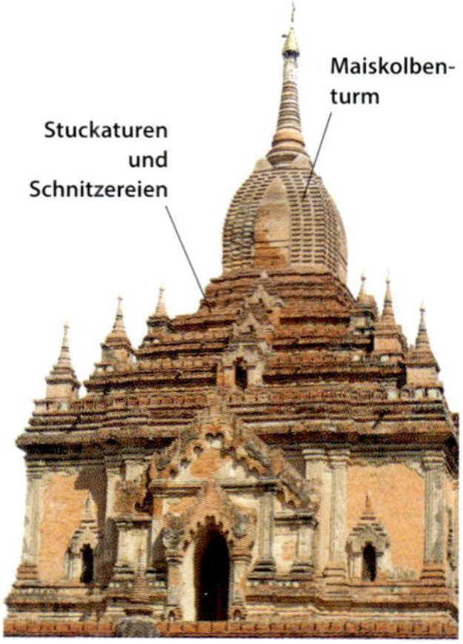


**Späte Bagan-Zeit: Htilominlo-Tempel**
Bei den letzten der großen Tempel in Bagan, die wie der Htilominlo im 13. Jahrhundert erbaut wurden, wird der *gu*-Stil mit komplexeren Dächern, reicheren Verzierungen und höheren Türmen verfeinert.

# ❶ Alt-Bagan

Wo sich heute Alt-Bagan im sandigen Brachland in der Biegung des Flusses erstreckt, lag einst das Zentrum der mittelalterlichen Stadt. Von den befestigten Wällen und Toren, die sie früher auf der Landseite einfassten, sind noch viele Reste zu sehen. Lohnend ist ein Ausflug nach Alt-Bagan jedoch wegen der beiden riesigen Tempel Gawdawpalin und Thatbyinnyu sowie der zahlreichen weiteren Tempel und Stupas aus der Blütezeit der Stadt. 1998 wurden die Menschen, die zwischen den Ruinen lebten, nach Neu-Bagan zwangsumgesiedelt. Somit gibt es in Alt-Bagan heute kaum Versorgungsmöglichkeiten. Die nächsten Stände sind an der Hauptstraße östlich des Tharabar-Tors.

**Blick über die Tempel von Bagan auf die Arakan-Joma-Berge**

**★ Gawdawpalin-Tempel**
König Narapatisithus (reg. 1174–1211) Tempel ist einer der größten in Bagan. Er gilt als typisches Beispiel des »hohlen« oder *gu*-Stils – mit Säulengängen an vier Seiten und einem Gewölbegang im Inneren.

## Außerdem

① **Der Goldene Palast von Bagan** ist eine Rekonstruktion des Originals.

② **Der Pitakat Taik** war einst Anawrahtas Bibliothek mit buddhistischen Schriften, die er beim Angriff auf Thaton erbeutete. Er benötigte 30 Elefanten für den Abtransport.

③ **Der Thandawgya-Buddha** sitzt in der *bhumisparsha*-Haltung.

④ **Die Ngakywenadaung-Pagode** ist ein kleiner rundlicher Bau, der den frühen Pyu-Pagoden ähnelt.

⑤ **Der Nathlaung Kyaung** (11. Jh.) war zu seiner Zeit der wichtigste Hindu-Tempel in Bagan. Die Tempelgottheit wurde im 19. Jahrhundert gestohlen und steht heute im Berliner Museum Dahlem.

⑥ **Im Pahtothamya-Tempel** sind Malereien im Mon-Stil zu sehen.

⑦ **Das Museum** zeigt eine schlecht ausgeleuchtete und beschriftete Sammlung von Buddha-Figuren aus Stein und Inschriften aus Bagan.

**Mimalaung Kyaung**
Der Schrein aus dem späten 12. Jahrhundert heißt auch »der Tempel, der nicht Feuer fängt«. Er überstand 1225 einen Brand unversehrt.

**Hotels und Restaurants in der historischen Königsstadt Bagan** *siehe Seiten 203f und 212*

**Tharabar-Tor**
Das letzte noch bestehende Tor der alten Stadtmauern wird von zwei Ziegelschreinen flankiert, die den *nat* (Geistern) Min Mahagiri und Hnamadawgyi gewidmet sind.

## Infobox

**Information**
**Straßenkarte** C3. 11 km W vom Flughafen. **Museum** Di–So 9–16.30 Uhr. **Tempel** tägl. bei Tageslicht. für ganz Bagan; zusätzliche Gebühr für Museum. Führer vermitteln Hotels. Auch die Fahrer der Pferdekutschen geben Erklärungen.

**Anfahrt**
Mandalay Intl. Nyaung U Airport. Pick-ups verbinden Nyaung U, Alt-Bagan, Myinkaba u. Neu-Bagan. Vermietung von Taxis, Fahrrädern, Pferdekutschen.

**Shwegugyi-Tempel**
Der Tempel im frühen Bamar-Stil entstand 1131 unter König Alaungsithu. Nach Inschriften im Inneren wurde er in nur sieben Monaten gebaut. Große Fenster und Türen verleihen ihm eine luftige Wirkung.

**★ Thatbyinnyu-Tempel**
Der Thatbyinnyu (»Allwissenheit«) ist mit 61 Metern das höchste Bauwerk Bagans. Hier wurde erstmals der doppelstöckige »hohle« oder *gu*-Stil verwirklicht.

**Straßenkarte** *siehe hintere Umschlaginnenseiten*

# ❷ Ananda-Tempel

Ein klassisch proportionierter Maiskolbenturm krönt den weißen Ananda, einen der stilistisch elegantesten Tempel in Bagan. Er wird von den myanmarischen Buddhisten auch am meisten verehrt. Vier Zugangswege führen zu vier vergoldeten Buddha-Statuen, die in riesigen Nischen stehen. Deren Verbindungsgänge sind mit Steinskulpturen und Malereien geschmückt, auch die Fassaden sind üppig dekoriert: Auf Friesen aus grün glasierten Terrakottafliesen sind Szenen aus Buddhas Leben aus den *jatakas* dargestellt. Aus der Ferne ist die goldene Spitze des Ananda am leichtesten zu erkennen und auch heute noch so beeindruckend wie 1105, als König Kyanzittha den Tempel in Auftrag gab.

**Die Türwächter** aus Hartholz sind fein geschnitzt und bemalt. Sie bewachen die Eingänge im Osten und Westen.

**Äußere Mauer und Zugänge**
Die gesamte Anlage ist von einer hohen Mauer mit Tortürmen in den vier Himmelsrichtungen eingefasst. Auf der Innenseite der Tore werden die Besucher von Wächtergottheiten in der sitzenden *lalitasana*-Haltung begrüßt, die für innere Ruhe steht.

**Stein-*chinthe***, mythische Löwenwesen, halten an allen Ecken des Bauwerks Wache.

## Außerdem

① **Die Säulenvorbauten im Norden und Süden** wurden im 19. Jahrhundert von den Konbaung erbaut.

② **Die Tempeleingänge mit Giebelbogen** sind üppig mit Stuckaturen verziert. Nur die Eingänge im Osten und Westen sind geöffnet.

③ **Die obere Terrasse** ist derzeit gesperrt. Dort befinden sich die schönsten Gemälde des Tempels.

④ **Das zentrale Dach** besteht aus sechs Terrassenstufen.

⑤ **Eckstupas** schmücken das Dach.

⑥ **Über 1000 Steinskulpturen** säumen den äußeren Gang. Viele davon stehen in Nischen.

⑦ **Steinreliefs** im inneren Wandelgang erzählen die Geschichte von Buddhas Leben.

**Hotels und Restaurants in der historischen Königsstadt Bagan** *siehe Seiten 203f und 212*

**★ Zentraler Turm**
Der prachtvolle maiskolbenförmige Turm ragt 52 Meter aus der staubigen Ebene. Er zeigt, dass die Architekten des Tempels Inder waren. Seine Spitze bildet die goldene Schirmbekrönung *hti*.

## Infobox

**Information**
**Straßenkarte** C3. Zwischen Alt-Bagan–Nyaung U Rd und Anawrahta Rd. tägl.
Führer vermitteln Hotels. Auch die Fahrer der Pferdekutschen geben Erklärungen.
Tempelfest (Jan).

**Anfahrt**
Mandalay International.
Nyaung U Airport. Vermietung von Taxis, Fahrrädern, E-Bikes und Pferdekutschen.

***Jataka*-Fliesen**
Tausende grün glasierte Terrakottafliesen mit Szenen aus den *jataka* bedecken den Sockel, die Seiten und die Terrasse.

**★ Vier Buddhas**
Die vier berühmten goldenen Buddha-Statuen aus Holz stehen in den Hauptschreinen. Die Statuen im Norden und Süden sind noch Originale, die beiden anderen wurden bei Bränden zerstört und durch Kopien ersetzt.

Kassapa im Süden

Kakusandha im Norden

Konagamana im Osten

Gautama im Westen

**Straßenkarte** *siehe hintere Umschlaginnenseiten*

## ❸ Ananda Oak Kyaung

**Straßenkarte** C3. Alt-Bagan, W vom Nordeingang des Ananda-Tempels.

»*Oak*« bedeutet im alten Pali-Sanskrit »Ziegel« – die kleine *vihara* (Kapelle oder Heiligtum) ist eines der wenigen noch existierenden Ziegelklöster aus der frühen Bagan-Zeit. Es ist für seine hervorragend erhaltenen Fresken bekannt, die innen Wände und Decken überziehen. Die in erdigem Rot, Grün, Schwarz und Braun gehaltenen Bilder zeigen Alltagsszenen aus dem 11. Jahrhundert: Marktszenen, arabische Händler, marschierende Soldaten, Menschen beim Baden, Kochen und Musizieren, u. a. ein *hsaing waing* (birmanisches Musikensemble) und eine *saung gauk* (birmanische Harfe). Ananda Oak Kyaung ist immer verschlossen, aber der Wächter mit dem Schlüssel wohnt gleich nebenan und sperrt für Besucher auf.

## ❹ Sin Myar Shin

**Straßenkarte** C3. N der Shwesandaw-Pagode.

Der doppelstöckige Tempel mit vergoldeter Spitze ist einer von drei Schreinen, die aufgereiht südlich der Hauptstraße stehen. Zwei Buddha-Statuen residieren in der Haupthalle im Erdgeschoss, vier in die vier Himmelsrichtungen schauende Buddha-Figuren sitzen im ersten Stock. An den Wänden sieht man Reste der ursprünglichen Wandgemälde und Gemälde aus der Konbaung-Zeit des 18./19. Jahrhunderts.

Die schönste Attraktion des Tempels ist jedoch die Terrasse unterhalb der Hauptspitze. Von dort hat man einen fantastischen Blick in den Sonnenaufgang oder -untergang. Da kaum jemand weiß, dass man die Terrasse betreten darf, teilt man sie sich in der Regel mit nur wenigen anderen Besuchern. Die beiden Tempel Thatbyinnyu und Ananda stehen beide nicht weit entfernt im Norden. Im glühenden Licht der untergehenden Sonne bieten sie einen spektakulären Anblick.

**Fresken umgeben die Buddha-Statue in der Weihehalle Upali Thein**

## ❺ Upali Thein

**Straßenkarte** C3. 1,5 km NO von Ananda, Alt-Bagan–Nyaung U Rd.

Die winzige Weihehalle aus dem 13. Jahrhundert gehörte zu einer größeren Klosteranlage, deren Holzbauten seit Langem nicht mehr bestehen. Bemerkenswert sind die Fassade, die Formen und Verzierungen der früheren Holzgebäude nachahmt, und die Fresken im Inneren. Sie entstanden in der Konbaung-Zeit und zeigen Szenen aus dem Leben früherer Buddhas sowie der Weihung der Halle. Die Halle wurde zur Zeit König Kyazucos (reg. 1234–50) errichtet, der wegen seiner Kenntnis des Theravada-Kanons auch Philosophenkönig hieß. Kyazuco benannte das Gebäude nach dem Mönch Mahasiha Upali, der von seinem Vater nach Bagan geholt worden war.

### Ein historisches Disneyland?

Die Bemühungen der Militärregierung, die von Wetter und Erdbeben in Mitleidenschaft gezogenen Ruinen Bagans zu restaurieren, beschrieb die UNESCO als die »Fantasieversion im Disney-Stil einer der größten religiösen und historischen Stätten …, bei der falsche Materialen [benutzt wurden], um auf großartige antike Stupas falsch gestaltete Bauten zu setzen.« Seit 1995 wurden auf diese Weise geschätzte 1300 Stupas, Klöster und Tempel wieder aus den Ziegelhaufen aufgebaut, die verstreut im Gebiet der mittelalterlichen Stadt lagen. 668 Bauten wurden größeren Renovierungsarbeiten unterzogen. Finanziert wurde das Ganze durch die Spenden reicher Myanmaren. Archäologen, Denkmalschützer und die UNESCO missbilligen das Programm einmütig, da seine Ergebnisse wenig mit dem Aussehen der ursprünglichen Bauten zu tun haben. Sie kritisieren den Einsatz von Beton und anderen modernen Materialien. Die Regierung erwidert, dass es ihre Pflicht sei, die Bauwerke Bagans »zu bewahren, zu stärken und zu restaurieren«, und trotzte dem Missfallen aus dem Ausland mit dem Bau eines hässlichen Aussichtsturms und eines gigantischen Museumskomplexes. Sie verunstalten nun den Blick über Bagan, wo früher nur Tempeltürme aus der Ebene in den Himmel ragten. Die Diskussion hat die Touristen nicht abgehalten. Seit 2010 strömen sie in immer größerer Zahl zur archäologischen Stätte von Bagan, um sich die spektakuläre Geschichtsverfälschung anzusehen.

**Tempel und Pagoden in der Ebene von Bagan**

**Hotels und Restaurants in der historischen Königsstadt Bagan** *siehe Seiten 203f und 212*

Der himmelhohe Htilominlo ist einer der größten Tempel in Bagan

## ❻ Htilominlo

**Straßenkarte** C3. SO von Upali Thein, Alt-Bagan – Nyaung U Rd.

Der riesige Tempel Htilominlo dominiert die nördliche Gruppe von Bauwerken. Er ist das genaue Gegenteil zur Upali Thein: ein mächtiger Triumphbau, dessen Spitze 46 Meter hoch in den Himmel aufragt. König Nantaungmya (reg. 1211–34), Sohn einer Konkubine und daher in der Thronfolge weit abgeschlagen, gab ihn anlässlich seiner Thronbesteigung in Auftrag, als er in einem alten Wahlritual zufällig zum König gewählt worden war. Der Tempel im späten birmanischen Stil ist der letzte seiner Art, der in Bagan gebaut wurde. Die Vorhalle ist auf die aufgehende Sonne ausgerichtet. An Zugängen, Bogen und Giebeln sind noch Steingravuren und Stuckaturen zu sehen. Innen befinden sich auf jedem Stockwerk vier vergoldete Buddha-Statuen, die in die vier Himmelsrichtungen blicken.

## ❼ Shwe Leik Too

**Straßenkarte** C3. Am Rand von Wetkyin, auf halbem Weg zwischen Nyaung U und Alt-Bagan.

Der mittelgroße Shwe Leik Too im späten Bamar-Stil stammt aus dem 13. Jahrhundert. Der Tempel ist von einer Mauer umgeben, hat vier vorspringende Säulengänge und den typischen Maiskolbenturm. Es ist einer der wenigen Tempel, den man als Besucher noch besteigen darf. Ein niedriger Durchgang führt von der inneren Tempelkammer mit Gewölbe, in der sich stehende und sitzende Buddhas befinden, zur oberen Terrasse, von der man einen schönen Panoramablick über die nördliche Hälfte der archäologischen Zone hat. Im Südwesten glänzt der Htilominlo, während sich die unzähligen Tempel und Pagoden im Osten traumhaft als Silhouetten vor der Sonne abzeichnen.

Der Shwe-Leik-Too-Tempel im späten Bamar-Stil (13. Jh.)

## ❽ Gubyauknge und Gubyaukgyi

**Straßenkarte** C3. Wetkyin.

Der Gubyauknge (11. Jh.) östlich des Htilominlo ist einer der ältesten Tempel Bagans. Er besitzt noch Originalstuckaturen an der Fassade. Das Tor zum Hauptschrein bewachen zwei *nat* (Geister). Sie zeugen von der synkretistischen Natur des Buddhismus im alten Bagan.

Der benachbarte Gubyaukgyi (13. Jh.) bietet als architektonische Besonderheit einen pyramidenhaften Turmaufbau und sehr schöne Malereien an der Decke am Eingang. Meistens nennt man den Tempel Wetkyin Gubyaukgyi, um ihn von seinem Namensvetter in Myinkaba zu unterscheiden.

Gemälde im Wetkyin-Gubyaukgyi-Tempel (13. Jh.) in Bagan

## ❾ Nyaung U

**Straßenkarte** C3. 5 km NW vom Flughafen. 55 000. Mandalay International. Nyaung U Airport. Pick-ups verbinden regelmäßig Nyaung U, Alt-Bagan, Myinkaba und Neu-Bagan.

Bagans Hauptmarkt liegt an der Hauptstraße von Nyaung U. Die meisten Besucher, die hierherkommen, gehen in einem der vielen Restaurants an der Thiripyitsaya 4 Street essen oder besuchen das **Thanaka-Museum**. Hier sieht man, wie die typische myanmarische Gesichtspaste *thanaka* hergestellt wird. Der Museumsladen verkauft Kosmetika aus dem duftenden Holzpulver.

**Thanaka-Museum**
Ecke Thiripyitsaya 4 St und Main Rd.
tägl. 9–21 Uhr.

**Straßenkarte** *siehe hintere Umschlaginnenseiten*

## ❿ Kyanzittha Umin

**Straßenkarte** C3. Nyaung U.

Der Höhlentempel Kyanzittha Umin südwestlich der Shwezigon-Pagode gehörte einst zu einem kleinen Kloster. Die Höhle erhielt außen eine Ziegelfassade, innen wurden Gänge herausgeschlagen, die an den Wänden und Decken mit Wandgemälden verziert wurden. Viele von ihnen sind noch intakt. Der Tempel ist zwar nach König Kyanzittha (reg. 1084–1112) benannt, wurde aber wohl während der Herrschaft von dessen Vater König Anawrahta (reg. 1044–78) gebaut. Die Höhle ist nicht beleuchtet.

## ⓫ Shwezigon-Pagode

**Straßenkarte** C3. Westrand von Nyaung U. Tempelfest der Shwezigon-Pagode (Okt/Nov).

Die goldene Shwezigon-Pagode steht am Rand von Nyaung U, in der Nordostecke der archäologischen Zone. Sie war die bedeutendste Sakralstätte in der Stadt während der Herrschaft von König Anawrahta, dem Gründer des Bagan-Reiches *(siehe S. 50f)*, und dessen Sohn König Kyanzittha, der die Anlage fertig bauen ließ. Unter ihrer Herrschaft brachten Eroberungen und Landreformen dem Reich Wohlstand und Frieden, was den Bau zahlloser Tempel ermöglichte. Shwezigon und Ananda sind dafür leuchtende Beispiele. Anawrahtas leidenschaftliche Förderung des Theravada-Buddhismus, verbunden mit der Toleranz gegenüber der *nat*-Verehrung, legte im 11. Jahrhundert die Grundlage für Birmas spezifische religiöse Kultur, die bis heute besteht. Den Beweis dafür findet man in der Südostecke der Einfriedung der Pagode. Dort steht in der Mitte eines Schreins für die 37 *Mahagiri nat* eine Steinstatue des *nat*-Königs Thagyamin.

Der 49 Meter hohe und ebenso breite Hauptstupa bewahrt dem Glauben zufolge eine Knochen- und eine Zahnreliquie von Gautama Buddha sowie ein goldenes Abbild von Anawrahta und einen chinesischen Smaragd-Buddha. Seine Eckpunkte zieren vier kleinere Stupas und die Seiten ein Fries aus 500 Emailleplatten mit *jataka*-Szenen. Die kupfernen Buddha-Figuren in den vier Nebenschreinen um den *zedi* blicken in alle vier Himmelsrichtungen. Die sehenswerten Edikte König Kyanzitthas erzählen von der Krönung des Herrschers und die Gründungsgeschichte Bagans.

**Sapada-Pagode mit quadratischer Reliquienkammer in der Spitze**

## ⓬ Sapada-Pagode

**Straßenkarte** C3. Ecke Hauptstraße/Straße zum Flughafen in Nyaung U.

Die im späten Bagan-Stil errichtete Pagode hat eine sehr ungewöhnliche Form. Ihr Namensgeber Sapada war einer der 20 Novizen, die zu einem bekannten Kloster in Ceylon geschickt wurden, um dort geweiht zu werden. Sapada verbrachte dort zehn Jahre. Nach seiner Rückkehr hatten seine Lehren einen starken Einfluss auf die Ausprägung des Theravada-Buddhismus. In Gedenken an den Aufenthalt in Ceylon erhielt der Stupa zwischen der »Glocke« und der Spitze eine quadratische *harmika* (Reliquienkammer) im singhalesischen Stil.

**In der großen Shwezigon-Pagode befinden sich dem Glauben zufolge sterbliche Überreste Buddhas**

## ⓭ Südliche Ebene

**Straßenkarte** C3. Minnanthu.

Die Tempel um das Dorf Minnanthu am Südostrand der archäologischen Zone liegen etwas abseits. Doch zu ihren außerordentlichen Wandgemälden gehören einige der ältesten und besterhaltenen in Bagan. Die Mühe, dorthin zu fahren, lohnt sich auf jeden Fall.

An der Westseite des Sträßchens durch Minnanthu steht der weiße **Lemyethna-Tempel**. Das einstöckige Gebäude mit vier Vorhallen ist im späten Bagan-Stil gebaut und steht auf einer erhöhten quadratischen Plattform mit zurückversetzter Terrasse. Gekrönt wird es von einem Maiskolbenturm im indischen Stil und einem vergoldeten *hti*. Der Tempel wurde 1222 gebaut, angeblich zu Ehren eines Premierministers, den der König hinrichten ließ. Angesichts seines Todes schrieb er ein berühmtes Gedicht, in dem er seinen Gleichmut darüber ausdrückte, da der Tod doch einfach Teil seines »unentrinnbaren Kreislaufs des Karmas« sei. Im Lemyethna gibt es einige gut erhaltene Bilder, die den Buddha-Schrein einfassen. Viele der Bilder wurden mit Kalk übertüncht.

Nördlich davon, auf der anderen Seite des Wegs, stehen drei Schreine, die durch enge Gewölbegänge verbunden sind. Der **Payathonzu-Tempel** wurde nie fertiggestellt, ist jedoch für seine wunderbaren Gemälde (12. Jh.) mit Blumenmotiven, mythologischen Wesen, Vögeln und Menschen bekannt. Auch die 28 bereits erschienenen Buddhas sind unter Bodhi-Bäumen dargestellt. Einige der Wandgemälde zeigen einen deutlichen Einfluss des Tantrismus, was laut Wissenschaftlern der Nähe zum letzten von Bagans Ari-Klöstern geschuldet ist. In ihnen lebten Mönche zurückgezogen in den Wäldern und pflegten tantrische Rituale, die von den Theravada-Orden als liederlich verurteilt wurden.

Auch Wände und Deckengewölbe des **Nandamannya-Tempels** schmücken Gemälde. Ein sandiger Weg führt von der Straße nach Norden dorthin.

**Buddha-Figuren mit der Hand im *dharmachakra*-Mudra, Payathonzu-Tempel**

Eine Serie großer Tafeln mit Szenen aus dem Leben Gautama Buddhas ist von dekorativen Voluten eingefasst.

Dazu gehören die Geburt von Prinz Siddharta aus der rechten Hüfte seiner königlichen Mutter und die Entsagung von der Welt, die durch das Abschneiden der Haare symbolisiert wird. Eine kleine rechteckige Tafel an der Westseite des Schreins zeigt die berühmte *Versuchung durch Mara*. Der Dämon Mara ist die Personifizierung aller ungesunden Einflüsse und Verführungen. Er versucht vergeblich, Buddha aus der Meditation zu locken, die zur Erleuchtung führt, indem er ihm Visionen von schönen jungen Frauen zeigt, die nach einigen Legenden Maras Töchter sind.

**Ein Heißluftballon über den Tempeln von Bagan**

### Ballonfahren in Bagan

Der Anblick der Heißluftballone, die über Bagan schweben, ist in der archäologischen Zone ein fast schon so verbreitetes und faszinierendes Bild wie die Tempel selbst. Organisiert werden die Flüge von den Anbietern Balloons Over Bagan (www.easternsafaris.com) und Oriental Ballooning (orientalballooning.com). Gestartet wird in der Wintersaison von Oktober bis März immer morgens und abends. Der Ausblick von hoch oben auf die Monumente Bagans, die umgebende Ebene, den Irrawaddy und das Arakan-Joma-Gebirge ist einfach nicht zu übertreffen. Nach einer Stunde Flug landet man am Rand der Zone. Dort wartet am Morgen schon ein Champagner-Frühstück, nach dem es im Bus zurück zum Startpunkt geht. Die Fahrten können online gebucht werden oder bei Balloons Over Bagan bzw. Oriental Ballooning in Nyaun U.

**Tempel und Pagoden von Alt-Bagan, im Hintergrund der imposante Thatbyinnyu-Tempel *(siehe S. 123)* ▶**

## ⑭ Neu-Bagan

**Straßenkarte** C3. 9 km SW von Nyaung U Airport. ✈ Mandalay International. ✈ Nyaung U Airport. Pick-ups verbinden Nyaung U, Alt-Bagan, Myinkaba und Neu-Bagan.

Bagan Myothit bzw. Neu-Bagan entstand 1990, als die Bewohner von Alt-Bagan von der Tatmadaw (Militärregierung) zwangsumgesiedelt wurden. Größtes und beeindruckendstes Bauwerk in der Umgebung des Dorfs ist die **Dhammayazika-Pagode**. König Narapatisithu (reg. 1174–1211) ließ sie 1196 erbauen. Während seiner friedlichen Herrschaft stellte die birmanische Kultur zum ersten Mal die der Mon und des alten Pyu in den Schatten. Der goldene Stupa thront auf drei sechseckigen Terrassen mit fünf kleineren vergoldeten Schreinen mit Buddhas aus der Konbaung-Zeit. Der Tempel ist einer der Bauten, die der radikalen Renovierung der Regierung in den 1990er Jahren zum Opfer fielen.

Die **Anauk-** (Westen) und **Ashe-** (Osten) **Petleik-Pagode** in Thiripyitsaya südlich von Neu-Bagan stammt aus dem 11. Jahrhundert. Sie wären kaum interessant, hätte man nicht bei Grabungsarbeiten 1905 in den Gewölbegängen um ihre Stupas eine hervorragende Sammlung unglasierter Terrakottafliesen mit Szenen aus den *jataka* gefunden.

Im Süden Bagans steht am Fluss die **Lawkananda-Pagode** aus dem 11. Jahrhundert, die Anawrahta (reg. 1044–78) zugeschrieben wird. Sie besitzt eine der vier Zahnreliquien Buddhas, die sich auf magische Weise aus der Reliquie in der Shwezigon-Pagode *(siehe S. 128)* gebildet haben sollen. Die Blattvergoldung des Stupa und die Marmorterrasse sind neu. Von der Plattform hat man einen schönen Blick über den Fluss.

Souvenirläden am Zugang zur goldenen Dhammayazika-Pagode (12. Jh)

**Dhammayazika-Pagode**
Zwischen Neu-Bagan und Minnanthu, nördlich der Hauptstraße.

**Anauk- und Ashe-Petleik-Pagode**
In Thiripyitsaya im Süden Neu-Bagans.

**Lawkananda-Pagode**
Südwestlich von Neu-Bagan.

Die Lawkananda-Pagode am Ufer des Irrawaddy (11. Jh.)

## ⑮ Myinkaba

**Straßenkarte** C3. Zwischen Alt-Bagan u. Neu-Bagan. 800. ✈ Mandalay International. ✈ Nyaung U Airport. Pick-ups verbinden Nyaung U, Alt-Bagan, Myinkaba und Neu-Bagan. Manuha-Fest (Sep).

Nach der Eroberung von Thaton (1057) schickte König Anawrahta den Mon-König Manuha ins Exil nach Myinkaba. Der **Nagayon-Tempel** ist der größte und am besten erhaltene der Tempel, die dort entstanden. Er wurde nach der Krönung von König Kyanzittha (reg. 1084–1112) angeblich an der Stelle erbaut, an der er bei einer Fehde mit seinem Bruder und Vorgänger Sawlu (reg. 1078–84) in den 1080er Jahren Zuflucht fand. Der Tempel ist Kyanzitthas Dank an eine Schlangengottheit, die ihn auf der Flucht beschützte. Aus diesem Grund wird die vergoldete Buddha-Figur im Hauptschrein von einer Kobrahaube beschützt. Den Wandelgang zieren beeindruckende Gemälde aus dem 11. Jahrhundert sowie Skulpturen früherer Buddhas.

Der Abeyadana-Tempel mit klassisch quadratischer Form (11. Jh.)

Der Gründungsmythos des **Abeyadana-Tempels** auf der anderen Seite der Straße ist mit derselben Schlangengeschichte verbunden. Nur traf in dieser Version der Prinz auf der Flucht hier seine bengalische Geliebte Abeyadana, bevor er aus Bagan verschwand. Zu den schönsten Gemälden des Tempels gehören die Bilder im Inneren des Schreins mit Hindugottheiten und Bodhisattwas des Mahayana-Buddhismus. Sie sollen der bengalischen Herkunft der Königin geschuldet sein.

Der **Nanpaya-Tempel** befindet sich etwas nördlich des Dorfs. Er soll die Residenz – einige sagen auch das Gefängnis – von König Manuha gewesen sein. Darauf deuten die *hamsa*-Vogelbilder am Gebäude hin. Der *hamsa* war das Wappentier der Mon *(siehe S. 92)*. Vier Säulen in der Pagode sind mit schönen Steinbildhauereien verziert. Eine davon zeigt den Hindugott Brahma mit Lotosblumen in der Hand.

Der **Manuha-Tempel** noch etwas weiter im Norden wurde von König Manuha 1059 während seines Exils gebaut. Er finanzierte ihn durch den Verkauf seiner letzten Kronjuwelen. Im Inneren der quadratischen Pagode befinden sich vier überdimensionale Buddha-Statuen. Drei der vergoldeten Giganten sitzen, einer liegt. Die Riesenmaße und der beengte Raum sollen angeblich den Verdruss des Mon-Königs über seine Vertreibung aus der Heimat und seine Gefangenschaft ausdrücken. An Feiertagen strömen buddhistische Pilger durch die Anlage des Manuha und gehen weiter zum **Gubyaukgyi-Tempel** an der Hauptstraße im Norden von Myinkaba. Er wurde 1113 von Prinz Yaza Kumaya errichtet, seine berühmten Wandgemälde wurden in den 1980er Jahren mit Unterstützung der UNESCO restauriert. Bilder in der Haupthalle zeigen Szenen aus 550 *jataka*-Erzählungen, darunter die 16 Träume von Kosala. An der Außenseite des Gebäudes ziehen sich außergewöhnliche Stuckaturen rund um die Fenster.

Neben dem Tempel steht ein kleines Gebäude mit einer vierkantigen Säule, die die ältesten Inschriften aus dem mittelalterlichen Bagan trägt. Die berühmten Myazedi-Inschriften sind in Pali, Pyu, Mon und Birmanisch geschrieben. Eine zweite Säule steht im Museum von Alt-Bagan.

Den Gubyaukgyi-Tempel zieren Stuckaturen an den Fenstern

Arbeit an einem Lackgefäß, Bagan

## Lackarbeiten

Im Zuge von Bayinnaungs Überfall auf Siam 1563 wurden exzellente Kunsthandwerker der Laos-Shan an den Hof verschleppt. Seither ist Myanmar ein Zentrum der Lackkunst, zu deren Hauptort Bagan im 20. Jahrhundert aufstieg. In der Ruinenstadt gründeten in den 1920er Jahren die Briten eine Schule, die dieses Kunsthandwerk fördern sollte. Die meisten Werkstätten und Ausstellungsräume befinden sich in Myinkaba und Neu-Bagan. Dort kann man bei der Herstellung zusehen: vom Weben der Bambus- oder Rattanrahmen über das Auftragen und Trocknen des Lacks bis zum Gravieren und Polieren. Selbst die Anfertigung einer kleinen Schale dauert Monate, an Objekten mit kunstvollen Mustern und 15 oder mehr Lackschichten wird bis zu einem Jahr gearbeitet. Je feiner die Muster sind und je mehr Farben (und damit Lackschichten) aufgetragen werden, desto teurer sind die Produkte.

**Von den fünf Terrassen der prachtvollen Shwesandaw-Pagode hat man einen wunderschönen Ausblick**

## ⑯ Mingalazedi-Pagode

**Straßenkarte** C3. NO von Myinkaba, westlich der Straße.

Die riesige Pagode zwischen der Hauptstraße und dem Flussufer war das letzte große Bauprojekt in Bagan vor der Invasion der Mongolen 1287. Nichts daran lässt erkennen, dass das Reich dem Untergang geweiht war. Die Größe, die Komplexität und die Präzision der Steinarbeiten sind außergewöhnlich. Keine andere Pagode zieren so viele Keramikplatten wie die drei Terrassen der Mingalazedi. Das Bauwerk ist ein Zeugnis der Zügellosigkeit König Narathihapates (reg. 1254–87), der sich in einer Inschrift rühmt, eine Armee von 36 Millionen Mann zu befehlen und »jeden Tag 300 Curry-Gerichte zu essen.« Doch trotz der Prahlereien leerten sich die Kassen der Stadt schnell, dem König entglitt die Macht zusehends. Seine Sklaven schufteten noch an der Mingalazedi, als Kublai Khans Mongolenarmee Bhamo und damit das Tor zum Irrawaddytal und Zentralbirma angriff. Nur wenige Jahre nach der Vollendung des Tempels floh der König panisch nach Pyay (Prome). Dort wurde er gefangen genommen und gezwungen, Gift zu schlucken. Das verschaffte ihm auch den Beinamen Taok Pyay Min, »der König, der von den Chinesen davonrannte«.

Bis 2012 durfte man noch die steilen Treppen bis zum runden Sockel des glockenförmigen Stupa der Mingalazedi-Pagode hinaufgehen. Mittlerweile ist dies allerdings verboten.

**Die Mingalazedi-Pagode war der letzte große Stupa in Bagan**

## ⑰ Shwesandaw-Pagode

**Straßenkarte** C3. S der Kreuzung Anawrahta Rd/Yangon–Mandalay Hwy.

Mit der Pferdekutsche Richtung Nordosten erreicht man in zehn Minuten die Shwesandaw-Pagode. Sie wurde 1057 unter Anawrahta erbaut und darf als eines der wenigen Bauwerke bestiegen werden. Der gewaltige *zedi* gehörte wie die Shwezigon zu den vier Pagoden, die Bagans Gründer außerhalb der Stadtmauer bauen ließ, um himmlischen Schutz für die Hauptstadt zu erlangen.

Die Pagode hat fünf quadratische Terrassen, auf denen ein zylindrischer Stupa steht. Sein *hti* (Bekrönung) ist neu, der alte fiel beim Erdbeben von 1975 herunter.

Der Stupa hütet dem Glauben zufolge eine Haarreliquie Buddhas. König Anawrahta soll sie vom König von Bago zum Dank für seine Hilfe erhalten haben, eine Invasion der Khmer in das Mon-Reich zurückzuschlagen. An den vier Seiten führen steile Treppen an dem weißen Monument hinauf zu einer weitläufigen Terrasse am Sockel des Stupa. Von dort hat man einen fantastischen Panoramablick über die archäologische Zone. Allerdings kann der Zauber des

**Hotels und Restaurants in der historischen Königsstadt Bagan** *siehe Seiten 203f und 212*

Anblicks zerstört werden, wenn bei Sonnenuntergang ein lärmender Souvenirbasar in der Anlage die Stände öffnet.

**Umgebung:** In einer langen, rechteckigen Kammer aus roten Ziegeln an der Westseite der Tempelanlage liegt die große **Shinbinthalyaung**-Buddha-Statue. Sie misst 18 Meter und wurde etwa zur selben Zeit wie der benachbarte Stupa errichtet. An den Wänden sind noch einige Spuren der ursprünglichen Fresken zu sehen.

Nur zwei Gehminuten nördlich der Shwesandaw-Pagode steht der **Lawkahteikpan-Tempel**. Das schön proportionierte Gebäude stammt aus der Zeit von Kyanzitthas Nachfolger Alaungsithu (reg. 1113–68). Die Innenwände und die Decke über der vergoldeten sitzenden Buddha-Statue zieren gut erhaltene kunstvolle Fresken (12. Jh.). Da es im Tempel kein Licht gibt, ist eine Taschenlampe erforderlich.

## ⑱ Dhammayangyi-Tempel

**Straßenkarte** C3. SO von der Shwesandaw-Pagode.

Etwas südöstlich der Shwesandaw-Pagode steht der von einer wuchtigen Mauer umgebene Dhammayangyi. Dieser größte und am besten erhaltene Tempel in Bagan wurde Ende der 1160er Jahre unter der kurzen Herrschaft von König Narathu (reg. 1167–71) erbaut. Narathu erstickte seinen Vater Alaungsithu mit einem Kissen, um auf den Thron zu gelangen, und vergiftete an seinem Krönungstag seinen Bruder Min Shin Saw. Die gewaltigen Ausmaße des Tempels werden als Narathus Sühne für die Morde interpretiert – ein besserer Mensch wurde er dadurch jedoch nicht. Wenig später erdrosselte er seine bengalische Königin, weil ihm angeblich ihr hinduistischer Glaube zuwider war. Daraufhin schickte ihr Vater 1171 ein achtköpfiges Selbstmordkommando, um Rache zu nehmen. Die Hofchroniken berichten, dass die Mörder in den Palast vordringen konnten, indem sie sich als brahmanische Astrologen ausgaben und ihre Schwerter unter ihren Mänteln verbargen. Nach der Ermordung des Königs schlitzten sie sich gegenseitig die Kehlen auf.

In seiner Anlage gleicht der Dhammayangyi dem Ananda-Tempel. Sein Mauerwerk aus Stein und Ziegeln gilt als das beste in der archäologischen Zone. Angeblich überwachte König Narathu die Bauarbeiten persönlich und drohte jedem Maurer mit Hinrichtung, sollte zwischen zwei Steine noch eine Nadel passen.

Der riesige Dhammayangyi ist der größte Tempel in Bagan

Der Sulamani-Tempel ist der schönste der späten Bagan-Zeit

## ⑲ Sulamani-Tempel

**Straßenkarte** C3. Im Zentrum Bagans.

Der Sulamani ist das kunstvollste Bauwerk aus der späten Bagan-Zeit. Der Tempel mit der auffallenden Silhouette vereint die gewaltige Vertikale von Bauwerken wie den Thatbyinnyu *(siehe S. 121)* mit der horizontalen Ausdehnung des Dhammayangyi. Den Namen »Krönendes Juwel« hat er verdient, und zu Recht steht er im Zentrum der archäologischen Zone. Der Bau besteht aus zwei Hauptkörpern, mit Vorhallen in den vier Himmelsrichtungen, und sieben Terrassenstufen, deren Ecken kleine Stupaspitzen markieren. Über allem schwebt ein eleganter *sikhara*-Turm, der auf einem maiskolbenförmigen Sockel eine Pagode trägt.

Für Besucher ist nur das Erdgeschoss zugänglich. Um den Hauptschrein mit vier Buddha-Darstellungen führt ein Wandelgang, in dessen Nischen Buddha-Statuen stehen und an dessen Wänden Gemälde Szenen aus dem Leben Buddhas sowie mythologische Bestien, Schlangen und Seeungeheuer zeigen. Einige sind sehr alt, doch die meisten stammen aus der Konbaung-Zeit des 18./19. Jahrhunderts. Schön sind auch die Stuckaturen in den Giebelfeldern über den Türen und Fenstern sowie die glasierten Keramiktafeln der Tempelbasis und Terrassen.

**Straßenkarte** *siehe hintere Umschlaginnenseiten*

# ⑳ Popa Taung Kalat

Von Bagan führt ein Tagesausflug zum Popa Taung Kalat. Auf dem steilen Vulkankegel, besser bekannt als Mount Popa, befindet sich Myanmars bedeutendstes Zentrum der *nat*-Verehrung. Alljährlich pilgern zahllose Myanmaren hierher, um am Fuß des Berges im Schrein des Muttergeistes zu beten. Gegenüber dem Tempel führt ein überdachter Steig den Taung Kalat zu einem kleinen buddhistischen Kloster am Gipfel. Von dort hat man eine herrliche Aussicht: im Westen über die Ebene von Bagan zum Irrawaddy und dem Arakan-Joma-Gebirge, im Osten zum Mount Popa, einem erloschenen, dicht bewaldeten Vulkan mit tiefer Caldera. Wer die Nacht im Popa Mountain Resort verbringt, kann den Anblick genießen, wenn die goldenen Spitzen des Tempels in den ersten Sonnenstrahlen des Tages aufleuchten.

**Der goldene Felsenstupa mit *hti* beim Schrein von Popa Taung Kalat**

**Haupteingang zum Popa Taung Kalat**
Der Eingang zum überdachten *zaungdan*, der auf den Hügel hinaufführt, wird von einem siebenstufigen *pyatthat* (Dachturm) gekrönt und von zwei großen weißen Elefanten bewacht.

**37 *Mahagiri nat***
Im kunstvoll dekorierten Schrein des Muttergeistes am Fuß des Berges stehen die lebensgroßen Statuen der 37 *Mahagiri nat* oder großen Geisterhelden. Sie tragen goldene Kronen und bunte Seidengewänder und werden von Riesinnen, Zauberern und Geisterbeschwörern begleitet.

## Außerdem

① **Den Schrein des Muttergeistes von Popa Nat** gegenüber dem Haupteingang besuchen alle Pilger am Popa Taung Kalat. Die Tür zum Schrein bewachen zwei Tiger.

② **Im Basar** am Fuß des Bergs verkaufen Souvenirstände und Läden Blumen und Devotionalien. In Teehäusern bekommt man Snacks und Getränke.

③ **Der Taung Kalat (Pedestal Hill)** ist 730 Meter hoch.

④ **Der *zaungdan* mit 777 Stufen** führt in 20 Minuten auf den Gipfel.

⑤ **Der Mount Popa** (1518 m) im Osten ist ein Nationalpark. An seinen bewaldeten Hängen führen Wege zum Kraterrand und in die Caldera.

## *Nat*-Verehrung in Myanmar

Einer der spannendsten Aspekte der Religion in Myanmar ist die Verehrung der *nat* – Geister, die für menschliche Fehler, Schwächen oder Laster stehen. Oft waren sie Menschen, die einen gewaltsamen Tod starben. *Nat* wohnen in Bäumen oder Höhlen, auf Felsen oder Bergen. Man muss sie täglich mit Blumen, Früchten oder Weihrauch besänftigen. Der Popa Taung Kalat ist das Zentrum der *nat*-Verehrung, die es schon vor dem Buddhismus gab, der erst im 3. Jahrhundert v. Chr. nach Birma kam. König Anawrahta von Bagan integrierte die *nat* in den Theravada, weswegen es in den birmanischen Tempeln fast immer *nat*-Schreine gibt. Er begrenzte die Zahl der *nat* auf 36 und setzte ihnen den *nat*-König Thagyamin vor, den er von der Hindugottheit Indra ableitete. So schuf er einen *nat*-Pantheon, der Buddha bis heute untergeordnet ist.

**Tigerskulptur am Eingang zum Schrein des Muttergeistes**

**Hotels und Restaurants in der historischen Königsstadt Bagan** *siehe Seiten 203f und 212*

★ **Buddhistisches Kloster am Taung Kalat**
Das weiße Kloster mit den vergoldeten Spitzen auf dem Gipfel des Popa Taung Kalat ist ein bedeutender Pilgerort für buddhistische Mönche und Nonnen sowie für Laien aus dem ganzen Land.

## Infobox

**Information**
**Straßenkarte** C3. 52 km SO von Bagan (90 Min. Fahrt mit dem Wagen). tägl. 7–22 Uhr. Führer in Bagan und Popa Taung Kalat. Spende. *Nat pwe* (Mai/Juni; Nov/Dez).

**Anfahrt**
Mandalay International. Nyaung U Airport. Einzel-Taxis, Sammeltaxis und Pick-ups von Bagan aus. Bei Benutzung von Pick-ups muss man eventuell in Kyaukpadaung umsteigen.

**Makaken**
Auf dem Weg zum Schrein lauern am *zaungdan* kleptomane Makaken-Banden den Besuchern auf. Die kleinen Diebe sind weithin bekannt.

# Region Mandalay

**In der sandigen Ebene und zwischen den Hügeln in und um die Stadt Mandalay erzählen die Überreste von vier königlichen Hauptstädten von mehr als 500 Jahren birmanischer Geschichte. Vom kunstvollen, aus Teakholz errichteten Shwenandaw-Kloster in Mandalay und der häufig fotografierten U-Bein-Brücke bis zu den reich verzierten Klöstern von Inwa und den vor lauter Pagoden glitzernden Hügelrücken von Sagaing – hier findet man einige der eindrucksvollsten Ansichten des Landes. Etwas weiter flussauf thront der riesige unvollendete Stupa von Mingun.**

Frühestes bedeutendes Zentrum in der Region war Sagaing am Westufer des Irrawaddy. Seine zahlreichen religiösen Bauten sind die Hinterlassenschaft eines Königreichs, das im 14. Jahrhundert große Teile des zentralen Birma beherrschte. Auf der anderen Flussseite liegt auf einer künstlichen Insel das 1364 gegründete Inwa (Ava). Einst durch mächtige Mauern geschützt, verlieren sich seine spärlichen Reste heute in den Reisfeldern. Am besten erkundet man sie in einer Pferdekutsche.

Amarapura liegt an einem See am heutigen Südrand von Mandalay. Es wurde 1783 Hauptstadt der Konbaung. Das Erdbeben von 1893 zerstörte die Stadt weitgehend, doch einige imposante Bauten sind noch erhalten, u. a. die Pahtodawgyi-Pagode und die U-Bein-Brücke. Mitte der 1850er Jahre wurde es zugunsten eines Orts am Mandalay-Bergs aufgegeben.

Mandalay wurde 1857 als Yadanabon gegründet. Der Name war eine birmanische Verballhornung des alten Pali-Namens Ratanapura (»Stadt der Edelsteine«). Bis zum Dritten Britisch-Birmanischen Krieg 1885 war es die Hauptstadt der Konbaung. In seiner nur kurzen Blütezeit entstanden einige prächtige religiöse Bauwerke und ein riesiger Königspalast – eine verbotene Stadt, die sich hinter Mauern und einem breiten Burggraben versteckte.

Hitze und chaotischer Verkehr machen es nicht leicht, die vielen historischen Bauten in Mandalay zu genießen, darunter den Mahamuni-Tempel, Myanmars zweitheiligsten Schrein, oder das Shwenandaw-Kloster, das einst Teil des Palasts war. Die Königsstadt wurde im Zweiten Weltkrieg weitgehend zerstört, doch viele grandiose Bauwerke überlebten und zeugen von der einstigen Pracht der Stadt.

**Statue von König Mindon vor der Kuthodaw-Pagode unterhalb des Mandalay-Bergs**

◀ **Relikte von Ziegelstupas und Buddha-Darstellungen, Yedanasini-Pagode in Inwa** *(siehe S. 154)*

# Überblick: Region Mandalay

Mandalay ist mit rund 1,5 Millionen Einwohnern nach Rangun die zweitgrößte Stadt des Landes. Ihre bedeutendsten Attraktionen sind der wieder aufgebaute königliche Palast und das herrlich beschnitzte Teakholzkloster Shwenandaw. Unbedingt sehenswert sind aber auch Mandalay-Berg, der Mahamuni-Tempel und die aus Teakholz errichtete U-Bein-Brücke in Amarapura. Eine unvergessliche Bootsfahrt bringt Sie zu den Relikten eines gigantischen unvollendeten Stupa in Mingun, doch locken auch die Ruinen von Inwa (Ava) und die Pagoden von Sagaing. Lohnende Ausflüge führen zu weniger bekannten Sehenswürdigkeiten bei Monywa im Westen und zur kolonialen Bergstation Pyin U Lwin im Osten, wo man sich im kühlen Grün von der Hitze erholt.

Zur Orientierung

**Legende**

- Autobahn
- Hauptstraße
- Nebenstraße
- Eisenbahn
- Divisionsgrenze

## Sehenswürdigkeiten auf einen Blick

1. *Mandalay S. 142–149*
2. Amarapura
3. Irrawaddy-Brücken
4. Sagaing
5. *Inwa S. 154f*
6. *Mingun S. 156f*
7. Monywa
8. Thanboddhay-Pagode
9. Bodhi Tataung
10. Pho-Win-Taung-Höhlen
11. A Myint
12. Pyin U Lwin
13. Gokteik-Viadukt
14. Meiktila

**Die ungewöhnliche Thanboddhay-Pagode bei Monywa ist farbenprächtig gestaltet**

### In der Region Mandalay unterwegs

Mandalays Palast und Berg erkundet man zu Fuß, ein Taxi braucht man für die Fahrt zum Mahamuni-Tempel und nach Amarapura am südlichen Stadtrand sowie für Tagesausflüge nach Inwa (Ava) und Sagaing. Mingun erreicht man per Boot, Monywa mit dem Bus und die dortigen Sehenswürdigkeiten mit der Chindwin-Fähre und Motorradtaxis. Von Mandalay fährt ein Zug nach Pyin U Lwin und zum Gokteik-Viadukt. Meiktila liegt an der Busroute Mandalay – Rangun, vom Bahnhof Thazi im Osten fahren Züge nach Rangun, Mandaly und Taunggyi.

Sacred Heart Catholic Church, Pyin U Lwin (Maymyo)

# ❶ Mandalay

Mandalay hat sich dank umfangreicher Investitionen Chinas zu einer der Boom-Städte Südostasiens entwickelt. Nach den großen Bränden in den 1980er Jahren noch eine gemütliche Stadt mit niedrigen Häusern, dominieren nun gläserne Einkaufszentren und Hochhaustürme die Skyline, der Straßenverkehr ist teilweise chaotisch. Sich im Getümmel zurechtzufinden, ist dank der rechtwinkligen Anlage der Straßen einfach: die Ost-West-Straßen tragen die Nummern 1 bis 49 (beginnend im Norden), die Nord-Süd-Straßen fangen bei 50 an, beginnend im Osten. Die Adresse »81st St (28/29)« bedeutet also: 81. Straße zwischen der 28. und der 29. Straße.

**Sitzender Buddha-Statue in der Setkyathiha-Pagode in Mandalay**

**Kranke berühren die Angkor-Statuen und hoffen auf Heilung**

### Mahamuni-Tempel

82nd St, S von 45th St (Boba Htu Rd). tägl. 4–23 Uhr.

Der Mahamuni-Tempel ist nach der Shwegadon-Pagode in Rangun der am meisten verehrte Schrein des Landes. Der Legende nach ist seine bronzene Buddha-Figur eine der fünf Skulpturen, die noch zu Lebzeiten Siddharta Gautamas gegossen wurden. Vermutlich entstand sie jedoch erst rund 500 Jahre später. 1784 kam sie als Beute aus dem Überfall König Bodawpayas auf Arakan *(siehe S. 115)* hierher. Frauen dürfen das innere Heiligtum nicht betreten, Männer aber Blattgold auf die Statue kleben. Im Lauf der Jahre wuchsen so große Beulen aus massivem Gold. Nur das täglich polierte Gesicht schimmert glatt.

Sechs schöne hinduistisch-buddhistische Statuen in einer Halle am Haupttempel kamen aus Angkor Wat nach Arakan und wurden dort erbeutet. Die Gläubigen reiben die Figuren in der Hoffnung, von Krankheiten geheilt zu werden.

### Jademarkt

87th St (39/40). tägl. 8–11, 14–16 Uhr. Eintritt.

Aus Myanmar kommt die schönste Jade der Welt, und fast jedes Fundstück wird über den riesigen Jademarkt in der 87. Straße weitergehandelt. An diesem Ort sollten nur Experten kaufen, der Preis von Jade lässt sich nur äußerst schwer bestimmen. Jeden Morgen treffen sich Käufer und Verkäufer, feilschen an den langen Tischen und durchleuchten die Jadestücke, um ihre Qualität zu bestimmen. Nebenan verarbeiten Schleifer und Polierer die Steine für den Export.

### Shwe In Bin Kyaung

89th St (37/38). tägl. 7–22 Uhr.

Das im klassischen Konbaung-Stil gebaute Teakholzkloster gaben zwei chinesische Jadehändler in den 1890er Jahren in Auftrag. Der schlanke Turm hat sieben Stufen und eine goldene Bekrönung. Die Gesimse sind mit geschnitztem Zierrat aus Ochsenhorn verziert, ähnlich wie beim Shwenandaw-Kloster. Im Gegensatz zum Kloster Shwe In Bin am anderen Ende der Stadt kommen kaum Besucher hierher. Mit seiner stillen Atmosphäre ist das Kloster einer der stimmungsvollsten Orte der Stadt.

### Setkyathiha-Pagode

85th St (30/31). tägl. 7–22 Uhr.

Im unauffälligen Tempel sieben Blocks nördlich des Shwe In Bin Kyaung sitzt eine fünf Meter hohe Buddha-Statue. König Bagyidaw ließ sie 1823, kurz vor dem Ersten Britisch-Birmanischen Krieg, aus Bronze gießen. In der Anlage sind auch ein heiliger goldener Fels und ein Bodhi-Baum. Dieser wurde von Birmas erstem Premierminister U Nu gepflanzt.

## Blattgold

Blattgold ist eine Opfergabe in den Tempeln und Mandalay einer der wenigen Orte Myanmars, wo es noch auf traditionelle Weise hergestellt wird. Die Werkstätten liegen fast alle an der Kreuzung 36./77. Straße. Für die Herstellung werden Goldstückchen zwischen zusammengeheftete Bambusseiten gelegt und zu Goldfolie geklopft. Diese wird zurechtgeschnitten, zurückgelegt und erneut stundenlang geschlagen, bis sie hauchdünn ist. Blattgold ist auch ein schönes Souvenir.

**Die Handwerker klopfen kleine Goldstücke zu Blattgold**

### Eindawya-Pagode
Eindawya St (88/89). tägl. 8–21 Uhr.

Drei Blocks nordwestlich der Setkyathiha-Pagode steht auf einer vierstufigen, quadratischen Terrasse die goldene Eindawya-Pagode. Der wohlproportionierte, glockenförmige *zedi* (Stupa) wurde vom neunten Konbaung-König, Pagan Min (reg. 1846–53), an der Stelle erbaut, an der er als Prinz in einem Palast gewohnt hatte. Die Pagode gilt als ein Sinnbild für Rebellion: Pagan Min löste mit seiner Verweigerungshaltung 1852 den Zweiten Britisch-Birmanischen Krieg aus. 1919 verwiesen Mönche Europäer aus dem Tempel, die sich weigerten, ihre Schuhe auszuziehen, und wurden daraufhin zu lebenslanger Haft verurteilt. Und Myoma Nyein, einer der beliebtesten Sänger im Birma der 1930er Jahre, verewigte den Tempel in seinem Hit *Eindawya Paya Zay*. Das Lied hatte er für die Ladenbesitzer des Zegyo-Marktes komponiert, die aus Protest gegen das britische Strafgesetzbuch den Tempel besetzt hatten.

**Der schön proportionierte Stupa der goldenen Eindawya-Pagode**

### Zegyo-Markt
84th St (26/27). tägl. 9–19 Uhr.

Die wichtigste Einkaufszone in Mandalay ist der Zegyo-Markt, der sich in den Straßen um einige vielstöckige Einkaufszentren ausbreitet. An seinen zahllosen Ständen bekommt man alles – von gesalzenem Tee bis zu Filzpantoffeln. Die Verkaufsstände mit frischen Produkten verströmen die Aromen Myanmars. Die beste Zeit für einen Besuch ist der frühe Morgen, bevor die Massen und die Hitze kommen. Dann ziehen Mönche durch und sammeln Almosen. Von 17 bis 22 Uhr hat der Nachtmarkt mit seinen Grillbuden geöffnet.

### Mandalay-Palast
*Siehe S. 144f.*

### Mandalay-Berg
*Siehe S. 146–149.*

## Infobox

**Information**

**Straßenkarte** C3. 1 500 000. Myanmar Travels and Tours, 68th St Ecke 27th, (02) 60 356. Das Wochenkombiticket des Archeology Department gilt für alle Sehenswürdigkeiten. : Mahamuni-Tempelfest (Feb/März); Waso-*chinlone*-Fest im Mahamuni-Tempel (Juli/Aug).

**Anfahrt**

Mandalay International. Mandalay Central.

## Zentrum von Mandalay

① Mahamuni-Tempel
② Jademarkt
③ Shwe In Bin Kyaung
④ Setkyathiha-Pagode
⑤ Eindawya-Pagode
⑥ Zegyo-Markt
⑦ Mandalay-Palast
⑧ Mandalay-Berg

Zeichenerklärung *siehe hintere Umschlagklappe*

**Straßenkarte** *siehe hintere Umschlaginnenseiten*

# Mandalay-Palast

Der Mandalay-Palast war Herrschaftssitz des letzten Königs des unabhängigen Birma. Er wurde Mitte des 19. Jahrhunderts von König Mindon erbaut, wird aber eher mit seinem Sohn Thibaw verbunden, den General Prendergast 1885 aus der Residenz vertrieb. Die Briten nutzten den Palast als Kaserne, 1945 wurde er bei einem Bombenangriff der Alliierten auf japanische Truppen zerstört. Die heutigen Bauten ließ die Tatmadaw 1990 errichten. Sie erinnern nur schwach an die reich verzierten, vergoldeten originalen Teakholzbauten. Um einen Eindruck von der prachtvollen Architektur zu Mindons Zeiten zu erhalten, sollte man das nahe Shwenandaw-Kloster besichtigen. Es ist der einzig verbliebene Teil des alten Glaspalasts.

**★ Nan-Myin-Wachturm**
Der Wachturm gehört zu den wenigen Bauwerken, die das alliierte Bombardement überstanden.

**Glaspalast**
Das prachtvolle Gebäude mit den Wohnräumen des Königs und dem Bienenthron-Saal war mit Mosaiken und vergoldetem Eisengitterwerk geschmückt.

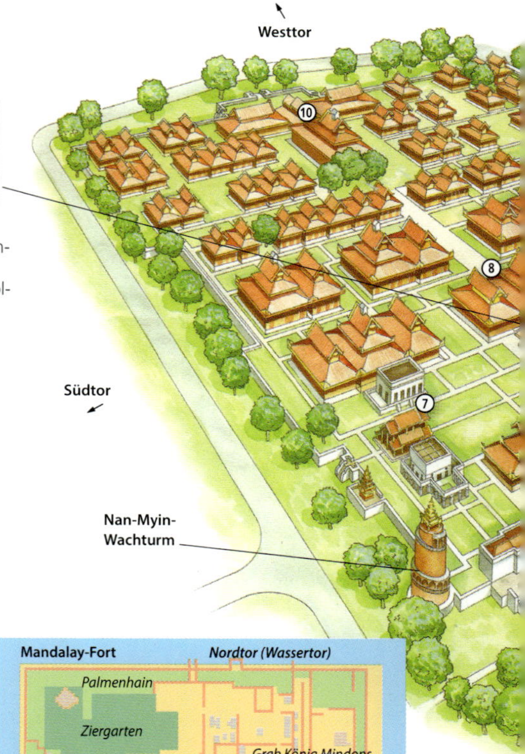


## Außerdem

① **Löwenthron-Saal *(Sihasana)***

② **Im *Zetawunzaung*** mit dem Gänsethron *(Hamsasana)* wurden die Botschafter empfangen. In der Byedaik-Halle stand der Elefantenthron *(Gajasana)*, der nach der britischen Eroberung verschwand.

③ **Der *Baungdawzaung*** (Krönungssaal) mit dem Muschelthron *(Sankhasana)* wurde für Audienzen mit dem Hofstaat benutzt.

④ **Der *Lapetyezaung*** (Teesaal) war des Königs eigene Rüstkammer.

⑤ **Im Bienenthron-Saal *(Bhamarasana)*** wurde die Hauptkönigin ernannt und geheiratet.

⑥ **Vom Pfauenthron-Saal *(Mayurasana)*** aus wurde bei Truppenparaden und Pferderennen zugesehen.

⑦ **Hirschthron-Saal *(Mrigasana)***

⑧ **Gemächer der Hauptkönigin**

⑨ **Gemächer der Nebenköniginnen**

⑩ **Im Audienzsaal der Königin** stand der Lotosthron *(Padmasana)*, der jetzt im Palastmuseum steht.

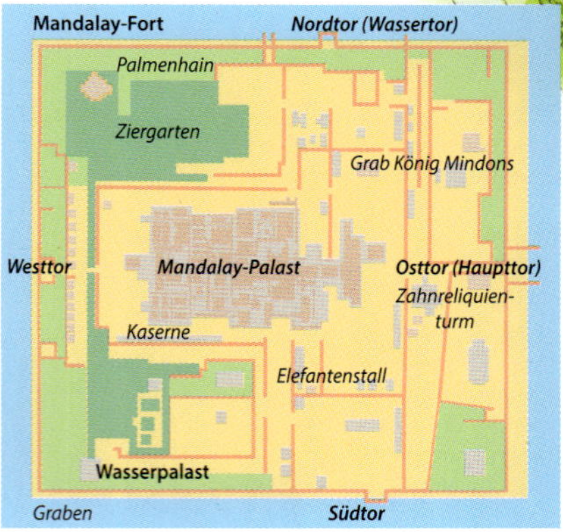

**Graben, Mauern und Bollwerke**
Mindons Palast war an allen Seiten von zwei Kilometer langen Mauern eingefasst, die ein 64 Meter breiter Graben umgab. Jede Mauer hatte mehrere Bollwerke und drei Tore mit hohen *pyatthat*-Dächern. Die zwölf Dächer standen für die Tierkreiszeichen.

## Infobox

**Information**
1 km N vom Bahnhof, Haupteingang im Osten weitere 3 km NO; Zutritt für ausländische Besucher nur dort.
tägl. 7.30–16.30 Uhr.
Das eine Woche gültige Kombiticket des Archeology Department gilt für alle großen Sehenswürdigkeiten.
Hotels vermitteln Führer.

**Anfahrt**
Taxis und Motorradrikschas sind verfügbar. Rikschas am Osttor bringen Besucher zur ein Kilometer entfernten Palastanlage.

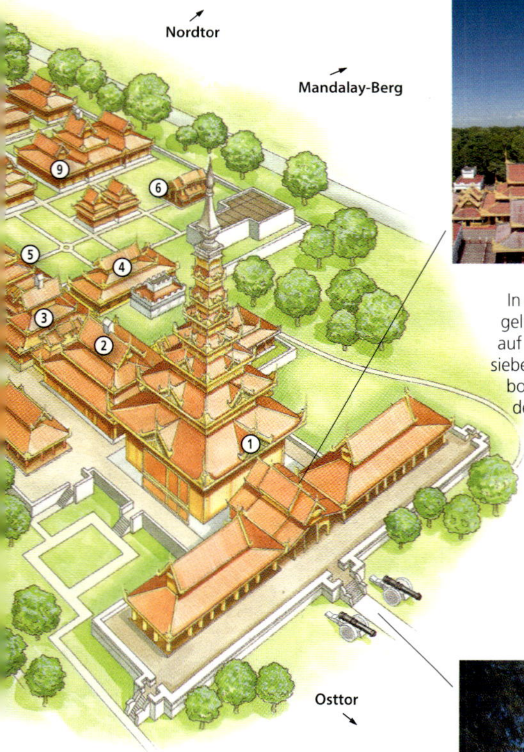

**★ Großer Audienzsaal**
In der Halle mit goldenen Säulen und Flügeln im Norden und Süden hielt der König auf dem Löwenthron *(siehe S. 54)* Hof. Das siebenstufige *pyatthat*-Dach zeigte die symbolische Bedeutung der Halle als Zentrum der königlichen und himmlischen Macht.

**Zugang zur Palastanlage**
Der größte Teil des Mandalay-Forts war eine Kaserne. Vom Osttor zum eigentlichen Palast geht man 15 Minuten. Am Eingang zur Anlage stehen zwei drei Meter lange Kanonen, die ursprünglich der britischen Marine gehörten und das Monogramm von König George II (reg. 1727–60) tragen.

# Mandalay-Berg

Laut der Überlieferung des Theravada besuchte Buddha den Mandalay-Berg und prophezeite, dass an seinem 2400. Todestag am Fuß des Berges eine große Stadt gegründet werden würde. Diese Vision wurde Realität. König Mindon verlegte 1857 die Hauptstadt aus Amarapura, um die »Goldene Stadt« Wirklichkeit werden zu lassen. Noch immer erklimmen zahllose Menschen den Berg, um in den Schreinen am Weg zu beten und die Aussicht auf das entfernte Shan-Gebirge zu genießen. Der ideale Auftakt dazu ist eine Tour durch die Bauten am Fuß des Bergs, die aus der Zeit Mindons stammen. Dazu gehört auch eines der letzten Fragmente des großen Teakholzpalastes der Konbaung.

**Shweyattaw-Buddha**
Myanmars einzige Buddha-Figur, die mit dem Finger deutet, steht an der Vereinigung der beiden Hauptwege.

**Haupteingang mit *chinthe***
Der Anfang des Hauptwegs auf den Berg wird von zwei riesigen *chinthe* bewacht. Die Glück bringenden Löwenwesen waren Namensgeber für die britischen Chindits im Zweiten Weltkrieg *(siehe S. 57)*.

**Kloster Atumashi**
Das stattliche Gebäude gegenüber dem Shwenandaw ist ein Nachbau. Die unter König Mindon 1857 errichtete originale Anlage brannte 1890 nieder. Dabei ging auch ein riesiger Lack-Buddha verloren.

Mandalay-Palast

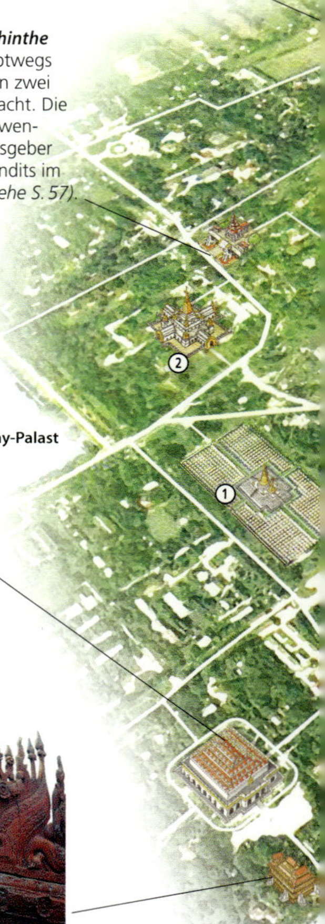


## Außerdem

① **Die Sandamuni-Pagode** ist das Pendant zur benachbarten Kuthodaw-Pagode. Sie besitzt eine große Sammlung von Steintafeln mit buddhistischen Schriften und eine sehr schöne Buddha-Darstellung aus Messing (1802).

② **Der Kyauktawgyi-Tempel** am Anfang des Aufstiegs wurde unter Mindon zwischen 1853 und 1878 gebaut. Er beherbergt eine Buddha-Statue aus einem Marmorblock.

③ **Fußweg** auf den Hügel

**Kloster Shwenandaw**
Das wohl schönste noch erhaltene Teakholzgebäude der Konbaung ist ein Meisterwerk der klassisch birmanischen Architektur und für seine Schnitzereien berühmt.

**Hotels und Restaurants in der Region Mandalay** *siehe Seiten 204 und 212–214*

***Mwegyi Hnakaung* (Zwei große Schlangen)**
Gleich hinter dem Gipfel stehen die Skulpturen von zwei großen Schlangen und den jeweiligen *nat*, in die sie sich nach ihrem Tod verwandelten. Die Schlangen sollen auf dem Berg Buddha angebetet haben.

## Infobox

**Information**
Im NO des Mandalay-Palastkomplexes.
Das eine Woche gültige Kombiticket des Archeology Department gilt für alle großen Sehenswürdigkeiten in Mandalay, Amarapura und Inwa. Die meisten Hotels vermitteln Führer.

**Anfahrt**
Taxis und Motorradrikschas kann man an der Straße anhalten; sie fahren auf den Gipfel.

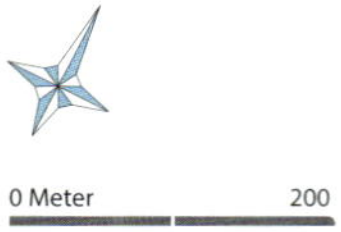

**Sataungpyei-Tempel**
Von diesem reich verzierten Schrein am Gipfel hat man einen fantastischen Blick über die Stadt und ihr Umland. Im Zweiten Weltkrieg wurde erbittert um den Ort gekämpft.

**Kuthodaw-Pagode**
Die Anlage mit dem prächtigen goldenen Stupa im Zentrum wurde 1857 unter König Mindon erbaut. Sie besitzt eine große Sammlung von Steintafeln mit dem gesamten Text der heiligen *Tipitaka*-Schriften.

# Überblick: Mandalay-Berg

Da der Mandalay-Palast 1945 fast komplett zerstört wurde, sind die Bauwerke aus der Konbaung-Zeit im Nordosten der Palastanlage umso bedeutender. Am schönsten ist das Kloster Shwenandaw, das als einziger Teil von Mindons innerem Palast den alliierten Bomben entging. In der Nähe bilden mehrere weiße Tempel mit vergoldeten Spitzen und Tafeln mit dem gesamten Text des *Tipitaka*-Kanons die Szenerie für den Aufstiegs zum Mandalay-Berg. Den *zaungdan* (Treppensteig) sollte man barfuß gehen.

**Eingang zum aus Teakholz gebauten Kloster Shwenandaw in Mandalay**

### Kloster Shwenandaw

Kloster des Goldenen Palasts, nahe der 62nd St an der NW-Ecke des Grabens. tägl. 8–17 Uhr. Kombikarte.

Das Kloster Shwenandaw ist der letzte Rest des Goldenen Palasts der Konbaung-Dynastie. Früher befanden sich darin die persönlichen Gemächer König Mindons. Das Gebäude entging dem Bombardement der Alliierten nur, weil Mindons Sohn Thibaw es abbauen und an den heutigen Ort außerhalb der Palastmauern versetzen ließ. Sein Vater war in diesem Gebäude 1878 gestorben. Thibaw fand es zu qualvoll, sich darin aufzuhalten und immer daran erinnert zu werden.

Die reich mit Schnitzereien verzierte Fassade, die vergoldeten Säulen und Decken vermitteln dem Besucher einen lebhaften Eindruck von der Pracht der einstigen Palastanlage, zu der das Gebäude gehörte.

### Kloster Atumashi

63rd St. tägl. 8–17 Uhr. Kombikarte.

Westlich des Kloster Shwenandaw steht die moderne Rekonstruktion eines großartigen Gebäudes, das Mindon 1857 bauen ließ. Es wird nicht durch das übliche gestufte Dach der Konbaung-Zeit bedeckt, sondern von fünf rechteckigen Terrassen. Innen stand früher eine neun Meter hohe Buddha-Statue, die aus lackierten Seidenstoffen gefertigt war. Der große Diamant an seiner Stirn ging bei der britischen Invasion 1885 verloren, fünf Jahre später brannte das ganze Gebäude samt Buddha-Statue ab. 1996 ließ die Tatmadaw das Gebäude von Sträflingsarbeitern wieder aufbauen, das jedoch nicht mehr die Eleganz des Vorgängerbaus erreicht.

### Kuthodaw-Pagode

62nd St. tägl. Kombikarte.

König Mindon gab 1857 den prächtig vergoldeten Maha Lawka Marazein Stupa am Fuß des Mandalay-Bergs als Herzstück der von einer Mauer umgebenen Kuthodaw-Pagode in Auftrag. Der 30 Meter hohe *zedi* (Stupa) steht inmitten von 729 schlanken weißen Nebenpagoden. Diese bewahren alle Alabastertafeln, in die jeweils eine Seite aus dem *Tipitaka*, dem Pali-Kanon des Theravada-Buddhismus, gemeißelt wurde. Die Inschriften wurden aus Anlass der Fünften Buddhistischen Synode von 1871 angefertigt. 2400 Mönche benötigten sechs Monate, um den Text vorzulesen. Die einheimischen Führer beschreiben die Tafeln als das »größte Buch der Welt«. Wie viele andere heilige Stätten aus der Konbaung-Zeit wurde auch diese Pagode 1885 von den Briten geplündert. Die Edelsteine aus dem *hti* (Bekrönung) des Stupa und das Blattgold des *zedi* wurden geraubt und 6370 Glocken aus den Nebenpagoden für Munition eingeschmolzen. Auch die originalen *Tipitaka*-Tafeln wurden geplündert und von der britischen Armee für den Bau von Straßen genutzt.

### Sandamuni-Pagode

Vor dem Ostgraben. tägl. 6–21 Uhr. Kombikarte.

Neben der Kuthodaw steht die Sandamuni-Pagode. In deren Schreinen befinden sich 1774 weitere Marmortafeln mit

**Bodawpayas vergoldete Buddha-Statue aus Eisen, Sandamuni-Pagode**

Inschriften. Sie werden oft als »Band II des größten Buchs der Welt« tituliert. Die Inschriften sind Kommentare zum *Tipitaka*. Am Standort der Pagode wohnte König Mindon mit seiner Familie während der Bauphase des neuen Palasts. Die Pagode erinnert auch an die Palastrebellion von 1866, bei der zwei Söhne König Mindons den Kronprinzen und zwei weitere Prinzen töteten, die in der Thronfolge vor ihnen standen. Die Prinzen wurden dort begraben, wo sie gestorben waren, zusammen mit anderen Opfern aus der Königsfamilie, die bei der Rebellion umgekommen waren. Sie befinden sich im Mausoleum der Anlage.

Glanzstück der Sandamuni-Pagode ist jedoch die große Buddha-Statue aus Eisen, die der despotische König Bodawpaya 1802 gießen ließ. Heute ist sie mit einer dicken Schicht Blattgold überzogen.

**Gemälde von König Mindon im Kyauktawgyi-Tempel**

### Kyauktawgyi-Tempel

10th St. tägl. 7.30–20 Uhr. Kombikarte.

Eine noch größere Buddha-Figur steht im Hauptschrein des Kyauktawgyi-Tempels (spätes 19. Jh.) schräg gegenüber dem Südaufgang zum Berg. Der blassgrüne Marmorklotz wurde von über 10 000 Mann in 13 Tagen aus dem 25 Kilometer entfernten Steinbruch bei Sangyin herangeschafft. Einige kleinere Statuen der *arahant*, der Großen Jünger, gesellen sich um den Buddha.

**Die Shweyattaw-Buddha-Statue, Myanmars einzige deutende Buddha-Figur**

### Mandalay-Berg

tägl. 7–22 Uhr. mit dem Aufzug zur Sataungpyei-Pagode, Zufahrt über die Straße um die Nordseite des Bergs.

Vier *zaungdan*, überdachte Treppensteige, führen auf den Mandalay-Berg. Der Aufstieg dauert etwa 45 Minuten, an der Nordseite führt auch eine Straße auf den Gipfel. Fotografieren auf dem Gipfel ist nur mit Genehmigung erlaubt.

Der südliche Treppensteig ist der beliebteste. Sein Zugang wird von zwei riesigen *chinthe* (mythischen Löwenwesen) bewacht. Die interessante Halle **U Khanti Tazaung** wurde in Gedenken an den Einsiedlermönch U Khanti gebaut, der in der Kolonialzeit hier lebte. Der Mönch spielte eine wichtige Rolle bei der Erhaltung des Bergs als Pilgerort. Er sammelte Spenden für die Anlage. In der *tazaung* wurden die Peshawar-Reliquien in einem Kristallgefäß aufbewahrt, bis man sie im Zweiten Weltkrieg in Sicherheit brachte. Die drei angeblichen Knochenfragmente von Siddharta Gautama wurden 1905 in Pakistan am Rand von Peshawar in der Ruine eines Stupa ausgegraben und von den Briten 1924 als Geschenk nach Birma gebracht. Doch zu dieser Zeit hatte die antikoloniale Bewegung schon großen Auftrieb bekommen, und die Birmanen sahen die Reliquien niemals als echt an. Sie befinden sich nun in einer Pagode am Fuß des Bergs.

Weiter oben stößt man an einer Kreuzung auf die vergoldete Statue des **Shweyattaw-Buddha**, der mit seiner Pose an die Gründung Mandalays erinnert. Buddha soll prophezeit haben, dass 2400 Jahre nach seinem Tod unterhalb des Bergs eine Stadt gegründet werden würde. So zeigt er nun mit ausgestrecktem Arm direkt auf den Palast von König Mindon, der seine Prophezeiung 1857 erfüllte.

Der vorletzte Schrein gehört der Statue der Riesin **Sanda Mukhi**, der Buddha seine Prophezeiung gemacht haben soll. Als sie den großen Lehrer zum ersten Mal traf, verfiel sie angeblich in eine Raserei, schnitt sich die Brüste ab und legte sie ihm als Opfer zu Füßen. Buddha war so beeindruckt, dass er ihr erzählte, sie würde 2400 Jahre nach seinem Tod als König der Stadt wiedergeboren werden, deren Gründung er vorhersah.

Vom **Sataungpyei-Tempel** am Gipfel hat man einen fantastischen Blick über Mandalay. Das Gebäude steht inmitten von farbenprächtigen Flammenbäumen und Magnolien. Es wird von einer zentralen pyramidenförmigen Pagode überragt, die mit Gold bedeckt ist. Im Zweiten Weltkrieg tobten hier an den Hängen verbissene Kämpfe, als Truppen der Gurkhas und Briten mühsam einen japanischen Stützpunkt nach dem anderen niederkämpften.

**Mit dem Fahrrad auf der U-Bein-Brücke bei Amarapura über den Taungmyo-See *(siehe S. 152)*** ▶

# ❷ Amarapura

**Straßenkarte** C3. 12 km SW vom Zentrum Mandalays. 56 000. Mandalay International. **Hinweis:** Das eine Woche gültige Kombiticket des Archeology Department gilt für alle großen Sehenswürdigkeiten.

Amarapura (»Stadt der Unsterblichen«) liegt am Südwestrand von Mandalay. Es war ab 1783 Nachfolger von Inwa (Ava) als Hauptstadt Birmas. Den Umzug empfahlen die Hofastrologen des größenwahnsinnigen Königs Bodawpaya. Sie wollten damit das schlechte Karma des Herrschers tilgen, das diesem zugefallen war, als er seinen Großneffen König Maung Maung (reg. 1782) ertränkte, um auf den Thron zu gelangen.

Der Landstreifen zwischen dem Ostufer des Irrawaddy und dem Ufer des Taungmyo- bzw. Taungthaman-Sees bot die perfekte Lage für den alten Palast. Bodawpaya ließ ihn in Inwa abbauen und nahe dem Ufer samt vier schützenden Pagoden an den Ecken wieder aufbauen. Am meisten beeindruckt die hohe **Pahtodawgyi**, die 1820 gebaut wurde. Der spektakuläre glockenförmige *zedi* steht auf fünf Terrassen mit schön gearbeiteten *jataka*-Friesen, die Szenen aus dem Leben Buddhas zeigen. Der Stupa beherrscht noch immer die Silhouette des Orts. Männliche Besucher dürfen die steilen Stufen zur obersten Terrasse hinaufgehen, von wo man einen wunderbaren Blick über die Nachbarpagoden auf den See hat.

**Steinskulptur eines mythischen Wesens in der Pahtodawgyi-Pagode**

Amarapura ist eine Stadt mit sandigen, baumgesäumten Sträßchen, niedrigen Holzhäusern und einer – im Vergleich zur nahen Metropole Mandalay – gelasseneren Atmosphäre. Die meisten Einwohner weben in Werkstätten hochwertige *longyi* und *htamein* für Hochzeiten. Das Geräusch der Webstühle ist allgegenwärtig.

In Amarapura scheinen alle Straßen zur berühmten **U-Bein-Brücke** zu führen. Sie wurde unter Bürgermeister U Bein mit Holz aus der alten Hauptstadt Inwa erbaut. Die mit 1100 Metern längste Teakholzbrücke der Welt überspannt den Taungmyo-See. In der Trockenzeit ragen die Pfosten sechs Meter aus dem Wasser, das in der Monsunzeit über die Planken schwappt. Am Morgen und Abend zieht es Besucher zur Brücke, um sie mit Dorfbewohnern mit traditionellen *kaukyoe*-Strohhüten und Mönchen im roten Mantel zu fotografieren. Bootsbesitzer bieten Fahrten zum Ostufer an, an dem die **Kyauktawgyi-Pagode** das größte von einigen Monumenten aus dem 19. Jahrhundert ist. Der Bau des Tempels mit fünfstufigem Dach im Konbaung-Stil wurde von König Pagan Min 1847 veranlasst. Innen sitzt eine gigantische Buddha-Statue aus jadefarbenem Sangyin-Marmor, in den Eingangshallen sind Fresken von traditionellen birmanischen Bauten und Alltagsszenen zu sehen.

**Pahtodawgyi-Pagode**
Abseits der Kanthitan Street.
tägl. 7–23 Uhr.

**Kyauktawgyi-Pagode**
Ostufer, Taungmyo-See.
tägl.

**Die U-Bein-Brücke steht auf über 1000 Stelzen und überspannt den Taungmyo-See bei Amarapura**

## ❸ Irrawaddy-Brücken

**Straßenkarte** C3. 17 km SW von Mandalay, über die Schnellstraße.

Die alte Inwa-Brücke, verbindet Amarapura mit Sagaing. Als die Briten 1934 die Brücke mit 16 Bogen und je einer Etage für den Straßen- und den Schienenverkehr bauten, war sie die einzige Verbindung über den Irrawaddy bei Mandalay. Um den Vormarsch der Japaner zu stoppen, zerstörten sie 1942 zwei Brückenbogen. Nach der Instandsetzung trug die Brücke die Hauptlast des Verkehrs über den Irrawaddy, bis 2008 nicht weit entfernt für eine vierspurige Autobahn die neue Irrawaddy-Brücke eröffnet wurde.

**Die alte Inwa-Brücke, Verbindung zwischen Amarapura und Sagaing**

## ❹ Sagaing

**Straßenkarte** C3. 21 km SW von Mandalay. 70 000. Mandalay International. **Hinweis:** Das eine Woche gültige Kombiticket des Archeology Department gilt für alle großen Sehenswürdigkeiten.

Eine der größten Sehenswürdigkeiten von Oberbirma ist der Sagaing-Berg am Westufer des Irrawaddy. Seine weißen Kuppeln und goldenen Spitzen sind von Weitem sichtbar. In und um den Marktort am Irrawaddy südwestlich von Mandalay finden sich Tausende buddhistische Pagoden und Klöster. Sie sind die Hinterlassenschaft einer kurzen Ära im frühen 14. Jahrhundert, als das Land nach dem Niedergang des Bagan-Reichs ins Chaos fiel und hier die Hauptstadt einer mächtigen regionalen Dynastie unter dem jungen König Sawyun (reg. 1315–27) stand. Nur 50 Jahre später beschloss dessen Nachfahre Thadominbya (reg. 1345–67), seinen Palast auf die andere Seite des Flusses in den neuen Ort Inwa (Ava) zu verlegen, der sich leichter verteidigen ließ. Seitdem ist Sagaing kein politisches, sondern ein spirituelles Zentrum. Heute leben etwa 6000 Mönche in den zahllosen *kyaung* (Klöstern).

**Buddha-Statuen im Säulengang des Umin-Thounzeh-Tempels in Sagaing**

Am Südende eines langen Bergrückens, der nach Norden bis Mingun reicht, thront die goldene **Soon-U-Ponya-Shin-Pagode**. Sie ist die bedeutendste unter den vielen Pagoden des Sagaing-Bergs. Man erreicht sie über einen der überdachten Aufstiege, die an einigen Nebenschreinen vorbei zum Gipfel führen, oder über die Schotterstraße, die an den Tempeltoren endet. Auf beiden Wegen passiert man erst eine Halle mit einem türkisfarbenen Glasmosaik, in der eine riesige, in Gold gehüllte Buddha-Statue gütig herablächelt. Dahinter bietet die Ostterrasse einen wunderschönen Ausblick über den Irrawaddy und die unzähligen Tempel.

Unterhalb der Soon U Ponya Shin schlängelt sich an der Nordseite des Berges eine Straße zum **Umin Thounzeh** hinauf. In dem Höhlentempel sitzen 45 Buddha-Statuen in einem großen halbkreisförmigen Schrein. Die Wand hinter den vergoldeten Statuen ist reich mit Glasmustern verziert. Der Schrein ist eines der schönsten Fotomotive des Sagaing-Bergs.

Von der Terrasse des Umin Thounzeh hat man einen wunderbaren Ausblick nach Westen Richtung Monywa über ein Mosaik aus Hirse- und Sesamfeldern.

Am Rand von Sagaing ragt die riesige goldene Kuppel der **Kaunghmudaw-Pagode** auf. Der 46 Meter hohe, gigantische *zedi* stammt aus dem Jahr 1636 und wurde zur Feier der Gründung von Inwa (Ava) als königliche Hauptstadt gebaut. Einer lokalen Sage nach entspricht die ungewöhnliche Gestalt der Brustform von Thadominbyas Königin, aber vermutlich stand dafür eher die Abhayagiri Dagoba in Anuradhapura in Sri Lanka Vorbild. In dem Stupa ist die gefälschte Zahnreliquie eingeschlossen, mit der die Ceylonesen König Bayinnaung von Bago (Pegu) *(siehe S. 95)* bekanntermaßen hereinlegten. Sie wurde nach der Plünderung von Taungu durch König Anaukpetlun 1599 als Beute hierher gebracht.

**Soon-U-Ponya-Shin-Pagode**
Sagaing-Hügel. tägl. 7–22 Uhr.

**Umin-Thounzeh-Tempel**
Sagaing-Hügel. tägl. 7–22 Uhr.

**Kaunghmudaw-Pagode**
8 km NW von Sagaings Stadtzentrum. tägl. 7–23 Uhr.

# ❺ Inwa

Inwa, das die Briten Ava nannten, war sechs Jahrhunderte und damit länger als jede andere Stadt die Hauptstadt Birmas. Die schönsten ihrer vielen Tempel, Stupas und Klöster entstanden in der Konbaung-Zeit im frühen 19. Jahrhundert. Die baufälligen Gebäude stehen auf einer Landspitze, die von Festungsmauern, Gräben und Erdwällen sowie von den Flüssen Myitnge und Irrawaddy umrahmt wird. Seine Lage gab dem Ort den Namen »Mündung des Sees«. Als 1839 ein Erdbeben Inwa zerstörte, verlegte König Tharrawaddy die Hauptstadt nach Amarapura. Inwa ist auf der Straße erreichbar, aber die meisten Besucher nehmen die Fähre und mieten eine Pferdekutsche für die Tour durch die Ruinen.

**Eine Tour durch die Ruinen ist am bequemsten in einer Pferdekutsche**

**Yedanasini-Pagode**
Beim Weg zum Bagaya Kyaung sieht man eine Anlage mit Ziegelstupas, Säulen und meditierenden Stein-Buddhas, zwischen denen Palmyrapalmen und Flammenbäume wachsen.

## Außerdem

① **Fähranleger**

② **Wartezone der Pferdekutschen**

③ **Die Htilangshin-Pagode** beim Maha Aungmye Bonzan Kyaung besteht aus einer Gruppe vergoldeter Stupas mit eleganten Spitzen. Sie stammen aus der Bagan-Zeit, wurden aber in der Ära der Konbaung umgebaut.

④ **Ticketverkauf**

⑤ **Die Shwedigon-Pagode** war Inwas größter Stupa. An der Südwestecke der Ruinenstadt thront sie über dem alten Stadtgraben.

⑥ **Die Nogatataphu-Pagode**, deren goldene Spitze hoch über den Reisfeldern der Umgebung aufragt, ist nach der Shwedigon-Pagode der größte Stupa Inwas.

**Hotels und Restaurants in der Region Mandalay** *siehe Seiten 204 und 212–214*

★ **Maha Aungmye Bonzan Kyaung**
Der im Stil eines Teakholzklosters gestaltete Ziegel-Stuck-Bau ist eines der wenigen Gebäude aus der Ava-Ära. Das Kloster entstand unter König Bagyidaw (reg. 1819–37), der die Hauptstadt 1824 wieder von Amarapura nach Inwa verlegte.

## Infobox

**Information**
**Straßenkarte** C3. 35 km SW von Mandalay-Berg. Das eine Woche gültige Kombiticket des Archeology Department gilt für alle großen Sehenswürdigkeiten in Mandalay, Amarapura und Inwa. Es ist am Maha Aungmye Bonzan Kyaung erhältlich. Die Kutscher der Pferdewagen arbeiten auch als Führer.

**Anfahrt**
Mandalay International. von Mandalay. Taxis und Pick-ups fahren von Mandalay zum Fähranleger. In Inwa kann man für zwei- bis dreistündige Rundfahrten Pferdekutschen mieten.

**Nan-Myin-Turm**
Inwas »schiefer Turm« gehörte zum heute verschwundenen Palast von König Bagyidaw und wurde 1839 durch ein Erdbeben beschädigt.

★ **Bagaya Kyaung**
Das Bagaya Kyaung ist mit seinen wunderbar gearbeiteten Schnitzereien eines der schönsten Teakholzklöster, die es in Myanmar noch gibt. Besonders bemerkenswert sind die Torverzierungen.

**Straßenkarte** *siehe hintere Umschlaginnenseiten*

# ❻ Mingun

Bodawpaya (reg. 1782–1819) war einer der militärisch verwegensten Herrscher der birmanischen Geschichte. Der mächtige Stupa, den er 1790 zur Aufbewahrung einer Zahnreliquie Buddhas bei Mingun am Irrawaddy in Auftrag gab, sollte seiner Kühnheit als Schöpfer eines Riesenreichs entsprechen. Die Arbeiten an der Pahtodawgyi- bzw. Mingun-Pagode wurden von Sklaven durchgeführt. Der König überwachte sie von einer Insel im Fluss persönlich. Aber durch die Umbrüche des frühen 19. Jahrhunderts wurden Sklaven und Geld knapp und der Stupa nie fertiggestellt. Vollendet wäre er höher als die große Pyramide von Gizeh in Ägypten gewesen. Das Erdbeben von 1839 zerstörte die oberen Teile und hinterließ Risse in den Seitenwänden. Doch auch die Reste von König Bodawpayas Wahn sind ein imposanter Anblick, vor allem wenn man sie vom Irrawaddy aus betrachtet.

**Osteingang**
Der am Fluss gelegene Osteingang führt zu einem Schrein mit einer Buddha-Statue, die von den Myanmaren tief verehrt wird.

**Settawya-Pagode**
Der weiß gekalkte Schrein wurde 1811 gebaut, um einen Fußabdruck des Buddha zu schützen. Der leicht extravagante Bau begrüßt die Passagiere, die am nahe gelegenen Bootsanleger aussteigen.

## Außerdem

① **Auf den fünf Terrassenstufen der Settawya**, die zum Fluss führen, stehen Reihen von *nat*-Statuen.

② **Die Süd- und Nordfassade** wurden durch das Erdbeben von 1839 stark beschädigt. Sie werden trotz ihrer schön verzierte Torbogen und -einfassungen im Konbaung-Stil am wenigsten besichtigt.

③ **Die Ausmaße des Stupa** sind selbst im unfertigen Zustand grandios. Jede Seite ist etwa 70 Meter lang, die Mauern 50 Meter hoch, was etwa einem Drittel der geplanten Höhe entspricht. Die Pondaw-Pagode 180 Meter weiter südlich ist ein maßstabgetreues Modell und zeigt, wie die Pahtodawgyi-Pagode hätte aussehen sollen.

④ **Osteingang**

**★ Hsinbyume-Pagode**
Die außergewöhnliche Pagode steht im Norden. Sie wurde 1816 von Bodawpayas Enkel Bagyidaw erbaut und stellt den mythischen Berg Meru dar. Die umlaufenden, wogenden Terrassen unterhalb des Stupa repräsentieren die sieben Bergketten, die den heiligen Gipfel umgeben.

**Hotels und Restaurants in der Region Mandalay** *siehe Seiten 204 und 212–214*

**Prächtige Aussichten**
Der Anblick der Pahtodawgyi-Pagode vom Fluss aus sollte überwältigen und ihre Terrassen weite Ausblicke bieten. 2012 verstärkte ein Erdbeben die Schäden am Stupa, daher war der Aufstieg einige Zeit untersagt. Mittlerweile gelangt man wieder mit Führern hinauf.

## Infobox

**Information**
**Straßenkarte** C3. 24 km N von Sagaing; 47 km von Mandalay-Berg, eine Stunde flussaufwärts von Mandalay. tägl. Im Kombiticket Sagaing-Mingun des Archeology Department enthalten. Führer warten an der Glocke. Bruder-und-Schwester-Teakholzbaum-*nat*-Fest, 5.–10. Tag des zunehmenden Monds im Tabaung (Feb/März).

**Anfahrt**
Mandalay International. 9 Uhr, Westende der 26th St; Privatboote um 8 Uhr am Gawain-Kai, 35th St, Mandalay.

**Westeingang**
Am ruhigeren Westeingang kann man der Menge aus dem Weg gehen – vor allem am Abend, wenn die rissige Fassade im warmen Licht der untergehenden Sonne erstrahlt.

**Gigantische *chinthe***
Von den beiden steinernen *chinthe*, mythischen Löwenwesen, die ursprünglich die Landungsbrücke des Stupa bewachten, sind nur noch die verwitterten Hüften zu sehen.

★ **Große Glocke von Mingun**
Für die Anlieferung der 90 700 Kilogramm schweren, riesigen Glocke musste extra ein Kanal gebaut werden.

**Straßenkarte** *siehe hintere Umschlaginnenseiten*

Die vielfarbigen Spitzen der einzigartigen Thanboddhay-Pagode

## ❼ Monywa

**Straßenkarte** C3. 136 km W von Mandalay. 190 000. Mandalay International. von Mandalay und Bagan; auch von Pakokku auf dem Irrawaddy, manche Kreuzfahrtschiffe halten auf der Reise von Bagan nach Mandalay.

Monywa ist der wichtigste Hafen am Chindwin. Der zweitgrößte Fluss in Myanmar entspring im Patkai-Gebirge in Assam. Lange war es ein Zentrum des Handels mit Nordwestindien. Trotz des relativ geringen Grenzverkehrs ist Monywa noch immer ein Umschlagplatz für Produkte, die in der fruchtbaren Sagaing-Ebene angebaut werden. Die beiden Pagoden sind sehenswert, doch die meisten Reisenden kommen nur auf ihrem Weg nach oder von Bodhi Tataung zur Thanboddhay-Pagode oder zu den Pho-Win-Taung-Höhlen. Sie sind von Monywa besser zu besichtigen als von Mandalay.

Novizen kaufen auf einem Obst- und Gemüsemarkt in Monywa ein

## ❽ Thanboddhay-Pagode

**Straßenkarte** C3. 10 km SO von Monywa über Highway 71. tägl. 6–17 Uhr.

Die vielfarbige Thanboddhay-Pagode ist in ihrer Art in Myanmar einzigartig. Sie wurde vom Abt Moe-hnyin Sayadaw entworfen und in den 1930er Jahren für die 512 028 Seelen gebaut, die in der Zeit Siddharta Gautamas zum Buddha wurden. Diese Vorstellung wird durch die Vielzahl von Buddha-Statuen in allen Größen kunstvoll ausgedrückt. Jeder Zoll der Fassade ist mit Statuen verziert – Säulen, Nischen, Wände und Decken sind mit lebhaften Farben und vergoldeten Stuckaturen bedeckt. Das Dach der Pagode ist überzogen mit Reihen von kleinen vergoldeten Stupas, den gesamten Tempel flankieren neun Meter hohe Obelisken, die mit winzigen Buddhas bedeckt sind.

Der kitschige Eindruck wird durch die pastellfarbenen Mönchszellen noch verstärkt. Die großen Steinfruchtskulpturen in der Anlage, die beiden großen weißen Elefanten aus Beton, die den Haupteingang bewachen, und der Arlin Nga Sint, ein luftiger Wachturm in der Form einer Schlange, wirken wie in einem Märchenpark. Nur Männer dürfen über eine Wendeltreppe auf den Turm steigen und den Blick von oben genießen.

## ❾ Bodhi Tataung

**Straßenkarte** C3. 8 km O von Thanboddhay. tägl. 7–21 Uhr.

Auf dem Bergrücken östlich von Thanboddhay bei Bodhi Tataung thronen zwei erstaunliche Erscheinungen: Zwei kolossale vergoldete Statuen eines stehenden und eines liegenden Buddha blicken hier über das Chindwin-Tal. Die Statuen sind Teil eines modernen Tempels, für den der myanmarische Mönch Sayadaw Bhaddanta Narada überall in der buddhistischen Welt Spenden sammelte. Er starb jedoch vor Vollendung des Projekts.

Das spektakuläre Herzstück von Bodhi Tataung steht auf dem Gipfel des Hügels. Es ist der **Laykyun Setkyar**, eine 116 Meter hohe stehende Buddha-Statue mit angelegten, hängenden Armen. Innen führt eine Treppe vorbei an einer Reihe von Wandgemälden zu einer Aussichtsplattform, die nichts für Ängstliche ist.

Die Buddha-Statue zu Füßen des Laykyun Setkyar misst 95 Meter. Nach der in Win Sein Taw Ya in der Nähe von Mawlamyine *(siehe S. 193)* ist sie die längste liegende Buddha-Statue in Myanmar. Am Fuß des Berges schließlich steht die goldglänzende, 131 Meter hohe Pagode **Aung Setkyar**. Wie im Laykyun Setkyar kann man in ihrem Inneren eine Treppe hinaufsteigen. Der Stupa steht in einem Park mit Tausenden von Buddha-Statuen, die Sonnenschirme tragen und perfekt aufgereiht sind.

Die liegenden und stehenden Buddha-Statuen, Bodhi Tataung

**Hotels und Restaurants in der Region Mandalay** *siehe Seiten 204 und 212–214*

Die Aberhundert Höhlen der Tempelanlage Pho Win Taung hüten Buddha-Statuen aus Holz und Gips

## ⑩ Pho-Win-Taung-Höhlen

**Straßenkarte** C3. Pho Win Taung, 6 km S der Yinmarbin Rd; 25 km SW von Monywa mit der Chindwin-Fähre oder 43 km SW über die Chindwin-Brücke. Mandalay International. tägl. 8–18 Uhr.

Tief im unwirtlichen Hinterland westlich des Chindwin liegt bei dem Dorf Pho Win Taung (bzw. Hpo Win Daung) ein kaum besuchtes Schmuckstück Oberbirmas: ein auffällig geformter Sandsteinfelsen, in den buddhistische Höhlentempel gehauen wurden. Der Name bedeutet »Berg der einsamen Meditation«, und tatsächlich verströmt die Anlage mit den 520 Felsenkammern trotz ihres schlechten Zustands eine Aura großer Heiligkeit. Die Besuchereinrichtungen beschränken sich auf einen Ticketschalter und einige Imbissbuden.

Die erste Höhlengruppe wurde zwischen dem 14. und dem 18. Jahrhundert in der Nähe des Dorfs angelegt. Diese Kammern enthalten zahlreiche Buddha-Statuen aus Holz und Gips und zum Teil einige lebhafte Wandbemalungen, die geometrische Muster und Szenen aus den *jataka* darstellen. Führer zeigen Ihnen die Höhlen – und helfen auch nicht zuletzt, die aggressiven Makaken abzuwehren, die die Steinstufen in Beschlag genommen haben. Ein neuerer Teil mit 46 Höhlen liegt einen knappen Kilometer hinter dem Dorf **Shwebataung**. Zum Eingang kommt man dort über eine Reihe von steilen Treppen, die aus der Wand einer beeindruckenden Kalksteinklippe gehauen wurden.

## ⑪ A Myint

**Straßenkarte** C3. 25 km S von Monywa am Chindwin. Anfahrt auf dem Highway 71 über Chaung U. 1500. Mandalay International.

Inmitten der flachen Flusslandschaft südlich von Monywa liegt am Ufer des Chindwin das Dorf A Myint. Die luxuriösen Kreuzfahrtschiffe halten gelegentlich hier, damit die Passagiere einige **alte Stupas** besichtigen können. Die von Unkraut überwucherten *zedi* stehen in einem Palmenhain am Rand des Dorfs. An einigen Wänden und Decken sind schöne Gemälde zu sehen.

Neben den Stupas steht ein malerisches **Kloster aus Teakholz** mit einem traditionellen siebenstufigen Turm, unter dem sich ein höhlenartiger Raum mit uralten Buddha-Statuen und schönen Holzschnitzereien befindet. Die jungen Novizen des *kyaung* (Kloster) stellen sich unter den fein verzierten Fenstereinfassungen gerne für ein Foto in Pose.

Das zweite bemerkenswerte Gebäude in A Myint ist das im neoklassizistischen Stil gestaltete zweistöckige Herrenhaus des früheren Dorfvorstehers aus der britischen Kolonialzeit. Die Familie, die das Haus besitzt, hat – wie das Haus selbst – offensichtlich schon bessere Zeiten erlebt und sich aus den Zeiten des Wohlstands noch ein Überbleibsel bewahrt: ein altes Grammofon zum Aufziehen, das noch einwandfrei funktioniert.

Baufällige *zedi* in der alten Pagodenanlage von A Myint

## ⓬ Pyin U Lwin

**Straßenkarte** D3. 73 km O von Mandalay. 66 000. Mandalay International.

Pyin U Lwin liegt in 1070 Meter Höhe am westlichen Rand des Shan-Hochlands. Der Ort wurde 1890 als britischer Militärposten gegründet und zunächst nach seinem ersten Kommandanten Colonel May Maymyo oder Maytown benannt. Als die Eisenbahnlinie nach Lashio fertiggestellt war, wurde der Ort offizielle Sommerhauptstadt der Kolonialverwaltung. Das Klima ist um einiges kühler als in Mandalay in der Zentralebene, was den heimwehkranken Briten zusagte. Herrenhäuser mit Türmchen und großen Veranden im Stil des Tudor Revival und Scottish Baronial schossen unter den Kiefern förmlich aus dem Boden, Weißen vorbehaltene Clubs, ein Golfplatz und ein botanischer Garten entstanden. Mit der Unabhängigkeit Birmas ging die Zahl der Briten zurück, doch Sikhs und Nepalesen, deren Vorfahren zur Arbeit an der Eisenbahnlinie in die Region kamen, sind noch stark vertreten. Obwohl Pyin U Lwin oft als sogenannte Hill Station beschrieben wird, führt die Bezeichnung in die Irre, denn der Ort liegt auf einer Hochebene. Für die langsam wachsende wohlhabendere myanmarische Mittelklasse hat es in den letzten Jahren als Zufluchtsort in der heißen Zeit an Bedeutung gewonnen. Mehrere alte Hotels wurden renoviert, darunter auch das Thiri Myaing (das frühere Candacraig), das der Bombay-Burmah Timber Company gehörte. Zudem wurden Dutzende neuer Hotels seit Ende des Tourismusboykotts 2010 gebaut. Viele Besucher vergnügen sich damit, Beeren und Blumen einzukaufen, die in Gärtnereien der Gegend gezogen werden, und sich in *wagons*, wie die Pferdekutschen hier genannt werden, durch die Straßen kutschieren zu lassen. Natürlich gehört auch ein Besuch der **National Kandawgyi Botanical Gardens** zum Pflichtprogramm. Der botanische Garten wurde 1915 nach dem Vorbild von Kew Gardens in London angelegt. Zwischen Wiesen und Teichen, über die hübsche Holzbrücken führen, wachsen hier auf 60 Hektar fast 600 Baumarten, von denen rund 500 endemisch sind, und 480 Blumensorten, darunter 25 Rosensorten. Zur Anlage gehören Steingärten, Brunnen, Spielplätze und ein Zoo. Im Orchideengarten blühen über 300 einheimische Sorten, im Schmetterlingsmuseum können Schmetterlinge und Käfer in Glasvitrinen bewundert werden.

**Blumenturm im botanischen Garten von Pyin U Lwin**

**National Kandawgyi Botanical Gardens**
Nandan Rd (am Südrand des Orts).
tägl. 8–17.30 Uhr.

## ⓭ Gokteik-Viadukt

**Straßenkarte** D3. 76 km NO von Pyin U Lwin.

Highlight der Zugstrecke von Mandalay nach Lashio ist der schwindelerregende Gokteik-Viadukt, eine der Schwerkraft trotzende Konstruktion, die der Schriftsteller Paul Theroux als »ein Monster silberner Geometrie zwischen zerklüfteten Felsen und Dschungel« beschrieb. Die Brücke aus dem späten 19. Jahrhundert überspannt eine bewaldete Schlucht zwischen zwei schroffen Kalksteinwänden. Die Aufgabe, dieses schwierige Gelände zu überbrücken, übernahm die Penn-

**Blütenpracht in den National Kandawgyi Botanical Gardens**

**Hotels und Restaurants in der Region Mandalay** *siehe Seiten 204 und 212–214*

**Die goldene Phaung-Daw-U-Pagode in der Form eines *karaweik*-Vogels, Meiktila**

sylvania and Maryland Bridge Company, die den gesamten Stahl für den Bau aus New York heranschaffte und mittels einer extra angelegten Bahn transportierte. Die 689 Meter lange und 102 Meter hohe Brücke war bei ihrer Fertigstellung weltweit die größte Brücke ihrer Art. Den ersten Anblick des riesigen Viadukts mit den silbernen Stahlträgern, der zwischen den rötlichen Klippen über den Bäumen in schwindelerregender Höhe verläuft, werden die wenigsten Passagiere vergessen.

## ⓮ Meiktila

**Straßenkarte** C3. 171 km S von Mandalay. 280 000. Mandalay International.

Wer auf der Straße zwischen Bagan und Mandalay unterwegs ist und nicht die langsamere Reise auf dem Fluss bevorzugt, kommt durch Meiktila im oberen Sittaung-Tal. Meiktilas strategische Bedeutung als Tor nach Oberbirma führte bei der Rückeroberung Birmas 1944 zu einer Schlacht zwischen alliierten und japanischen Truppen. Die Alliierten wurden eingekesselt und konnten erst nach zwei Monate langen Kämpfen den Belagerungsring sprengen. Am Stadtrand findet sich ein großer Luftwaffenstützpunkt, die Militärpräsenz ist noch heute hoch. Um die lokalen Unruhen der letzten Jahre zu unterdrücken, setzte die Tatmadaw oft ihre Truppen ein – so auch im März 2013, als ein buddhistischer Mob Muslime angriff, Dutzende Menschen tötete und etwa 12 000 vertrieb.

Die Stadt bietet kaum Attraktionen, die einen Abstecher lohnen. Wer hier dennoch Zeit verbringen muss, kann rund um den See Rad fahren und dort die malerische **Phaung Daw U** besichtigten. Diese schwimmende Pagode ist in der Form eines *karaweik*-Vogels gestaltet. In einem der alten britischen Herrenhäuser am westlichen Ufer verbrachte Aung San Suu Kyi mit ihrem Ehemann Michael Aris die Flitterwochen.

**Phaung-Daw-U-Pagode**
Meiktila-See, an der Hauptbrücke.
tägl. 6–21 Uhr.

### Wohnsitz der Könige

**Villen und Wohnhäuser in der Hauptstadt Naypyitaw**

Nur wenige Besucher, die erstmals nach Myanmar kommen, werden den Namen der Hauptstadt richtig aussprechen. Und noch weniger fahren auch dorthin. Seit 2005 liegt der Regierungssitz des Landes 320 Kilometer nördlich von Rangun in Naypyitaw, dem »Wohnsitz der Könige«. Warum es die Militärregierung für nötig erachtete, für den Bau einer völlig neuen Stadt mitten im Nirgendwo nicht weniger als vier Milliarden US-Dollar auszugeben, bleibt Gegenstand vieler Diskussionen.

Gerüchten zufolge prophezeiten damals Astrologen, dass eine ausländische Macht bald in das Land einfallen würde. Wegen ihrer zentralen Lage wäre sie einfacher zu verteidigen als die frühere Hauptstadt Rangun. Naypyitaw ist Sitz des Parlaments, des Hauptquartiers der Militärs und der öffentlichen Verwaltung. Etwa eine Million Soldaten und Beamte mussten hierher umziehen und ihre Familien so lange zurücklassen, bis Schulen, Krankenhäuser und andere Einrichtungen gebaut waren. Während die niederen Beamten in Wohnblocks leben, hat sich die regierende Elite Luxusvillen im Umland spendiert. Die Stadt dehnt sich im oberen Sittaung-Tal über eine weite Fläche aus. Viele der riesigen Verwaltungsgebäude sind genauso leer wie die vielspurigen Straßen. Touristisch ist die Stadt zwar uninteressant, aber sie offenbart viel über die Prioritäten der alten Militärherrscher.

# Osten

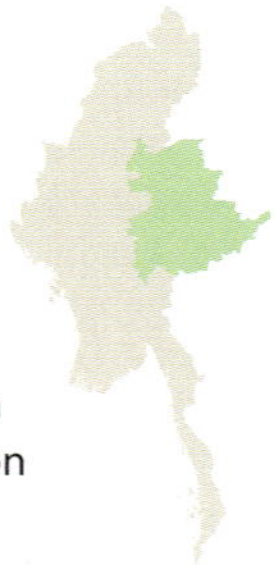

**Ein großer Teil Ost-Myanmars gehört zum Shan-Staat. Karge Bergketten und Buschwälder teilen das weite Hochland, dessen zentrale Ader der mächtige Thanlwin darstellt. Auch wenn die alten Wälder inzwischen weitgehend abgeholzt sind, ist das Shan-Hochland mit seinen beeindruckenden Flusstälern, schroffen Gebirgszügen und dem traumhaften Inle-See dennoch eine der schönsten Landschaften Myanmars. Der Osten bietet darüber hinaus als Heimat einer Reihe von ethnischen Minderheiten ein kulturell äußerst vielfältiges Bild.**

Wenn man von anderen Teilen des Landes in den Shan-Staat kommt, fallen einem schnell die Unterschiede zwischen dieser Bergregion und dem Tiefland Myanmars auf. Hier ist es wesentlich kühler, die Stupas sind schlanker und spitzer als im Rest des Landes. Die Bevölkerung besteht überwiegend aus Shan. Die Thai sprechende Ethnie stammt von den Truppen ab, mit denen Kublai Khan im 13. Jahrhundert das Bagan-Reich überfiel. Daneben leben hier auch die Pa-O, Padaung, Danu und einige andere ethnische Minderheiten, die mit ihren Kopfbedeckungen, ihren Kleidern und ihrem Schmuck das Bild der Region prägen.

Das landschaftliche Highlight im Osten ist zweifellos der Inle-See am Westrand des Hochlands. Das Wasser dieses Besuchermagneten ist ein bestimmender Faktor in der Kultur der hier ansässigen Intha. Die berühmte Verkörperung ihrer einzigartigen Lebensweise sind die Einbeinruderer in den Langbooten. Am See stehen Bootsfahrten zu den auf Pfählen gebauten Intha-Dörfern und zu den Stupas und Klöstern der Shan im Mittelpunkt. In den umliegenden Hügeln lädt ein Wegenetz zum Wandern ein.

Abenteuerlustige fahren nach Kengtung im äußersten Osten oder Hsipaw im Norden, um von dort aus lange Wanderungen in entlegene Dörfer der Bergvölker zu unternehmen. Das für seinen Opiumhandel berüchtigte Goldene Dreieck im Grenzland von Thailand, Laos und Myanmar war lange Zeit Sperrgebiet, da die Drogenkartelle sich mit der Regierung bekriegten. Mit der Unterzeichnung verschiedener Verträge wurde es in den letzten Jahren auch hier ruhiger, sodass man inzwischen wieder Teile der Region bereisen kann.

**Ein Langboot der Intha in einer kleinen Bucht des Inle-Sees, im Hintergrund die Berge des Shan-Hochlands**

**◀ Novizen an einem ovalen Holzfenster des Klosters Shwe Yaunghwe Kyaung am Inle-See** *(siehe S. 169)*

# Überblick: Osten

Der größte Teil der Region liegt im Shan-Staat. Diese größte Verwaltungseinheit Myanmars erstreckt sich von der chinesischen Provinz Yunnan im Nordosten bis zur Grenze mit Thailand und Laos im Südosten. Der Inle-See ist für Reisende leicht zu erreichen, idealer Ausgangspunkt für Bootsfahrten ist der Marktort Nyaungshwe am Nordufer. Der Gebirgsort Kalaw im Westen ist als Ausgangsbasis für Wanderungen durch die umliegenden Dörfer der Minderheiten zu empfehlen, genauso wie Hsipaw weiter im Norden, von dem Wanderwege durch verschiedene Landschaften und Siedlungsgebiete führen. Kengtung im Osten bietet sich für Tageswanderungen in die Dörfer des Goldenen Dreiecks an. Auf den lokalen Märkten trifft man die Bevölkerung der Minderheiten, die in ihren Trachten zu den Markttagen kommen.

**Holzfigur, Hsin Khaung Taung Kyaung in Pindaya**

**Felder in der Landschaft um Kalaw**

## Im Osten unterwegs

Die meisten Straßen in der Region sind in schlechtem Zustand, weshalb man am besten mit dem Flugzeug anreist. So dauert z. B. der Flug von Mandalay zum Inle-See nur 40 Minuten. Für die Anreise auf dem Landweg nach Kengtung ist eine Genehmigung erforderlich, Besucher dürfen die Strecke nur mit dem Auto befahren. Eine Alternative ist die Anreise mit dem Flugzeug. Wenn man von Mae Sai in Thailand über Tachileik anreist ist die Fahrt mit öffentlichen Verkehrsmitteln über Land bis Kengtung möglich. Besonders gut lässt sich die Region mit dem Fahrrad erkunden, das man sich in allen größeren Orten mieten kann. Am Inle-See bringt eine ganze Flotte von Langbooten Besucher zu den auf andere Weise unerreichbaren Orten am See.

**Weitere Zeichenerklärungen** *siehe hintere Umschlagklappe*

Ein Langboot fährt auf dem Inle-See zwischen den schwimmenden Gärten der Intha

## Sehenswürdigkeiten auf einen Blick

1. *Inle-See S. 166f*
2. Nyaungshwe
3. Kalaw
4. Green Hill Valley Elephant Camp
5. Taunggyi
6. Kakku
7. Weingüter am Inle-See
8. *Pindaya-Höhlen S. 174f*
9. Hsipaw
10. Lashio
11. Kengtung

Skulptur aus der heiligen Stätte von Kakku

Ein Mönch unterrichtet Kinder in einer Dorfschule am Inle-See

# ❶ Inle-See

Der Inle-See in den Shan-Bergen ist eine Welt für sich. In den Pfahlbaudörfern am See lebt das Volk der Intha *(siehe S. 168)*, das hier eine einzigartige Lebensweise entwickelt hat, um mit saisonalem Niedrig- und Hochwasser zurechtzukommen. Schlanke, spitze Stupas erheben sich über ein Mosaik aus Reisfeldern und schwimmenden Gemüsegärten. Morgens gleitet eine Flotte von langen Motorbooten über das Wasser und bringt Touristen zu Klöstern, Tempeln und Werkstätten, in denen in Handarbeit Lotosseide gesponnen und verarbeitet wird. Die Scharen von Urlaubern in der Touristensaison stören das Idyll nur wenig, es bleiben genügend ruhige Winkel, in denen man die unglaubliche Stille in den Dörfern am See erleben kann.

**Ywama – Touristenzentrum mit Wochenmarkt und Silberschmieden**

**Schwimmende Gärten der Intha**
Die Intha des Inle-Sees bauen ihr Gemüse auf den berühmten schwimmenden Beeten an. Diese bestehen aus Seegrashaufen und Kompost und sind an langen Stäben im See verankert.

**Phaung-Daw-U-Pagode**
Im bedeutendsten Schrein am Inle-See sind die fünf Buddha-Figuren unter ihrer Blattgoldschicht kaum zu erkennen.

**Nga Phe Kyaung**
Die Mönche des aus Holz errichteten Anwesens ließen hier früher als Touristenattraktion Katzen durch Reifen springen – daher der Beiname »Kloster der springenden Katze«.

**Hotels und Restaurants im Osten** *siehe Seiten 205 und 214f*

**Resorts am Inle-See**
Am See gibt es eine Reihe von Luxusresorts *(siehe S. 205)*. Die meisten bestehen aus Pfahlbungalows mit Teakholzveranden, von denen man das großartige Lichtspiel auf dem See bewundern kann.

**★ Shwe-Inthein-Stupas**
Insgesamt 1054 schlanke, spitze Shan-*zedi* (Stupas) drängen sich in einer Anlage oberhalb von Inthein. Die meisten von ihnen stammen aus dem 17. und 18. Jahrhundert. Ein langer *zaungdan* (überdachter Treppensteig) führt zu der Stätte hinauf.

## Infobox

**Information**
**Straßenkarte** D4. 275 km SO von Mandalay. Hotels vermitteln Führer. Fünf-Tage-Märkte in Ywama, Phaung Daw U, Inthein, Nampan, Nyaungshwe. Goldener-Vogel-Fest, Phaung-Daw-U-Pagode (zunehmender Mond im Monat Thadingyut, Sep/Okt).

**Anfahrt**
Mandalay International. Heho Airport (38 km N von Inle). Nyaungshwe und Resorts haben Langboote für Ausflüge.

**Maing Thauk**
Der stimmungsvolle Ort besteht aus zwei Teilen, die durch eine auf Stelzen ruhende Holzbrücke verbunden sind.

## Außerdem

① **In Khaung Daing** können Wanderer in Thermalquellen ihre Beine entspannen und in einigen der ältesten Resorts am See übernachten.

② **Inle Bo Teh** war zur Zeit der Briten ein Gästehaus der Regierung. Es liegt mitten im See und ist heute verlassen und abbruchreif.

③ **Nampan** ist der größte Ort am See. Ganze Straßenzüge bestehen aus Pfahlbauten. Hier werden die Cheroot-Zigarren – Tabak und aromatische Kräuter in Kirsch-Deckblättern – per Hand gerollt.

④ **Alodaw-Pauk-Pagode**

⑤ **Inpawkhon** ist ein Zentrum der Seidenweberei. Hier werden aus den Pflanzenfasern der Lotosblume feine Seidenstoffe gewebt.

⑥ **Inthein** ist einer der größten Orte am Inle-See. Hier findet auch der größte Fünf-Tage-Markt der Umgebung statt.

⑦ **Nyaung Ohak** ist eine von mehreren überwucherten Shan-Stupas am Fuß des Hügels, auf dem die Shwe-Inthein-Stupas stehen.

# Die Intha am Inle-See

Von den Intha handgerollte Cheroots

Die knapp 100 000 Anwohner am Inle-See sind überwiegend Intha. Diese ethnische Minderheit siedelte einst am Dawei in Tenasserim im Südosten Myanmars. Als sie im 18. Jahrhundert von den Thai angegriffen wurden, flohen sie an den Inle-See. Angeblich soll sich der lokale Shan-Häuptling geweigert haben, ihnen Landrechte am Inle-See einzuräumen, weswegen sie ihre Häuser in der Überschwemmungszone am Ufer auf Pfählen bauten. Die perfekt an das Klima und Ökosystem angepasste Lebensweise, die sie entwickelten, ist in Südostasien einzigartig – vom typischen Einbeinruderstil bis zu den beeindruckend fruchtbaren schwimmenden Gärten.

Traditionelles Intha-Pfahlhaus am Inle-See

**Die schwimmenden Gärten**, in denen die Intha Obst und Gemüse anbauen, sind mit Bambusstangen im Seeboden verankert.

Ein Intha-Fischer am Heck eines Langboots in der typischen Haltung der Einbeinruderer, Inle-See

**Einbeinruderrennen** zum Goldener-Vogel-Fest der Phaung-Daw-U-Pagode, das größte religiöse Fest am See.

**Gebratene Weberameisen und Grillen** werden als lokale Delikatessen auf den Märkten am See angeboten.

**Aus feiner Seide**, die aus den Fasern der Lotosblumen gesponnen wird, stellten Webereien *longyi* und *htamein* her.

Der achteckige Stufenstupa der Yadana-Mon-Aung-Pagode

## ❷ Nyaungshwe

**Straßenkarte** D4. 480 km SW von Mandalay, nördlich des Inle-Sees. 12 000. Mandalay International. Heho Airport, 31 km im W. Shwenyaung, 12 km im N. Fünf-Tage-Markt. **Hinweis:** Zutritt zu Ort und See nur gegen Gebühr.

Nyaungshwe ist der Hauptort am Inle-See und mit dessen Nordufer durch einen 5,5 Kilometer langen Kanal verbunden. Von den Bootsanlegern am Kanalufer legen den ganzen Tag über Langboote zu Besichtigungsfahrten auf dem See ab. Das Dröhnen der Motoren gehört zur typischen Geräuschkulisse des Orts.

Die Yone Gyi Road bildet die zentrale Achse der schachbrettartig angelegten Stadt. Die breite Hauptstraße verläuft von Osten nach Westen und wird u. a. von Haushaltswarenläden, Restaurants und Cafés gesäumt. Nordöstlich der Kreuzung mit der Nord-Süd-Hauptachse liegt der gedeckte **Mingalar-Markt**, auf dem die Bauern der Pa-O und anderer Minderheiten aus der Umgebung Obst und Gemüse verkaufen. Alle fünf Tage öffnet hier zudem der wandernde Markt seine Stände. Am schönsten ist der Markt am frühen Morgen, wenn die Luft mit den Düften der Straßenküchen erfüllt ist, die das Nudelfrühstück der Shan zubereiten.

Entlang den sandigen Straßen südlich der Yone Gyi Road stehen zahlreiche Stupas und buddhistische Klöster, die man am besten mit dem Fahrrad besichtigt. Der größte Komplex ist **Yadana-Mon-Aung-Pagode** in der Phaung Daw Seiq Road. Ihr vergoldeter Stupa hat eine ungewöhnliche achteckige Stufenform. Einige Blocks weiter im Osten stehen am Mong-Li-Kanal die benachbarten Klöster **Hlaing Gu** und **Shwe Gu**, in denen rund 200 Novizen und Mönche leben. Sie ziehen jeden Morgen in der Dämmerung mit ihren Almoseschüsseln durch den Ort.

Doch das schönste von sämtlichen Klöstern in der Gegend ist das etwa 2,5 Kilometer nördlich der Stadt gelegene **Shwe Yaunghwe Kyaung**. Die traditionelle *thein* (Weihehalle) besitzt noch prächtige, aus Teakholz geschnitzte Dachgesimse und weiß getünchte Treppenhäuser. An den ovalen Fenstern der Halle stellen sich die Novizen gerne für die ausländischen Besucher zum Fotografieren in Pose.

Blick auf den Gebirgsort Kalaw am Rand des Shan-Hochlands

## ❸ Kalaw

**Straßenkarte** D4. 61 km W von Nyaungshwe. 11 000. Mandalay International. Heho Airport, 33 km im O. Fünf-Tage-Markt.

In den grünen Bergen am westlichen Rand des Shan-Hochlands wurde Kalaw von den Briten als Sommerfrische gegründet. Mit seinen Kiefern, Orangenhainen und Bambusgebüschen ist das Städtchen noch immer hübsch. Von seinen Wurzeln in der Raj-Ära zeugen Häuser im Kolonialstil und seine Einwohner. Hier leben überwiegend Tamilen, Sikhs und Angehörige anderer indischer Ethnien, deren Vorfahren im 19. Jahrhundert als Arbeiter kamen. Nach Kalaw fährt man vor allem, um in den Richtung Inle-See *(siehe S. 222f)* gelegenen Bergen zu den Dörfern der Pa-O, Danu und anderer ethnischer Minderheiten zu wandern. Die meisten dieser Siedlungen liegen weit abseits der nächsten Straße inmitten von Terrassenfeldern und Wäldern.

Junge Mönche bitten in den Straßen von Nyaungshwe um Almosen

Anmutige Shan-Stupas im buddhistischen Schrein von Ywama am Inle-See *(siehe S. 166)* ▶

Die Elefanten des Green Hill Valley Elephant Camp mit ihren Mahuts

## 4 Green Hill Valley Elephant Camp

**Straßenkarte** D4. 24 km außerhalb von Kalaw; 17 (5A) Kyaung St, Ahlone, Rangun (Buchungen). (0) 973 107 278. Mandalay International Heho Airport. Kalaw. tägl. 8–19 Uhr. teilweise. **ghvelephant.com**

Obwohl Myanmar die meisten zahmen Elefanten der Welt besitzt, bekommt man als Besucher nur selten einen zu Gesicht – außer man reist in die abgelegenen Forstlager *(siehe S. 96)*. Einfacher ist jedoch der Besuch des Green Hill Valley Elephant Camp. In dieser Tourismusinitiative versorgt ein Tierarzt ausgemusterte Dickhäuter, die für den staatlichen Forstbetrieb in den Bergen um Kalaw im Einsatz waren. Auf den wenigen jungen und gesunden Elefanten kann man Ausritte durch den Dschungel unternehmen. Das Camp führt in den umliegenden Dörfern Aufklärungsprogramme durch und betreut ein Wiederaufforstungsprogramm, an dem sich Besucher beteiligen können, indem sie einen Baum pflanzen.

## 5 Taunggyi

**Straßenkarte** D3. 280 km SO von Mandalay. 210 000. Mandalay International. Heho Airport, 37 km W. Büro der Pa-O National Organization (PNO), West Circular Rd, vier Blocks W vom Myoma-Markt (Mo–Sa 10–16 Uhr). Pa-O Raketenfest (Mai); Ballonfest (Nov).

Taunggyi ist die Hauptstadt des Shan-Staats. Sie liegt auf einem Plateau, das von steilen Klippen und schroffen Bergen umgeben ist. Die Stadt wurde 1894 von den Briten gegründet, um Fort Stedman am Ostufer des Inle-See als Verwaltungssitz abzulösen. Taunggyi liegt 1436 Meter hoch und hat deshalb ein etwas kühleres Klima – wohl das angenehmste in Myanmar. In der fünftgrößten Stadt des Landes leben mehrheitlich Pa-O und Intha, in den letzten Jahren kamen zahlreiche illegale Einwanderer aus dem Südwesten Chinas hierher. Sie importieren hauptsächlich billige Industrieprodukte auf dem Landweg aus Yunnan, die auf dem **Myoma-Markt** im Zentrum landen. Dieser größte Markt des Shan-Staats bietet wunderbare Gelegenheit, das Alltagsleben der Einheimischen zu erleben.

Nur wenige Besucher bleiben in der Stadt, die jedoch einige lohnende Sehenswürdigkeiten bietet. Auf einem Bergrücken im Osten hat man von der **Shwe-Phone-Pwint-Pagode** einen schönen Panoramablick, und die riesige weiße **Sulamani-Pagode** am National Highway 4 im Südosten der Stadt wurde nach dem Vorbild des Ananda-Tempels in Bagan errichtet. Sie wird von einem vergoldeten Maiskolbenstupa gekrönt. Die Sulamani-Pagode wurde 1994 im Gedenken an den hundertsten Jahrestag der Gründung Taunggyis gebaut.

### Ballonfest in Taunggyi

Das Ballonfest von Taunggyi ist das bekannteste und bunteste Fest im Shan-Staat. Jedes Jahr findet es im Tazaungmon (Nov) bei Vollmond statt. Der Legende zufolge soll das Fest vor tausend Jahren entstanden sein, Ballons spielen dabei aber noch nicht so lange eine Rolle. Die Ballons aus Reispapier schweben als Opfergabe für das Sulamani *cetiya* (Mahnmal) in einem der Himmel der buddhistischen Kosmologie in drei Nächten in luftige Höhen. Dort entzünden sich dann unter lautem Krachen die mitgetragenen Feuerwerkskörper und verwandeln den Himmel in ein buntes Lichtermeer. Tausende verfolgen das Spektakel und kommentieren mit lauten Beifallsrufen jede Explosion.

Papierballons steigen beim Ballonfest in Taunggyi in den Nachthimmel

## 6 Kakku

**Straßenkarte** D4. 45 km SO von Taunggyi. Mandalay International. Heho Airport. PNO-Büro, West Circular Rd, vier Blocks W vom Myoma-Markt, Taunggyi (Mo–Sa 10–16 Uhr). tägl. 7–19 Uhr. Gebühr pro Person und pro Gruppe für einen Führer, zu zahlen im PNO-Büro in Taunggyi. Pagodenfest (März).

Ein schöner Tagesausflug führt von Taunggyi oder Inle Richtung Süden nach Kakku nahe dem abgelegenen Dorf Mway Taw. In dieser heiligen buddhistischen Stätte oberhalb einer Flussbiegung stehen auf einem ummauerten Gelände

**Hotels und Restaurants im Osten** *siehe Seiten 205 und 214f*

Die langen, schlanken Stupas der Shan in der heiligen Stätte Kakku

Tausende mittelalterliche Stupas, insgesamt 2548 Monumente. Die meisten Pagoden stammen aus der Bagan-Zeit des 11.–13. Jahrhunderts. Den größten, im schlanken Shan-Stil gestalteten Stupa soll jedoch König Aschoka aus der indischen Maurya-Dynastie bereits im 3. Jahrhundert v. Chr. errichtet haben. Für den Besuch benötigt man eine Genehmigung des PNO-Büros in Taunggyi. In der Gebühr ist ein Führer enthalten.

Die Weingärten des Red Mountain Estate bei Nyaungshwe

## ❼ Weingüter am Inle-See

**Straßenkarte** D4. Mandalay International. Heho Airport. Taxi von Inle/Taunggyi.

Myanmar ist sicher nicht für seinen Weinbau bekannt, doch die besten Hotels des Landes werden von zwei Weingütern aus der Inle-Region beliefert. Sie liegen eine Tagesfahrt vom Inle-See entfernt und bieten Führungen und Verkostungen an. **Red Mountain** wurde 2003 am Rand von Nyaungshwe gegründet und besteht aus zwei separaten Gütern. Ein französischer Önologe sorgt dafür, dass hier erstklassige Weine gekeltert werden, von Shiraz-Tempranillo und Pinot Noir bis zu Sauvignon Blanc und Chardonnay. Im Restaurant des Weinguts wird nach der Verkostung lokale Küche serviert.

**Aythaya** liegt etwas näher bei Taunggyi. Es wurde 1999 von einem Deutschen gegründet. Er wählte das Territorium wegen seiner Höhenlage in 1200 Metern und der guten Erde – perfekte Bedingungen für den Anbau von Shiraz, Cabernet Sauvignon, Sauvignon Blanc und Chenin Blanc. Besucher des Weinguts können im Gartenrestaurant essen und in Teakholzbungalows mit Blick über das Anwesen und das Aythaya-Tal übernachten.

**Red Mountain Estate**
Mya Thein Tan, Taung Chay, 5 km S von Nyaungshwe. (081) 209 366. tägl. 9–18 Uhr. **redmountain-estate.com**

**Aythaya Vineyard**
An der NH 4, Aythaya, westlich von Taunggyi. (081) 208 653. Touren: tägl. 8.30–18 Uhr; Restaurant: tägl. 8.30–23 Uhr. **myanmar-vineyard.com**

### Trekking in der Inle-Region

Ein Wegenetz in den Bergen zwischen Kalaw *(siehe S. 169)* und Inle-See *(siehe S. 166–168)* verbindet die Dörfer der Pa-O, Danu, Padaung, Intha und weiterer ethnischer Minderheiten. Lokale Reisebüros und Hotels arrangieren Trekking-Touren durch das Gebiet. Auf diese Weise kann man ein wenig den Alltag in diesen abgelegenen Dörfern kennenlernen. Die Wege führen häufig durch idyllische Landschaften, durch Wälder und Obstgärten, über terrassierte Hügel und an Feldrainen entlang. Aber reizvoller als die Szenerie ist eigentlich das Dorfleben. Die Touren reichen von drei- bis fünfstündigen Wanderungen zu den Siedlungen auf den Bergen um Kalaw bis zu mehrtägigen Touren, bei denen man in den Dörfern übernachtet und mit den Einheimischen gemeinsam isst, wie etwa auf der oft gebuchten dreitägigen Tour vom Inle-See nach Kalaw.

Wanderer auf einer der beliebten Touren zwischen Inle-See und Kalaw

# ❽ Pindaya-Höhlen

Von Inle führt ein Tagesausflug zu den drei Pindaya-Höhlen, die in einem steilen Berghang liegen. Die größte Höhle ist 150 Meter lang und eine wichtige buddhistische Pilgerstätte. Sie hütet 8000 vergoldete Buddha-Statuen aus der Konbaung-Zeit im späten 18. Jahrhundert. Die in verschiedensten Größen und Stilen gestalteten Figuren bilden ein beeindruckendes Ensemble. Man erreicht die Stätte über 200 Stufen oder bequem auf der Straße und mit dem Aufzug. Belohnt wird man auf jeden Fall mit dem unvergesslichen Anblick der ausgeleuchteten Statuen vor dem Hintergrund der Felswände und Tropfsteine. Nach der Besichtigung lockt das Uferlokal am Pone-Ta-Lote-Sees.

**Aufzug zum Höhleneingang**
Ein mit Spenden von Pilgern gebauter Aufzug erspart einem die 130 steilsten Stufen des *zaungdan*.

**Diorama: Prinz Kummabhaya erlegt die Spinne**

## Der Bogenschütze und die Spinne

Das Diorama vor den Höhlen zeigt die Legende von der Riesenspinne. Sie verschleppte sieben Prinzessinnen in die Shwe-Umin-Höhle, die im Pone-Ta-Lote-See badeten. Prinz Kummabhaya von Inle nahm den Kampf mit dem Ungeheuer auf und machte der Spinne mit einem einzigen tödlichen Pfeil den Garaus. Der Name der Höhle leitet sich von *pinguya* ab, was wörtlich »erlegte die Spinne« heißt.

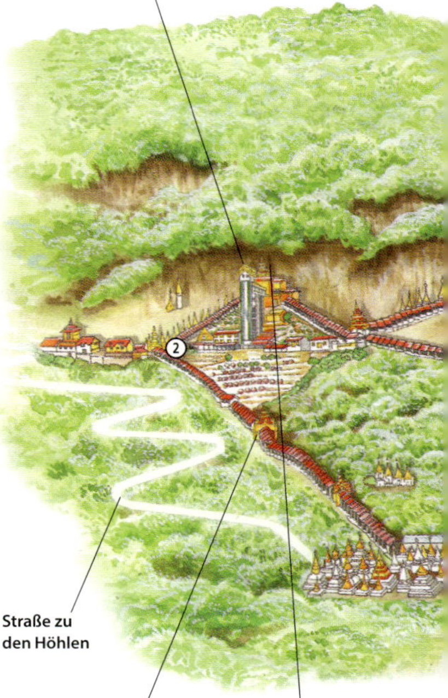


## Außerdem

① **Das Hsin Khaung Taung Kyaung** unten am Pindaya-Berg ist ein 200 Jahre altes Teakholzkloster im traditionellen Shan-Stil mit Buddha-Figuren aus Bronze und Bambus.

② **Bogenschütze-und-Spinne-Diorama**

③ ***Zaungdan* zum See**

④ **Der Pone-Ta-Lote-See** liegt zwischen den Höhlen und dem eigentlichen Dorf Pindaya. Am Ufer stehen Banyanbäume, Stupas und Tempel.

⑤ **Das Dorf Pindaya** ist ein typischer Marktort der Shan, auf dem von den Shan gefertigte Papiersonnenschirme, Töpferwaren und Kegelhüte aus Bambus verkauft werden.

***Zaungdan* zu den Höhlen**
*Chinthe*, mythische Löwenwesen, bewachen den Zugang zum Haupt-*zaungdan* (überdachter Treppensteig) zur Shwe-Umin-Höhle. Der steile, 30-minütige Aufstieg führt an kleinen Pavillons mit vielstufigen *pyatthat*-Dächern vorbei.

**Hotels und Restaurants im Osten** *siehe Seiten 205 und 214f*

**★ Höhle Shwe Umin**
Rund 8000 vergoldete Buddha-Statuen füllen die Shwe Umin (»Goldene Höhle«), die älteste stammt von 1773. Am Eingang beeindruckt eine spektakuläre Wand mit sitzenden Buddha-Figuren. Dahinter birgt die Haupthöhle ein wahres Labyrinth aus Statuen und Stupas.

## Infobox

**Information**
**Straßenkarte** D3. 96 km N von Nyaungshwe. tägl. 8–18 Uhr. Fünf-Tage-Markt in Pindaya. Pagodenfest (März).

**Anfahrt**
Mandalay International. Heho Airport. von Aungpan am National Highway 4. Am einfachsten erreicht man die Höhlen mit Taxis vom Inle-See.

**Riesige Buddha-Statue**
In der Höhle nördlich der Shwe Umin sitzt eine Buddha-Statue mit blinkendem Nimbus in der *bhumisparsha mudra*.

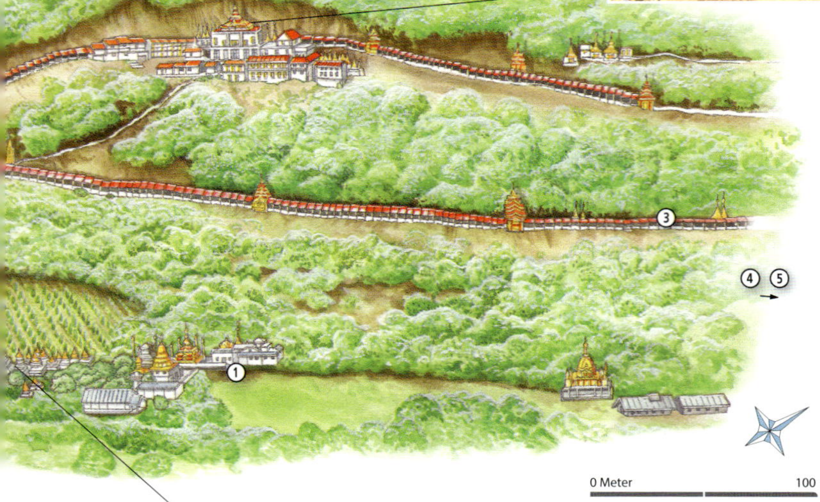

**Nget-Pyaw-Taw-Pagode**
Die weißen und goldenen Shan-Stupas stehen am östlichen Hauptaufgang zu den Höhlen. Der Anblick ist beeindruckend. *Nat*-Statuen und riesige *taguntaing*-Türme mit vergoldeten *hamsa*-Vögeln als Bekrönung vervollständigen das Ensemble.

Vergoldete Buddha-Statue aus Bambus, Kloster Maha Nanda Kantha, Hsipaw

## 9 Hsipaw

**Straßenkarte** D3. 200 km NO von Mandalay. 54 000.

Hsipaw ist ein von Hügelland umgebener, lebhafter Marktort am Dokhtawady im Norden des Shan-Staats. Er eignet sich als Etappenziel auf der Route zwischen Pyin U Lwin und Lashio sowie als Ausgangspunkt für Wanderungen. Es lohnt sich aber auch, einige Zeit in dem stimmungsvollen Ort zu verbringen, um das Markttreiben zu erleben.

Hier spielt das Buch *Dämmerung über Birma*, die Autobiografie der Österreicherin Inge Sargent. Sie heiratete 1953 Sao Kya Seng, den Erbprinzen der Shan bzw. *saopha* (»Himmelsfürst«). Sie lebte mit ihm in einem Herrenhaus im europäischen Stil, bis er während des Staatsstreichs ein Jahrzehnt später verschwand und nie mehr auftauchte. Sao Kya Sengs Neffe lebt noch heute im alten **Shan-Palast (East Haw)**, gibt dort Führungen und erzählt die Historie seiner Familie und des Gebäudes.

Wer in Hsipaw übernachtet, will meist in den umliegenden Bergen wandern. Dort leben ethnische Minderheiten in traditionellen Dörfern. Gästehäuser und Hotels bieten ein- und mehrtägige Wandertouren an, die weit weniger gebucht werden als die Trecks um Kalaw und den Inle-See. Die ideale Vorbereitung für eine Tour im Hochland ist der Aufstieg auf den Five Buddha Hill, der mit einem herrlichen Blick belohnt wird. An der **Thein-Daung-Pagode** auf dem Hügel flanieren abends viele Menschen. Im Viertel Myauk Myo im Norden Hsipaws stehen die Klöster **Madahya Kyaung** und **Maha Nanda Kantha**. Letzteres besitzt eine mit Blattgold bedeckte Buddha-Statue aus Bambus.

**Shan-Palast (East Haw)**
tägl. 9–12, 15–18 Uhr.
Spende.

**Thein-Daung-Pagode**
tägl. 7–22 Uhr.

**Madahya Kyaung und Maha Nanda Kantha**
tägl.

**Umgebung:** Hsipaws wichtigster buddhistischer Schrein ist die **Bawgyo-Pagode**, zu deren jährlichem Fest Tausende Palaung strömen. Dabei werden die vier Buddha-Statuen in geschmückten Sänften durch den Tempel getragen. Gefeiert wird dazu auf einem Jahrmarkt, auf dem auch schönes lokales Kunsthandwerk verkauft wird.

**Bawgyo-Pagode**
8 km W der Stadt. tägl. 7–21 Uhr. Pagodenfest in der Vollmondzeit (März).

Frauen bei Arbeit auf einem Reisfeld in der Nähe von Hsipaw

**Hotels und Restaurants im Osten** *siehe Seiten 205 und 214f*

## ⑩ Lashio

**Straßenkarte** D3. 73 km NO von Hsipaw. 123 000. Lashio Airport.

Die Zunahme der chinesischen Einwanderung in den Osten Myanmars in jüngster Zeit spürt man vor allem in Lashio, der Endstation der Eisenbahnlinie von Mandalay. Es liegt nur 100 Kilometer südwestlich des Grenzübergangs Ruili–Muse nach Yunnan. Die Einwohner des Marktorts sind überwiegend Chinesen. Im Zweiten Weltkrieg spielte er als Station an der Burma Road eine wichtige Rolle im Kampf gegen die Japaner. Die Alliierten versorgten darüber die Truppen der nationalistischen Kuomintang Chiang Kai-Sheks. Früher wurden hier chinesischer Tee, Walnüsse, Seide und Kampfer aus Yunnan geschmuggelt, heute sind es eher Elektronikwaren, die die Lastwagenkonvois von der Grenze heranschaffen.

An die alte Hauptstadt der Shan-Fürsten aus der Kolonialzeit erinnert wenig. Die vorwiegend aus Holz gebaute Stadt brannte 1988 völlig nieder. Ein schönes Fotomotiv ist jedoch im Süden der **Quin Yin Shang**. Der moderne chinesische Tempel mit den hübschen gebogenen Traufen und der korpulenten Buddha-Statue steht auf einem bewaldeten Hügel.

**Quin Yin Shang**
tägl. 7.30–21 Uhr.

**Buddhistischer Mönch vor dem Wat-Jong-Kham-Stupa in Kengtung**

## ⑪ Kengtung

**Straßenkarte** E3. 422 km O von Taunggyi. 23 000. Kengtung Airport. Wat-Jong-Kham-Fest (Mai); Swing-Fest (Aug).

Wegen des Krieges zwischen der Tatmadaw, aufständischen Shan und Drogenbaronen war Kengtung (gesprochen »tscheng-dong«; auch Kyaingtong), die Hauptstadt des Goldenen Dreiecks, jahrzehntelang Sperrgebiet. Heute lockt es Besucher als Ausgangsort für Touren in eines der faszinierendsten Gebiete Südostasiens. In der Stadt leben hauptsächlich Tai-Minderheiten (vor allem Tai Lü, Tai Nuea und Tai Khün) und in den umliegenden Dörfern Ann, Akha, Wa und Palaung, die ihre traditionelle Lebensweise bewahrt haben. Die verschiedenen Ethnien kann man an ihren Trachten unterscheiden. Diese tragen sie auch, wenn sie aus den Bergen zum **Gard Luang Central Market** kommen. Wer das Leben in den Dörfern kennenlernen möchte, kann in den lokalen Reisebüros geführte Wanderungen buchen. Möglicherweise ist dazu eine Genehmigung erforderlich, Übernachtungen sind nicht erlaubt. Doch dies kann sich bald ändern.

Auch Kengtung selbst bietet genug für einen Tagesausflug. Von der Straße um den Naung-Tung-See im Zentrum hat man einen schönen Blick über die Stadt, deren Silhouette der prächtige Stupa **Wat Jong Kham** (Zom Kham) mit goldenem *hti* (Bekrönung) dominiert. Er soll aus dem 13. Jahrhundert stammen, als das Gebiet zum Lanna-Reich Chiang Mais gehörte. Nicht weit entfernt steht an einer Kreuzung der **Maha Myat Muni** (Wat Mahamuni). Das Innere zieren traditionelle Tai-Wandgemälde mit Blattgold auf tiefrotem Hintergrund. Die Buddha-Statue ist eine Kopie des Mahamuni in Mandalay. Nahe dem Südwestende des Sees beeindruckt die imposante, 18 Meter hohe Buddha-Statue **Yet Taw Mu**, die vollkommen mit Blattgold bedeckt ist.

### Goldenes Dreieck

Nach Afghanistan ist Myanmar der zweitgrößte Opiumproduzent der Welt. Das Zentrum liegt in den Bergen im Osten des Shan-Staats, im berüchtigten Goldenen Dreieck in den Grenzgebieten von Myanmar, Laos und Thailand. In den 1950er und 1960er Jahren beherrschten Reste der besiegten Kuomintang-Armee den Drogenhandel, später übernahmen Warlords die Kontrolle und finanzierten damit ihren Kampf gegen den Staat. Oft waren Regierungsvertreter Myanmars darin verwickelt. Auch gemeinsame Aktionen mit den USA in den 1990er und 2000er Jahren unterbanden den Anbau von Schlafmohn nicht: Die Bauern verdienen damit fünf Mal mehr als mit anderen Feldfrüchten. Dazu stieg in den letzten Jahren der Preis für Rohopium. Das Drogengeld wird über Banken in Rangun und die staatlichen Erdöl- und Erdgasunternehmen gewaschen und fließt in diverse Wirtschaftszweige (auch in die Tourismusindustrie).

**Aus den Samenkapseln wird Opium gewonnen**

# Norden

**Von den sonnenverbrannten Ebenen des Irrawaddytals bis zum ewigen Eis im östlichen Himalaya prägt ein breites Spektrum an Landschaften Myanmars Norden. Pandabären und Tiger durchstreifen den Dschungel an der Grenze zu Indien, Irawadi-Delfine kreuzen das Kielwasser der Fähren, die in dieser abgelegenen Region noch immer das Haupttransportmittel darstellen. Aufgrund von bewaffneten Konflikten zwischen aufständischen Kachin und Myanmars Armee konnten in den letzten Jahren jedoch nur wenige ausländische Reisende die beeindruckende Natur des Nordens aus der Nähe erleben.**

Myanmars berühmtes Teakholz wurde lange Zeit vor allem im äußersten Norden des Landes geschlagen. Ein Großteil der Wälder verschwand zwar im 20. Jahrhundert, dennoch bedecken sie noch immer große Gebiete. Weltweit sind nur wenige Landstriche so wenig zugänglich und erforscht wie diese Dschungelregionen in den Bergen zu beiden Seiten von Chindwin und Irrawaddy. Dies gilt vor allem für die Regionen entlang der Grenze zu Indien, seit Langem Siedlungsgebiet der Naga-Ethnien. Diese wurden zwar zu einem großen Teil von Missionaren christianisiert, haben sich jedoch viele Elemente ihrer tradierten Kultur erhalten. Bevor die Region für Reisende gesperrt wurde, befuhren einige wenige Luxuskreuzer den Chindwin. Ein Höhepunkt dieser Touren waren die Neujahrsfeste der Naga.

Weiter nördlich liegt das Hukawng-Tal in einem riesigen Naturschutzgebiet, das sich mit der Zeit zu einer Hauptattraktion entwickeln könnte. Gleiches gilt für den Nationalpark Hkakabo Razi, in dem Myanmars höchste Gipfel aufragen.

Wegen der sporadischen bewaffneten Konflikte zwischen der Armee und aufständischen Kachin sind Reisen über Land und auf dem Irrawaddy jedoch häufig unmöglich. Noch vor Kurzem konnten Ausländer Myitkyina und Putao nur mit dem Flugzeug erreichen, heute pendeln schon wieder die ersten Reisenden auf den Fähren zwischen Mandalay und Myitkyina. Ob der Frieden zwischen Regierung und der Kachin Independence Army (KIA) anhält, ist noch unsicher. Es bleibt abzuwarten, ob das Reisen entlang Myanmars Lebensader im Norden weiter möglich bleibt.

**Bei Kyaukmyaung strömt der Irrawaddy am roten Stupa Nondo Zedi vorbei**

◀ **Ein Tangkhul Naga mit Zeremonialschmuck beim Neujahrsfest der Naga in Leshi, Naga-Gebirge** *(siehe S. 44)*

# Überblick: Norden

Das beeindruckendste Erlebnis im Norden ist eine Flussreise auf dem Irrawaddy von Myitkyina nach Mandalay. Die Fahrt vorbei an einsamen Dörfern und Goldwäscherlagern dauert mit den zwei- und dreistöckigen alten Fähren der Inland Water Transport (IWT) stromaufwärts eine Woche. Auf dieser Strecke begegnet man nur selten Ausländern. Sie bietet deshalb einmalige Gelegenheit, den Alltag der Einheimischen hautnah zu erleben. Fähren und private Motorboote legen zudem regelmäßig in Bhamo ab. Die beiden weiteren Hauptattraktionen im Kachin-Staat im äußersten Norden sind das Hukawng Valley Tiger Reserve und der Nationalpark am Hkakabo Razi, Südostasiens höchstem Gipfel. Das Tigerreservat ist zurzeit jedoch aufgrund von Aufständen gesperrt.

Zur Orientierung

Die IWT-Fähre bei Kyaukmyaung auf ihrem Weg nordwärts nach Bhamo

## Im Norden unterwegs

Derzeit herrscht Unsicherheit über die Reisebeschränkungen im Kachin-Staat. Die Zugverbindung von Mandalay über Katha nach Myitkyina ist eine Option. Die Flussfahrt von Mandalay nach Myitkyina ist zwar offiziell möglich, einige Reisende durften auf dem Irrawaddy Richtung Norden jedoch nur bis Ayeyarwady fahren. Der Überlandweg ist noch beschränkt, sodass man Putao im hohen Norden nur mit dem Flugzeug von Myitkyina aus erreicht. Dort gibt es auch tägliche Flugverbindungen mit Mandalay und Rangun. Den Hkakabo Razi erreicht man im Rahmen von teuren Ausflügen und Trekking-Touren, die von Hotels in Putao organisiert werden. Auch in das Naga-Gebirge oberhalb des Chindwin gelangt man mit myanmarischen Reiseveranstaltern, die sich um Transport und Unterkunft kümmern *(siehe S. 229)*.

**Legende**

- Hauptstraße
- Nebenstraße
- Eisenbahn
- Staatsgrenze
- Divisionsgrenze
- Gipfel

**Weitere Zeichenerklärungen** *siehe hintere Umschlagklappe*

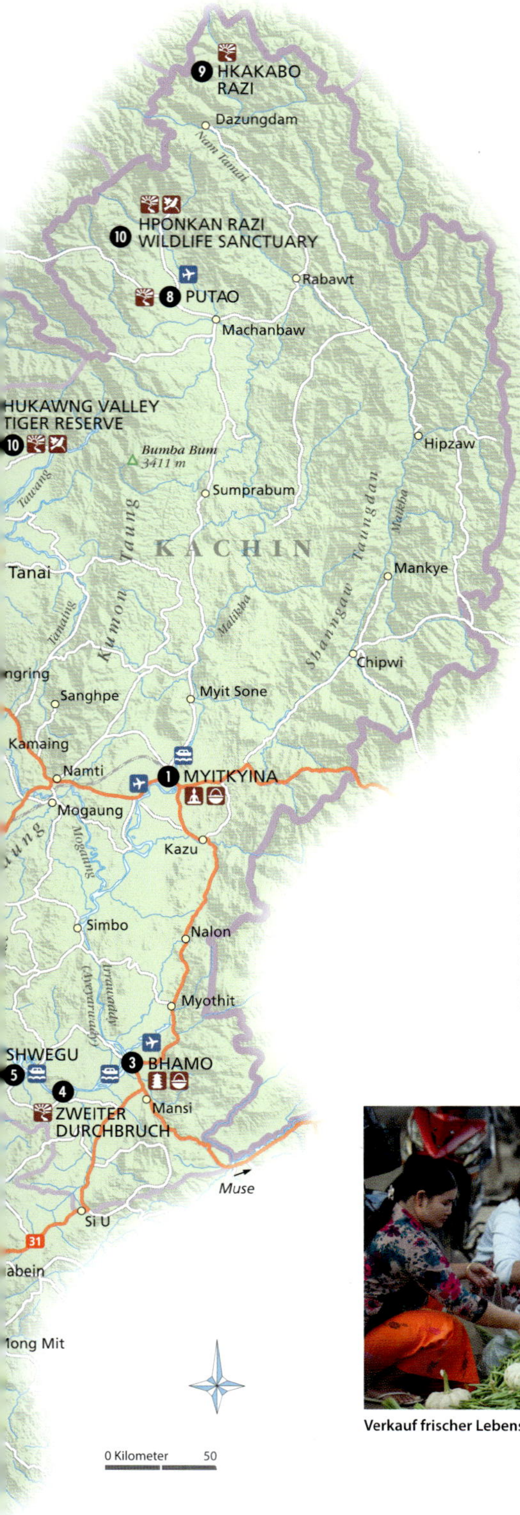

Arbeit in einer Töpferei, Kyaukmyaung

## Sehenswürdigkeiten auf einen Blick

1. Myitkyina
2. Indawgyi-See
3. Bhamo
4. Zweiter Durchbruch
5. Shwegu
6. Katha
7. Kyaukmyaung
8. Putao
9. Hkakabo Razi
10. Hukawng Valley Tiger Reserve und Hponkan Razi Wildlife Sanctuary

Verkauf frischer Lebensmittel an einem Ufermarkt in Bhamo

Die anmutigen vergoldeten Spitzen der Hsu-Taung-Pyi-Pagode in Myitkyina

## ❶ Myitkyina

**Straßenkarte** D2. 555 km N von Mandalay. 63 000. Mandalay International. Myitkyina Airport, 8 km W vom Zentrum. Manau-Fest (Jan).

Myitkyina ist die Hauptstadt des Kachin-Staats und die bedeutendste Marktstadt im Norden des Landes. Jahrhundertelang war sie ein Zentrum für den Handel zwischen China und Myanmar. In den 1890er Jahren war die Stadt am Irrawaddy Endstation der von den Briten gebauten Eisenbahnlinie. Hier begannen wichtige Routen nach Norden über den Himalaya. Dazu gehörte auch die Ledo Road nach Assam *(siehe S. 185)*, die im Zweiten Weltkrieg angelegt wurde. Aufgrund ihrer strategischen Bedeutung war die Stadt 1944 Schauplatz einer erbitterten Schlacht zwischen verbündeten chinesischen und alliierten Truppen sowie der einer japanischen Armee unter Generalleutnant Honda, in deren Verlauf sie zerstört wurde.

Im heutigen Myitkyina gibt es deshalb keine Sehenswürdigkeiten außer der kleinen, schön vergoldeten **Hsu-Taung-Pyi-Pagode** am Fluss, die japanische Veteranen restaurierten.

Zwei Gehminuten nördlich des Stupa wird im Sheduna-Stadion alljährlich Mitte Januar das landesweit berühmte **Manau-Fest** *(siehe S. 43)* gefeiert. Zu dieser Gelegenheit tanzen Angehörige der sieben Kachin-Untergruppen in farbenfrohen Trachten um hohe, *manau-taing* genannte Pfähle. Fast alle Kachin sind heute Christen, die Tänze und Gewänder verweisen jedoch auf ältere tradierte Glaubensvorstellungen. Das Manau-Fest entstand aus einem Ritual im Rahmen der *nat-* (Geister-) Verehrung, das man vor der Ernte oder bei Hochzeiten und zu sonstigen Gelegenheiten ausführte.

**Hsu-Taung-Pyi-Pagode**
Hsu Taung Pyi Pagoda Road, zwei Gehminuten S vom Sheduna-Stadion. tägl. 7–22 Uhr.

## ❷ Indawgyi-See

**Straßenkarte** C2. 170 km SW von Myitkyina. Mandalay International. Myitkyina Airport. Myitkyina–Hopin, dann Pick-up. Leihwagen in Myitkyina erhältlich.

Der Indawgyi-See westlich von Myitkyina ist eine der wenigen herausragenden Attraktionen im Kachin-Staat, zu denen ausländische Besucher noch reisen düfen. Den schönen See erreicht man in einer Tagesreise mit Zug und Auto. Obwohl er etwas größer als der Inle-See ist, sieht man am Indawgyi kaum Touristen. An seinen Ufern liegen nur ein paar wenige Kachin- und Shan-Dörfer. Alten Glaubensvorstellungen zufolge leben im Wasser Dämonen, weshalb das Ufergebiet erst besiedelt wurde, als in der Konbaung-Zeit eine buddhistische Pagode auf einem Inselchen im See erbaut wurde. Die vergoldete **Shwe-Myintzu-Pagode** ist ausschließlich in der Trockenzeit über einen schmalen Damm erreichbar. Zu der verehrten Wallfahrtsstätte kommen Pilger aus dem ganzen Land zum zehntägigen Pagodenfest im Tabaung.

**Shwe-Myintzu-Pagode**
2 km SO von Nampade. tägl. Pagodenfest (Feb/März).

Ein Fischer holt auf dem Indawgyi-See seine Netze ein

**Die moderne buddhistische Vier-Gesichter-Pagode in Bhamo**

## ❸ Bhamo

**Straßenkarte** D2. 190 km S von Myitkyina. 32 000. Mandalay International. Bhamo Airport, 4 km im O.

Bhamo ist die größte Stadt am Irrawaddy zwischen Myitkyina und Mandalay und liegt am nächsten zur nur 60 Kilometer entfernten Grenze zu China. Viele Hundert Jahre lang erreichten Händler, Gesandte und heilige Männer nach ihrem Weg durch das Flusstal des Daying Jiang den mächtigen Strom. Ein Besucher war Marco Polo, der im 13. Jahrhundert einen Bericht über die Route verfasste. Damals wie heute dominiert die in den umliegenden Bergen abgebaute Jade den Handel.

Von der einstigen wirtschaftlichen Bedeutung der Stadt zeugen fünf Kilometer weiter im Norden die Ruinen der untergegangenen Stadt **Alt-Bhamo** (Bhamo Myo Haung), die sich um die goldenen Spitzen der Eikkhawtaw- und der Shwekyaynei-Pagode scharen. Die Stupas stammen wohl aus der Pyu-Ära (1. Jh. v. Chr. – 9. Jh. n. Chr.). Das moderne Bhamo brannte in den 1990er Jahren ab. Sehenswert ist der tägliche Markt am frühen Morgen, wenn die Bauern der ethnischen Minderheiten aus den Bergen kommen. Am Ufer bietet ein großer Töpfermarkt schöne Fotomotive.

## ❹ Zweiter Durchbruch

**Straßenkarte** D2. 61 km SW von Bhamo. Mandalay International. Bhamo Airport.

Einer der schönsten Abschnitte des Irrawaddy liegt einige Stunden flussabwärts von Bhamo. Am malerischen Zweiten Durchbruch – der Erste Durchbruch liegt nördlich von Bhamo – bahnt sich der Fluss eine Strecke von 13 Kilometern durch dicht bewaldetes Bergland und verengt sich dabei auf etwa 100 Meter. In der Regenzeit kann er eine Tiefe von 60 Metern erreichen. Dann orientieren sich die Bootsführer am grün-roten Papagei, der als Markierung an einen Fels gemalt ist. Ist der Vogel nicht zu sehen, hat der Wasserstand eine gefährliche Höhe. Dann müssen die Boote umkehren.

Ein weiteres Wahrzeichen des Zweiten Durchbruchs ist die **Nat Myet Hna Taung** oder Welatha-Klippe. Die 300 Meter hohe Kalksteinwand erinnert an die Felswände, die im benachbarten Laos den Mekong säumen.

## ❺ Shwegu

**Straßenkarte** D2. 102 km W von Bhamo. 16 500. Mandalay International. Bhamo Airport.

Gleich westlich des Zweiten Durchbruchs legen die IWT-Fähren in Shwegu am Südufer des Irrawady einen Stopp ein. Das Obst und der Reis, die man hier am Markt verkauft, werden zum Großteil im sandigen Boden auf den beiden nahen Flussinseln angebaut. Auf der kleineren, **Kyundaw**, stehen Stupas aus der Bagan-Zeit des 11. bis 13. Jahrhunderts. Einige sind frisch restauriert und getüncht, spannender ist der Anblick der unberührten Stupas in unterschiedlichen Stadien der Baufälligkeit.

**Auswahl an Töpferwaren auf dem Markt in Shwegu**

### Irawadi-Delfine

Der Oberlauf des Irrawaddy ist weltweit einer der letzten Orte mit einer fortpflanzungsfähigen Population von Irawadi-Delfinen *(Orcaella brevirostris)*. Nur 60 bis 70 der seltenen Tiere leben in diesem Flussabschnitt, wo sie mit den Fischern zusammenarbeiten. Wenn diese mit dem Ruder an die Seite ihres Bootes klopfen, treiben die Delfine die Fischschwärme in die Netze und erhalten einen Anteil an der Beute. Am wahrscheinlichsten erspäht man die Delfine auf dem 74 Kilometer langen Abschnitt zwischen Kyaukmyaung und Mingun. Er wurde als Schutzgebiet für die Tiere ausgewiesen, die auf der Roten Liste der Weltnaturschutzunion IUCN als vom Aussterben bedroht geführt werden.

**Ein Irawadi-Delfin schwimmt neben einem Fischerboot**

**Blick vom Irrawaddy auf Katha, wo George Orwell 1926/27 lebte**

## 6 Katha

**Straßenkarte** C2. 320 km SW von Bhamo. 29 000. Mandalay International. Bhamo Airport. Mandalay nach Naba, dann Bus.

Katha ist ein reizvoller Stopp bei einer Flussfahrt auf dem oberen Irrawaddy. Die ruhige Verwaltungsstadt liegt auf dem Hochufer und wird im Westen von den dicht bewaldeten Bergen des Gangaw Taung überragt. Bekanntheit erlangte Katha durch den britischen Schriftsteller George Orwell, der hier 1926/27 als District Superintendent der Imperial Indian Police stationiert war. Seine Erlebnisse verarbeitete er 1934 in seinem Roman *Tage in Burma*. Einige wenige Gebäude, die im Buch erwähnt werden, stehen noch, so der Fachwerkbau des British Club, das zweistöckige Haus des Police Commissioner und die anglikanische Kirche.

**Steinernes Logo des British Club, Katha**

## 7 Kyaukmyaung

**Straßenkarte** C3. 46 km N von Mandalay. 11 000. Mandalay International. Shwebo.

Der kleine Flusshafen Kyaukmyaung liegt rund eine Fahrstunde nördlich von Mandalay. Er ist bekannt für seine Töpferwaren, insbesondere für seine großen gebrannten Gefäße, in denen Öl, Fischpaste und andere Lebensmittel für den Export transportiert wurden. Diese sogenannten Martaban Jars haben eine typische, glänzend braune Glasur und florale Muster. Im Ortsteil Ngwe Nyein trocknen Hunderte frisch getöpferte Gefäße am Ufer und vor den Töpfereien, in denen Besucher gern gesehen sind. Vermutlich wurden die Behältnisse erstmals im 18. Jahrhundert produziert, als König Alaungpaya aus dem von ihm eroberten Bago (Pegu) auch Töpferfamilien mitbrachte.

**Martaban Jars stehen zum Trocknen am Ufer des Irrawaddy, Kyaukmyaung**

## 8 Putao

**Straßenkarte** D1. 840 km N von Mandalay. 10 000. Mandalay International. Putao Airport. Putao Trekking House, No. 424/425 Htwe San Lane, Kaung Kahtaung, Putao, (0) 98400138.
**putaotrekkinghouse.com**

Das im Norden des Kachin-Staats, etwa 350 Kilometer von Myitkyina entfernte Putao wird von wenigen ausländischen Reisenden besucht. Dank der Lage nahe den schneebedeckten Bergen an der Grenze von Myanmar und China ist es der zentrale Ausgangsort für Trekking-Touren.

Unter den Briten hieß Putao Fort Hertz – nach dem District Commissioner William Axel Hertz, der das Gebiet 1888 als Erster kartierte. Seitdem hat sich nicht viel verändert. Lediglich ein Flugfeld kam hinzu, das im Zweiten Weltkrieg Berühmtheit erlangte, weil es als einziges in Birma nicht von Japanern eingenommen wurde – und weil es eine Rolle bei der alliierten Luftbrücke über den östlichen Himalaya zur Versorgung der Kuomintang-Truppen spielte.

Je nach Wetter landen in Putao pro Woche zwei Flüge aus Mandalay. Für Ausländer ist dies der einzige erlaubte Weg in die Region. Trekking-Touren können nur über die Hotels der Stadt organisiert werden *(siehe S. 222f)*. Im Preis inbegriffen sind Genehmigungen, Ausflüge und Proviant. Möglich sind auch Ausflüge zu den Dörfern der Minderheiten.

**Hotels und Restaurants im Norden** *siehe Seiten 205 und 215*

Der eisige Hkakabo Razi ist der höchste Gipfel in Südostasien

## ❾ Hkakabo Razi

**Straßenkarte** D1. Das Hkakabo Razi Base Camp liegt rund 320 km N von Putao. **i** Putao Trekking House, Htwe San Lane, Kaung Kahtaung, Putao. **W** **putaotrekkinghouse.com**

Nördlich von Putao glänzt am Horizont der eisbedeckte Gipfel des Hkakabo Razi – bis in eine Höhe von 5881 Meter ragt Myanmars höchster Berg auf. Erst 1996 gelang einer japanischen Expedition die Erstbesteigung. Im selben Jahr erforschte der amerikanische Umweltschützer Alan Rabinowitz die Fauna der Region. Er entdeckte Himalaya-Blauschafe, Takins, Rote Pandas, Steinmarder und eine endemische Art: Nur hier lebt der Putao-Muntjak *(Muntiacus putaoensis)*. Auch wegen seines Artenreichtums wurde das Gebiet zum Nationalpark erklärt, im dem ungefähr 2400 Quadratkilometer Regenwälder und Bergtäler rund um das Massiv unter Schutz stehen. Das Base Camp des Hkakabo Razi erreicht man bei einer Rundtour. Zugang zum Park erhalten ausländische Besucher nur im Rahmen organisierter Touren. Diese werden von staatlich anerkannten Agenturen oder von Hotels in Putao organisiert.

Putao-Muntjaks leben in Nord-Myanmar

## ❿ Hukawng Valley Tiger Reserve und Hponkan Razi Wildlife Sanctuary

**Straßenkarte** D1. 200 km NW von Myitkyina.

Alan Rabinowitz, laut dem US-Magazin *Time* der »Indiana Jones des Umweltschutzes«, war auch die treibende Kraft hinter dem Projekt Hukawng Valley Tiger Reserve and Hponkan Razi Wildlife Sanctuary. Das weltgrößte Tigerreservat umfasst 13 602 Quadratkilometer sumpfige Regenwälder und dschungelbedeckte Berge. Als es 1999 von der myanmarischen Regierung gegründet wurde, schätzte man seine Tigerpopulation auf etwa 100 Exemplare. Seitdem ist die Zahl stark zurückgegangen – durch Wilderer und die Zerstörung ihres Lebensraums durch Holzfällerei und Bergbau. Einige Experten glauben, dass die Einrichtung des Schutzgebiets nur eine List des Tatmadaw-Militärregimes war. Auf diese Weise konnte es der Kachin Independence Army (KIA) die Kontrolle über das Gebiet mit seinen wertvollen Teakholzwäldern sowie Uran- und Erdölvorkommen entreißen.

Das Hukawng-Tal ist derzeit gesperrt. Da die bewaffneten Konflikte zwischen KIA und Regierung jedoch nachgelassen haben, wird das Gebiet möglicherweise bald geöffnet.

### Ledo Road

Die riesige Wildnis aus Dschungel, Tälern und Bergen im äußersten Norden Myanmars war unter US-Piloten im Zweiten Weltkrieg als der *»Hump«* (»Buckel«) berüchtigt. 1942 verschwanden hier viele Maschinen auf Versorgungsflügen zu den Truppen in Nord-Birma und China. Die Alliierten unter der Führung von General »Vinegar Joe« Stilwell wollten deshalb die Luftbrücke durch eine Überlandroute von Indien ersetzen. Entscheidend für den Erfolg des Projekts war eine neue Straße über den »Höllenpass« Pangsau (1136 m) im Patkai-Gebirge zwischen Assam und Hukawng-Tal. Ende 1942 starteten die Arbeiten an der Ledo Road, die in der Stadt Ledo in Assam begann. Die Bedingungen im Dschungel waren schrecklich. Als die ersten Bulldozer nach einem Jahr Shwingbyiang in Birma erreichten, hatten die Malaria und japanische Scharfschützen 1100 US-Soldaten und Tausende einheimische Arbeiter getötet. 1945 fuhr der erste Konvoi die gesamte Strecke (1736 km) bis Myitkyina. Dort traf die Ledo Road auf die alte Burma Road von Bhamo nach Kunming in China. Wegen der Aufstände in den Grenzgebieten ist die Straße in Myanmar und Indien gesperrt.

US-Militärbroschüre (1945) über die Ledo Road

# Südosten

Der Südosten von Myanmar reicht von der Mündung des Sittaung bis zum Isthmus von Kra und umfasst drei Regionen. Im Mon-Staat befindet sich die wunderschöne Kyaiktiyo-Pagode, die wichtigste Pilgerstätte der Region. Der Kayin-Staat überwältigt seine Besucher mit dem fantastischen Anblick seiner Karstberge, die aus grünen Reisfeldern aufragen. Zur beeindruckenden Landschaft der Tanintharyi-Region gehört auch der unberührte Myeik-Archipel, dessen zahllose Inseln und Eilande von Korallenriffen umgeben sind.

Gegenüber von Rangun liegt auf der anderen Seite des Golfs von Mottama (Martaban) das Herzland der Mon. Bis zum Aufstieg von Bagan waren sie das mächtigste Volk des Landes, danach schrumpfte ihr Einflussgebiet bis auf eine kleine Enklave rund um Thaton. Heute ist Mawlamyine, das koloniale Moulmein, die Hauptstadt der Mon. Der Mon-Staat umfasst einen schmalen Teil des Tieflands, das sich zur Andamanenküste erstreckt. Im Zweiten Weltkrieg ließ die japanische Armee durch die Berge entlang der thailändischen Grenze von Zwangsarbeitern und Kriegsgefangenen die berüchtigte »Death Railway« bauen. Heute sind die Schienen größtenteils überwuchert, die Strecke wird von Besuchern weitaus weniger genutzt als die Eisenbahnlinie hinauf auf den Kyaiktiyo-Berg nördlich von Mawlamyine. Der Goldene Fels, der dort scheinbar gefährlich auf einer Klippe balanciert, ist die bedeutendste Pilgerstätte der Region.

Zwischen dem Mon-Staat und der Dawna-Kette an der Grenze zu Thailand liegt im Kayin-Staat das Gebiet der Karen. Sie wurden seit der Unabhängigkeit vom Militär in bewaffnete Konflikte gedrängt und mussten zu Tausenden in Lager fliehen. Der Waffenstillstand von 2012 verheißt eine Öffnung der Region – derzeit darf man dort nur in den Karstgebieten bei Hpa-an die Felsformationen und Höhlen am Ufer des Thanlwin bestaunen.

Im Süden reicht die Tanintharyi-Region bis nach Thailand, eine unberührte Küstenlandschaft mit bewaldeten Bergen. Vor der Küste führen die Moken noch ihr nomadisches Leben im Myeik- (Mergui) Archipel. Dieses herrliche Naturgebiet wird sich jedoch in den kommenden Jahren touristisch sicher verändern.

**Im spektakulären Myeik-Archipel kann man fantastisch tauchen, schnorcheln und Kajak fahren**

**◀ Der Goldene Fels auf dem Kyaiktiyo-Berg zählt zu den heiligsten Stätten in Myanmar** ***(siehe S. 190f)***

# Überblick: Südosten

Das Highlight im Südosten ist die Kyaiktiyo-Pagode mit dem berühmten Goldenen Fels. Der Schrein ist fast überirdisch schön im Licht der Morgen- oder Abenddämmerung. Eine halbe Tagesfahrt entfernt liegt an der Küste Mawlamyine (Moulmein). Dort hat man von den Pagoden auf den umliegenden Bergen einen grandiosen Blick auf die Mündung des Thanlwin. Ein kurzer Abstecher führt landeinwärts über die Grenze des Kayin-Staats nach Hpa-an, das Sprungbrett für Ausflüge in das faszinierende Karstland des Südostens. Der unberührte Myeik-Archipel ist derzeit nicht zugänglich, außer für Taucher auf Kreuzfahrten und Bootstouren. Die benötigten Genehmigungen erhält man in Rangun. Die meisten Touren starten in Ranong oder Phuket in Thailand. Bootsfahrten von Kawthaung sind jederzeit möglich.

Zur Orientierung

## Im Südosten unterwegs

Ausländer können im Mon-Staat nach Belieben und von Mawlamyine nach Hpa-an im Kayin-Staat mit lokalen Bussen und Fähren reisen. Nach Kyaiktiyo fahren Linienbusse sowie ein spezieller klimatisierter Expresszug. Er fährt samstags in Rangun ab und sonntags wieder zurück. Die preiswerten Fahrkarten muss man vorab im Büro der Myanmar Railways *(siehe S. 239)* in Rangun kaufen. In Tanintharyi dürfen Ausländer nur die Ortschaften am National Highway 8 besuchen und mit dem Bus oder Zug von Mawlamyine nach Dawei, weiter mit dem Bus nach Myeik (Mergui) und dann per Boot nach Kawthaung reisen. Bequemer erreicht man das Gebiet mit einem der täglichen Flüge ab Rangun. Der Myeik-Archipel darf nur im Rahmen von Kreuzfahrten oder teuren Tauchausflügen erkundet werden *(siehe S. 223)*.

## Sehenswürdigkeiten auf einen Blick

1. *Kyaiktiyo-Pagode S. 190f*
2. Mawlamyine
3. Thanbyuzayat
4. Hpa-an
5. Mount Zwegabin
6. Saddar-Höhle
7. Kyauk-Kalap-Pagode
8. Dawei
9. Myeik
10. Kawthaung

**Buddhistischer Schrein in der riesigen Saddar-Höhle im Karstgebiet bei Hpa-an**

**Weitere Zeichenerklärungen** *siehe hintere Umschlagklappe*

**Buddha-Statuen am Weg zum Mount Zwegabin**

**Goldene Felsen, Nwa-la-bon-Taung-Pagode**

**Legende**

- Autobahn
- Hauptstraße
- Nebenstraße
- Eisenbahn
- Staatsgrenze
- Divisionsgrenze

# ❶ Kyaiktiyo-Pagode

Zu den kühnsten Bildern Südostasiens gehört sicher der Anblick des Goldenen Felsens der Kyaiktiyo-Pagode, der scheinbar der Schwerkraft trotzend auf einem Felsen balanciert. Vom Ende der Straße in Kinpun führt eine mehr als sechsstündige Wanderung hinauf zu dem Felsen auf dem Paung Laung. Weniger hingebungsvolle Pilger werden in Sänften hinaufgetragen oder in Pick-ups über eine holprige Schlaglochpiste in einer Stunde auf den Gipfel gekarrt. Wer in oder in der Nähe der Pagode übernachtet, kann bewundernd zusehen, wie der dick vergoldete Fels im Licht der unter- oder aufgehenden Sonne erstrahlt. Die Kyaiktiyo ist nach der Shwedagon-Pagode in Rangun und dem Mahamuni-Tempel in Mandalay Myanmars heiligste Stätte.

**Der vergoldete Fels wird von Buddhisten hoch verehrt**

**Untere Terrasse**
Ein gepflasterter Weg führt unterhalb des Felsens um die Stätte. Frauen dürfen den Fels nicht berühren, jedoch von dort die Pagode von Nahem bewundern und den herrlichen Blick über das bewaldete Tal genießen.

## Außerdem

① **Die Pilgerbasare** am Hauptzugang und im benachbarten Dorf verfügen über Restaurants und Läden, die Obst, Blumen und Weihrauch verkaufen.

② **Das Mountain Top Hotel** bietet die komfortabelste Übernachtungsoption in nächster Nähe zum Felsen. Ausländer dürfen nicht wie die Myanmaren auf der Hauptterrasse schlafen.

③ **Aussichtspavillon** auf der oberen Terrasse.

④ **Polierte Glocken** mit roten Bändern sind eine beliebte Pilgergabe. Sie werden an das Geländer auf der oberen Terrasse gebunden.

⑤ **Ein schmaler Steig** mit niedrigen Geländern führt zum Felsen. Nur Männer dürfen darauf gehen.

⑥ **Der Goldene Fels** hat einen Umfang von 15 Metern und balanciert auf einem Felsen, den ein Lotosmuster ziert.

⑦ **Die sieben Meter hohe Pagode auf dem Goldenen Fels** bewahrt ein Haar des Buddha und ist entgegen allem Anschein das Hauptobjekt der Verehrung – nicht der Felsen.

**Die Route**
Ganz fromme Pilger gehen von Kinpun zu Fuß hinauf zur Pagode, andere lassen sich in Sänften tragen. Die meisten zwängen sich auf die Holzbänke der Pick-ups, die tagsüber zu den Bushaltestellen unterhalb und auf dem Gipfel fahren.

**Hotels und Restaurants im Südosten** *siehe Seiten 205 und 215*

**★ Goldener Fels**
Der Höhepunkt der Pilgerfahrt ist für die Männer das Auflegen von Blattgold auf den Felsen. Mittlerweile bedecken den Fuß des Felsens schon dicke Schichten aus massivem Gold.

## Infobox

**Information**
**Straßenkarte** D5. 160 km SO von Rangun; 4 km von Kinpun. tägl. am Gipfel. Führer verfügbar. Fest der 9000 Lichter (während des Vollmonds im Monat Tabaung; März).

**Anfahrt**
Yangon International.
täglich drei Züge und einmal die Woche der Pilger-Express von Rangun nach Kyaikto, der nächsten Stadt an der Hauptstraße.
nach Kyaikto u. Kinpun. Pick-ups fahren von 6 bis 17 Uhr von Kinpun zum Gipfel, die preiswerten halten 1,5 Kilometer bzw. 45 Gehminuten vorher am Basar.

**Die *taguntaing***
An der riesigen Säule symbolisieren die Darstellungen des *nat*-Königs Thagyamin an der Basis und des *hamsa*-Vogels an der Spitze die untergeordnete Stellung der *nat*-Geister im Theravada-Buddhismus.

**★ Fest der 9000 Lichter**
Der Pilgerstrom zur Kyaiktiyo schwillt erheblich an, wenn beim jährlichen Pagodenfest zum Vollmond im Monat Tabaung im März die obere Terrasse von 9000 Kerzen beleuchtet wird.

## Legende der Kyaiktiyo

Die Legende erzählt, dass ein Eremit das Haar des Buddha, das dem Glauben zufolge heute in der Pagode gehütet wird, im 11. Jahrhundert König Tissa schenkte. Der Mann hatte es 100 Jahre im Haarknoten aufbewahrt und bat den König, einen kopfförmigen Felsen zu suchen, wo es in einem Schrein verwahrt werden konnte. Tissa, der mit magischen Kräften gesegnet war, tauchte zum Meeresgrund und fand den Felsen, den er zu seinem heutigen Standort brachte. Allein das Gewicht des heiligen Haares hält den Fels davon ab, in die Tiefe zu stürzen.

## ❷ Mawlamyine

**Straßenkarte** D5. 310 km O von Rangun am National Highway 8. 210 000. Yangon Mingaladon; Mawlamyine Airport, im SO am Stadtrand. von Hpa-an.

Mawlamyine, das koloniale Moulmein, wurde nach dem Ersten Britisch-Birmanischen Krieg 1824–26 in Erfüllung des Vertrags von Yandabo von den Konbaung an die Briten übergeben und Hauptstadt des britischen Unterbirma. Die Stadt an der Mündung des Thanlwin (Saluen) war ein beliebter Hafen für die Dampfschiffe, die nach Kalkutta, Singapur, zu den Straits Settlements an der Straße von Malakka und in den Pazifik fuhren. Zu den vielen leinengekleideten Passagieren, die die vergoldeten Bergpagoden auf ihrem Weg in entferntere Ecken des Empire bewunderten, gehörte auch Rudyard Kipling, der sie 1892 in seinem berühmten Gedicht *Mandalay* verewigte. Kurzzeitig lebte George Orwell 1926 in der Stadt, wo er als britischer Kolonialpolizist stationiert war. Seine Erfahrungen in Mawlamyine flossen 1936 in seinen berühmten Essay *Einen Elefanten erschießen* ein. Seit der Unabhängigkeit ist Mawlamyine die Hauptstadt des Mon-Staats und eine der größten Städte in Myanmar. Die große anglo-birmanische Community, für die Mawlamyine einst berühmt war, hat sich vor langer Zeit zerstreut, die Altstadt am Flussufer verströmt jedoch noch immer Charme. Die Silhouette wird von der hoch aufragenden **Kyaikthanlan-Pagode** dominiert, die landeinwärts auf dem Pagodenberg thront. Der Stupa im klassischen Mon-Stil wurde im 9. Jahrhundert gegründet und mehrmals vergrößert. Ein chic dekorierter Aufzug fährt hinauf zur Terrasse. Sie ist ein beliebtes Ziel bei Sonnenuntergang, wenn der Blick über den Thanlwin einfach herrlich ist.

**Die große Brücke bei Mawlamyine dient dem Straßen- und Zugverkehr**

Weiter nördlich steht der ebenso prächtige **Mahamuni-Tempel**. Sein glitzernder zentraler Schrein hütet eine hochverehrte Kopie von Mandalays Mahamuni-Buddha-Darstellung. Sie wurde von Mibayagyi gespendet, einer von Mindons Königinnen. Als während der britischen Eroberung Oberbirmas König Thibaw 1885 abgesetzt und der Hof ins Exil ging, soll sie sich so nach der Statue gesehnt haben, dass sie die Kopie 1904 in Auftrag gab.

**Kyaikthanlan-Pagode**
Pagodenberg am National Highway 8. tägl. 7–22 Uhr. Aufzug.

**Mahamuni-Tempel**
Pagodenberg am National Highway 8. tägl. 7–22 Uhr.

**Umgebung:** Als einer der längsten Gebirgsflüsse der Welt bahnt sich der **Thanlwin (Saluen)** seinen 2825 Kilometer langen Weg vom Hochland von Tibet bis zum Golf von

**Vom markanten Kalkberg der Kyauktalon-Kyaung-Pagode hat man einen wunderbaren Blick auf das Umland**

**Hotels und Restaurants im Südosten** *siehe Seiten 205 und 215*

Mottama (Martaban). Auf dieser Strecke bildet er zahlreiche Stromschnellen. Eine große Brücke überspannt sein Mündungsgebiet bei Mawlamyine, wo er sich in die Andamanensee ergießt. Angemessenerweise ist sie die längste Brücke in Myanmar und dient dem Straßen- und Zugverkehr.

Oberhalb der Hauptverkehrsader an der Küste thront landeinwärts auf einem Gipfel die **Nwa-la-bon-Taung-Pagode**. Sie wartet mit drei übereinandergestapelten goldenen Felsen auf, ist aber weitaus weniger bekannt als die Kyaiktiyo. Eine ganze Flotte von Pick-ups mit Holzbänken bringt die Pilger zum Gipfel. Oben hat man einen grandiosen Blick auf die Küstenebene und die Flussmündung.

Südlich von Mawlamyine, abseits der Hauptschnellstraße bei Yadana Taung, steht an einem mit Gebüsch überwucherten Hang die riesige, rot gekleidete Buddha-Statue **Win Sein Taw Ya**. Sie zeigt Buddha während des Moments des *parinirvana*, der Befreiung vom Lebenskreislaufs. Die 180 Meter lange Statue ist weltweit die größte ihrer Art. Wie die Statue in Bodhi Tataung bei Monywa *(siehe S. 158)* ist sie hohl. In ihrem Inneren stellen Dioramen Szenen aus Erzählungen und dem Leben Buddhas dar.

Auf einem markanten Kalkfelsen, der jenseits der Nationalstraße von Win Sein Taw Ya steil aus den Reisfeldern aufragt, steht in spektakulärer Lage die kleine Pagode **Kyauktalon Kyaung**. Eine Reihe von weiß getünchten Treppen führen hinauf auf die Felsspitze, wo sich ein sehr schöner Blick über die Felder bis zum Fluss öffnet.

Die liegende Buddha-Statue in Win Sein Taw Ya ist die größte ihrer Art

Alte Lokomotive am Anfangspunkt der Death Railway in Thanbyuzayat

**Nwa-la-bon-Taung-Pagode**
28 km NW von Mawlamyine, Anfahrt über eine Betonpiste, die vom National Highway 8 (NH 8) zwischen Kawpamagon und Mutkyi abzweigt. tägl. 7.30–21.30 Uhr. während der Monsunzeit.

**Win Sein Taw Ya**
Yadana Taung, 20 km S von Mawlamyine am NH 8. tägl. 7–21 Uhr.

**Kyauktalon Kyaung**
20 km S von Mawlamyine am NH 8. tägl. 7–22 Uhr.

## ❸ Thanbyuzayat

**Straßenkarte** D5. 65 km S von Mawlamyine am National Highway 8. **Friedhof** tägl. 7–17 Uhr.

Die berüchtigte Death Railway war in Thanbyuzayat mit Birmas Eisenbahnnetz verbunden. Auf dem großen **Soldatenfriedhof** im Nordwesten der Stadt sind 3617 der geschätzten 16 000 alliierten Kriegsgefangenen begraben, die bei der Arbeit an der Strecke starben. Gedenkstätten zeigen die Erkennungsmarken von einem Teil der Gefangenen, die dort begraben wurden. Der Friedhof mit den makellosen Grabsteinen wird von der Commonwealth War Graves Commission gepflegt.

### Birmas Death Railway

Ein berüchtigtes Kriegsverbrechen der Japaner im Zweiten Weltkrieg war 1942/43 der Einsatz von Sklaven, um eine Zugverbindung von Bangkok nach Rangun zu bauen. Die Strecke wurde später »Death Railway« genannt, weil ihr Bau so viele Menschenleben kostete.

Die U-Boote der Alliierten vor Malaysia behinderten die Japaner bei der Versorgung ihrer Truppen in Birma. Diese ließen sich deshalb von alliierten Kriegsgefangenen und asiatischen Zwangsarbeitern ein Bahngleis legen, das 415 Kilometer durch Dschungel und Berge führte. Ab Ende 1942 wurden die Arbeiten unter unvorstellbaren Bedingungen vorangetrieben. Die Männer arbeiteten in 24-Stunden-Schichten ohne schweres Gerät mit Schaufeln und Hacken und bekamen nur verfaultes Fleisch und wenig Reis zu essen. In der 15 Monate langen Bauzeit starben 16 000 Kriegsgefangene und rund 90 000 Zwangsarbeiter aus Birma und Malaysia an Krankheiten, Erschöpfung, Hunger und Folter, besonders viele am »Hellfire Pass« im Tenasserim-Gebirge. Kurz nach ihrer Fertigstellung wurde die Strecke von den Alliierten bombardiert. Sie ist nicht mehr in Betrieb.

Grabsteine auf dem Soldatenfriedhof von Thanbyuzayat

Hpa-an am Ufer des Thanlwin, im Hintergrund ragt als höchster Berg der Mount Zwegabin auf

## ❹ Hpa-an

**Straßenkarte** D5. 300 km SO von Rangun. 52 000. Yangon Mingaladon; Mawlamyine.

Hpa-an ist eine ruhige, hauptsächlich von Karen bewohnte Marktstadt am Thanlwin (Saluen). Für Reisende in den Südosten ist sie ein wichtiges Etappenziel zu den spektakulären Karstformationen in ihrem Umland. Außer der eher unscheinbaren Shweyinhmyaw-Pagode, deren Terrasse über den Fluss ragt, gibt es hier wenig zu sehen. Der schönste Spaziergang führt am späten Nachmittag zum **Hpa-pu Mountain** auf der anderen Seite des Flusses. Zum Gipfel der markanten Erhebung gelangt man auf einem Treppenweg in einer knappen halben Stunde. Oben hat man einen herrlichen Blick über den Fluss und auf den Mount Zwegabin.

## ❺ Mount Zwegabin

**Straßenkarte** D5. Der Weg beginnt 10 km S von Hpa-an an der Zwegabin Junction. **Hinweis:** Nehmen Sie genügend Wasser und Proviant mit.

Der Mount Zwegabin (732 m) ist die auffälligste Erhebung zwischen all den bizarren Kalksteinformationen, die die ansonsten ebene Landschaft bei Hpa-an sprenkeln. Aus saftig grünen Reisfeldern wachsen seine bewaldeten Hänge in die Höhe, lokalen Legenden zufolge sind sie das Revier von verschiedensten Geistern.

Treppen aus Stein und Beton führen hinauf zum Gipfel, auf dem ein einsames Kloster steht. Die jungen Mönche freuen sich über die gelegentlichen Pilgergruppen, die den Weg nicht gescheut haben – trotz der Hitze und der Horden von gefräßigen Makaken, die sich entlang dem Weg herumtreiben. Den rund zweistündigen steilen Aufstieg belohnt eine fantastische Aussicht, die bei Sonnenaufgang am schönsten ist. Um zu dieser Zeit auf den Gipfel zu gelangen, muss man mitten in der Nacht aufbrechen, da Ausländer nicht mehr wie früher im Kloster übernachten dürfen.

## ❻ Saddar-Höhle

**Straßenkarte** D5. 27 km SO von Hpa-an via Naung Lon. tägl.

Die Saddar-Höhle liegt südöstlich von Hpa-an nahe der Hauptstraße nach Eindu. Den Eingang zu dieser größten Höhle der Region flankieren zwei riesige weiße Elefanten. Sie erinnern an die lokale Legende, der zufolge einst ein Elefantenkönig in der Höhle Zuflucht suchte. Treppen führen vom Eingang durch eine Reihe von riesigen Höhlen mit schönen Felsformationen, in denen sich neben Buddha-Statuen Fledermäuse drängen. Auf der anderen Seite des Berges endet der Weg an einem See direkt beim Höhlenausgang – ein magischer Anblick.

Der Weg durch die Saddar-Höhle führt zu einem See

Die Kyauk-Kalap-Pagode thront auf einem Kalkfelsen bei Hpa-an

## 7 Kyauk-Kalap-Pagode

**Straßenkarte** D5. 12 km S von Hpa-an. ⌚ tägl. 8–12 und 13–17 Uhr.

Über dem spiegelglatten Wasser eines künstlichen Sees thront die Kyauk-Kalap-Pagode auf der grün überwucherten Kuppe eines schmalen Kalksteinfelsens – ein spektakulärer Anblick, der durch die Kulisse der Karstberge im Hintergrund noch beeindruckender wird. Besucher dürfen das kleine Kloster am Fuß des Felsens besichtigen und auf seiner Spitze den fantastischen Blick auf den Mount Zwegabin genießen.

## 8 Dawei

**Straßenkarte** D6. 620 km SO von Rangun. 140 000. Yangon Mingaladon; Mawlamyine. Dawei Airport. von Myiek und Kawthaung.

Die Provinzstadt Dawei war vom 13. bis 16. Jahrhundert wichtiger Hafen der Königreiche Sukhothai und Ayutthaya und geriet später unter britische Herrschaft. An die Kolonialzeit erinnern noch heute viele Häuser. Nördlich des Zentrums befindet sich die vergoldete Shwe-Taung-Zar-Pagode. Etwa zwölf Kilometer westlich von Dawei erstreckt sich der Maungmagan-Strand mit einfachen Seafood-Lokalen. Weiter südlich gibt es einige einsame Strände.

## 9 Myeik

**Straßenkarte** D7. 900 km SO von Rangun. 210 000. Yangon Mingaladon; Mawlamyine. Myeik Airport. von Kawthaung.

Von der strategisch günstig an der Mündung des Tanintharyi gelegenen Stadt Myeik, dem einstigen Mergui, wurde jahrhundertelang der Seehandel des Gebiets kontrolliert. Um die Piraten und die tropischen Stürme zu umgehen, die auf der Seeroute durch die Malakka-Straße zum Golf von Thailand drohten, nutzten die Könige von Siam Myeik als Haupthafen für Ayutthaya. Die Waren transportierten sie über Land durch den dichten Dschungel der Halbinsel. Sehr sehenswert ist die **Theindawgyi-Pagode**.

Vom Hafen im Süden der Stadt setzen regelmäßig Boote zu der kleinen Insel Kadan über. Der Hafen ist auch der wichtigste Startpunkt für Fahrten zu den über 800 Inseln des **Myeik-Archipels** im Südwesten. Es ist eines der letzten unberührten marinen Wildnisgebiete Südostasiens. Der Archipel ist die Heimat der Moken. Man erreicht ihn auf Kreuzfahrten und Tauchtouren von Ranong und Phuket in Thailand *(siehe S. 223)*.

## 10 Kawthaung

**Straßenkarte** D7. 800 km Luftlinie von Rangun. 56 000. Yangon Mingaladon; Mawlamyine. Kawthaung Airport. von Myeik und Ranong (Thailand).

Im äußersten Süden ist Kawthaung der größte Grenzort vor Thailand. Die Einwohner sind in der Regel zweisprachig. Die Touristen in Kawthaung reisen fast alle aus dem thailändischen Ranong am gegenüberliegenden Ufer des Kra Buri an. Eine Sehenswürdigkeit der Stadt ist die **Pyi-Taw-Aye-Pagode**. Der Stupa im Mon-Stil steht in einer Anlage mit glänzenden Keramikböden.

### Moken

Moken-Männer auf Tauchfahrt im Myeik-Archipel

Im äußersten Südosten von Myanmar ist der schöne Myeik-Archipel Heimat der 2000 bis 3000 Moken. Die Moken leben als Seenomaden in den türkisfarbenen Gewässern des Gebietes. Zwischen den von Korallenriffen umgebenen Inseln wandern sie mit ihren langen Hausbooten zu ihren verschiedenen Fischgründen und geschützten Anlegeplätzen. Ihre Tauchkünste sind legendär: Wenn sie Fische speeren, können sie unglaublich lange und in erstaunlichen Tiefen unter Wasser bleiben. Viele Moken-Kinder betreten jahrelang das Festland nur, wenn sie ihre Eltern auf die Märkte begleiten, wo sie Meeresfrüchte verkaufen und Reis kaufen. In einem groß angelegten Programm siedelt die Regierung Moken in neu gegründeten Dörfern im Archipel an – auf diese Weise möchte man sie aus den Gebieten mit reichen Erdöl- und Erdgasvorkommen verdrängen. Doch trotz dieser Entwicklungen kultivieren viele Moken noch immer wie seit Jahrhunderten ihren nomadischen Lebensstil.

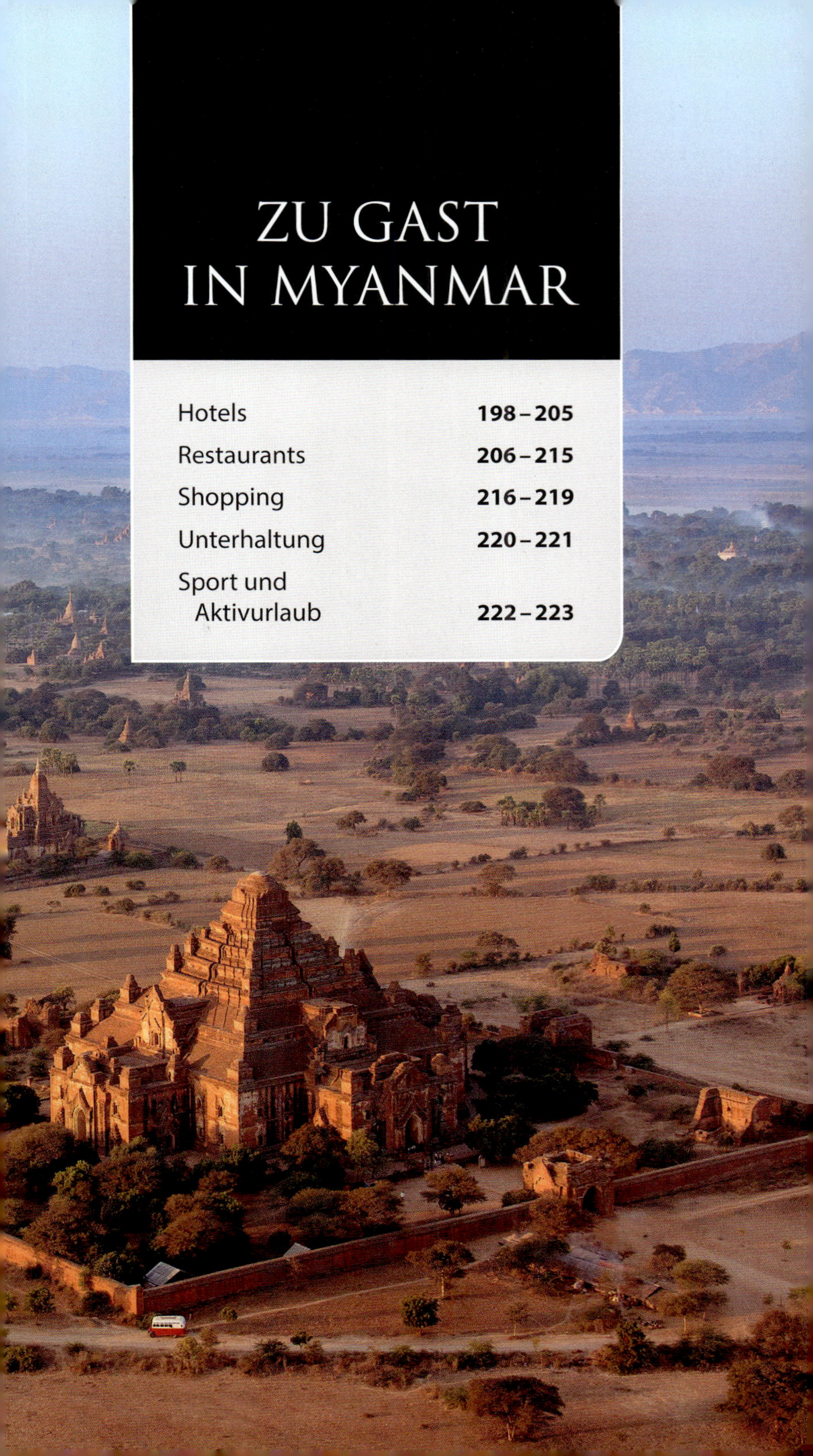

# ZU GAST IN MYANMAR

# Hotels

Das Übernachtungsangebot in Myanmar deckt ein breites Spektrum ab: Es reicht von luxuriösen Boutique-Hotels bis zu einfachen Gästehäusern. Die großen Stadthotels sind eher nichtssagende Blocks im internationalen Stil, ansprechender sind Häuser mit myanmarischem Flair, heimischen Kunstwerken und Baumaterialien. Hotels aller Kategorien sind für Südostasien recht teuer. Die Weigerung der Regierung, neue Hotels zu bewilligen, und die plötzlich steigende Nachfrage nach Ende des Tourismusboykotts 2010 führten zu einer chronischen Knappheit an Gästezimmern im ganzen Land, besonders an beliebten Reisezielen wie Bagan und Inle-See. Inzwischen werden zwar neue Hotels errichtet, und die Regierung erteilt mittlerweile schnell die Erlaubnis zum Ausbau von bestehenden Gästehäusern. Doch noch immer mangelt es an Unterkünften aller Kategorien.

## Hotelauswahl

Für die Vergabe von Unterkunftslizenzen in Myanmar ist das Tourismusministerium zuständig, das Hotels in Kategorien von einem bis fünf Sternen einteilt. Jedes Hotel muss seine Kategorie im Eingang aushängen. Mit fünf Sternen wurden nur wenige ultraluxuriöse Hotels in Rangun ausgezeichnet, am anderen Ende der Skala stehen viele Ein-Stern-Häuser.

Das Ministerium veröffentlicht seine Kriterien für die Einteilung nicht, aber die Sterne bilden eine faire Einschätzung des Hotelstandards. Jedoch erreichen nicht alle Hotels und Gästehäuser Sternestatus. Und nur weil eine Unterkunft keine Sterneplakette an der Rezeption hängen hat, heißt das nicht, dass sie keine Lizenz hat.

## Luxus- und Business-Hotels

Durch vermehrte ausländische Investitionen in den letzten Jahren (besonders von Singapurer Hotelketten) wird die Anzahl der Luxushotels im Land wohl bald beträchtlich ansteigen. Bis dahin werden jedoch die Kapazitäten der Nachfrage kaum gerecht – vor allem in der Hauptsaison zwischen November und März, wenn die Preise in die Höhe schnellen.

Myanmars beste Fünf-Sterne-Hotels befinden sich alle in Rangun. Häuser wie das Strand und das Chatrium *(siehe S. 202)* stehen anderen asiatischen Top-Hotels in nichts nach und bieten bezüglich Einrichtung, Service und Komfort internationalen Standard. Die bei Geschäfts- wie Urlaubsreisenden beliebten Hotels sind in bedeutenden Gebäuden im Zentrum eingerichtet. Die Zimmer sind geräumig, gut ausgestattet und klimatisiert. Flatscreen-TV und WLAN sind die Norm, zudem gibt es eine Reihe von Annehmlichkeiten wie große Outdoor-Pools, Fitness- und Wellness-Center sowie mehrere Restaurants, Cafés und Bars zur Auswahl und manchmal sogar glamouröse Clubs, in denen sich Ranguns Prominenz trifft.

**Lobby des Chatrium Hotel Royal Lake in Rangun** ***(siehe S. 202)***

Kaum weniger luxuriös sind Business-Hotels, die im Grunde Fünf-Sterne-Häuser sind, jedoch weniger Extras bieten und günstiger sind. Manche haben keinen Pool, die Zimmer sind aber sehr komfortabel.

Wer selbst buchen möchte (statt einer Pauschalreise), sollte wissen, dass die besten Angebote für Nobelhotels online zu finden sind. Bucht man persönlich oder telefonisch, wird einem immer der viel höhere »Fixpreis« genannt. Wie in Top-Hotels in anderen Ländern können Extras wie Getränke aus der Minibar und Telefonate vom Zimmer aus die Gesamtkosten beträchtlich erhöhen.

Bei Kartenzahlung wird eine Gebühr von mindestens fünf Prozent erhoben, am besten zahlt man also bar (möglichst mit US-Dollar).

**Ranguns Kandawgyi Palace Hotel vor dem Karaweik-Palast** ***(siehe S. 202)***

◀ **Heißluftballon über den antiken Tempeln und Pagoden von Bagan** ***(siehe S. 129)***

**Belmond Governor's Residence in Rangun, Boutique-Hotel in einem Holzgebäude der 1920er Jahre *(siehe S. 202)***

## Boutique-Hotels

In den letzten Jahren entstanden in Myanmar ein paar kompaktere Luxushotels, die mehr Wert auf maßgeschneidertes Design denn auf Komfort legen. Sie betonen gerne ihr myanmarisches Ambiente – in einer Kombination aus traditionellen Schnitzereien, Skulpturen und anderen schönen Handwerksarbeiten sowie zeitgenössischem Chic. Das Resultat ist zuweilen unvergesslich, leider auch der Preis: Bagans The Hotel @ Tharabar Gate *(siehe S. 204)*, Mandalays Hotel by the Red Canal *(siehe S. 204)* und Ranguns Belmond Governor's Residence *(siehe S. 202)* z. B. sind in der Hauptsaison von November bis Februar besonders gefragt, was sich in den Preisen widerspiegelt.

## Resorts

Große eigenständige Hotels, die ein Urlaubsziel für sich darstellen, sind in Myanmar dünn gesät – das wird sich jedoch in den nächsten Jahren ändern, wenn Gebiete wie der Myeik-(Mergui)-Archipel *(siehe S. 195)* für den Tourismus erschlossen werden. Die meisten der wenigen guten Resorts mit Pools, stilvollen Gästezimmern, eleganten Restaurants sowie Sportbereichen liegen am Inle-See. Das Aureum Resort and Spa sowie das Inle Lake View *(siehe S. 205)* etwa nutzen ihre grandiose Lage vortrefflich, mit Chalets auf Pfählen oder wenigstens mit Seeblick. Auch am Ngapali-Strand im nordwestlichen Rakhaing-Staat dominieren Resorts. Im Schatten hoher Palmen bieten Amazing Ngapali, Sandoway und Bayview *(siehe S. 203)* schöne Pools und luxuriöse Designer-Chalets mit Blick auf die Andamanensee, deren Küste nur wenige Meter entfernt ist.

Die Grenze zwischen Boutique-Hotel und Resort ist häufig fließend, je nach dem Aufwand, der in die Ausstattung gesteckt wurde. Viele Häuser nennen sich selbst »Boutique-Resorts«. Diese sind vor allem bei ausländischen Agenturen beliebt, weshalb dort besonders viele Reisegruppen untergebracht sind. Die Buchung erfolgt normalerweise über Reisebüros, per E-Mail oder Telefon, weniger über das Buchungssystem im Internet. Bezahlt wird generell in bar (mit US-Dollar).

## Konventionelle Hotels

Die Kategorie »Konventionell« in der Hotelauswahl *(siehe S. 202–205)* bezieht sich auf gehobene und Mittelklassehotels, denen der Glamour fehlt, der so viele ausländische Besucher anspricht. Ihr Stil wird häufig als »chinesisch« bezeichnet. Viele dieser Hotels sind mit Absicht ziemlich nichtssagend gestaltet, um chinesische Gechäftsreisende anzusprechen, die gerne in den einfachen, motelartigen Chalets oder mehrstöckigen Häusern absteigen. Die Einrichtung ist meist abgenutzt und riecht nach Zigarettenrauch, dafür sind die Preise moderat.

## Gästehäuser, B & Bs und preiswerte Hotels

Mangelware sind kleine Hotels in Familienhand, Gästehäuser und Unterkünfte, die man als B & B oder Privatpensionen bezeichnen könnte. Letztere sind erlaubt in Ortschaften, wo es sonst keine Übernachtungsmöglichkeiten gibt, z. B. in Bergregionen und Dörfern ethnischer Minderheiten im Norden. Sie sind sauber und gastfreundlich, jedoch kostspielig. Es empfiehlt sich, Sanitäranlagen, Matratzen und Klimaanlage zu checken, weil deren Qualität unterschiedlich sein kann. Viele Mittelklassehotels bieten ebenfalls verschiedene Unterkunftskategorien an, und ein Vergleich lohnt sich.

Preiswerte Hotels bieten normalerweise das wenigste fürs Geld, vor allem jene, die bei ausländischen Rucksacktouristen beliebt sind. Die Zimmer – häufig mit kleinen oder gar keinen Fenstern, altmodischen Luftkühlern statt modernen Klimaanlagen und mit unerfreulichem Mief aus dem winzigen Badezimmer (falls überhaupt vorhanden) – sind zuweilen muffig und eng. Reisende mit kleinem Budget sollten sich das Zimmer anschauen, ehe sie Geld auf den Tisch legen.

Wie bei einem Pfahlbautendorf der Intha angeordnete Villen im Myanmar Treasure Resort am Inle-See *(siehe S. 205)*

## Privatunterkünfte

Ausländer dürfen in Myanmar per Gesetz nicht in Privatwohnungen übernachten. Ausnahmen von dieser Regelung werden jedoch in einigen Landesteilen gemacht, etwa im Shan-Staat – vor allem zwischen Kalaw und Inle-See sowie um Hsipaw –, wo Trekking beliebt ist und es keine anderen Unterkünfte gibt. Wanderer, die Touren mit zwei oder drei Etappen unternehmen wollen, dürfen unterwegs in den Dörfern ethnischer Minderheiten nächtigen *(siehe S. 173)*. Die dafür erforderlichen Vorbereitungen erledigen Gästehäuser oder das Reisebüro, das die Wanderung organisiert.

## Klöster

Viele Klöster nehmen gegen eine kleine Spende für eine oder zwei Nächte Gäste auf. Im ländlichen Hinterland des Inle-Sees können Reisende dadurch mehrtägige Wanderungen unternehmen – eine entsprechende Erlaubnis erteilte das Tourismusministerium im März 2013, um dem Bettenmangel in dieser Gegend zu begegnen. Andernorts fungieren Klöster als letzte Zuflucht, wenn die anderen Unterkünfte in der Nähe belegt sind. Klosterbesucher dürfen nicht erwarten, dass der Komfort über Gemeinschaftsbäder und dünne Baumwollmatratzen oder Strohmatten hinausgeht.

## Buchen

Da es so wenig Unterkünfte gibt, ist es dringend erforderlich, so früh wie möglich – mindestens einen Monat im Voraus – zu reservieren. Dies kann telefonisch erfolgen (obgleich das Englisch am anderen Ende der Leitung eventuell alles andere als flüssig ist und die Kosten extrem hoch sind), per E-Mail oder über die Website des Hotels.

In allen Fällen sollte man vorher den Preis festmachen sowie um eine Bestätigung per E-Mail bitten und die Reservierung ein paar Tage vor Anreise rückbestätigen. Die meisten Hotels verlangen die volle Bezahlung schon bei der Buchung. Bei einigen preiswerteren Unterkünften bezahlt man beim Check-in, bei anderen erst bei der Abreise.

Reisebüros in Myanmar *(siehe S. 229)* erledigen alle erforderlichen Maßnahmen. Die Kosten für diesen Service variieren: Größere Büros bekommen Rabatte, die sie zum Teil an ihre Kunden weitergeben, wodurch diese u. U. auch nach Abzug der Gebühren Geld sparen.

Viele Hotels akzeptieren Buchungen über die Website www.agoda.com – bei ein paar kleineren Gästehäusern ist dies sogar die einzige Möglichkeit der Zimmerreservierung.

**Personal an der Rezeption in einem Mittelklassehotel in Mandalay**

## Preise

Im Vergleich zu anderen südostasiatischen Ländern sind die Preise wegen der geringen Zahl an Unterkünften hoch. Ein einfaches Zimmer im Zentrum Ranguns kann 30 US-Dollar und mehr pro Nacht kosten, ein schäbiges Zimmer im Mittelklassehotel doppelt so viel. Am oberen Ende der Skala sind die Preise noch weit höher: Für ein Zimmer in einem Fünf-Sterne-Hotel muss man in der Hauptsaison 500–900 US-Dollar plus Steuer berappen.

## Handeln

Früher war es in Myanmar ziemlich leicht, den Preis herunterzuhandeln – es gab viele freie Zimmer, und in der Nähe fand man immer andere Optionen. Heute sind die Preise nicht mehr verhandelbar, und häufig steigt der Preis sogar nach der Buchung noch. Ist die Nachfrage groß, passen viele Hotels, vor allem in den Urlaubsgebieten, ihre Preise entsprechend an.

## Steuern
In Luxushotels und Resorts wird zusätzlich zur zehnprozentigen Steuer ein Serviceaufschlag von fünf bis zehn Prozent erhoben. Diese zusätzlichen Kosten werden bei der Reservierung meist nicht angegeben. Billigere Unterkünfte verlangen diese Gebühren nicht.

## Trinkgeld
Früher war es nicht üblich, Trinkgeld zu geben, doch in den letzten Jahren hat sich das geändert. Wenn ein Mitarbeiter besonders hilfsbereit war, sind ein paar US-Dollar angebracht. Doch man sollte bedenken, dass gehobene Hotels ohnehin eine Servicegebühr von bis zu zehn Prozent auf den Preis aufschlagen.

## Ankunft im Hotel
Ausländer müssen beim Einchecken Formulare ausfüllen, in denen sie ihre Pass- und Visumsdaten, das Datum der Ankunft in Myanmar und ihre Reiseroute eintragen. In manchen Hotels wird verlangt, für die Dauer des Aufenthalts den Pass abzugeben – tritt man jedoch bestimmt genug auf, kann man das eventuell vermeiden.

Man sollte sich immer das zugeteilte Zimmer zeigen lassen, bevor man Geld auf den Tisch legt, weil dann ein Zimmerwechsel noch leichter möglich ist. Manche Hotels verlangen die vollständige Bezahlung in bar beim Check-in, alle Extras sind dann bei der Abreise zu begleichen.

**Stilvolle Villen im Arakan-Stil im Resort Amazing Ngapali** *(siehe S. 203)*

## Behinderte Reisende
Besucher mit eingeschränkter Mobilität sind in komfortableren Hotels besser aufgehoben als in Billigunterkünften. Luxushotels haben meist rollstuhlgerechte Wege zu ihren Lobbys, geräumige Aufzüge und Portiers fürs Gepäck.

Darüber hinaus können behinderte Reisende in Myanmar leider nicht auf spezielle Einrichtungen hoffen. In den billigeren Hotels gibt es häufig endlose Treppen, enge Aufzüge und kleine Badezimmer mit Stehtoiletten und ohne Badewannen.

## Kinder
Über spezielle Einrichtungen für Kinder verfügen in Myanmar nur sehr wenige Hotels. In der Regel beschränkt sich dieses Angebot auf die kostspieligen Fünf-Sterne-Häuser, die manchmal am Wochenende auch »Kids' Clubs« bieten. Dafür schlafen Kinder unter zwölf Jahren in den meisten Hotels gratis im Bett der Eltern oder gegen einen kleinen Aufpreis in einem Extrabett oder auf einer Pritsche. Manche Häuser bieten Babysitterdienste. Gehobene Hotels haben meist große Gärten, in denen die Kinder toben dürfen, sowie Pools mit Planschbereich.

## Hotelkategorien
Die Hotels in der Hotelauswahl *(siehe S. 202–205)* sind in Gebiete gegliedert, die den Kapiteln dieses Buchs entsprechen, innerhalb dieser nach Städten und Preiskategorien gelistet und in Kategorien eingeteilt.

»Boutique« ist die Bezeichnung für Hotels am oberen Ende der Preisskala, »Business« richtet sich vornehmlich an Geschäftsreisende, »Konventionell« steht für Hotels mit überschaubarem Komfort, »B&B« für günstige Unterkünfte, »Resort« ist für Strandurlauber interessant.

Hotels mit spezieller Ausstattung oder besonderem Design werden in der Hotelauswahl als **Vis-à-Vis-Tipp** hervorgehoben.

**Swimmingpool im The Hotel @ Tharabar Gate, einem noblen Boutique-Hotel in Alt-Bagan** *(siehe S. 204)*

# Hotelauswahl

## Rangun

**Wai Wai's Place** $

B&B

*30, Pearl St, Kamayut Tsp*

(0) 9421 150 524

**waiwaisplace.com**

Das ruhige B&B in der Nähe der Universität und des Inya-Sees ist ungewöhnlich preiswert und bietet echte Gastfreundschaft.

**Bike World** $$

B&B

*10F, Khabaung Rd, 6 Miles Pyay Rd*

(01) 527 636

**myanmarpanorama.com**

In dem B&B, geführt von einem australisch-myanmarischen Paar, dreht sich alles um das Thema Fahrräder. Geführte Touren.

**Central Hotel** $$

Konventionell SP D4

*335–357, Bogyoke Aung San Rd*

(01) 241 001

**centralhotelyangon.com**

Hotel in erstklassiger Lage. Fragen Sie nach einem Zimmer in den oberen Etagen, weiter unten hört man den Straßenlärm.

**Classique Inn** $$

B&B SP C1

*53B, Shwe Taung Gyar St (Golden Valley Rd), Bahan Township*

(01) 525 557

**classique-inn.com**

Elegantes, professionell geführtes Hotel. Die Terrasse ist ein überaus angenehmer Aufenthaltsort. Sehr freundliches Personal.

**Clover City Center** $$

Konventionell SP D4

*217, 32nd St (Oberer Block)*

(01) 377 720

**cloverhotelsgroup.com**

Sauberes, modernes Hotel mit passablem Service. Gemessen am Preis sind die Zimmer etwas klein. Hervorragende Lage gegenüber dem Hotel Traders.

**Garden Home** $$

B&B SP E2

*10, Bogyoke Museum Lane, Bahan Township*

(01) 541 917

**gardenhomebnb.asia**

Die Unterkunft gehört zu den gemütlicheren B&Bs der Stadt. Garten und Terrasse, in Gehentfernung zur Shwedagon-Pagode.

**Hotel Alamanda** $$

Boutique SP C1

*60B, Shwe Taung Gyar St (Golden Valley Rd), Bahan Township*

**Palmenumrahmter Pool, Chatrium Hotel Royal Lake in Rangun**

(01) 534 513

**hotel-alamanda.com**

Das französisch geführte Boutique-B&B bietet elegante Zimmer in einem stimmungsvollen alten Haus mit versiegelten Holzböden, Korbsesseln und Veranda.

**Hotel 51** $$

Konventionell SP F4

*154/156, 51st St, Pazuntaung Township*

(01) 293 022

**hotel51myanmar.com**

Das Mittelklassehotel im Osten des Kolonialviertels bietet kleine, aber komfortable Zimmer mit modern ausgestatteten Bädern. Gutes Preis-Leistungs-Verhältnis.

### Vis-à-Vis-Tipp

**Belmond Governor's Residence** $$$

Boutique SP B3

*35, Taw Win Road, Dagon*

(01) 229 860

**belmond.com**

Das Hotel ist in einer wunderschön renovierten Villa aus den 1920er Jahren untergebracht. Deckenventilatoren, Bambusjalousien und livriertes Personal schaffen eine Atmosphäre wie zur Kolonialzeit. Ein Teich mit Lotosblüten vervollständigt den Zauber.

**Chatrium Hotel Royal Lake Yangon** $$$

Boutique SP E2

*40, Nat Mauk St*

(01) 544 500

**chatrium.com**

Weitläufiges Gelände mit großem Pool und sehr guter Lage in der Nähe des Kandawgyi-Sees. Von dem Fünf-Sterne-Hotel hat man einen überwältigenden Blick über das Wasser auf die Shwedagon-Pagode.

**Preiskategorien**

Preise in der Hochsaison für ein Standard-Doppelzimmer pro Nacht, inklusive Frühstück, Steuer und Service.

| | |
|---|---|
| $ | **unter 50 US-Dollar** |
| $$ | **50–150 US-Dollar** |
| $$$ | **über 150 US-Dollar** |

**Inya Lake Hotel** $$$

Business

*37, Kaba Aye Pagoda Rd*

(01) 9662 866

**inyalakehotel.com**

Hotel mit wunderbaren Gärten am Ufer des Sees. Das Fünf-Sterne-Hotel verströmt 1960er-Jahre-Flair. Es befindet sich in Staatsbesitz.

**Kandawgyi Palace Hotel** $$$

Business SP E3

*Kan Yeik Tha Road, Mingalar Taung Nyunt Township*

(01) 382 919

**kandawgyipalace-hotel.com**

Das schön gelegene Fünf-Sterne-Hotel in Staatsbesitz verfügt über hohe Standards. Guter Ausgangspunkt für Sightseeing-Touren.

**The Savoy** $$$

Boutique SP C1

*129, Dhammazedi Rd*

(01) 526 289

**savoy-myanmar.com**

Fabelhaftes Boutique-Hotel in einer Villa aus der Kolonialzeit mit Originaleinrichtung bis hin zu den Badewannen mit Tierfüßen. In Gehentfernung zur Shwedagon-Pagode gelegen.

**The Strand** $$$

Boutique SP E5

*92, Strand Rd*

(01) 243 377

**hotelthestrand.com**

The Strand wurde 1903 errichtet und ist der Urahn aller Hotels der Kolonialära in Rangun. Das Gebäude verströmt immer noch den Glanz der Alten Welt.

**Sule Shangri-La** $$$

Business SP D4

*223, Sule Pagoda Rd*

(01) 242 828

**shangri-la.com/yangon/suleshangrila**

Dies ist Myanmars renommiertestes Business-Hotel. Von einigen Zimmern hat man eine schöne Sicht auf die nahe gelegene Sule-Pagode.

**Hotelkategorien** *siehe Seite 201*

## Region Bago

**BAGO: Bago Star** $
Konventionell **SK** D5
*11–21, Kyaik-Pun-Pagode Rd, Oatha Myothit*
(052) 237 66
Nicht viele Besucher steigen in Bago ab, denn es herrscht ein Mangel an guten Unterkünften. Das Bago Star ist die beste all dieser Optionen.

**PYAY: Lucky Dragon** $$
Resort **SK** C4
*772, Strand Rd, Sandaw Quarter*
(053) 242 22
**luckydragonhotel.com**
Gepflegte, komfortable Bungalows inmitten schattiger Gärten im Herzen der Stadt. Jacuzzi und Pool. Preiswerte Option.

### Vis-à-Vis-Tipp

**TAUNGU:**
**Royal Kaytumadi** $$
Resort **SK** D4
*Taw Win Kaytumadi Rd*
(054) 247 61
**royalkaytumadi.kmahotels.com**
Das Fünf-Sterne-Hotel am See bietet Zimmer mit Klimaanlage, Pool und herrlichem Blick auf die Shwesandaw-Pagode. Passend zur Lage sind Architektur und Dekor im königlich-birmanischen Stil gehalten.

## Westen

**CHAUNGTHA: Belle Resort** $$
Boutique **SK** C5
*Chaungtha*
(042) 421 12
**belleresorts.com**
Chalets und Bungalows mit Thai-Giebeldächern nahe dem Strand. Großzügige Suiten.

**MRAUK U: Shwe Thazin** $$
Boutique **SK** B3
*Sun Sha Seik Quarter*
(043) 242 00
**shwethazinhotel.com**
Hübsches Hotel unweit der Ruinen. Bungalows mit Klimaanlage und Kunstwerken.

**MRAUK U:**
**Mrauk Oo Princess** $$$
Boutique **SK** B3
*Aungdat Creek*
(043) 502 32
Luxuriöse Arakan-Villen verstreut in tropischen Gärten und ausgestattet mit einem eigenen Boot, um nach Sittwe zu gelangen.

### Vis-à-Vis-Tipp

**NGAPALI:**
**Amazing Ngapali Resort** $$$
Resort **SK** C4
*27, Inya Myaing Road, Zee Phyu Gone Village*
(043) 420 11
**amazingngapaliresort.com**
Die eleganten Kleinvillen im Arakan-Stil liegen etwas abseits vom hektischen Treiben des Hauptstrands. Von den geräumigen Zimmern hat man schöne Sicht auf den Ozean.

**NGAPALI: Bayview** $$$
Resort **SK** C4
*205, Hgnet Pyaw Khaung Kwin*
(01) 504 471
**bayview-myanmar.com**
Kleines Resort-Hotel in sehr guter Lage. Nette, große Zimmer mit Holzboden. Wunderschöner Pool und angenehmes Restaurant.

**NGAPALI: Sandoway** $$$
Resort **SK** C4
*Mya Pyin*
(043) 422 44
**sandowayresort.com**
Prachtvolles Boutique-Resort in italienischem Besitz. Palmen säumen den Pool. Von den Villen blickt man auf den Strand.

**NGWE SAUNG:**
**Bay of Bengal** $$$
Resort **SK** C5
*North Side, Ngwe Saung*
**bayofbengalresort.com**
Ultramodernes Resort-Hotel an einem Pool und hübsche Chalets aus Holz und Stein mit Sicht auf den Strand.

**PATHEIN: La Pyae Wun** $
Konventionell **SK** C5
*30, Mingyi St*
(042) 25151
Die komfortabelste Unterkunft der Stadt, günstig gelegen. Die geräumigen Zimmer sind mit Fliesenboden ausgestattet und verfügen über eine Klimaanlage.

## Historische Königsstadt Bagan

**NEU-BAGAN: Kumudara** $$
Resort **SK** C3
*Ecke 5th St u. Daw Na St, Pyu Saw Htee Quarter*
(061) 651 42
**kumudara-bagan.com**
Eines der wenigen preiswerten Hotels, wo man am Pool die Ruinen bestaunen kann. Die Einrichtung ist akzeptabel für den Preis.

**NEU-BAGAN: Ruby True** $$
Konventionell **SK** C3
*Myat Lay Rd*
(061) 650 43
**rubytruehotel.com**
Komfortable Chalets in ruhiger Lage am Dorfrand. Die Abgeschiedenheit des Hotels ist der Grund für den günstigen Preis – für Bagan ein Schnäppchen.

### Vis-à-Vis-Tipp

**NEU-BAGAN: Bluebird** $$$
Boutique **SK** C3
*Myatlay St, Bagan Myothit (Osten), Naratheinkha 10*
(061) 654 40
**bluebirdbagan.com**
Das Boutique-Hotel wurde von seinem französischen Besitzer selbst gestaltet. Um eine stilvolle Unterkunft in der Nähe der Ruinen zu schaffen, verwendete er für das Dekor birmanische Kunst. Die Zimmer sind minimalistisch eingerichtet. Garten mit Pool.

**ALT-BAGAN: Bagan Thande Hotel** $$
Konventionell **SK** C3
*Nahe dem Gawdawpalin-Tempel*
(061) 600 25
**baganthandehotel.net**
Bagans ältestes Hotel wurde 1922 anlässlich des Besuchs des Prince of Wales erbaut. Die renovierten, geräumigen Zimmer sind mit Teakholz getäfelt.

**Cottages am Strand des exklusiven Resorts Sandoway, Ngapali**

**ALT-BAGAN:**
**Aye Yar River View Resort** $$$
Resort **SK** C3
*Nahe der Bupaya-Pagode*
(061) 603 52
**ayeyarriverviewresort.com**
Das Resort liegt auf einem weitläufigen Gelände am Fluss. Die Anlage wurde einer kostspieligen Renovierung unterzogen.

**ALT-BAGAN:**
**The Hotel @ Tharabar Gate** $$$
Boutique **SK** C3
*Tharabar-Tor*
(061) 600 37
**tharabargate.com**
Das luxuriöse Boutique-Hotel liegt sehr schön in einer grünen Oase in der Nähe des Flusses und der Ruinen.

**ALT-BAGAN:**
**Thiripitsaya Sanctuary** $$$
Resort **SK** C3
*Alt-Bagan*
(061) 600 48
**thiripyitsaya-resort.com**
Ein Hotel zum Wohlfühlen: Swimmingpool und spektakuläre Sonnenuntergänge in einer weitläufigen Ferienanlage am Fluss. Ideal für Reisegruppen.

**POPA TAUNG KALAT:**
**Popa Mountain Resort** $$$
Resort **SK** C3
*Mount Popa*
**myanmartreasureresorts.com**
Von der Terrasse am Pool des Resorts hat man einen traumhaften Blick auf das Kloster Popa Taung Kalat.

## Region Mandalay

**MANDALAY: Peacock Lodge** $
B & B **SK** C3
*25/26, 60th St*
(02) 420 59
**peacocklodge.com**
In dem schicken, ruhigen B & B serviert man auf der Gartenterrasse vorzügliche myanmarische Speisen. Dies ist mit Abstand die preisgünstigste Unterkunft in Mandalay. Die Lodge ist beliebt, reservieren Sie daher möglichst frühzeitig!

**MANDALAY:**
**Hotel Yadanarbon** $$
Konventionell **SK** C3
*125, 31st St (76/77)*
(02) 719 99
**hotelyadanarbon.com**
Großes, modernes Hotel im Herzen von Mandalays Einkaufsviertel mit sauberen, geräumigen Zimmern und zuvorkommendem Personal.

**MANDALAY:**
**Mandalay City Hotel** $$
Konventionell **SK** C3
*26th St (82/83)*
(02) 617 00
**mandalaycityhotel.com**
Mit seinen Fischteichen und dem Swimmingpool ist das Hotel ein entspannender Rückzugsort.

**MANDALAY:**
**Sedona Mandalay** $$
Konventionell **SK** C3
*1, Ecke 26th St u. 66th St*
(02) 364 88
**sedonahotels.com.sg**
Großes Fünf-Sterne-Hotel gegenüber der Palastanlage mit schönem Ausblick und großem Pool.

**MANDALAY: Smart** $$
Konventionell **SK** C3
*167, 28th St (76/77)*
(02) 326 82
**smarthotelmandalay.com**
Sehr gutes Mittelklassehotel mit sauberen Zimmern, zentraler Lage und freundlichem Personal.

### Vis-à-Vis-Tipp

**MANDALAY:**
**Hotel by the Red Canal** $$$
Boutique **SK** C3
*417, Ecke 63rd St u. 22nd St*
(02) 611 77
**hotelredcanal.com**
Das Hotel mit 26 Zimmern ähnelt mit seinen geschnitzten Holzdachrinnen und seinen Rattanjalousien einem birmanischen Palast. Es liegt im Nordosten der Stadt abseits vom Trubel den wichtigsten Sehenswürdigkeiten.

**MANDALAY:**
**Mandalay Hill Resort** $$$
Resort **SK** C3
*9, Kwin (416B), 10th St*
(02) 356 38
**mandalayhillresorthotel.com**
Eines der besten Hotels von Myanmar steht in einer aufwendig gestalteten Gartenanlage.

**MANDALAY:**
**Rupar Mandalar** $$$
Boutique **SK** C3
*A15, Ecke 53rd St u. 30th St*
(02) 615 55
**ruparmandalar.com**
Wunderschönes Boutique-Hotel am östlichen Stadtrand von Mandalay. Es verfügt über sämtliche Annehmlichkeiten eines Fünf-Sterne-Hotels und ist mit Teakholz ansprechend gestaltet.

**MONYWA: Monywa Hotel** $$
Resort **SK** C3
*Yone Kyi Or, Bogyoke Rd*
(071) 215 81
Aus Ziegeln erbaute Bungalows mit Holzdecken und Pool sowie grandiosem Blick auf den See. Idealer Ausgangspunkt für die Besichtigung der Sehenswürdigkeiten.

**PYIN U LWIN: Aureum Palace Governor's House** $$
Boutique **SK** D3
*Ward 6, Governor's Hill, Mandalay–Lashio Highway*
**aureumpalacehotel.com**
Üppig ausgestattete Rekonstruktion einer prachtvollen Villa aus der Kolonialzeit mit Zimmern im Hauptgebäude und Bungalows auf dem Gelände.

**PYIN U LWIN: Pyin Oo Lwin** $$
Konventionell **SK** D3
*9, Nandar Rd, Kandawgyi-Ufer*
(085) 212 26
**hotelpyinoolwin.com**
Die Hotelanlage ist die preisgünstigste neue Unterkunft der Stadt. Mit Teakholz verkleidete Chalets über dem See.

**PYIN U LWIN:**
**Kandawgyi Hill Resort** $$$
Resort **SK** D3
*Kandawgyi-Ufer*
**myanmartreasureresorts.com**
Die Anlage entstand aus einer alten britischen Kolonialvilla und bietet geräumige Bungalows in gepflegter Umgebung mit Blick über den See.

**Gebäude im Stil der Kolonialzeit: Kandawgyi Hill Resort, Pyin U Lwin**

## Osten

**HSIPAW: Lily The Home** $
B&B SK D3
*108, Aung Tha Pyae Rd*
(082) 803 18
**lilythehome.com**
Das beliebte Gästehaus ist komfortabel und preiswert. Das Personal organisiert geführte Wanderungen.

**INLE-SEE: Paramount Inle Resort** $$
Resort SK D4
*Nga Phe Chaung*
**paramountinleresort.com**
Holzverkleidete Unterkünfte am See, einige mit Veranda. Die Anlage liegt an der Südwestküste und eignet sich besonders gut für kürzere Aufenthalte.

### Vis-à-Vis-Tipp

**INLE-SEE: Aureum Resort and Spa** $$$
Resort SK D4
*Mine Thauk*
(081) 209 866
**aureumpalacehotel.com**
Luxuriöse Pfahlbauten in schöner Lage am See. Genießen Sie auf der Veranda den Sonnenuntergang. Zum Dekor der Innenräume gehören warme Farbtöne und farbenfrohe Seidenstoffe. Aureum ist die beste Hotelanlage der Stadt.

**INLE-SEE: Inle Lake View Resort & Spa** $$$
Resort SK D4
*Khaung Daing*
(0) 949 360 07
**inlelakeview.com**
Die Ferienanlage liegt nur etwa 200 Meter vom Seeufer entfernt in einem schönen Garten. Zimmer mit Holzverkleidung, Himmelbetten und großen Fenstern.

**INLE-SEE: Inle Princess** $$$
Resort SK D4
*Magyizin*
(081) 209 055
**inle-princess.com**
Herrlich ruhiges Resort an einer Wasserstraße. Von den großen Chalets blickt man auf den See oder die Berge. Kitschige Badewannen.

**INLE-SEE: Inle Resort** $$$
Resort SK D4
*Nyaungshwe*
(0) 9515 4444
**inleresort.com**
Das spektakuläre Resort am See erreicht man über eine Stelzenbrücke vorbei an Lotosteichen.

**Große, holzgetäfelte Schlafzimmer im Resort Paramount am Inle-See**

Die Chalets haben traditionelle birmanische Dächer. Die Gäste genießen erstklassigen Service und sehr gute Verköstigung.

**INLE-SEE: Myanmar Treasure Resort** $$$
Resort SK D4
*Maing Thauk, Nyaungshwe*
**myanmartreasureresorts.com**
Die hübschen Villen am Nordostufer des Inle-Sees sind nach dem Vorbild der Intha-Pfahlbauten errichtet.

**INLE-SEE: Villa Inle** $$$
Boutique SK D4
*Mine Thauk*
(01) 242 259
**hotelininle.com**
Außerordentlich schöne Teakholzvillen. Zimmer mit Kingsize-Betten und raumhohen Fenstern.

**INLE-SEE (NYAUNGSHWE): Aquarius Inn** $
B&B SK D4
*2, Phaung Daw Pyan Rd, Nam Pan Quarter*
(081) 209 352
**aquariusinninlelake.com**
Gemütliches, kleines, preiswertes Gästehaus in Gehweite zur Bushaltestelle und zum Markt. Nette, saubere Unterkunft.

**INLE-SEE (NYAUNGSHWE): Amazing** $$
Boutique SK D4
*Yone Gyi Rd*
(081) 209 477
**hotelamazingnyaungshwe.com**
Attraktives Boutique-Hotel nahe der Bootsanlegestelle. Geräumige Zimmer, kunstvolles Dekor und gute Lage nahe dem Markt.

**KENGTUNG: Princess** $
Konventionell SK E3
*Zay Dan Kalay St*
(084) 213 19
Unscheinbare Unterkünfte in zentraler Lage. Sehr guter Ausgangspunkt, um die umliegenden Dörfer zu erkunden.

## Norden

**BHAMO: Friendship Hotel** $
Konventionell SK D2
*Letwet Thondaya Rd*
(074) 500 95
Große Zimmer in einem modernen Gebäude unweit des Marktes und des Flusses. Kostenlose Fahrt zum Bootsanleger.

**MYITKINA: United** $
Konventionell SK D2
*38, Thitsat St*
(074) 220 85
Das recht einfache chinesische Hotel ist sehr beliebt bei Gastarbeitern und ausländischen Hilfskräften.

### Vis-à-Vis-Tipp

**PUTAO: Malikha Lodge** $$$
Boutique SK D1
*Mulashidi Village*
(09) 860 0659
**malikhalodge.net**
Wunderschönes Refugium zwischen Wald und Reisterrassen südlich von Putao. Das einzige Hotel im Norden, das internationale Standards erfüllt, ist ein Ausgangspunkt, um die nahe gelegenen Berge zu erkunden. Die Bungalows mit Badewanne und Kamin.

## Südosten

**HPA-AN: Golden Sky** $
Konventionell SK D5
*2, Thida St, West Thida Ward*
(058) 215 10
Einfaches Hotel im Norden der Stadt mit Blick auf den Fluss. Der Ausblick von der oberen Etage entschädigt für schlichtes Dekor.

**KYAIKTIYO: Mountaintop Hotel** $$
Konventionell SK D5
*Kyaiktiyo*
(01) 502 479
**mountaintop-hotel.com**
Komfortables Hotel am höchsten Punkt von Kyaiktiyo, fünf Minuten vom Schrein entfernt. Die Unterkunft ist überteuert, aber bei Sonnenaufgang sehr schön.

**MAWLAMYINE: Mawlamyaing Strand** $$
Konventionell SK D5
*Strand Rd, Phat Than Quarter*
(057) 256 24
**mawlamyaingstrand.com**
Vom stilvollsten Hotel in Mawlamyine hat man herrlichen Blick auf den Fluss. Große, helle Zimmer mit bequemen Betten.

# Restaurants

Die Birmanen sind zu Recht stolz auf ihre Küche, die zwar vieles von Nachbarländern übernommen hat, aber dennoch einzigartig ist. Aus vielerlei Gewürzen und reichhaltigem Seafood entstehen Currys mit intensiven Aromen. Darüber gestreute geröstete Nüsse, Hülsenfrüchte und Samen sorgen für erstaunliche Effekte. Nudeln und Tofu dominieren die Küche im Shan-Hochland, eine von mehreren Regionalküchen im Land. Internationale Gerichte wie Pizza, Pasta und Burger sind in großen Städten und Ferienorten zu bekommen, wo es eine große Auswahl an Restaurants gibt. Das Angebot reicht von schicken klimatisierten Lokalen über ziemlich schlichte myanmarische Restaurants, in denen man für ein paar Dollar eine ganze Mahlzeit kriegt, bis hin zu Imbissständen, die brutzelnd heiße, leckere Snacks für noch weniger Geld verkaufen. Cafés variieren von amerikanischen Coffee-Shops in den Städten bis zu traditionellen winzigen Teehäusern. In den meist recht lauten chinesischen Bierlokalen wird abends Fußball geschaut.

## Myanmarische Restaurants

Die authentischsten myanmarischen Gerichte werden in turbulenten, schnörkellosen Restaurants in Geschäfts- und Wohnvierteln serviert, in denen definitiv mehr Wert auf Essen als auf Dekor gelegt wird. Am besten ignoriert man das Neonlicht und die Plastikstühle und wendet sich schnurstracks der gläsernen Buffettheke zu, in der Dutzende von Eintöpfen, Currys, Salaten und Beilagen ausgestellt sind. Man wählt einen oder zwei Hauptgänge, die dann zusammen mit klaren Suppen und Beilagen – Schüsseln mit dampfendem weißem Reis bis zu würziger *balachaung* (Paste aus Garnelenpulver), gegorenem Teeblättersalat, grob gehacktem Gemüse und grünen Blättern – an den Tisch gebracht werden.

Chinesisch beeinflusst sind die Grillstände, an denen die Gäste einen Spieß mit Schweine-, Hühnchen-, Hammelfleisch oder Fisch auswählen, der gegrillt und mit Saucen serviert wird. Auch Lokale in Shan beweisen chinesischen Einfluss: Hier werden Nudeln in Fleischbrühen sowie Tofu aus Kichererbsen angeboten.

## Touristenlokale

Ausländische Küche war bis vor Kurzem ausschließlich die Domäne der wenigen Fünf-Sterne-Hotels, doch seit dem Aufschwung des Tourismus haben in den wichtigsten Ferienzielen wie Nyaungshwe (Inle-See), Bagan und Ngapali (Westen) zahlreiche Lokale eröffnet, in denen Pizzas, Burger und Sushi serviert werden.

In Großstädten wie Rangun und Mandalay hat der Appetit der wohlhabenden Elite nach kulinarischen Neuerungen dazu geführt, dass heute Patisserie und Designer-Eis erhältlich sind. Im Internet findet man auch Cafés für einen Cappuccino und einen Muffin.

Auslage im trendigen Coffee Club im Zentrum Ranguns *(siehe S. 210)*

## Garküchen

Einige der leckersten Mahlzeiten und Snacks Myanmars gibt es an Imbissständen. In größeren Städten verköstigen sie oft gleichzeitig Dutzende von Gästen, die sich zum Essen an niedrige Tischchen setzen. *Mohinga* (Nudelsuppe *siehe S. 208*), essen einheimische Arbeiter gern zum Frühstück. Abends sind in den Stadtzentren indische Chapati- und Curry-Buden geöffnet. Das Essen dort ist entgegen dem äußeren Schein normalerweise sicher und hygienisch, da es jeden Tag frisch zubereitet und schnell verkauft wird. Dasselbe gilt für frittierte Snacks wie indische *pakora*, die an der Straße auf heißen Grillpfannen gebraten werden, und die köstlichen *mont linmayar* (»Mann und Frau«) – kleine, mit Wachteleiern, Schälerbsen, Tomaten und Frühlingszwiebeln gefüllte Reismehl-Pfannkuchen. Wenn sie außen knusprig sind, werden zwei Pfannkuchen aufeinandergelegt und ähneln nun einem Liebespaar – daher der Name. Sie werden in Tüten à zehn Paare verkauft, mit einem Teelöffel Sesampulver darauf.

## Vegetarische Optionen

Myanmar stellt Vegetarier nicht vor Probleme. Obwohl die Auswahl an geeigneten

**Eine Schüssel Nudeln nach Shan-Art, mit Gemüse in einer Brühe serviert**

Gerichten eingeschränkt ist, bieten doch die meisten Restaurants – sowohl myanmarische als auch auf Touristen zugeschnittene – viele Optionen. Eintöpfe aus Kichererbsen und anderen Hülsenfrüchten mit Reis oder Nudeln und Myanmars leckere Tomatensalate sind bei Vegetariern beliebt. Im Shan-Staat werden sie mit Tofu, Gemüse und Nudelsuppen sowie sättigenden Gerichten aus dem Lehmtopf besonders gut versorgt.

**Feel Myanmar Food, beliebtes Restaurant in Rangun *(siehe S. 210)***

## Teehäuser und Bierlokale

Traditionelle Teehäuser sind ein fester Bestandteil der kulinarischen Szene, besonders in Rangun, wo zu einer Schüssel *mohinga*, Dampfbrötchen, *samosa* oder Semolina-Kuchen ein starker, süßer Tee (meist mit Kondensmilch) gehört. In Teehäuser gehen Arbeiter und Senioren, um sich zu entspannen, zu unterhalten und Zeitung zu lesen. Die Jüngeren treffen sich eher in chinesischen Bierlokalen, in denen auf riesigen Bildschirmen Fußballspiele laufen und Karaoke oder anderes Entertainment geboten wird.

## Alkohol

Bier hat Tee als Nationalgetränk schon fast eingeholt. Am beliebtesten ist Myanmar Beer von einer Brauerei, die dem Militär und einem Konzern gehört, hinter dem die Wa-Drogenbarone stehen. Die erfrischenden Lagerbiere Dagon und Mandalay gehören ebenfalls der Regierung bzw. mit dem Militär verknüpften Konzernen. In gehobeneren Bars werden häufig Tiger Beer aus Singapur sowie Boutique-Biere wie Spirulina (aus der Spirulina-Alge) und ABC (ein starkes Dunkles mit acht Volumenprozent) ausgeschenkt.

Wegen der Nachfrage nach Wein in den Urlaubszentren wurden zwei Weingüter gegründet *(siehe S. 173)* – Aythaya am Stadtrand von Taunggyi und Red Mountain am nahe gelegenen Inle-See. Beide produzieren Rot- und Weißweine aus zumeist europäischen Reben wie Shiraz, Cabernet Sauvignon, Tempranillo und Dornfelder. Ihre Qualität wird von Jahr zu Jahr besser, und sie sind in etwa mit mittelpreisigen amerikanischen Weinen vergleichbar.

## Preise

Wie überall variieren auch in Myanmar die Preise für ein Essen enorm. Während man in einem traditionellen Restaurant für eine komplette Mahlzeit nicht mehr als vier US-Dollar bezahlt, kann in einem Touristen-Café schon ein Teller Pasta mit Pesto doppelt so viel kosten. Nur in Nobelhotels und den wenigen Gourmetrestaurants liegt der Preis für eine Mahlzeit bei über 20 US-Dollar. Wein kann die Rechnung dramatisch in die Höhe treiben, da heimische wie importierte Weine 15 bis 25 US-Dollar die Flasche kosten, in gehobenen Hotels durchaus auch doppelt so viel.

## Trinkgeld

Der Service ist schon im Preis inbegriffen. In normalen myanmarischen Restaurants ist Trinkgeld nicht üblich, in den Touristenlokalen lässt man normalerweise das Wechselgeld – 1000 bis 1500 Kyat – als Trinkgeld liegen.

**Urlauber entspannen auf der Terrasse eines kleinen Teehauses**

## Restaurantkategorien

Die Restaurantauswahl *(siehe S. 210–215)* reflektiert den kulinarischen Reichtum Myanmars: von feinen Speiselokalen über traditionelle und moderne myanmarische Fusionsküche bis hin zu Gourmet-Thailändern.

Die gehobeneren und entsprechend teuren Restaurants befinden sich häufig in Nobelhotels, hier bezahlt man neben dem Essen auch für die Einrichtung und den Service.

Restaurants mit besonderem Charakter werden in der Auswahl als **Vis-à-Vis-Tipp** hervorgehoben. Sie überzeugen etwa durch überaus kreative Küche oder spezielles Ambiente.

# Myanmars Küche

Die Küche Myanmars ist so vielfältig und unverwechselbar wie das Land. Viele Traditionen teilt sie mit dem benachbarten Thailand, sie weist aber auch Gerichte und Aromen auf, die man nirgendwo sonst findet – das ist Myanmars Lage am kulturellen Scheideweg Südostasiens zu verdanken. Chinesischen Einfluss bezeugt die Allgegenwart von Nudeln und klaren Suppen, und aus der Zeit der britischen Herrschaft stammen indische Currys und frittierte Snacks. Myanmar ist ein Fest für den abenteuerlustigen Gaumen.

**Shrimp-Chili-Paste *balachaung***

**Frische Produkte auf einem der Fünf-Tage-Märkte um den Inle-See**

## Myanmarische Küche

Für die typisch myanmarischen Geschmacksnoten sorgt hauptsächlich die üppige Verwendung von *Ngapi*-Saucen aus fermentierten Meeresfrüchten (Shrimps, Garnelen und Fisch), die mit Salz und scharfen Gewürzen zerstoßen werden. Würzpasten wie die allgegenwärtige *balachaung* basieren auf *ngapi*. Sie sind die *apu za*- (»einheizende«) Komponente des Gerichts, die immer von *a-aye za*- (»kühlenden«) Zutaten wie Aubergine, Gurke und Milchprodukten ausgeglichen werden. Grundnahrungsmittel sind Reis oder Nudeln. Eiweiß liefern Fleisch, Geflügel oder Fisch, aber auch im einfachsten Alltagsgericht finden sich auch Hülsenfrüchte, Gemüse, Früchte, Gewürze, Kräuter und scharfe Pasten. Viele Gerichte der myanmarischen Küche sind für westliche Gaumen völlig neu.

## Typische Mahlzeit

Traditionell sitzt man zum Essen an niedrigen Tischen im Schneidersitz auf Strohmatten, inzwischen werden allerdings kleine Stühle immer

**Eine Auswahl aus den vielen Gewürzen in der myanmarischen Küche**

## Regionale Spezialitäten

**Myanmarischer Tofu**

Das typische Gericht Ranguns und des Irrawaddy-Deltas ist *mohinga*. Die Grundlage dieses Eintopfs ist Fischbrühe mit Zwiebeln, Knoblauch, Ingwer und Zitronengras. Reisnudeln und Bananenstiele sorgen für Substanz, serviert wird er mit hart gekochten Eiern, *nga hpe* (frittierten Fischküchlein) und *akyaw* (Kichererbsengebäck). Der Eintopf wird meist vor der Arbeit an Imbissständen gegessen, wobei die Gäste auf Plastikstühlen sitzen. Das Äquivalent in Mandalay und Shan ist *Shan kauk swe* (heiße Shan-Nudeln), eine Brühe mit Hühnchen-, Schweine- oder Hammelfleisch und Gemüse. Die authentischste Version ist auf Morgenmärkten zu finden. Es gibt auch eine vegetarische Variante mit Tofu, der in Myanmar nicht aus Sojabohnen, sondern aus Kichererbsen und Kurkuma besteht. Er ist gelb, fest und cremig.

***Mohinga*, das Nationalgericht, steckt voller echt myanmarischer Zutaten wie etwa zartem Bananenstielmark.**

Eine Mahlzeit besteht aus Dutzenden von Gerichten und Beilagen

gebräuchlicher. In Familien bekommen den ersten Löffel Reis immer die Ältesten, ob anwesend oder nicht – diese Tradition wird *u cha* genannt. Reis, Currys, Fleisch und Fisch werden mit den Händen gegessen, für Nudeln nimmt man Stäbchen, für Salate Löffel. Über ein Dutzend verschiedener Gerichte werden gleichzeitig aufgetragen, meist in kleinen Schüsseln, dazu ein Stapel aus Gemüse und rohem Salat, Minze, Rettich, Kresse und Gurken.

## Salate und Garküchen

Die Myanmaren lieben *a-thoq*, Salate aus vielen Zutaten und Gewürzen, Öl und gerösteten Nüssen. Typischster Salat ist *lahpet thoq*. Dieser fermentierte Teeblättersalat ist ein scharfes, glibberiges Gewirr aus eingelegten Teeblättern mit vielen aromatischen Gewürzen. Bei formellen Anlässen wird er in speziellen Lackkästchen serviert, die in Abschnitte unterteilt sind, und kaum ein Essen kommt ohne diese Beilage aus. Der ähnlich beliebte *karyanchin-theet thoq* (Tomatensalat) kommt dem westlichen Gaumen eher entgegen. Im Shan-Staat werden aus Tofu, Bohnensprossen und rohen grünen Blättern sättigende Salate zubereitet.

Zubereitung von *mohinga* in einer Garküche in Rangun

Imbissstände bieten Snacks und ganze Mahlzeiten. Arbeiter kaufen sich fürs Frühstück gern *mohinga*, die aus Kesseln geschöpft wird. Und mit indischen frittierten Samosas und *pakora* stärken sie sich für den Nachhauseweg.

## Auf der Karte

***Myae oh myi shae*** Lehmtopfgerichte aus chinesisch angehauchten klaren Suppen, Gemüse und Schweine- oder Hühnchenfleisch.

***Nangyi thoq*** Salat aus dicken Reisnudeln, würzigem Hühnchen, geröstetem Kichererbsenmehl, Zwiebeln, Chilis, Limette und hart gekochten Eiern.

***Htamin jin*** Klößchen aus dem Shan-Hochland aus fermentiertem Reis, gekochtem Fisch, Tomatenmark und Kartoffelbrei.

***Mont lone ye bawn*** Typisches Dessert: gedämpfte Bällchen aus Kokos, Palmzucker und Reis.

***Shwe yin aye*** Dessert aus Agar-Agar, Tapioka und Sago in gesüßter Kokosmilch.

***Mont let saung*** Bällchen aus Klebreis, Tapioka, Sesam, Kokosmilch, Kokosraspeln und Zuckerrohrsirup.

**Shan-Nudeln** sind breit und flach. Sie kommen in den würzigen Tomateneintopf, der nach ihnen benannt ist.

**Fermentierter Teeblättersalat** enthält auch Erbsen, Chilis, Tomaten, gehackte Shrimps, Limette, Ingwer und Erdnussöl.

**Tomatensalat** ist eine köstlich erfrischende Mischung aus Tomaten und Zwiebeln in süßlich-pikanter Erdnusssauce.

# Restaurantauswahl

## Rangun

**999 Shan Noodle House** $
Shan SP D4
*130B, 34th St, Kyauktada Township*
Eines der besten Lokale der Stadt, um große Schüsseln mit Shan-Nudeln (Reis, gelb und traditionell) und knusprig gebratenes Tofu zu probieren.

**Aung Thukha** $
Birmanisch SP C1
*17A, Dhammazedi Rd*
Die altmodische Kantine in Gehentfernung von der Shwedagon-Pagode ist ein beliebtes Lokal, um Salate und Currys mit Fleisch zu genießen. Preiswerte Option.

**Coffee Club** $
Café SP C5
*Ebene 1, Ecke Mahabandula Rd u. 11th St, Lanmadaw Township*
(0) 943 207 764
Angesagtes Café mit Klimaanlage im Herzen der Stadt mit kostenlosem WLAN und hübschen Teakholztischen. Leichte Mahlzeiten und Sandwiches. Das freundliche Personal spricht Englisch.

**Feel Myanmar Food** $
Birmanisch SP C3
*124, Pyidaungzu Yeiktha St*
**feelrestaurant.com**
Lebhaftes Restaurant, wo man am Buffet eine große Bandbreite birmanischer Gerichte probieren kann. Für alle Speisen gibt es zahlreiche Saucen.

**Khaing Khaing Kyaw** $
Birmanisch
*671A, 8 km von der Pyay Rd, nahe der Thu Kha Kabar Clinic*
Es gibt kein besseres Lokal in der Stadt, um sich mit den Freuden der birmanischen Küche vertraut zu machen, als das Khaing Khaing Kyaw. Jeden Tag werden Dutzende von Speisen zubereitet. Preiswert und sehr sauber.

**Frisches Gemüse vor der Zubereitung im Khaing Khaing Kyaw**

**Kosan** $
Birmanisch/Chinesisch SP C4
*108, 19th St, Latha Township*
(0) 9428 038 032
**kosanmyanmar.com**
In der »Beer Bar Street«, wie die 19th Street auch genannt wird, befinden sich viele chinesische Grillrestaurants. Am Abend ein reizvoller Ort, um einen Cocktail zu genießen.

**Min Lan Rakhine** $
Rakhaing SP F2
*Min Lan St, Sayar San (Süden), Sanpya Quarter, Bahan Township*
Saftiger Hummer, Krabben, Tintenfisch und Garnelen werden nach Gewicht an die Kunden verkauft und nach Rakhaing-Art über offener Flamme gegrillt. Auch wenn das Lokal etwas schäbig wirkt, das Essen ist grandios.

**Nilar Biryani** $
Indisch SP D4
*216, Anawrahta Rd, zwischen 29 St u. 30 St*
Im besten Biryani-Restaurant der Stadt löffelt man auf der Terrasse Reis aus großen Schüsseln. Gutes Essen, schneller Service. Probieren Sie Bananen-Lassi.

**Sai's Tacos** $
Mexikanisch SP C1
*32A, Inya Myaing Rd, Bahan Township*
(01) 514 950
Wenn Sie einmal Abstand nehmen möchten von asiatischer Küche, ist dieses Tex-Mex-Lokal eine gute Wahl: leckere Hähnchen-Burritos, Quesadillas mit Gemüse und fabelhafte Tortillas.

**Green Elephant** $$
Birmanisch
*37, University Ave, Bahan Township*
(01) 537 551
**greenelephant-restaurants.com**
Vorzügliche birmanische Hausmannskost, teilweise mit westlicher Note, serviert in einem großen Gartenpavillon. Beliebt bei Reisegruppen.

**House of Memories** $$
Birmanisch SP B1
*290, U Wisara Rd, Kamayut Tsp*
(01) 525 195
**houseofmemoriesmyanmar.com**
Authentische birmanische Küche in einem Fachwerkhaus der Kolonialzeit mit Leinentischdecken, alten Fotos und Familienerinnerungen als Dekor. Erbitten Sie einen Tisch auf der Veranda. Flinkes Personal.

**Preiskategorien**
Preis für ein Abendessen für eine Person ohne alkoholische Getränke, aber inklusive Steuern und Service.

| | |
|---|---|
| $ | unter 7 US-Dollar |
| $$ | 7–20 US-Dollar |
| $$$ | über 20 US-Dollar |

**Padonmar** $$
Südostasiatisch SP B3
*105–107, Kha Yay Pin St, Dagon*
(0) 973 029 973
Köstliche birmanische und thailändische Currys, eine verlockende Auswahl an frischen Salaten sowie gegrillte Auberginen im Garten oder im lebhaften Speisesaal. Beliebt bei Reisegruppen.

**Yangon Bakehouse** $$
Café SP D1
*Pearl Condominium, Block C, Kaba Aye Pagoda Rd*
(0) 9250 178 879
Herrliche Kuchen, Kekse und Muffins gebacken von Mitarbeiterinnen, die sich im Rahmen eines Hilfsprogramms um benachteiligte Frauen kümmern. Sehr gute Salate, Sandwiches und der beste Kaffee in Myanmar.

**L'Alchimiste** $$$
Französisch/Fusion
*5, U Htun Nyein St*
(01) 660 612
**lalchimisterestaurant.com**
Niemand kommt nach Rangun, um französische Gourmetküche zu genießen, aber dem romantischen Ambiente und den köstlichen Speisen kann man schwer widerstehen. Das erstklassige Restaurant befindet sich in einer alten Villa aus der Kolonialzeit am Ufer des Inya-Sees.

### Vis-à-Vis-Tipp

**Le Planteur** $$$
Fusion
*80, University Ave, Bahan Township*
(01) 514 230
Moderne Gourmetküche und indisch-chinesische Fusionsküche von dem Schweizer Küchenchef Boris Granges. Fisch und Seefood in vielen Variationen. Um volle Fünf-Sterne-Qualität zu erhalten, wählen Sie am besten à la carte. Außerordentlich schneller Service.

**Mandalay** $$$
International SP B3
*Governor's Residence Hotel, 35, Taw Win Rd*
(01) 229 860
Genießen Sie birmanische oder westliche Küche in einem der besten Restaurants in Myanmar und blicken Sie von der Veranda auf die Lotosteiche. Flinkes, livriertes Personal.

**L'Opera** $$$
Italienisch
*62D, U Htun Nyein St, Mayangone Township*
(01) 665 516
Erstklassiges italienisches Restaurant in einem schattigen Garten am Ufer des Inya-Sees. Man pflegt wunderbar authentische Küche, der Service hingegen ist etwas prätentiös. Reservierung empfohlen.

**Sharky's** $$$
Europäisch SP C1
*117, Dhammazedi Rd*
(01) 524 677
Pizza, belegte Brote, Aufschnitt, Käse aus der Region und hausgemachte Eiscreme in einem trendigen, außerordentlich beliebten Gourmetrestaurant. Das Lokal in der oberen Etage beweist mehr Chic und ist extravaganter. Hier serviert man norwegischen Lachs und saftige Steaks – alles perfekt zubereitet. Dazu kredenzt man internationale Weine.

**Strand Café** $$$
Europäisch SP E5
*Strand Hotel, 92, Strand Rd, Dagon Township*
(01) 243 377
High Tea mit belegten Brötchen und Gebäck gehört seit der Kolonialzeit zum guten Ton, wenn man als Besucher in die Stadt kommt. Viele Gäste sind heute jedoch der Ansicht, dass die Preise etwas überhöht sind.

**Strand Grill** $$$
International SP E5
*Strand Hotel, 92, Strand Rd*
(01) 243 377
Im Strand Grill einen Hummer-Thermidor zu genießen ist seit Jahrzehnten eine besondere Verlockung in Rangun. Dekadente Kochkunst mit vielen französischen Spezialitäten.

**Thiripyitsaya Sky Bistro** $$$
International SP D4
*Sakura Tower, 339, Bogyoke Aung San Rd, Kyauktada Township*
(01) 255 277
Genießen Sie den berühmten Panoramablick und freie Sicht auf die Sule-Pagode vom höchsten Wolkenkratzer in Rangun. Die Speisen sind zu empfehlen, wenn auch etwas kostspielig. Kommen Sie zu Kaffee und Kuchen.

**Htay Htay's Kitchen am Ngapali Beach, ein beliebtes Seafood-Restaurant**

**Café Sul** $$$
International SP D4
*Sule Shangri-La, 223, Sule Pagoda Rd*
(01) 242 828
Das modern gestaltete Café im Hotel Sule Shangri-La *(siehe S. 202)* ist für seine grandiosen Buffets bekannt, die morgens, mittags und abends arrangiert werden. Man kann auch von der Karte auswählen – von Currys über Käsegerichte bis Nudeln.

## Region Bago

**BAGO: Hanthawaddy** $$
Birmanisch/Chinesisch SK D5
*192, Hintha St, Shin Sawpu Quarter*
Hanthawaddy ist das beste Restaurant in einer Stadt, wo gute Lokale dünn gesät sind. Birmanische und chinesische Küche bester Qualität für Reisegruppen.

**TAUNGU: Mother's House** $
International SK D4
*501–502, Yangon–Mandalay Hwy*
(054) 242 40
Das bei Reisegruppen beliebte, empfehlenswerte Hotel-Restaurant an der Hauptstraße serviert köstliche Currys, Reis- und Nudelgerichte in einem großen, sauberen Speisesaal.

## Westen

**MRAUK U: Moe Cherry** $
International SK B3
*Östlich der Palastmauern*
(043) 501 77
Das Urlauber-Restaurant nahe dem Königlichen Palast ist dank seiner großen Auswahl und Gastfreundschaft das beliebteste Lokal der Stadt.

**NGAPALI:**
**The Green Umbrella** $$
Seafood SK C4
*Ngapali*
Eines der vielen typischen Strandrestaurants, jedoch mit außerordentlich freundlichen Besitzern. Genießen Sie auf der Terrasse wundervolle Fischsteaks, köstliche Cocktails und den Sonnenuntergang.

### Vis-à-Vis-Tipp

**NGAPALI:**
**Htay Htay's Kitchen** $$
Seafood SK C4
*Nördliches Ende des Strands, hinter dem Bayview Hotel*
In diesem Restaurant bemüht man sich sehr um abwechslungsreiche Küche: Garnelen in Buttersauce, Tintenfischsalat und Krabbentempura, daneben Standardgerichte wie etwa gegrilltes Fischfilet und Currys – alles frisch zubereitet. Die Inhaber des Restaurants, ein sympathisches Paar, betreiben auch einen Souvenirladen nebenan.

**NGAPALI: Ngapali Kitchen** $$
Seafood SK C4
*Main Rd, hinter dem Palace Hotel*
Das Café wird von einer Fischerfamilie aus dem Dorf geführt. Es bietet eine größere Vielfalt als anderen Lokale der Gegend, u. a. birmanische, chinesische und thailändische Küche. Man serviert Thunfisch, Snapper, Krabben und Hummer frisch aus dem Meer.

**NGWE SAUNG:**
**The Royal Flower** $$
Seafood SK C5
*Ngwe Saung*
Serviert wird frischer Fisch vom Markt: Garnelen, Krabben, Tintenfisch und Hummer mit würzigen Saucen. Die Speisen werden fachgerecht gegrillt. Heitere Atmosphäre nach einer kurzen Rikscha-Fahrt vom Strand.

**SITTWE: River Valley** $$
Seafood SK B4
*5, Main St*
Im River Valley bekommt man köstliches Seafood zu günstigen Preisen serviert. Umfangreiche Karte, herzlicher Service und ein tadelloser Speiseraum. Das Restaurant ist vor allem bei Gastarbeitern beliebt.

## Historische Königsstadt Bagan

**MYINKABA: San Thi Dar** $
Asiatisch SK C3
*Myinkaba, New Bagan – Old Bagan Rd*
Köstlich zubereitete Speisen in großen Portionen, serviert von einer freundlichen einheimischen Familie. Die Currys und Salate sind legendär. Viel Vegetarisches, aber auch Hähnchen- und Rindfleisch.

**NEU-BAGAN: Green Elephant** $$$
Asiatisch SK C3
*Yamonar, Thiripyitsaya-Viertel*
☎ (061) 654 22
Die Restaurantkette bietet passables Essen, wenn auch etwas überteuert. Hierher kommt man vor allem wegen der schönen Umgebung am Fluss und der romantischen Atmosphäre.

**NEU-BAGAN: Si Thu** $$$
Asiatisch SK C3
*Yamonar, Thiripyitsaya-Viertel*
Ein wunderbarer Ort, um den Blick auf die reizvolle Flusslandschaft und das Arakan-Joma-Gebirge zu genießen. Vorzügliche thailändische, chinesische und birmanische Gerichte.

**NEU-BAGAN: Sunset Garden** $$$
Chinesisch/Birmanisch SK C3
*Yamonar, Thiripyitsaya-Viertel*
☎ (061) 650 37
Von der Terrasse dieses eleganten Restaurants genießt man einen faszinierenden Ausblick auf die Lawkananda-Pagode, die sich auf der Wasseroberfläche des Irrawaddy spiegelt. Tagsüber kommen viele Urlaubergruppen, am Abend ist es allerdings sehr zu empfehlen.

**NYAUNG U: Aroma 2** $
Indisch SK C3
*Thiripyitsaya 4 St (Yarkin Thar Hotel Rd)*
☎ (0) 9204 2630
*»No good, no pay«* ist das Motto des beliebten indischen Restaurants an der Hauptstraße von Nyaung U. Die vegetarischen Currys, Dals und Chapati sind eher birmanisch als indisch zubereitet, schmecken aber sehr gut.

**NYAUNG U: Queen** $
International SK C3
*Nahe dem Bagan-Umbra Hotel, Bagan – Nyaung U Rd*
☎ (061) 601 76
Das populäre Straßenrestaurant am Stadtrand von Nyaung U ist bekannt für seine erstklassigen Flussgarnelen und Butterfisch-Currys, die in Tonschalen mit Sojabohnen-Paste und einer Vielfalt an Gewürzen serviert werden. Daneben gibt es Burger, Milchshakes und Lassi. Ein guter Ort zum Abendessen oder um während einer Tempelbesichtigung eine Pause einzulegen.

### Vis-à-Vis-Tipp

**NYAUNG U: Black Bamboo** $$
International SK C3
*Nahe der Thiripyitsaya 4 St*
☎ (061) 607 82
Das französisch geführte Gartenrestaurant liegt versteckt abseits der Hauptstraße und ist eine Oase der Entspannung. Die Auswahl an internationalen und myanmarischen Speisen ist gut. Es gibt Tofu-Curry, Auberginensalat und Spaghetti Carbonara. Der Service ist langsam oder geruhsam, je nach Grad des Hungers.

**ALT-BAGAN: The Moon** $
Vegetarisch SK C3
*Nördlich des Ananda-Tempels*
Highlights auf der fantasievollen, streng vegetarischen Speisekarte sind Papadam mit Guacamole und Tamarinden-Curry. Die Räumlichkeiten des Lokals sind tadellos, das Essen wird frisch zubereitet, und der Service ist freundlich, wenn auch ein wenig langsam.

**ALT-BAGAN: Yar Pyi** $
Vegetarisch SK C3
*Nördlich des Ananda-Tempels*
Einfallsreiche Hausmannskost in einem familiengeführten vegetarischen Café. Kosten Sie Auberginen- oder Kürbiscurry und Teeblättersalat. Sehr preiswert.

**ALT-BAGAN: Sarabha II** $$
Asiatisch SK C3
*Tharabar-Tor*
Jeder Gast, der im nahe gelegenen Hotel @ Tharabar Gate absteigt, isst hier – es schmeckt doppelt so gut und kostet die Hälfte. Schmackhafte Currys, Salate und Suppen, chinesisch oder thailändisch zubereitet.

**ALT-BAGAN: Star Beam** $$
Birmanisch/Französisch SK C3
*Nördlich des Ananda-Tempels*
☎ (0) 9401 528 810
Laben Sie sich an Spezialitäten der birmanischen Küche, u. a. an leckerem Seafood-Curry nach Rakhaing-Art, oder gegrilltem Fisch in westlicher Zubereitung.

**POPA TAUNG KALAT: Popa Mountain Resort** $$$
International SK C3
*Mount Popa*
☎ (02) 691 68
Auch wenn Sie nicht in dem Bergresort wohnen, lohnt es sich, zum Essen hierherzukommen und das Kloster Popa Taung Kalat auf einem Vulkanfelsen zu betrachten. Großartiger Infinity Pool.

## Region Mandalay

**MANDALAY: Aye Myit Tar** $
Birmanisch SK C3
*530, 81st St*
Ein herrliches Lokal, um birmanische Küche von ihrer besten Seite kennenzulernen, sehr authentisch und sauber. Das kleine Café ist

**Frittierte Häppchen an einem Straßenstand**

**Restaurantkategorien** *siehe Seite 207* **Preiskategorien** *siehe Seite 210*

abends gut gefüllt mit einheimischen Familien. Die Mahlzeiten sind etwas teurer als in einer der Kantinen, aber das Essen wird frisch zubereitet und schmeckt köstlich.

**MANDALAY: Lashio Lay** $
Shan **SK** C3
*65, 23rd St (83/84)*
Wohlschmeckende, frisch zubereitete Shan-Spezialitäten sind Markenzeichen des Hauses. Wählen Sie die Gerichte an der Theke, und man wird sie mit den üblichen Zutaten zubereiten.

**MANDALAY: Marie Min** $
Indisch-vegetarisch **SK** C3
*27th St (74/75)*
Gesunde und schmackhafte indische Kost in einem beliebten Treffpunkt für Rucksackreisende. Das Kürbiscurry und die Samosas sind besonders gut, Gleiches gilt für Erdbeer-Lassi als Dessert.

**MANDALAY: Minthiha** $
Teehaus **SK** C3
*Ecke 72nd St u. 28th St*
Die Gäste besuchen das berühmte Teehaus wegen der Lammfleischpasteten, serviert von Obern in roten Hemden.

**MANDALAY:**
**Nylon Ice Cream Bar** $
Eisdiele **SK** C3
*83rd St (25/26)*
Herrlich altmodische, typisch birmanische Eisdiele – einer der wenigen Orte auf der Welt, wo man Eiscreme mit Duriangeschmack bekommt. Angenehmes Abendlokal.

**MANDALAY:**
**Pakokku Daw Lay May** $
Birmanisch **SK** C3
*73rd St (27/28)*
Sehr sauberes birmanisches Restaurant mit glänzendem Geschirr und blitzblanken Oberflächen. Die Currys serviert man in rasantem Tempo mit vielen Zutaten.

**MANDALAY: Pan Cherry** $
Indisch **SK** C3
*81st St (26/27)*
(02) 399 24
Fliesenböden und Plastikstühle prägen das Flair des Lokals, das bei Einheimischen und bei Rucksackreisenden sehr beliebt ist. Herzhafte indische Speisen und Nudelgerichte.

**MANDALAY: Rainforest** $
Thai **SK** C3
*27th St (74/75)*
(02) 362 34
Das preiswerte, kleine Thai-Lokal ist besonders bei Rucksackreisenden populär wegen seines leckeren Panang-Currys und Fisch, zubereitet im Bambusdampfgarer.

**Essen mit Blick auf den Hotel-Pool: Spice Garden in Mandalay**

**MANDALAY: Super 81** $
Südostasiatisch **SK** C3
*582, 81st St (38/39)*
Ein guter Ort, um vor einer Show der Moustache Brothers in einem der besten Restaurants der Stadt eine Mahlzeit einzunehmen. Probieren Sie die Krabben oder Tofu im Tontopf.

**MANDALAY: BBB** $$
International **SK** C3
*292, 76th St (26/27), Chan Aye Thar Zan Township*
(02) 735 25
Restaurant in einem schweizerisch anmutenden Chalet mit amerikanischem Interieur. Eine gute Option für alle, die genug haben von Currys und Nudeln. BBB bringt Sandwiches, Burger, Gegrilltes, Pizza und eine gute Auswahl vegetarischer Gerichte auf den Tisch.

**MANDALAY: Café City** $$
International **SK** C3
*66th St (East Moat Rd)*
Alte birmanische Symbole und pflaumenfarbene Ledersessel verleihen dem Restaurant Retro-Flair. Das Lokal liegt gegenüber dem Palast im Herzen von Mandalay. Die ausländischen Besucher kommen wegen Hummer, Fisch, Steaks und Pommes frites – und wegen der Klimaanlage.

**MANDALAY: Green Elephant** $$
Asiatisch **SK** C3
*3H, Block 801, 27th St (64/65), Aung-Daw-Mu-Viertel*
(02) 612 37
**greenelephant-restaurants.com**
Das Restaurant ist in einem Kolonialgebäude mit schöner Gartenanlage untergebracht. Die Filiale der populären Kette ist vor allem bei Reisegruppen beliebt. Die Currys werden frisch zubereitet.

**MANDALAY:**
**Ko's Kitchen** $$
Thai **SK** C3
*282, Ecke 19th St u. 80th St*
(02) 695 76
Authentische, schmackhafte nordthailändische Küche in einem klimatisierten Restaurant westlich der Palastanlage von Mandalay. Probieren Sie Salat mit gebratenem Wels und Cashewnüssen oder grünes Hähnchencurry mit Reis.

**MANDALAY: Simplicity** $$
Café **SK** C3
*35th St (91/92)*
Das Café liegt etwas entfernt von der Innenstadt. Im Angebot der Bio-Bäckerei sind traditionelle Shan-Nudeln, hausgemachte Knödel und andere Leckereien neben Brot und köstlichen chinesischen Backwaren.

**MANDALAY:**
**The Golden Duck** $$
Chinesisch **SK** C3
*192, Ecke 80th St u. 16th St*
(02) 368 08
In Mandalay werden Sie keinen besseren Ort finden, um Ente zu essen, als dieses mehrstöckige chinesische Restaurant in der Innenstadt. Ganze oder halbe Ente mit Gemüse als Beilage.

## Vis-à-Vis-Tipp

**MANDALAY:**
**Koffee Korner** $$$
International **SK** C3
*70th St (27/28)*
(02) 686 48
In Licht getauchte Palmen und seltsame türkische Lampen machen aus Koffee Korner eines der ungewöhnlichsten Restaurants der Stadt. Die Speisekarte ist ebenso international wie die Kundschaft: ungarisches Gulasch, Pizza, Garnelen-Thermidor, Nudeln mit Pesto und Monster-Sandwiches. Die Qualität ist gleichbleibend hoch.

**MANDALAY:**
**Spice Garden** $$$
Asiatisch **SK** C3
*Hotel by the Red Canal*
*417, Ecke 63rd St u. 22nd St*
(02) 685 43
Am Pool eines der schönsten Hotels der Stadt, dem Hotel by the Red Canal, serviert man feine indische und panasiatische Gerichte. Die preiswerten Menüs umfassen Suppen, Salate, Tempura, Currys mit klebrigem Kokosreis, Obst und Teeblättersalat mit Erdnüssen.

Innenhof im Restaurant Pleasant Island in Monywa

**MONYWA: Pleasant Island** $$
Chinesisch/Thai SK C3
*Yone Kyi Or, Kan Thar Yar Lake, Bogyoke Rd*
Das auf einer Insel gelegene urlauberfreundliche Restaurant ist vor allem wegen seiner Nähe zum Win Unity Resort sehr beliebt. Fisch- und Fleischgerichte mit birmanischen Saucen.

**PYIN U LWIN: Feel Café (Golfplatz)** $$
Birmanisch/Thai SK D3
*Nandar Rd, nahe dem Golf Club*
Feel hat zwei Filialen in Pyin U Lwin, dieses am Golfplatz ist das bessere der beiden: größere Portionen, schmackhafteres Essen und schnellerer Service. Grillhähnchen wird hier oft bestellt.

**PYIN U LWIN: Golden Triangle** $$
International SK D3
*Mandalay–Lashio Rd*
Lassen Sie sich in einem Korbsessel auf der Veranda der Bäckerei nieder und genießen Sie ein Zimtbrötchen mit Kaffee oder – gehaltreicher – Pizza oder Burger.

**PYIN U LWIN: The Club Terrace** $$
Shan/Europäisch SK D3
*25, Club Road, Quarter No. 5*
(085) 233 11
Zum Speisenangebot in der eleganten Kolonialvilla mit Gartenterrasse gehören vorzügliche Gerichte der Shan-Küche. Das Essen ist exzellent, der Service freundlich, die Atmosphäre überaus entspannt.

**PYIN U LWIN: Woodland** $$
Europäisch SK D3
*53, Circular Rd*
Das große Gartenrestaurant ist der belebteste Ort in ganz Pyin U Lwin mit Live-Musik fast jeden Abend. Die Speisekarte ist umfangreich: Probieren Sie die Pizza oder Butterkrebse. Es gibt auch Cocktails. Kostenloses WLAN.

## Osten

**HSIPAW: Mrs Popcorn's Garden** $
International SK D3
*Myauk Myo*
Legerer Treffpunkt für Rucksackreisende am Stadtrand. Die einfachen Gerichte werden von der Inhaberin zubereitet: gebratener Reis, Säfte, Shakes und Obstsalat.

**HSIPAW: Pontoon Coffee** $
International SK D3
*Nahe der Ponton-Brücke*
Vorzügliche Schokomuffins und Espresso, serviert von der australischen Immigrantin Maureen, die sich am grünen Stadtrand von Hsipaw niedergelassen hat. Das Café befindet sich in einem Teakholzhäuschen mit ruhigem Garten. Auch getoastete Sandwiches mit Käse und hausgemachtes Schwarzbrot werden aufgetischt.

### Vis-à-Vis-Tipp

**INLE-SEE: Inthar Heritage** $$
Intha SK D4
*Inpawkhon*
(0) 9525 1232
Der perfekte Ort, um auf dem See eine Mittagspause einzulegen. Alte Rezepte der Intha-Ahnen werden mit Bio-Zutaten zubereitet. Vom Speisesaal hat man einen tollen Blick auf die Reisfelder. Alles wird schön präsentiert, die Preise sind vernünftig. Empfohlen auch für Katzenliebhaber, die Exemplare der Burma-Katze bestaunen möchten.

**KALAW: Paye Pyae** $
Shan SK D4
*Union Highway, nahe dem Thirigayha Restaurant*
In dem unprätentiösen, kleinen Café verpflegen sich die Einheimischen zu allen Tageszeiten mit leckeren Shan-Nudeln aus dem Tontopf mit exotischem Gemüse und Pilzen als Beilage.

**KENGTUNG: Azure** $
Chinesisch SK E3
*Naung Tung Lakeside*
Preiswertes Restaurant mit Blick auf den See und Tischen unter einem Schatten spendenden Baum. Highlight ist das Hähnchen mit Cashewnuss-Sauce.

**NYAUNGSHWE: Everest Nepali Food Center** $
Nepalesisch/Indisch SK D4
*Kuaung Tau Anau St*
(0) 9428 322 745
Leichte, aromatische Gemüsecurrys, Dals und Chapatis in einem gemütlichen, schicken Restaurant in einer ruhigen Seitenstraße. Tolle Aromen und bezaubernder Service. Es gibt auch gekühltes Bier.

**NYAUNGSHWE: Lin Htett** $
Birmanisch SK D4
*Südwestliche Ecke des Mingalar-Markts, Yone Gyi Rd*
Für ein paar Dollar hat man in dem traditionellen birmanischen Speiselokal eine große Bandbreite an Currys mit Fleisch oder Fisch und Beilagen zur Auswahl.

**NYAUNGSHWE: Live Dim Sum House** $
Chinesisch/Shan SK D4
*Yone Gyi Rd, nahe November Hotel*
(0) 9428 136 964
Schönes, sauberes Restaurant mit flottem Personal. Köstliches Dim Sum und Shan-Tofu-Gerichte im Tontopf, zubereitet in einer offenen Küche (»live«).

**NYAUNGSHWE: Min Min** $
International SK D4
*Yone Gyi Rd, Kan Thar-Viertel*
Im Min Min, einem pulsierenden Treffpunkt für Rucksackreisende, wird man freundlich begrüßt und mit leckeren leichten Currys, Pfannkuchen, Nudeln mit Pesto und Cocktails bewirtet. Gutes Preis-Leistungs-Verhältnis.

Großes Speisenangebot im Live Dim Sum House, Nyaungshwe

**NYAUNGSHWE: Sin Yaw** $
Asiatisch SK D4
*Yone Gyi Rd, Kan-Thar-Viertel*
(0) 940 351 883
Das exzellente, preisgünstige Restaurant bietet einheimische Gerichte wie knusprig gebratenen Fisch und Seegrassalat. Serviert werden die Speisen von einer freundlichen Familie.

**NYAUNGSHWE: Thanakha Garden** $
Birmanisch/Burger SK D4
*43, Thar-Zi-Viertel, nahe Paradise Hotel und Mingalar-Markt*
(0) 9428 371 552
Nettes Restaurant mit Terrasse, das von einer freundlichen birmanischen Familie geführt wird. Die Highlights sind Garnelen- und Gemüse-Tempura sowie Curry mit Fisch aus dem Inle-See.

**NYAUNGSHWE: Beyond Taste** $$
Birmanisch/International SK D4
*10, Phaung Daw Pyan St, Nant-Pan-Viertel*
(0) 9428 358 111
Das Restaurant erhält regelmäßig sehr gute Kritiken – aus gutem Grund. Man serviert Currys und westliche Gerichte (sehr gute Pizzas) sowie Cocktails. Der Service verdient fünf Sterne.

**NYAUNGSHWE: Green Chilli** $$
Birmanisch/Thai SK D4
*Hospital Rd, Mingalar-Viertel*
(081) 209 132
In dem hübschen Shan-Restaurant serviert man variantenreich und aromatisch gewürzte Currys. Großzügige Portionen, guter Hauswein, aufmerksamer Service. Dekor mit birmanischer Kunst.

**NYAUNGSHWE: Viewpoint Lodge** $$$
Shan-Fusion SK D4
*Nahe der Kanalbrücke*
(081) 209 062
Der nobelste Ort der Stadt, um eine Mahlzeit einzunehmen. Wählen Sie das tapasähnliche »Shan Discovery«-Menü. Zum Speisenangebot gehören viele vegetarische Gerichte. Probieren Sie das feine Curry mit Tofu und Kartoffeln. Schneller Service und schöne Lage mit Blick über die Reisfelder. Die Qualität rechtfertigt das höhere Preisniveau.

**PINDAYA: Green Tea** $$
Birmanisch/Shan SK D3
*Shwe Umin Pagoda St*
Green Tea ist eines der schönsten Restaurants der Region. Es ist bekannt für seine malerische Uferlage mit Blick auf den See Pone Ta Lote und die Stupas von Pindaya – und seine hervorragend präsentierten Gerichte der birmanischen und der Shan-Küche.

**TAUNGGYI: Sein Myanmar** $
Shan SK D3
*Bogyoke Aung San Rd*
Das lebhafte Shan-Restaurant ist berühmt für sein köstliches *htamin jin* – eine Spezialität der regionalen Küche mit Reisbällchen, speziell zubereitem Fisch aus dem Inle-See, Tomatenpaste und Kartoffeln. Gute Wahl für Besucher der Stupas von Kakku auf der Rückfahrt zum Inle-See.

**TAUNGGYI: Sunset Wine Garden** $$$
International SK D3
*Aythaya Vineyard, Htone Bo*
(081) 208 653
Das Restaurant liegt inmitten sanft geschwungener Weinberge am Stadtrand. Zum Wein serviert man Fisch in Bananenblättern und Hammelfleischbällchen mit Sojasprossen.

## Norden

**BHAMO: Shamie** $
Indisch SK D2
*Tiyet Rd*
Köstliche indisch-muslimische Biryanis, Kebabs und Currys mit Fleisch sowie gefüllte Parathas und Chai zum Frühstück. Günstig gelegen für Gäste des nahen Friendship Hotel.

**KATHA: Shwe Sisa** $
Chinesisch SK C2
*Strand Rd*
Das Bierlokal am Fluss bringt zum Gerstensaft Brathähnchen und gegrillte Schweinerippchen auf den Tisch. Einer der wenigen Orte der Stadt mit Live-Übertragungen von Fußballspielen.

**MYITKYINA: Kiss Me** $
Birmanisch SK D2
*Zaw John Rd*
Wunderschöner Blick auf den Fluss und reichhaltiges Angebot an birmanischen Gerichten, u. a. Teeblättersalat. Das Restaurant liegt nördlich des Stadtzentrums in der Nähe der Pagodenanlage Su Taung Pyi.

**MYITKYINA: River View** $
Birmanisch SK D2
*Zaw John Rd*
Das Dim Sum dieses Restaurants am Flussufer wird weniger gepriesen als die großartige Aussicht mit Sonnenuntergängen. Ein guter Ort, um abends gemütlich ein kühles Bier zu trinken.

Schlichtes Interieur im indischen Café Mi Cho, Mawlamyine

**MYITKYINA: Bamboo Field** $$
Birmanisch SK D2
*313, Su Taung Pyi Rd (Union St)*
Das nobelste Restaurant in Myitkyina veranstaltet am Wochenende Tanzshows und Karaoke. Die Speisekarte ist so vielfältig wie die Kundschaft – Geschäftsreisende, aber auch Gastarbeiter.

## Südosten

**HPA-AN: San Ma Tau Myanmar** $
Birmanisch SK D5
*290, Bogyoke St*
Die kunterbunte Mischung aus duftenden Currys und Pfannengerichten lockt Scharen von Gästen in das freundliche Restaurant. Das Preis-Leistungs-Verhältnis ist hervorragend. Sie werden sich schwertun, mehr als ein paar Dollar auszugeben.

**HPA-AN: White** $
Birmanisch SK D5
*Thitsa St*
Shan-Nudeln, Kartoffelpüree mit würzigen Saucen und fabelhaftes *mohinga* sowie birmanische Snacks in einem belebten Lokal, in dem man den ganzen Tag Frühstücksmahlzeiten bekommt.

**MAWLAMYINE: Mi Cho** $
Indisch SK D5
*North Bogyoke Rd*
Vorzügliches indisch-muslimisches Essen in einem kleinen, engen Café. Kommen Sie früh, um sagenhaftes Biryani zu genießen. Zudem leckeres Dal mit Reis und Hähnchencurry mit Mango.

**MAWLAMYINE: Ykko** $$
Asiatisch SK D5
*Ecke Kannar St u. Htarwai Bridge St*
(0) 9041 591 212
Ykko ist eine schicke Restaurantkette mit WLAN und Klimaanlage sowie einer Auswahl aus Hunderten von asiatischen Gerichten. Beliebt: Eiskaffee und Eiscreme.

# Shopping

Myanmars traditionelles Kunsthandwerk erfährt durch den Tourismusboom in den letzten Jahren einen rasanten Aufschwung. Lack- und Metallarbeiten, Holzschnitzereien, Marionetten, Brokatstickereien und farbenfrohe Stoffmalereien füllen Stände und Läden an den Hauptattraktionen des Landes. Sie sind schöne Fotomotive und Fundgruben für Liebhaber südostasiatischer Handwerkskunst. In den großen Städten deckt sich die wohlhabende Mittelklasse inzwischen in mehrstöckigen Einkaufszentren mit modernen, importierten Konsumgütern ein. Doch Hallen- und Freiluftmärkte verkaufen nach wie vor überall im Land frische Produkte und sind für Ausländer, die an Supermärkte gewöhnt sind, aufregende Spektakel. Der gemeinsame Nenner, ungeachtet der Größe und Art des Ladens, sind die höflichen und gut gelaunten Verkäufer. Feilschen ist zwar an der Tagesordnung, es geschieht aber immer auf entspannte Art und Weise und häufig bei Tee und Häppchen.

**Bummel auf Ranguns Bogyoke Aung San Zei (Scott's Market)**

## Öffnungszeiten

Die Läden in den Städten sind in der Regel von 9 bis 20 oder 21 Uhr geöffnet. Die Einkaufszentren in Rangun und Mandalay öffnen um 10 und schließen gegen 22 Uhr. Wenn nicht viel los ist, schließen die Angestellten allerdings gern schon früher. Traditionelle *zei* (Märkte) sind normalerweise von Sonnenauf- bis -untergang geöffnet. Bei manchen *zei* finden auch lebhafte Nachtmärkte statt, die bis Mitternacht oder länger dauern.

Alle Läden sind sieben Tage die Woche offen, nur am Neujahrsfest Thingyan im April schließen sie für vier bis fünf Tage.

## Handeln

Außer in Einkaufszentren, gehobenen Touristen- und Lebensmittelläden, wo die Preise im Großen und Ganzen nicht verhandelbar sind, ist der zunächst genannte Preis fast immer viel höher als der, den der Käufer letztendlich zahlt. Um die Kosten zu reduzieren, muss man also zum Feilschen bereit sein. Dafür sind drei Dinge erforderlich: Geduld, Hartnäckigkeit und Sinn für Humor.

Wichtig ist dabei, höflich zu bleiben – dies ist nicht nur eine kommerzielle Angelegenheit, sondern auch eine soziale – und nichts erzwingen zu wollen, denn eine Verhandlung kann zehn Minuten oder länger dauern. Falls alles nichts bringt, sollte man sich verabschieden – was häufig zum drastischen Preisnachlass führt.

## Bezahlen

Eine Handvoll gehobener Boutiquen und Kaufhäuser akzeptieren Kredit- oder Debitkarten. Ansonsten kann man nur bar mit neuwertigen oder fast neuwertigen, nicht gefalteten US-Dollar-Scheinen *(siehe S. 232f)* bezahlen. Beim Kauf großer oder hochwertiger Objekte bekommt man eventuell einen Preisnachlass, wenn man mit großen Scheinen bezahlt, weil der Wechselkurs dafür besser ist. Das Wechselgeld wird stets in Kyat ausbezahlt. Damit kann man billigere und Alltagswaren wie Baumwollkleidung und einfache Souvenirs bezahlen. Quittungen stellen nur gehobene Handwerksläden und moderne Einkaufszentren aus, andere Läden nur auf Anfrage.

## Umtausch

In der Regel sind Kaufgeschäfte endgültig. Moderne Läden in Malls tauschen zwar Artikel um, aber sonst gilt: Hat das Geld den Besitzer gewechselt, gibt es kein Zurück. Garantien gelten nur für importierte Elektroartikel und beinhalten nur den Tausch, nicht die Rückzahlung.

**Freiluftmarkt am Flussufer in Bhamo in Nord-Myanmar**

Auslagen der *zaungdan*-Läden bei der Shwedagon-Pagode

## Versand

In Souvenirläden wird Besuchern meist angeboten, die Einkäufe für den Export zu verpacken. Zerbrechliche Waren werden zum sicheren Transport im Flugzeug gut mit mehreren Schichten Zeitungspapier und Polstermaterial eingepackt. Dieser Service ist im Preis eingeschlossen. Für größere, kostbare Dinge wie Möbel oder Teppiche wird auch internationaler Versandservice angeboten.

## Kunsthandwerk, Antiquitäten und Souvenirs

Die größte Auswahl an traditionellen und antiken Waren führen große Läden in den Urlaubsorten und Großstädten. Diese Läden für handgearbeitete Holzartikel, Palmblattradierungen, handgewebte Textilien, Gemälde, Steinfiguren und Buddha-Figuren aus Glockenmetall, Bronze und Messing führen sowohl antike als auch neue Waren – die jedoch oft schwer auseinanderzuhalten sind, weil neue Objekte in vielen Fällen auf alt getrimmt sind.

Lackarbeiten *(yun-de)* in Form runder Schachteln, Schalen *(kalat)* und Reisschüsseln mit Sockeln und spitzen Deckeln *(hsun ok)*, Teetabletts, stapelbare Essensboxen *(hsun gyaink)*, Truhen, Schirme, und vieleckige Tische dominieren die Auslagen der Läden, an den Wänden hängen Marionetten mit farbenprächtigen Roben und *kalaga*, samtene Wandteppiche, auf denen mit Gold- und Silberfäden hinduistische oder buddhistische Szenen gestickt sind.

Einer der renommiertesten und bestsortierten Läden in Rangun ist **Nandawun** an der Baho Road mit einer Filiale im Nationalmuseum *(siehe S. 72)*. Ähnlich vielfältig ist das Angebot im **Elephant House**, das die Besitzer der Restaurantkette Green Elephant betreiben, und im **Augustine's Souvenir Shop** in Kamayut, einer der besten Antiquitätenspezialisten des Landes. In Mandalay ist **Aung Nan Myanmar Handicraft Workshop** ein wunderbarer Souvenirladen, ebenso **Shwe War Thein Handicrafts** beim Tharabar-Tor in Alt-Bagan, wo man den Handwerkern bei der Arbeit zusehen kann. Die meisten Fünf-Sterne-Hotels haben ebenfalls gute Boutiquen für myanmarisches Kunsthandwerk.

Viele Läden bieten traditionelle Delta-Sonnenschirme, die größte Auswahl findet man aber in den Ateliers in Pathein *(siehe S. 105)* oder im reizenden **Shwe Pathein** in Rangun, wo die handgefertigten Schirme in einem holzgetäfelten Raum ausgestellt sind.

Kunstvoll verzierte Marionetten *(yok thei)*, die Figuren aus der myanmarischen Mythologie und Volksgeschichte verkörpern, sind als Souvenirs beliebt. Sie sind überall im Land in Kaufhäusern, Läden und an Ständen zu finden. Ihre Größe und Detailverliebtheit variiert enorm. Die teuersten sind die großen antiken Puppen mit Pailletten-Brokat-Gewändern. Eine bemerkenswerte Auswahl führt der Laden beim **Mandalay Marionettes Theatre** in Mandalay.

## Einkaufszentren

In allen großen Städten, besonders in Rangun und Mandalay, gibt es inzwischen mehrstöckige Einkaufszentren. Sie sind klimatisiert und tadellos sauber, haben Multiplex-Kinos und Restaurants mit westlichen Speisen und Getränken. Hier kann man sich wunderbar von der Hitze auf der Straße erholen, auch wenn die Läden, die hauptsächlich importierte Konsumgüter und Mode verkaufen, ausländische Kunden weniger ansprechen als die Souvenirkaufhäuser. Die größte Shopping Mall im Zentrum Ranguns ist **Parkson FMI Center** in der Bogyoke Aung San Road. Das **Blazon Shopping Center** bietet Markenshops. Weiter im Norden liegen die neueren Shoppingzentren **Taw Win Centre** *(siehe S. 221)* und **Dagon Center**. In Mandalay hat man die Qual der Wahl. **Mann Myanmar Plaza** im Zentrum und **Diamond Plaza** sind zwei der größten Malls in ganz Myanmar. Aber auch die **78 Mall** lohnt einen Shoppingbummel.

Geschnitzte Holzfiguren in einem Kunsthandwerksatelier in Mandalay

## Märkte

Myanmarische *zei* (Märkte) gibt es in verschiedener Gestalt, aber die wichtigsten in den Großstädten sind fast alle überdacht und in Abschnitte für Lebensmittel, Kleidung, Haushaltswaren usw. unterteilt. **Bogyoke Aung San Zei** (Di–So 10–17 Uhr) im Zentrum Ranguns, der von der Größe her einer Mega-Mall nahekommt, jedoch typisch altmodisches Flair verströmt, ist Myanmars größter Hallenmarkt. In dem riesigen, rosaroten Gebäude aus der Kolonialzeit verteilen sich auf zwei Etagen rund 2000 Läden. Zu günstigeren Preisen als die Kaufhäuser und Touristenläden werden hier neben den normalen lokalen Produkten traditionelles myanmarisches Kunsthandwerk und Antiquitäten geboten. Das Äquivalent in Mandalay ist der weitläufige **Zegyo-Markt** *(siehe S. 143)*, der sich sogar über vier Stockwerke erstreckt.

In jeder Stadt gibt es auch Märkte, auf denen ab Sonnenaufgang Alltagswaren und frische Produkte verkauft werden. Der größte in Rangun ist der **Theingyi Zei** bei der Mahabandula Road mit einem großen überdachten Teil und Ständen in den umliegenden Straßen. Der **Mani-Sithu-Markt** in Nyaung U (Bagan) bietet frisches Obst und Gemüse, Kleidung und Sammlerstücke.

Im Shan-Staat sollte man sich für einen der »Fünf-Tage-Märkte« Zeit nehmen, die alle fünf Tage nach dem Rotationsprinzip in bestimmten Städten stattfinden. Reisebüros vor Ort und Guides informieren über den Terminplan. Die größten am Inle-See sind bei der Hauptstraße in **Nyaungshwe** *(siehe S. 169)*, wo auch täglich ein kleinerer Markt stattfindet, und in **Inthein** *(siehe S. 167)*. In beide kommen ethnische Minderheiten der Umgebung. Hier findet man Souvenirs wie etwa Cheroot-Zigarren, handgewebte Kopftücher, Shan-Jacken und Intha-Pyjamas.

Rund um große *zei* finden häufig Nachtmärkte statt. In Ranguns **19th Street** in Chinatown (oder Tayote Tan) öffnen nach Einbruch der Dunkelheit viele Grillbars. Die als Beer Bar Street – oder Myanmar Lan Kwai Fong – bekannte Straße lockt mit exotischen chinesischen Delikatessen wie gebratenen Heuschrecken Hungrige an. In Mandalay gibt es einen ähnlichen Nachtmarkt beim Zegyo-Markt.

Blumenverkäuferin mit Sträußen aus rosa Lotosblüten am Inle-See

## Pagoden

Die *zaungdan,* die überdachten Zugangstreppen großer Pagoden, sind oft von hell erleuchteten Marktständen gesäumt, die auf religiöse Utensilien wie Weihrauch, Kerzen, Blumenopfer und Ritualgegenstände spezialisiert sind. Sie führen u. a. Buddha-Figuren aus Holz, Stein und Metall, paillettenbesetzte Gewänder, die Jungen bei ihrer *shin pyu*-Zeremonie tragen, sowie Musikinstrumente wie Tempelglocken.

Der größte dieser Basare befindet sich bei der **Shwedagon-Pagode** *(siehe S. 74–77)* in Rangun, deren von verzierten Dachbalken überspannter Westeingang wohl der schönste ist. In Mandalay findet man an den vier Eingängen des **Mahamuni-Tempels** *(siehe S. 142)* ebenfalls Stände mit Kunsthandwerk, Textilien und religiösen Opfergaben.

Zwei weitere bemerkenswerte Tempelbasare, die sich auf Ausländer spezialisiert haben, finden im Dorf Inthein *(siehe S. 166)* am Inle-See und beim **Ananda-Tempel** *(siehe S. 124f)* in Bagan statt.

## Edelsteine und Schmuck

In Myanmar sind die schönste Jade und Rubine sowie viele andere Edel- und Halbedelsteine zu finden. Den Kauf überlässt man jedoch besser Experten, da der Wert von Jade schwer einzuschätzen ist. Die meisten Schmuckläden in Ranguns Bogyoke Aung San Zei sind zum Glück seriös, vertrauenswürdig sind die Silber-Einlegearbeiten, die in Hotelboutiquen und Läden erhältlich sind. Nahezu alle in Myanmar abgebaute Jade gelangt auf den faszinierenden **Jademarkt** in Mandalay *(siehe S. 142)*, wo große und kleine Stücke poliert und verkauft werden.

Winzige Schnitzereien aus eingefärbter Jade, Bogyoke Aung San Zei

## Kleidung und Stoffe

Traditionelle myanmarische *longyi* und *htamein* gibt es neben moderneren Textilien in Läden und an Marktständen überall im Land zu kaufen. Luxusversionen aus Seide, die zu besonderen Anlässen wie Hochzeiten getragen werden, findet man in den großen Malls in Mandalay und Rangun sowie auf dem Bogyoke Aung

San Zei. Mit die schönste Seide wird in Werkstätten am Inle-See gewebt, wo Fasern aus den Stängeln der Lotosblume versponnen und, teilweise vermischt mit Standardseide und Baumwolle, zu glänzenden Gewändern verarbeitet werden. Das berühmteste Atelier für Lotosseide ist **Ko Than Hlaing Silk and Lotus Weaving** im Dorf Inpawkhon. Hier kann man den Weberinnen bei der Arbeit zusehen und *longyi*, Blusen, Hemden und Tücher in vielen Farben bewundern. Die Fünf-Tage-Märkte sind ebenfalls Fundgruben für einheimische Kleidung – vor allem für Pyjamas im Stil thailändischer Fischer (z. B. der Intha) sowie für die gelben und roten Tücher der Pa-O-Frauen. In Mandalay führt **Sut Ngai** die traditionelle Tracht der Kachin, zu der schwarze Samtjacken mit Knöpfen und Silberschmuck und handgewebte Paillettenhüte für Feiern gehören.

## Bücher und Kunst

Rangun ist die beste Quelle für englischsprachige Bücher im Land. Das **Bagan Book House** im Zentrum der Stadt ist eine Institution mit einer einzigartigen Auswahl an Reiseführern und anderen Titeln über Myanmar sowie einem großen Sortiment an Paperback-Romanen. **Myanmar Book Center** und **Monument Books** sind zwei exzellente Buchhandlungen, hauptsächlich für Studenten und englischsprachige Auswanderer. Beide betreiben Filialen in Rangun und Mandalay. Eine hervorragende Auswahl an zeitgenössischen Skulpturen, Gemälden und Fotografien bieten **Pansodan Art Gallery**, **River Gallery** und **Gallery Sixty Five** in Rangun. Pansodan führt auch alte Werbeplakate und -fotos.

**Bei Monument Books in Rangun gibt es ein internationales Angebot**

## Auf einen Blick

### Kunsthandwerk, Antiquitäten und Souvenirs

**Augustine's Souvenir Shop**
25, Thiri Mingalar Rd (Attia Rd), Kamayut Township, Rangun. (01) 525 559. **augustinesouvenir.com**

**Aung Nan Myanmar Handicraft Workshop**
**Stadtplan** C3. 97–99, Mandalay-Sagaing Rd, Mandalay. (02) 701 45. **aungnan.com**

**Elephant House**
Shopping Arcade, Inya Lake Hotel, 37, Kaba Aye Pagoda Rd, Rangun. (01) 661 887. **elephant-house.com**

**Mandalay Marionettes**
**Straßenkarte** C3. 66th St (26/27), Mandalay. (02) 344 46. **mandalaymarionettes.com**

**Nandawun**
**Stadtplan** B3. Baho Rd/Ahlone Rd, Rangun. (01) 221 271. **myanmarhandicrafts.com**

**Shwe Pathein**
**Stadtplan** D5. 276, Strand Rd, Pabedan, Rangun. **myanmarhandmade.com**

**Shwe War Thein Handicrafts**
**Straßenkarte** C3. Tharabar-Tor, Alt-Bagan. (061) 670 32.

### Einkaufszentren

**78 Mall**
**Straßenkarte** C3. 38th St (78/80), Mandalay.

**Blazon Shopping Center**
**Stadtplan** C1. U Wisara Rd/Chindwin Rd, Rangun.

**Dagon Center**
**Stadtplan** B1. Pyay Rd/Bagaya Rd, Rangun.

**Diamond Plaza**
**Straßenkarte** C3. 34th St (77/78), Mandalay.

**Mann Myanmar Plaza**
**Straßenkarte** C3. 28th St (84/85), Mandalay.

**Parkson FMI Center**
**Stadtplan** D4. 380, Bogyoke Aung San Rd, Rangun.

### Märkte

**19th Street**
**Stadtplan** C4. 19th St, Chinatown, Rangun.

**Bogyoke Aung San Zei**
**Stadtplan** D4. Bogyoke Aung San Rd, Rangun.

**Mani-Sithu-Markt**
**Straßenkarte** C3. Ecke Lanmadaw Rd 1 u. 2, Nyaung U, Bagan.

**Theingyi Zei**
**Stadtplan** C4. Von der 26th St zur Shwegadon Pagoda Rd, zwischen Anawrahta Rd und Mahabandula Rd, Rangun.

### Kleidung und Stoffe

**Ko Than Hlaing Silk and Lotus Weaving**
**Straßenkarte** D4. Inpawkhon, Inle-See. (0) 9521 1891. **silkandlotusweaving.biz**

**Sut Ngai**
**Straßenkarte** C3. 237, 33rd St (82/83), Mandalay. (0) 9205 1707.

### Bücher und Kunst

**Bagan Book House**
**Stadtplan** E5. 100, 37th St, zwischen Merchant Rd und Mahabandula Rd, Rangun. (01) 377 227.

**Gallery Sixty Five**
**Stadtplan** D4. 65, Yaw Min Gyi St, Rangun. **gallerysixtyfive.com**

**Monument Books**
**Stadtplan** C1. Rangun: 150, Dhammazedi Rd. **Straßenkarte** C3. Mandalay: 87/2, 77th St (26/27). **monument-books.com**

**Myanmar Book Center**
**Stadtplan** B3. Rangun: Baho Rd/Ahlone Rd. (01) 212 409. **Straßenkarte** C3. Mandalay: Diamond Plaza Mall, 34th St (77/78). **myanmarbook.com**

**Pansodan Art Gallery**
**Stadtplan** E4. 286, Pansodan St, Rangun. (0) 9513 0846. **pansodan.com**

**River Gallery**
**Stadtplan** E5. Strand Hotel, 92, Strand Rd, Rangun. **rivergallerymyanmar.com**

# Unterhaltung

Die jahrzehntelange Militärherrschaft wirkte sich auf Myanmars Unterhaltungsindustrie alles andere als belebend aus. Noch immer verbringen Reisende die Abende meist in Hotels und Restaurants, wenngleich es in den Großstädten auch eine Handvoll Etablissements gibt, in denen traditionelle Musik, Tänze und Marionettentheater aufgeführt werden. Die Künstler haben meist an der Mandalay's National School of Performing Arts studiert. Diese Talentschmiede für klassische myanmarische Künste wird inzwischen von der Regierung gefördert und profitiert vom Fremdenverkehr. Die einst florierende Filmindustrie erlebt schwere Zeiten, neuere heimische Produktionen sind meist romantische Low-Budget-Komödien auf DVD. In den Kinos laufen Hollywood- und Bollywood-Filme sowie chinesische Kung-Fu-Streifen. Die Clubszene beschränkt sich zwar noch auf ein paar wenige Nobelhotels, entwickelt sich aber mit dem Internet und einer neuen Generation finanzkräftiger junger Menschen in den Großstädten rasant weiter.

**Darsteller in traditionellem Kostüm im Mintha Theater in Mandalay**

## Klassische Musik und Tanz

Die meisten Fünf-Sterne-Hotels in Myanmar und ein paar Theater in den großen Städten bieten regelmäßig Aufführungen birmanischer Musik und Tänze *(siehe S. 36f)*. Die Darsteller in prächtigen traditionellen Kostümen sind eine Augenweide und Ohrenschmaus und zeugen davon, wie exotisch Birmas klassische Kultur auf ausländische Besucher im 19. Jahrhundert gewirkt haben muss, als die eleganten Aufführungen von heute am Hof der Konbaung-Dynastie entwickelt, verfeinert und etabliert wurden.

Wie vor Jahrhunderten ist Mandalay auch heute noch der Ort, wo Besucher am ehesten authentische Folkloremusik und -tänze erwarten können. Das **Mintha Theater** unweit des Palastes bietet allabendlich von 20.30 bis 21.30 Uhr eine Show mit erstklassigen Tänzern in fabelhaften Kostümen und einem fünfköpfigen klassischen Orchester. Das Äquivalent in Rangun ist der beeindruckende »schwimmende« **Karaweik-Palast** im Kandawgyi-See *(siehe S. 79)*. Dort werden traditionelle Lieder und Tänze vor imposanter Kulisse präsentiert.

**Kachin-Folkloretänzer im Karaweik-Palast, Rangun**

## *Pwe* und *A-nyeint*

Außerhalb der *nat*-Feste ist es nahezu unmöglich, traditionelle *pwe* zu erleben, aber Aufführungen der folkloristischen Theaterform *a-nyeint (siehe S. 37)* von Mandalays weltberühmten **Moustache Brothers** finden täglich statt. Sie gelangten zu Berühmtheit, weil sie jahrelang wegen einer Parodie der Militärregierung in Haft saßen und Amnesty International auf ihr Schicksal aufmerksam machten. Seither strömen Ausländer regelmäßig in das provisorische Theater in Mandalay, um der Show beizuwohnen – einer Mischung aus Slapstick, Gesang, Clownerei und Satire, in häufig unverständlichem Englisch dargeboten. Obwohl ihr Leiter Par Par Lay 2013 starb, treten seine Kollegen Lu Maw und Lu Zaw nach wie vor auf. Den Rest der Gruppe bilden die Frauen, Schwiegertöchter und weitläufigere Verwandte des Trios. Viele Besucher bedauern, dass die Show inzwischen recht kommerziell geworden sei und kaum mehr Unterhaltungswert besitze, doch ohne Frage ist sie eine Institution in der Stadt.

## Marionetten

Zu den meisten Shows in Hotels und auf anderen Bühnen des Landes gehört eine kurze Vorstellung traditioneller Marionetten. Nur **Mandalay Mario-**

Filmplakat an einem Kino in Rangun

**nettes** in einem kleinen Theater beim Palast bietet etwa einstündige Aufführungen mit mehreren Puppen und Live-Musik. Dazu gehören häufig eine kurze Einführung und ein Abendbuffet sowie Zwischenspiele auf der birmanischen Harfe und ein unvergesslicher Kerzentanz.

Traditionelle Puppen für das Marionettentheater *yok thei pwe*

## Kinos

Myanmars Regierungszensoren sind englischsprachigen Filmen gegenüber weiterhin skeptisch, doch die Situation hat sich in den letzten Jahren geändert. Immer mehr Streifen aus Hollywood werden in den Kinos von Rangun und Mandalay gezeigt. Im Mittelpunkt stehen aber weiterhin Filme aus indischer, chinesischer und südkoreanischer Produktion. Seit dem Anfang der Militärregierung in den 1960er Jahren verfiel die landeseigene Filmindustrie rasant. Nur ungefähr 70 der einst 244 großen Kinosäle Myanmars überlebten. Doch durch ausländische Investments entstanden in Rangun und Mandalay neue Multiplex-Kinos mit modernen digitalen 3-D-Projektoren und Surround-Sound. Zwei günstig gelegene Filmpaläste in Rangun sind das Kino im **Taw Win Centre** an der Pyay Road, in der Nähe des Nationalmuseums, und das Kino im Einkaufszentrum **Junction Maw Tin** an der Anawrahta Road.

## Clubs und Bars

Rangun ist die einzige Stadt im Land mit einer Art Szene, die Ausländer als Nachtleben bezeichnen würden. Eine Handvoll kleiner, exklusiver Clubs und Bars in den Fünf-Sterne-Hotels der Stadt – deren Kundschaft junge Leute aus elitären Myanmarer Familien, Entwicklungshelfer, Auswanderer und Geschäftsreisende bilden – bieten am Wochenende meist DJ-Gigs und Tanz bis Mitternacht. Am meisten los ist im **Music Club** im Park Royal, in der **DJ Bar** beim Inya Lake Hotel und im **GTR** an der Kaba Aye Pagoda Road. Letzterer ist der einzige Club, in dem die weiblichen Gäste nicht in der Mehrzahl Prostituierte sind. Das **BME2** beim Summit Parkview Hotel ist dem GTR ähnlich, zieht aber eine etwas ältere Kundschaft an und ist am längsten geöffnet – meist bis 3 Uhr morgens. Typisch myanmarische Atmosphäre bietet die **19th Street** *(siehe S. 219)* in Chinatown, die sich abends zur hell erleuchteten Beer Bar Street (oder Myanmar Lan Kwai Fong) verwandelt.

## Auf einen Blick

### Klassische Musik und Tanz

**Karaweik-Palast**
**Stadtplan** E2.
Kandawgyi-Naturpark, Kandawgyi-See, Bahan Tsp, Rangun.
(01) 295 744.
**karaweikpalace.com**

**Mintha Theater**
**Straßenkarte** C3.
27th St (65/66), Mandalay.
(0) 9680 3607.
**minthatheater.com**

### *Pwe* und *A-nyeint*

**Moustache Brothers**
**Straßenkarte** C3.
39th St (80/81), Mandalay.
(0) 943 034 220.

### Marionetten

**Mandalay Marionettes**
**Straßenkarte** C3.
66th St (26/27), Mandalay.
(02) 344 46.
**mandalaymarionettes.com**

### Kinos

**Junction Maw Tin**
**Stadtplan** C4. Junction Complex, Anawrahta Rd, Rangun.
(01) 218 161.
**junctioncentregroup.com/junction-mawtin.html**

**Taw Win Centre**
**Stadtplan** C3.
45, Pyay Rd, Rangun.
(01) 8600 1113 333.
**tawwincentre.com/cinema**

### Clubs und Bars

**BME2**
**Stadtplan** C3. 350, Ahlone Rd (neben dem Summit Parkview Hotel), Rangun.

**DJ Bar**
U Htun Nyein St,
Nahe dem Inya Lake Hotel,
37, Kaba Aye Pagoda Rd,
Rangun. (0) 9511 6767.

**GTR**
Beim Inya Lake Hotel, Rangun.
(0) 9595 135 060.
**facebook.com/GTRClub**

**Music Club**
**Stadtplan** D4. Park Royal Yangon, 33, Alan Pya Pagoda St, Rangun. (01) 250 388.
**parkroyalhotels.com**

# Sport und Aktivurlaub

Außer beim nationalen Zeitvertreib *chinlone* *(siehe S. 40)* war die Beteiligung an Sportveranstaltungen in den Jahrzehnten der Militärdiktatur in Myanmar äußerst niedrig. Mit dem Aufkommen des Satellitenfernsehens jedoch stieg das Interesse an Fußball – nicht nur am Zuschauen, sondern auch am aktiven Spielen – stark an. Bei den oberen Zehntausend immer beliebter wird auch der Golfsport: In Rangun gibt es inzwischen zahlreiche Golfplätze auf internationalem Standard, und auch im weiteren Umland laden immer mehr Greens ein. Schwimmen und Radfahren sind wohl die bei ausländischen Feriengästen beliebtesten Betätigungen im Freien. Mit genügend Geld in der Reisekasse bietet sich allerdings auch ein Tauchurlaub an der Andamanensee an.

## Fußball

Die Myanmaren sind fußballverrückt. Die leidenschaftliche landesweite Begeisterung für diesen Sport ist ein relativ neues Phänomen. Vor gerade einmal zehn Jahren gab es nur eine Handvoll halbprofessioneller Mannschaften. Heute spielen zwischen zwölf und 14 Profiteams in der 2009 gegründeten Myanmar National League, die besten sind Mandalays Yadanabon FC, Yangon United FC und Kanbawza FC von Taunggyi. Die Spiele werden auf den Websites der Teams angekündigt, die (im internationalen Vergleich billigen) Tickets sind am Eingang erhältlich.

Die Begeisterung für europäische Ligen, besonders die English Premier League, ist noch größer als für heimische Wettbewerbe, die Spiele werden in Bars im TV verfolgt. Die größte Fangemeinde in Myanmar hat Manchester United.

## Golf

Golf genießt aufgrund von Myanmars Kolonialgeschichte (und Verbindungen nach Schottland) in der Oberschicht des Landes großes Ansehen. So kam es, dass Rangun einen der eindrucksvollsten Golfplätze Südostasiens besitzt. Der von Gary Player gestaltete **Pun Hlaing Golf Club** liegt 13 Kilometer westlich der Stadt am anderen Flussufer in gepflegtem tropischem Terrain und ist das ganze Jahr über in Turnierzustand. Dasselbe gilt für **Royal Mingalardon**, einen weiteren namhaften Platz in der Nähe. Ebenfalls in Rangun liegt das **City Golf Resort**. Historischeres Flair hat der noble, 1909 gegründete **Yangon Golf Club**, Myanmars ältester noch aktiver Golfclub. Ein weiterer ehrwürdiger Platz befindet sich in **Pyin U Lwin**, der früheren britischen Sommerresidenz Oberbirmas. Das **Yay Dagon Taung Golf Resort** in Mandalay, eine halbe Autostunde vom Zentrum entfernt, ist das schönste dieser Region, gefolgt vom **Shwe Man Taung Golf Resort** am Fuß des Mandalay-Bergs. Einen guten 18-Loch-Platz bietet auch **Bagan**, einen 9-Loch-Platz **Thandwe/Ngapali**.

## Trekking

Kalaw ist dank der Nähe zum Inle-See und zu mehreren Dörfern von ethnischen Minderheiten Myanmars bedeutendstes Ziel für Wanderer *(siehe S. 173)*. **Ever Smile** und **A1 Information and Trekking Service** sind zwei der vielen Unternehmen vor Ort, die Touren und Übernachtungen organisieren. Zu den weniger frequentierten Orten, von denen man auch in Minderheitengebiete wandern kann, gehören Hsipaw weiter nördlich Norden und Kentung im Osten. In Hsipaw erledigen Gästehäuser wie **Lily The Home** oder Guides wie **Than Htike** die erforderlichen Vorbereitungen. In Kengtung organisiert das **Princess Hotel** Führer und Trecks.

Im äußersten Norden starten in Putao (Kachin-Staat) Touren in die Landschaft des Hkakabo Razi, mit 5881 Metern höchster Berg Myanmars. **Putao Trekking House** ist hier der größte Veranstalter. Im Westen führen Wanderungen auf den höchsten Gipfel im Chin-Staat, den 3053 Meter hohen Nat Ma Taung oder Mount Victoria.

## Radfahren

Fahrradverleihe findet man am Inle-See, in Bagan, wo eine Radtour eine gesunde Alternative zu Kutschfahrten darstellt, und in Ngapali für Ausflüge in die Wälder hinter dem Strand. Die Räder sind meist chinesische Fabrikate ohne Gangschaltung und in fragwürdigem Zustand. Am besten fährt man vorher Probe und überprüft, ob die Bremsen funktionieren und die Reifen intakt sind. Manche Anbieter verleihen inzwischen auch Mountainbikes, die teurer, dafür aber auch stabiler und komfortabler sind.

In Rangun bietet das myanmarisch-australische Unternehmen **Bike World Explores Myanmar** beliebte geführte Radtouren durch die Stadt (So 6.30 Uhr) sowie individuelle Ausflüge in das Umland, z. B. Mountainbike-Touren auf den Mount Victoria (inklusive Genehmigung).

**Um den Inle-See im Shan-Staat kann man wandern und Rad fahren**

## Schwimmen

Viele Mittelklasse- und alle Fünf-Sterne-Hotels in Myanmar haben Pools, die meisten stehen nur Hausgästen zur Verfügung. Eine Ausnahme macht das **Sedona** in Rangun, an dessen riesigem, kurvigem Pool sich nach der Schule Auswandererfamilien tummeln, ansonsten ist nicht viel los.

In den Flüssen und im Inle-See zu schwimmen ist nicht zu empfehlen, doch das Wasser der Adamanensee ist herrlich warm und sicher. Hier liegen drei Top-Resorts: **Chaungtha** *(siehe S. 105)*, **Ngwe Saung** *(siehe S. 105)* und **Ngapali** *(siehe S. 106)*. Letzteres hat das klarste Wasser zu bieten.

## Tauchen und Schnorcheln

Der Myeik-Archipel im Süden Myanmars ist eines der letzten wilden großen tropischen Meeresgebiete und gehört zu Südostasiens am wenigsten erforschten Tauchgründen. Die Regierung kontrolliert den Zugang zu diesem empfindlichen Ökosystem streng, es gibt auch keine offizielle Tauchschule und keine Unterkünfte. Wer hier tauchen möchte, muss von Phuket oder Rangong in Thailand aus an einer kostspieligen Bootstour teilnehmen. Billiger ist es, sich von den Booten in Kawthaung, Myanmars südlichster Ortschaft, abholen zu lassen, zwei oder drei Tage an Bord zu bleiben und sich dann wieder am selben Platz absetzen zu lassen. Zu den guten Tauchagenturen in Thailand gehören **Nautica Diving** und **AIDC Dive**. Eine Zugangsgenehmigung für das Myeik Marine Reserve erteilt im Voraus Myanmar Travels and Tours in Rangun *(siehe S. 229)*.

Gute Tauchplätze findet man auch vor Ngapali *(siehe S. 106)*. Touren zu Korallenriffen, Inseln, Wracks und Höhlen bieten die meisten Hotels sowie **Ngapali Water Sport Center**, buchen kann man über die Website. Günstiger ist es, mit Fischerbooten zum Schnorcheln im glasklaren Wasser gleich nördlich des Ferienorts zu schippern. Boote fahren morgens und nachmittags von mehreren Stellen am Strand los.

**Spaziergang am Strand von Ngapali**

## Auf einen Blick

### Golf

**Bagan Golf Course**
**Straßenkarte** C3. Anawrahta Rd, Nyaung U.
☎ (0) 9402 630 885.
**W bagangolfresort.net**

**City Golf Resort**
Thiri Mingalar Rd, Insein Township, Rangun.
☎ (01) 641 763.
**W citygolfresort.com**

**Pun Hlaing Golf Club**
Pun Hlaing Golf Estate Ave, Rangun. ☎ (01) 684 021. **W punhlaing-golfestate.com**

**Pyin U Lwin Golf Club**
**Straßenkarte** D3.
Golf Club Rd, Pyin U Lwin. ☎ (085) 223 82.

**Royal Mingalardon Golf Club**
1, Mingalardon Garden City, nahe NH 3, Rangun.
☎ (0) 9449 222 222.
**W royalmingalardon golf.com**

**Shwe Man Taung Golf Resort**
**Straßenkarte** C3.
Westseite des Mandalay-Bergs, Mandalay.
☎ (02) 605 70.

**Thandwe/Ngapali**
**Straßenkarte** C4.
Abseits des Ngapali Beach, bei Thandwe.

**Yangon Golf Club**
Kha Yae Pin St, Rangun.
☎ (01) 635 563.
**W yangongolfclub.com**

**Yay Dagon Taung Golf Resort**
**Straßenkarte** C3.
Nahe Yay Tay Gun Hill, Mandalay. ☎ (02) 887 31.

### Trekking

**A1 Information and Trekking Service**
**Straßenkarte** D4.
Merchant St, Kalaw.
☎ (0) 949 585 199.
**W a1trekking.blogspot.co.uk**

**Ever Smile**
**Straßenkarte** D4.
Yuzana St, Kalaw. **W eversmiletrekking.com**

**Lily The Home**
**Straßenkarte** D3. 108, Aung Tha Pyae Road, Hsipaw. ☎ (082) 803 18.

**Princess Hotel**
**Straßenkarte** E3. 21, Zay Dan Kalay Rd, Kengtung.
☎ (084) 213 19.

**Putao Trekking House**
**Straßenkarte** D1. Putao.
**W putaotrekking house.com**

**Than Htike**
**Straßenkarte** D3. Hsipaw.
☎ (0) 936 186 646.

### Radfahren

**Bike World Explores Myanmar (BWEM)**
10F, Khabaung Rd (Martin Avenue), 6 Miles Pyay Rd, Rangun.
**W myanmar-panorama.com**

### Schwimmen

**Sedona Hotel**
1, Kaba Aye Pagoda Rd, Yankin Township, Rangun.
☎ (01) 860 53 77.
**W sedonahotels.com.sg**

### Tauchen und Schnorcheln

**Andaman International Dive Center (AIDC)**
97/21, Phet Kasem Rd, Moo 1, Ranong, 85000 Thailand.
☎ (+66) 77 834 824.
**W aidcdive.com**

**Nautica Diving**
Via Dive Asia, 24, Karon Rd, Phuket, 83100 Thailand. ☎ (+66) 76 330 598. **W diveasia.com**
**W nautica-diving.com**

**Ngapali Water Sport Center**
**Straßenkarte** C4.
Ngapali.
☎ (0) 9972 230 566. **W ngapaliwatersport.com**

# GRUND-INFORMATIONEN

# Praktische Hinweise

Seitdem der Tourismusboykott 2010 gelockert und 2012 aufgehoben wurde, verzeichnet Myanmar Rekordbesucherzahlen. Die Infrastruktur kann jedoch mit dem Ansturm kaum mithalten. Unterkünfte aller Kategorien sind Mangelware, doch werden derzeit Dutzende Hotels gebaut, um die steigende Nachfrage zu befriedigen. Infolge der schlechten Straßenverhältnisse nehmen viele Besucher Inlandsflüge, aber man kommt auch mit öffentlichen Verkehrsmitteln fast überall hin. In einige politisch instabile Regionen können Ausländer nicht reisen. Die meisten dieser Gebiete liegen aber weit entfernt von den touristischen Hauptzielen. Wer nicht mit einer Reisegruppe unterwegs ist, kann bei seinem Aufenthalt die Dienste eines der vielen Reisebüros in Rangun in Anspruch nehmen.

## Beste Reisezeit

Die Saison beginnt Anfang Oktober mit dem Abklingen des Monsunregens. In der Hochsaison zwischen Dezember und Februar sind die Tagestemperaturen im ganzen Land erträglich. Ab März wird es zunehmend heißer, das Thermometer steigt in Rangun und im Delta auf über 40 °C. Im oberen Irrawaddy-Gebiet können 45 °C erreicht werden, wobei die Bedingungen am Inle-See noch besser sind. Wenn der Südwestmonsun im Mai beginnt, ebbt der Besucherstrom im Land ab. Zwar ist es in dieser Zeit nicht ganz so heiß, doch die Luftfeuchtigkeit liegt erheblich höher.

## Vorab buchen

Zwischen Oktober und März – insbesondere zwischen Dezember und Februar – sind Hotels und Infrastruktur in den wichtigen Touristenorten bis aufs Äußerste gefordert. Zu dieser Zeit findet man in Bagan, am Inle-See und anderen attraktiven Zielen nur schwer eine Unterkunft. Es empfiehlt sich daher, schon einige Monate im Voraus ein Hotelzimmer zu buchen und sich die Reservierung ein paar Tage vor Ankunft noch einmal bestätigen zu lassen.

Auch Inlandsflüge bucht man besser vorab, da die Plätze auf beliebten Flugrouten stets schnell vergeben sind. Ein zuverlässiges Reisebüro *(siehe S. 229)* hilft Ihnen gerne weiter.

## Einreise

Für die Einreise nach Myanmar brauchen Besucher aus allen Ländern (außer Mitgliedsstaaten des Verbands Südostasiatischer Nationen; ASEAN) ein Touristenvisum. Die Bearbeitung eines schriftlichen Visumantrags kann mehrere Wochen in Anspruch nehmen. Neuerdings ist auch die Beantragung eines elektronischen Visums über die Website des **Ministry of Immigration and Population** (Einwanderungsbehörde von Myanmar) möglich. Dessen Bearbeitung geht weitaus schneller vonstatten. Man benötigt dafür ein farbiges Passfoto, die Adresse der ersten Unterkunft und einen aktuellen Reisepass – auch für Kinder. Der Reisepass muss noch mindestens sechs Monate über das Ende der Reise hinaus gültig sein. Nach Bezahlung von 50 US-Dollar per Kreditkarte erhält man innerhalb von drei Tagen zur Bestätigung eine E-Mail, die ausgedruckt mitzubringen ist. Das elektronische Visum gilt nur bei Einreise über einen der drei größten Flughäfen: Yangon, Mandalay oder Nay Pyi. Wer auf dem Landweg einreisen möchte, muss ein Visum bei einer Auslandsvertretung im Heimatland oder in einem Nachbarland von Myanmar beantragen. Bangkok und Kuala Lumpur sind dafür beliebte Adressen. Touristenvisa werden in der Regel nur für eine einmalige Ein- und Ausreise ausgestellt.

## Zoll

Die Ein- und Ausfuhr von Devisen ist unbegrenzt möglich, jedoch müssen Beträge, die den Wert von 10 000 US-Dollar übersteigen, deklariert werden. Die Ein- und Ausfuhr der Landeswährung Kyat ist nicht erlaubt. Schmuck, Edelsteine (auch Jade), Silberware und Buddhafiguren dürfen nur gegen Vorlage einer Quittung von einem autorisierten Händler ausgeführt werden. Die Ausfuhr von Antiquitäten ist

**Bewohner eines Dorfs in der Nähe von Monywa**

◀ **Junge Novizen spielen vor einem Kloster in Alt-Bagan** ***(siehe S. 122f)***

streng verboten und wird strafrechtlich verfolgt. Eine vollständige Liste der Zollvorschriften finden Sie auch auf der Website **Myanmar Customs**.

## Ausrüstung

Es empfiehlt sich, alles mitzubringen, was man auf der Reise braucht – vor allem Medikamente, Kosmetikartikel, Batterien und elektronische Geräte. Eine Taschenlampe ist wichtig, Toilettenpapier ist vor allem bei Ausflügen hilfreich. Luxushotels halten die Zimmer mit aller Anstrengung mückenfrei, ein Moskitonetz oder Mückenschutzmittel empfiehlt sich jedoch in preiswerten Hotels und auf dem Land.

Als Kleidung eignen sich vor allem helle, lange Baumwollstücke, welche Knie und Schultern bedecken. Damit ist man nicht nur vor der tropischen Hitze geschützt, sondern auch angemessen gekleidet. In Myanmar ist ordentliche Kleidung eine Frage des Anstands und selbst bei Männern sind kurze Hosen nicht so gern gesehen. Bei Tempelbesuchen sind leicht abstreifbare Sandalen gut geeignet, für Frauen empfiehlt sich ein luftiges Umhängetuch. Da es gerade in der Region um den Inle-See nachts recht frisch werden kann, ist ein warmer Pullover wichtig. Wer in abgelegenere Regionen reist, sollte an ein Mittel zur Wasserdesinfektion denken, falls es kein in Flaschen abgefülltes Wasser gibt.

## Umweltbewusst reisen

Während des von der National League for Democracy (NLD) ausgerufenen Tourismusboykotts bedeutete »umweltbewusst reisen«, überhaupt nicht erst nach Myanmar zu reisen. Seit der Lockerung des Boykotts 2010 hat sich viel verändert. Doch nur wenige Besucher folgen der Aufforderung der NLD, das Land lieber individuell als mit einem Reiseveranstalter zu bereisen und besser in Gästehäusern in Familienbesitz zu übernachten als in großen Hotels, deren Besitzer die Militärdiktatur unterstützen. Ein Grund dafür ist die Zurückhaltung der Regierung, an potenzielle Pensionen oder private Unterkünfte Lizenzen zu vergeben. Dennoch gibt es viele kleine Unterkünfte, die der Umwelt erheblich weniger schaden als Luxushotels.

Wer sein Geld direkt den Einheimischen zukommen lässt, trägt zudem dazu bei, dass es auch der Gemeinschaft und nicht Konzernen zugute kommt. Das ist besonders am Inle-See wichtig, wo der zahlungskräftige Besucherstrom bislang die Lebensqualität der Einheimischen selbst noch nicht verbessern konnte. Nur wenige Myanmaren trauen sich, gegen die Erschließung der Region durch Investoren zu protestieren. Doch die Zunahme der Luxushotels und die damit verbundenen Preissteigerungen stellen ein großes Problem dar.

## Impfungen

Wer aus von Gelbfieber gefährdeten Ländern – also den meisten Ländern Afrikas und Südamerikas – anreist oder sich bis zu sechs Tage vor der Anreise in einem solchen Land aufhielt, muss eine Gelbfieberimpfung nachweisen. Die Weltgesundheitsorganisation empfiehlt auch Impfungen gegen Diphtherie und Tetanus, Masern, Mumps, Röteln, Windpocken, Hepatitis A und B sowie gegen Typhus. Die Malaria ist in Mandalay und Rangun fast ausgerottet, kann jedoch im Rest des Landes ein Problem sein. Einige Erregerstämme sind in Myanmar mittlerweile resistent gegen Lariam (Mefloquin). Als Prophylaxe werden deshalb Malarone oder Doxycyclin empfohlen.

**Fahrt mit einem Kanu nahe der Saddar-Höhle**

**Das überall bekannte rote Kreuz hängt hier an einer Arztpraxis**

## Auf einen Blick

### Einreisebestimmungen

**Auswärtiges Amt**
**W auswaertiges-amt.de**

### Visum

**Ministry of Immigration and Population**
**W evisa.moip.gov.mm**

### Botschaften

**Deutschland**
**Stadtplan** E2. 9, Bogyoke Aung San Museum Rd, Rangun.
☎ +95 1 548 951.
**W rangun.diplo.de**

**Österreich (Honorarkonsulat)**
vorübergehend geschlossen.
**W bmeia.gv.at**

**Schweiz**
11, Kabaung Lane, 5 ½ mile, Pyay Rd, Hlaing Township, Rangun.
☎ +95 1 534 754.
**W eda.admin.ch**

**Botschaft der Union Myanmar**
Thielallee 19, 14195 Berlin.
☎ (030) 206 1570.
**W botschaft-myanmar.de**

### Zoll

**Myanmar Customs**
**W myanmarcustoms.gov.mm**

An vielen Sehenswürdigkeiten findet man Übersichtspläne

Teure Hotels sind auch in Myanmar in der Regel mit Rampen und Aufzügen ausgestattet. Mittelklasse- und preiswerte Hotels haben meist mehrere Etagen, doch es fehlt häufig ein Aufzug. Behindertentoiletten gibt es nicht.

Die Websites von **Disability World**, **Mobility International USA**, **Society for Accessible Travel and Hospitality**, **Accessible Journeys** und **Disability Rights UK** bieten eine Vielzahl nützlicher Informationen.

## Information

Eine offizielle Touristeninformation bietet der staatliche Reiseveranstalter **Myanmar Travels and Tours** (MTT) in Rangun an. Das MTT-Büro in der Mahabandula Garden Street dient als Hauptinformationsstelle der Stadt. Hier erhält man kostenlose Karten von Reisezielen im ganzen Land. Auch in Mandalay und Bagan hat MTT mittlerweile Filialen. Es können auch Reisen in eingeschränkt zugängliche Regionen organisiert werden – wie etwa nach Hkakabo Razi oder den Myeik-Archipel. Schnellere Hilfe bei der Planung und Organisation von Reiserouten oder Unterkünften bieten jedoch meist private Reiseagenturen *(siehe Kasten)*. Speziell **Go-Myanmar.com** hat eine sehr übersichtliche Website und ein hilfreiches Büro in Rangun.

## Öffnungszeiten

Läden öffnen montags bis samstags von 9.30 bis 18 oder 19 Uhr. Teilweise sind sie samstagnachmittags geschlossen. Die Märkte öffnen schon vor Tagesanbruch und schließen gegen 11 oder 12 Uhr. Banken sind in der Regel montags bis freitags von 10 bis 15 Uhr, Behörden und Postämter von 10 bis 16.30 Uhr geöffnet. Flexibler sind die Öffnungszeiten in touristischen Zentren wie Nyaungshwe (Inle-See) und Bagan. Dort sind die Läden so lange geöffnet, wie Kunden kommen. Dies gilt auch für Internet-Cafés und Bars. Reisebüros schließen um 19 Uhr.

## Eintrittsgelder

Für die meisten Sehenswürdigkeiten muss man Eintritt bezahlen. Die Eintrittskarten für die Tempelanlagen in Bagan sind nur gegen US-Dollars erhältlich. Die Kombikarte für alle bedeutenden Sehenswürdigkeiten in Mandalay kann in Kyat bezahlt werden. Auch in den wichtigsten Pagoden Ranguns wird von ausländischen Besuchern Eintritt verlangt.

## Behinderte Reisende

Einrichtungen für Behinderte sind in Myanmar immer noch Mangelware. Bedeutende Pagoden und Stätten wie Mandalay-Berg haben zumindest Aufzüge. Die meisten Ziele erreicht man mit dem Auto, Rollstuhlfahrer müssen sich jedoch Fahrzeuge mit großem Kofferraum organisieren. Zu vielen archäologischen Stätten fahren Kutschen. Im ganzen Land sind jedoch die holprigen Gehsteige eine Herausforderung, insbesondere in den großen Städten mit dichtem Verkehr.

## Reisen mit Kindern

Im kinderlieben Myanmar spielt die Familie eine herausragende Rolle. Kinder aller Altersklassen werden überall herzlich willkommen geheißen. Windeln, Babymilch und sonstige Kinderprodukte findet man jedoch fast nur in großen Einkaufszentren. In Restaurants sind Kinder gerne gesehen, doch gibt es in der Regel keine Kindergerichte, die Speisen sind häufig auch recht scharf. Joghurt und Eiscreme erhält man fast überall. Auf den holprigen Gehsteigen in den Städten sind Kinderwagen eher hinderlich. Besser man verwendet eine Kindertrage.

## Sprache

Birmanisch ist eine tonale Sprache und schwer zu lernen. In Touristenzentren sprechen die meisten Händler, Taxifahrer und Bootsführer etwas Englisch, wenn auch gebrochen und mit starkem Akzent. In Hotels, Büros von Fluglinien und Banken wird Englisch flüssiger gesprochen. Auf dem

Strandvergnügen in der Dämmerung

Land und insbesondere in den Regionen der ethnischen Minderheiten empfehlen sich Englisch sprechende Führer.

## Etikette

Myanmaren sind sehr höflich und aufmerksam und erwarten, dass sich Besucher genauso verhalten. Freundlichkeit ist oberstes Gebot. Tragen Sie Beschwerden also stets ruhig und gelassen vor und vermeiden Sie das Thema Politik in der Öffentlichkeit. Sie könnten Einheimische damit in Schwierigkeiten bringen. Wollen Sie etwas bezahlen oder überreichen, denken Sie daran, die rechte Hand zu benutzen. Die Linke wird dabei unterstützend unter den Ellbogen geschoben. Traditionell begrüßt man sich mit auf Brusthöhe zusammengelegten Händen, aber auch der Handschlag ist zwischen Personen gleichen Geschlechts mittlerweile üblich. Da im Buddhismus der Kopf als heilig gilt, sollte man niemanden (auch nicht Kinder) am Kopf berühren. Ein weiterer Fauxpas ist es, mit Füßen auf Dinge oder Menschen zu zeigen – im unglücklichsten Fall auf Mönche oder Buddhafiguren.

Achten Sie darauf, wie Sie sich in Pagoden hinsetzen. Frauen dürfen Mönche nicht berühren und sollten es – etwa in Bussen – auch stets versuchen zu vermeiden. In Tempeln und Klostern ist angemessene Kleidung Pflicht. Sauberkeit und ordentliche Kleidung ist den Menschen in Myanmar sehr wichtig und nicht nur an sakralen Orten sollten Schultern und Knie bedeckt sein. Vor dem Betreten von Tempeln, aber auch Privathäusern, werden die Schuhe ausgezogen. Denken Sie auch daran, dass öffentliche Liebesbeweise, wie Umarmungen und Küsse als anstößig gelten.

## Fotografieren

Das Land ist reich an spannenden Fotomotiven. Myanmars fantastische Pagoden und Landschaften können nach Belieben fotografiert werden. Wenn Sie Menschen ablichten möchten, sollten Sie immer zuerst um Erlaubnis bitten. Badende Frauen und meditierende Mönche sollte man nie ablichten, bei einigen ethnischen Minderheiten gilt dies auch für Schwangere. Das Fotografieren von Soldaten, militärischen Anlagen und Fahrzeugen ist verboten – genau wie das Ablichten der weißen Elefanten in Rangun. Vorsicht gilt auch bei politischen Demonstrationen. Bei vielen Sehenswürdigkeiten muss man als Ausländer eine kleine Gebühr bezahlen, um Fotografieren zu dürfen.

**Sonnenuntergang über der archäologischen Zone Bagan**

## Zeitzone und Kalender

Myanmar hat eine eigene Zeitzone. Die Myanmar Time (MMT) ist der Mitteleuropäischen Zeit (MEZ) 5½ Stunden voraus (der Mitteleuropäischen Sommerzeit um 4½ Stunden). Das Nachbarland Indien liegt gegenüber Myanmar eine Stunde zurück, Thailand ist eine halbe Stunde voraus.

Neben der offiziellen Sieben-Tage-Woche gilt die buddhistische Acht-Tage-Woche, wobei der Mittwoch in zwei halbe Tage aufgeteilt ist. Im Gegensatz zum Gregorianischen basiert der traditionelle birmanische Kalender auf Mondmonaten: Tabodwe (Januar/Februar), Tabaung (Februar/März), Tagu (März/April), Kason (April/Mai), Nayon (Mai/Juni), Waso (Juni/Juli), Wagaung (Juli/August), Tawthalin (August/September), Thadingyut (September/Oktober), Tazaungmon (Oktober/November), Nadaw (November/Dezember) und Pyatho (Dezember/Januar).

## Elektrizität

Die Stromspannung in Myanmar beträgt 230 Volt bei 50 Hertz. In der Regel werden zweipolige Stecker verwendet, besser bringt man Adapter mit. Auch in den großen Städten muss man mit gelegentlichen Stromausfällen rechnen.

## Auf einen Blick

### Information

**Ayarwaddy Legend Travels & Tours**
**Stadtplan** E5. 104, 37th St (Lower Block), Kyauktada Township, Rangun.
T (01) 252 007.
W **ayarwaddylegend.com**

**Go-Myanmar.com**
**Stadtplan** E5. 90, Bogalay Zay St, Botahtaung Township, Rangun.
T (0) 9597 3193 410.
W **go-myanmar.com**

**Good News Travel**
**Stadtplan** B1. Room 18, Building 204, Yanshin Rd, Rangun.
T (0) 9595 116 256 W **myanmargoodnews-travel.com**

**Myanmar Travels and Tours**
**Stadtplan** E5. 118, Mahabandula Garden St, Rangun.
T (01) 371 286.
W **myanmartourism.com**

**Tour Mandalay**
**Stadtplan** D1.
2/3, 3. Etage, Pearl Condominium, Block A, Kaba Aye Pagoda Rd, Rangun. T (01) 545850.
W **tourmandalay.travel**

### Behinderte Reisende

**Accessible Journeys**
W **disabilitytravel.com**

**Disability Rights UK**
W **disabilityrightsuk.org**

**Disability World**
W **disabilityworld.com**

**Mobility International USA**
W **miusa.org**

**Society for Accessible Travel and Hospitality**
W **sath.org**

**Stadtplan Rangun** *siehe Seiten 84–87*

# Sicherheit und Gesundheit

Die Kombination aus autoritärem Regime und gesetzestreuer Bevölkerung macht Myanmar zu einem sehr sicheren Reiseziel. Gewaltverbrechen sind höchst selten, Besucher können sich selbst bei Dunkelheit ohne Furcht vor Überfällen bewegen. Allerdings steigt die Kleinkriminalität in den großen Städten vor allem im Umkreis von Bahnhöfen und Busbahnhöfen. Das Essen in Restaurants ist in der Regel gut verträglich, man sollte allerdings nur desinfiziertes oder abgefülltes Wasser trinken. Die medizinische Versorgung ist schlechter als in den Nachbarstaaten. Schwer erkrankte Reisende müssen von Myanmar nach Singapur oder Bangkok ausgeflogen werden, versichern Sie sich also gut.

## Persönliche Sicherheit

Die größte Gefahr für ausländische Besucher sind Taschendiebstahl und sonstige Kleinkriminalität. Die Diebe wissen, dass Ausländer für viele Dinge in US-Dollar bezahlen müssen und deshalb ziemlich sicher Bargeld bei sich haben. Nützlich sind hierfür Geldgürtel, in denen man Geld und Wertsachen unsichtbar unter der Kleidung tragen kann, wenn man sich in Menschenmengen bewegt. Achten Sie auf Kamera und Geldbörse, wenn Sie zu Fuß oder mit dem Fahrrad unterwegs sind. An Kreuzungen ist mit Dieben auf Motorrädern zu rechnen. Die meisten teuren Hotels haben Safes auf den Zimmern oder an der Rezeption, in denen man Pässe, Bargeld, Flugtickets und andere Wertsachen deponieren kann. Machen Sie Kopien von Pass, Reiseversicherung und sonstigen Dokumenten, die bei Verlust dann einfacher ersetzt werden können.

Verkehrspolizist in Rangun

## Polizei

Myanmars Polizei trägt graue Uniformen mit gelb-blau-roten Abzeichen sowie Kappen oder Helme. Für südostasiatische Verhältnisse ist sie sehr präsent, für ausländische Reisende jedoch kaum hilfreich. Immerhin erstellt sie bei Diebstählen die Formulare für die Versicherung. In der Regel sind Myanmars Polizisten abweisend, möchten nicht fotografiert werden und sprechen nur selten Englisch. In Rangun gibt es jedoch seit Kurzem eine Touristenpolizei mit Englisch sprechenden Beamten, die für ausländische Reisende zuständig ist.

## Medizinische Versorgung

Kaum ein anderes Land gibt einen derart geringen Anteil des Bruttoinlandsprodukts für die medizinische Versorgung aus wie Myanmar. In den Jahren des Tourismusboykotts erhielt das Land zudem weltweit die geringste medizinische Entwicklungshilfe pro Kopf. Die medizinische Versorgung ist deshalb selbst in den großen Städten schlecht. Reiche Myanmaren und erkrankte Besucher lassen sich deshalb vorzugsweise im Ausland behandeln. Myanmarische Krankenhäuser sind überfüllt und schlecht ausgestattet, Arzneimittel sind knapp, und das Personal ist ungenügend ausgebildet. Unsterilisierte Instrumente werden häufig mehrfach verwendet, Blut wird unzureichend getestet.

Das beste Krankenhaus ist in Rangun die französische **Myanmar International SOS Clinic**. Sie bietet ein Team von qualifizierten internationalen Ärzten. Internationalen Standards entspricht auch das **Pun Hlaing Hospital** im Norden der Stadt, eine Niederlassung befindet sich im Parkson FMI Center.

Das viktorianische Yangon General Hospital wurde 1899 erbaut

## Apotheken

Elementare Arzneimittel wie Schmerz- oder Magentabletten erhält man frei in Apotheken. Ausländische Arzneimittel sollte man dort jedoch nicht kaufen, sie könnten gefälscht oder abgelaufen sein. Besucher bringen deshalb besser die benötigten Medikamente von zu Hause mit.

## Versicherung

Für einen Aufenthalt in Myanmar empfiehlt sich der Abschluss einer Reiseversicherung. Da die medizinische Versorgung so schlecht ist, sollte die Versicherung – möglicherweise extrem teure – Krankentransporte abdecken, sowie Diebstahl, verlorenes Gepäck und Kosten, die durch Verspätungen und Streichungen von Flügen entstehen.

## Wasser und Speisen als Krankheitsüberträger

Die häufigste Erkrankung von Besuchern in Myanmar sind Magenverstimmungen. Leichte Durchfälle, die durch ungewohnte, aber harmlose lokale Bakterien in Speisen verursacht werden, lässt man am besten unbehandelt, sie hören nach 24 bis 36 Stunden von selbst auf. Trinken Sie reichlich Flüssigkeit mit Rehydrationssalzen, die man vor Ort erhält, und fasten Sie, bis die Beschwerden enden. Hält der Durchfall länger als 48 Stunden an, kann eine schwere Erkrankung wie Ruhr oder Giardiasis vorliegen. Dies erfordert einen Stuhltest und Antibiotika.

Viele Probleme kann man durch einfache Vorsichtsmaßnahmen vermeiden: Essen Sie schälbares Obst, waschen Sie sich vor dem Essen die Hände, essen Sie nur Durchgegartes und nichts Aufgewärmtes, trinken Sie in Flaschen abgefülltes Wasser oder desinfizieren sie es (und vermeiden so Plastikmüll), meiden Sie leere Restaurants sowie Fleisch und Fisch, außer beides ist sicher frisch und ausreichend gegart.

## Drogen

Myanmar ist einer der Hauptproduzenten von Methamphetaminen und Heroin. Die Zahl der Drogensüchtigen ist extrem hoch. Das Land ist der weltweit zweitgrößte Opiumproduzent. Die am meisten betroffenen Gebiete sind die Berge in den Grenzregionen des Goldenen Dreiecks. Dort wird Opium produziert *(siehe S. 177)* und Crystal Meth gekocht. Stark betroffen ist auch Myitkyina im Kachin-Staat in Oberbirma. Der lang andauernde bewaffnete Konflikt mit dem Staat wird dort durch Drogenhandel finanziert. Versuche, gegen den Handel hart durchzugreifen, werden durch die komplizierte politische Lage erschwert: Die Drogenindustrie wird von Kartellen ethnischer Minderheiten kontrolliert, mit denen sich die Regierung gut stellen muss, um Reformen durchzusetzen.

## Hitze

Hitze und Luftfeuchtigkeit können extrem sein. Um in archäologischen Stätten wie Bagan oder Mrauk U keinen Sonnenstich zu bekommen, tragen Sie am besten einen typischen Sonnenschirm

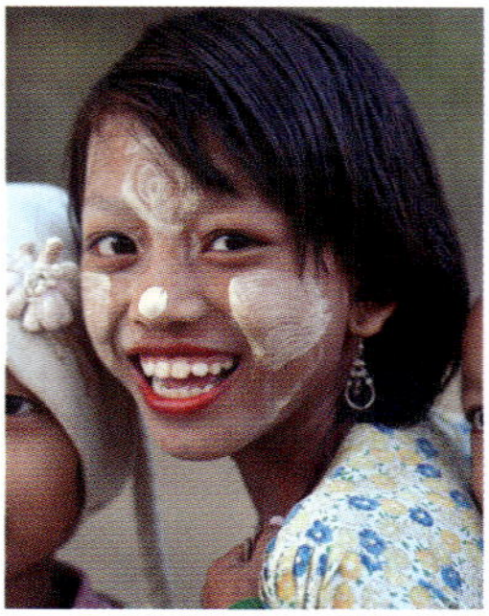

**Mädchen mit *thanaka*-Paste, einem natürlichen Sonnenschutzmittel**

aus Papier oder legen *thanaka* auf. Die Paste ist ein natürliches Sonnenschutzmittel aus Pflanzen. Trinken Sie viel, damit Sie nicht dehydrieren und Kopfschmerzen bekommen.

## Aids

Das weit verbreitete Spritzen von Drogen und die illegale Prostitution führen dazu, dass Myanmar unter der dritthöchsten Aids-Rate in Asien leidet – und das Virus ist weiter im Vormarsch. Vermutlich ist mindestens ein Drittel der Prostiutierten infiziert. Medikamentöse Behandlungen sind jedoch Mangelware.

## Alleinreisende Frauen

Myanmar ist insgesamt ein entspanntes Ziel für Frauen, die allein oder zu mehreren reisen. Belästigungen sind selten. Tatsächlich schauen die Männer eher weg, als dass sie riskieren, beim Anstarren ertappt zu werden. In öffentlichen Verkehrsmitteln sind sie extrem höflich. Die Kommunikation mit einheimischen Frauen gehört zu den schönsten Erlebnissen für Besucherinnen des Landes. Viele alleinreisende Frauen passen sich an, indem sie *htamein* tragen – ein elegantes, dem Klima angepasstes Kleidungsstück.

In einigen Pagoden sind einzelne Bereiche für Frauen unzugänglich. Sie dürfen nicht auf die oberen Terrassen, ins Allerheiligste oder Statuen berühren.

**Hüte schützen vor Sonnenstich**

## Schwule und lesbische Reisende

Homosexuelle Handlungen sind in Myanmar verboten. Zwar wird dieses Gesetz selten bis gar nicht durchgesetzt, doch die öffentliche Einstellung ist konservativ. Im Land gibt es nur wenige prominente LGBTQ-Personen, keine Schwulenbars oder LGBTQ-Paraden. Eine kleine Szene findet man jedoch in den trendigen Clubs in Rangun. Jugendliche, die man für homosexuell hält, werden oft ins Kloster geschickt, um ihre sexuelle Orientierung wieder in die »richtige« Richtung zu lenken. Dass sich die öffentliche Meinung zumindest in den westlich orientierten, wohlhabenden Vororten Ranguns langsam ändert, zeigt die Gründung der Gruppe **Colors Rainbow**, die z. B. eine TV-Show für die lokale LGBTQ-Community produziert.

## Öffentliche Toiletten

Öffentliche Toiletten sind dünn gesät. Reisende können Toiletten in Restaurants benutzen. Sie sind in teuren Lokalen gut geputzt und gelüftet, in Cafés und Teehäusern sehr einfach. Häufig ist das Toilettenpapier aufgebraucht. Nehmen Sie daher immer ausreichend aus Ihrem Hotel mit, wo es regelmäßig und ausreichend aufgefüllt wird.

## Auf einen Blick

### Medizinische Versorgung

**Myanmar International SOS Clinic**
Inya Lake Hotel, 37, Kaba Aye Pagoda Rd, Rangun. ☎ (01) 657 922. **W internationalsos.com**

**Pun Hlaing Hospital**
Pun Hlaing Golf Estate Avenue (nahe Golfplatz), Hlaing Thayar Township, Rangun. ☎ (01) 684 411. **W punhlaingsiloam hospitals.com**

### Schwule und lesbische Reisende

**Colors Rainbow**
**W facebook.com/pages/Colors-Rainbow/210520265784693**

# Banken und Währung

Myanmars Bankensystem passt sich nur zögerlich internationalen Standards an. Ausländische Reisende sollten sich daher schon lange vor der Reise mit den aktuellen Gegebenheiten auseinandersetzen. Kredit- und Debitkarten werden verstärkt als Zahlungsmittel akzeptiert, Reiseschecks weiterhin kaum. Viele Zahlungen müssen bar geleistet werden. Bestimmte touristische Dienstleistungen (u.a. Hotels, Inlandsflüge oder Zugtickets) sind zwingend in US-Dollar zu bezahlen. Der Kyat wird bei kleineren Käufen akzeptiert. Der Geldumtausch (US-Dollar bzw. Euro in Kyat) erfolgt am besten in Wechselstuben.

**Wachmann vor den Türen einer Filiale der KBZ Bank**

## US-Dollar und Euro

Es wird dringend empfohlen, Bargeld in ausreichender Höhe – vorzugsweise in US-Dollar – mitzubringen. Alle Dollarscheine, die Sie nach Myanmar mitbringen, müssen unbedingt in makellosem Zustand sein. Die Myanmaren nehmen Geldscheine nicht an, wenn diese auch nur kleinste Beschädigungen wie Risse oder Eselsohren aufweisen. Achten Sie beim Umtausch zu Hause darauf. Dollarnoten der Serien vor 2000 werden nicht anerkannt. Es wird empfohlen, nur absolut neue, unbeschädigte und glatte Dollarnoten mitzuführen. Schützen Sie Ihr Bargeld unterwegs vor Schmutz und Feuchtigkeit mit Plastiktüten. Vereinzelt gelang es Touristen, stark geknickte Dollarscheine durch Bügeln zu »glätten«, worauf man sich jedoch nicht verlassen sollte.

**Von einer myanmarischen Bank betriebener Geldautomat**

In Rangun wird zunehmend auch der Euro zum Umtausch akzeptiert. Auch bei dieser Währung sollte es sich um ungebrauchte Banknoten handeln.

Aktuelle Informationen zum Thema finden Sie auf der Website des Auswärtigen Amts (www.auswaertiges.amt.de).

## Kyat

Myanmars Währung ist der Kyat, der »Tschaat« ausgesprochen und »K« (oder »MMK«) abgekürzt wird. US-Dollar sind die bevorzugte Währung, dennoch sollte man immer auch Kyat für kleinere Ausgaben zur Hand haben – für Taxifahrten, Tickets und Essen an Straßenständen. Außerhalb Myanmars kann man Kyat nicht tauschen. Auch in den Transitbereichen internationaler Flughäfen werden sie nicht akzeptiert.

## Geldwechsel

Nach der Stabilisierung der Währung bieten Banken wie **CB Bank** und **KBZ Bank** bessere Kurse als Schwarzhändler. Bei einigen Banken sind nun auch Überweisungen mit Western Union möglich. Bewahren Sie alle Quittungen auf, bei der Ausreise müssen Sie diese beim Zoll vorlegen.

## Öffnungszeiten

In der Regel haben Banken montags bis freitags von 10 bis 15 Uhr geöffnet. Außerhalb dieser Zeiten kann man Geld – meist zu schlechteren Kursen – in Hotels, auf Märkten (z.B. dem Bogyoke Aung San Zei in Rangun) und in bekannten Souvenirläden wechseln. Für größere Scheine erhält man bessere Kurse, tauschen Sie daher lieber 100-Dollar-Scheine als 10-Dollar-Scheine.

## Geldautomaten

Das Netz an ATMs wurde in Myanmar in den letzten Jahren dichter. Seit einiger Zeit kann man an Flughäfen, in größeren Hotels, an touristischen Hot-

## Auf einen Blick

### Banken

**CB Bank, Rangun**
**Stadtplan** D5. 334–336, Ecke Strand Rd und 23rd St, Latha Township, Rangun. ☎ (01) 372 646. **W cbbankmm.com**

**CB Bank, Mandalay**
**Straßenkarte** C3. 78th St (27/28), Chanayethazan Township, Mandalay. ☎ (02) 699 01. **W cbbankmm.com**

**KBZ Bank, Rangun**
**Stadtplan** D5.
331, Strand Rd, Rangun.
☎ (01) 218 500
**W kbzbank.com**

**KBZ Bank, Mandalay**
**Straßenkarte** C3. 230, 80th St (31/32), Chanayethazan Township, Mandalay. ☎ (02) 301 45.
**W kbzbank.com**

spots und in Supermärkten mit internationalem Warenangebot an den von Banken wie CB Bank oder KBZ Bank betriebenen Automaten mit manchen Kreditkarten (MasterCard und Visa) Geld ziehen. Für Debitkarten wie die girocard sollte man diese Option schon vor Antritt der Reise prüfen lassen, weil nicht alle Banken diese Karten für die Benutzung in Myanmar freigeschaltet haben.

### Kredit- und Debitkarten

Einige Fluglinien sowie immer mehr Restaurants und Hotels akzeptieren Karten. Verlassen Sie sich aber besser auf Bargeld, und bedenken Sie, dass bei Kartenzahlungen in der Regel hohe Gebühren verlangt werden.

Übrigens: Reiseschecks werden in Myanmar mit Ausnahme von wenigen größeren Hotels *nicht* akzeptiert.

**Spendenboxen stehen überall in Myanmar vor Pagoden und Tempeln**

**10 000 Kyat**

**5000 Kyat**

**1000 Kyat**

### Banknoten

Kyat-Banknoten gibt es in Werten von 50 Pya sowie 1, 5, 10, 20, 50, 100, 200, 500, 1000, 5000 und 10 000 Kyat. Die kleinen Scheine werden fast kaum genutzt und langsam ausgemustert. Geflickte oder rissige Scheine werden meistens nicht akzeptiert und können in Banken gewechselt werden.

**500 Kyat**

**200 Kyat**

**100 Kyat**

### Münzen

Münzen sind legale Zahlungsmittel, aber fast gar nicht in Umlauf. Ein Kyat ist 100 Pya wert. Offiziell gibt es in Myanmar folgende Münzen: 10 und 50 Pya sowie 1, 5, 10, 50 und 100 Kyat.

# Kommunikation

Myanmars Kommunikationsnetz wird nur langsam ausgebaut, außerhalb der großen Städte gibt es kaum Mobilfunkempfang. Das Internet ist langsam, teuer und wird zensiert, Telefonverbindungen sind störanfällig. Für die kommenden Jahre sind Verbesserungen geplant, da das Land seine Tore für ausländische Investoren öffnet. Die Pressezensur hat sich seit 2011 erheblich gelockert, das Angebot ist aber immer noch sehr begrenzt. Kritik am Regime und seiner Politik wird unterdrückt. Die staatliche Post entspricht nicht internationalen Standards und ist unzuverlässig. Sicherer schickt man seine Souvenirs mit privaten Kurierdiensten nach Hause.

Schild für ein öffentliches Telefon an einem Straßenstand in Rangun

Am Inle-See ist das Ywama-Postamt in einem Intha-Pfahlbau untergebracht

## Post und Kurierdienste

Postämter gibt es in Myanmar in großer Zahl. Das Personal erfreut mit lächelnder Hilfsbereitschaft, die eher unzuverlässigen Dienste jedoch weniger. Da es bislang noch keine Standard-Umschrift vom Birmanischen ins Englische gibt, ist die Adressensuche in Myanmar ein reines Glücksspiel. Dies gilt nur nicht für Mandalay mit seinem schachbrettartigen Straßennetz.

Nach allgemeinen Erfahrungen stehen die Chancen bei 50:50, dass eine Postkarte ankommt. Die einzigen zuverlässigen Dienste, um Souvenirs nach Hause zu schicken, sind private Kurierunternehmen wie **DHL** oder **Express Mail Service International (EMS)**.

## Telefonieren

Auslandsgespräche sind in den meisten Hotels und lokalen Telefonläden möglich, allerdings sehr teuer. Sie kosten pro Minute mehrere US-Dollar. Inlandsgespräche – ob Fern- und Ortsgespräche – sind erheblich preiswerter, aber im Vergleich zu anderen Ländern noch immer ziemlich teuer. Telefonieren mit VoIP (Voice over Internet Protocol) war jahrelang verboten, unter dem Vorwand, die Einnahmen der staatlichen Telefongesellschaft durch Auslandsgespräche zu sichern. Mittlerweile ist es jedoch möglch, mit Diensten wie Skype und GTalk über das Internet zu telefonieren.

## Mobiltelefone

Mittlerweile wurde das Handy-Zeitalter auch in Myanmar eingeläutet, wenn auch rund ein Jahrzehnt später als in anderen Teilen Südostasiens. Erst 2013 wurden die ersten Lizenzen an ausländische Telefongesellschaften vergeben, das bestehende Netz zu erweitern. Prepaid-SIM-Karten von Anbietern wie Telenor und Ooredoo erhalten Urlauber aus dem Ausland in größeren Städten sowie am Flughafen von Rangun für etwa 1,50 US-Dollar. An diesem Airport können auch Handys gemietet werden (gegen Kaution). Roaming-Vereinbarungen deutscher Mobilfunkanbieter mit Providern in Myanmar bestehen nur für einige deutsche Anbieter. Prüfen Sie vor der Reise, ob auch Ihr Anbieter darunter ist.

Die Netzabdeckung in Myanmar beschränkt sich immer noch auf die größeren Städte, soll aber in den nächsten Jahren stark erweitert werden. Bis auf Weiteres gilt das myanmarische Festnetz als praktikabler, um etwa Hotels zu buchen oder für sonstige Telefonate im Land.

## Internet

Der Internet-Zugang wird kontinuierlich ausgebaut, in immer mehr Landesteilen kann man online gehen. Viele Hotels – auch solche im unteren Preissegment – sowie Restaurants und Cafés bieten ihren Gästen WLAN. Erkundigen Sie sich vorher nach den anfallenden Gebühren. Darüber hinaus gibt es Internet-Cafés, deren Equipment jedoch oft veraltet ist. Egal, wo Sie online gehen: Die Verbindung ist vor allem in abgelegeneren Gebieten langsam, häufig auch instabil.

Die Regierung baut nach und nach Restriktionen ab. Mittlerweile besteht auch in Myanmar Zugang zu internationalen Websites und zu sozialen Netzwerken wie Facebook.

Ein Zeitungsverkäufer in Rangun sortiert seine Ware

## Zeitungen und Zeitschriften

Es war ein Wendepunkt in Myanmars jüngster Geschichte, als im Frühjahr 2013 vier unabhängige, nichtstaatliche Zeitungen in Ranguns Kiosken auftauchten. Sie waren die ersten von über einem Dutzend ähnlicher Zeitungen, die im Lauf des Jahres im ganzen Land erschienen. Vor dieser weitreichenden Lockerung der zuvor strengen staatlichen Kontrolle der Medien wurde die Presse in Schach gehalten, indem man Journalisten, die das Militärregime kritisierten, mit Zensur, Gefängnis und Folter bedrohte.

Zwei Zeitungen erscheinen auch in englischen Ausgaben: *The New Light of Myanmar* ist im Wesentlichen ein Propagandablatt der Regierung. Hier liest man vor allem Artikel über die Errungenschaften des Militärs. Die *Myanmar Times* ist ebenfalls regierungsnah, aber zum Teil in ausländischem Besitz.

Eine objektivere Darstellung der aktuellen Politik bietet hingegen das Qualitätsmagazin *Irrawaddy*. Es wird von Exil-Myanmaren in Thailand verlegt. Die *Democratic Voice of Burma* (DVB) ist, wie schon der Name vermuten lässt, mit der Demokratiebewegung verbunden. Die in Myanmar verbotene Organisation DVB hat ihren Sitz in Norwegen. Von dort aus betreibt sie eine Website und produziert online TV- und Radiosendungen.

## Radio und Fernsehen

Wie die sonstigen Medien werden auch Rundfunk und Fernsehen vom Staat streng kontrolliert. Die Hauptsender, TV Myanmar und Myawaddy TV, bringen eine Mischung aus Seifenopern, Unterhaltung und Nachrichten auf Birmanisch. Satellitensender wie MRTV-4 bündeln lokale und ausländische, meist englischsprachige, Sender. CNN, BBC World und National Geographic empfängt man in den meisten Hotels.

Junge Novizen verfolgen in einem Kloster am Inle-See eine TV-Show

## Auf einen Blick

### Post und Kurierdienste

**DHL**
**Stadtplan** B4. 58, Wa Dan St, Lanmadaw Township, Rangun.
(01) 215 516. **dhl.com**

**Express Mail Service International (EMS)**
**Stadtplan** B1. 361, Pyay Rd, Rangun. (01) 515 151.
**ems.com.mm**

### Zeitungen und Zeitschriften

**The New Light of Myanmar**
**moi.gov.mm/npe/nlm**

**Myanmar Times**
**mmtimes.com**

**Irrawaddy**
**irrawaddy.org**

**Democratic Voice of Burma**
**dvb.no**

## Nützliche Nummern

- Wer aus dem Ausland in Myanmar anruft, muss erst die Vorwahl des Landes wählen, in dem er sich befindet, dann Myanmars Ländervorwahl (95), die Ortsvorwahl und die Anschlussnummer.
- Für Ferngespräche innerhalb Myanmars wählen Sie die 0, dann Ortsvorwahl und Anschlussnummer.
- Ortsvorwahlen: Rangun 1; Mandalay 2; Bagan 61; Bago 52; Hsipaw 82; Kalaw, Nyaungshwe, Taunggyi 81; Kawthaung 59; Kengtung 84; Mawlamyine 57; Meiktila 64; Myitkyina 74; Pathein 42; Pyay 53; Pyin U Lwin 85; Sagaing 72; Taungu 54; Thandwe und Sittwe 43.
- Handynummern haben meist acht bis zwölf Ziffern inkl. der Handyvorwahl 9. Festnetznummern haben fünf bis sieben Ziffern ohne Ortsvorwahl.
- Um von Myanmar ins Ausland zu telefonieren, wählen Sie 00, dann die Ländervorwahl, Ortsvorwahl und Anschlussnummer.
- Ländervorwahlen: Deutschland 49, Österreich 43, Schweiz 41.

# Reiseinformationen

Die meisten Reisenden aus dem Ausland kommen per Flugzeug an Ranguns Mingaladon Airport an. Von dort fliegen viele mit Inlandsfluglinien zu anderen Städten in Myanmar weiter. Aufgrund der immer noch unzureichenden Infrastruktur kommt man auf Straße und Schiene eher langsam und unbequem voran. Viele Rucksackurlauber scheuen aber dennoch nicht die strapaziösen Nachtfahrten zum Inle-See, nach Mandalay und Bagan. Mietwagen mit Chauffeur stellen eine dazu weitaus weniger anstrengende Alternative dar. Eine sehr entspannte und typisch myanmarische Form des Reisens sind die Flussbootfahrten auf dem Irrawaddy – sei es mit alten staatlichen Fähren oder an Bord von Luxuskreuzern. Wie auch immer Sie im Land reisen – denken Sie daran, dass die verfügbaren Fahrplätze besonders in der Hochsaison von Dezember bis Februar schnell ausverkauft sind und deshalb so lange wie möglich im Voraus gebucht werden sollten – entweder persönlich oder über ein zuverlässiges Reisebüro vor Ort *(siehe S. 229)*.

**Mandalay International Airport mit *pyatthat*-Dächern im traditionellen Stil**

## Anreise mit dem Flugzeug

Fast jeder Besucher aus dem Ausland kommt in Myanmar per Flugzeug in Rangun an. Direktverbindungen gibt es nur von Südostasien und den Golfstaaten aus, nicht hingegen von Europa. Die meisten Reisenden von dort erreichen Rangun via Bangkok, dessen Flughafen von Airlines wie **Lufthansa**, **Condor**, **Austrian** oder **Swiss** angesteuert wird. Neben Bangkok eignen sich auch andere Flughäfen wie etwa die von Singapur, Kolkata (Indien), Hongkong, Hanoi (Vietnam) und Kuala Lumpur (Malaysia) als Zwischenstopp in Südostasien auf der Reise nach Rangun.

Von dort erfolgt die Weiterreise z. B. mit **Air India** (Kolkata), **Dragonair** (Hongkong) oder **Vietnam Airlines** (Hanoi). Eine Alternative ist ein Flug nach Doha (Katar) und von dort mit **Qatar Airways** nach Rangun.

Am Mandalay International Airport landen Flüge aus Kunming (China) sowie Bangkok und Chiang Mai (Thailand). Für große Fluggesellschaften wie **Malaysia Airlines**, **Singapore Airlines/Silk Air** und **Thai Airways** übernehmen oft Partnerlinien die Flüge von den Hauptdrehscheiben nach Myanmar. Die Billiglinie **Air Asia** fliegt täglich von Bangkok und Kuala Lumpur nach Rangun.

## Flugpreise

Die Flugpreise richten sich nach Saison, Airline und Reiseveranstalter. Am teuersten sind die Flüge in der Hochsaison im Dezember und Januar sowie zum Thingyan-Fest im April. Ermäßigte Flüge gibt es in der Regel während des Monsuns von Mai bis September. Die preiswerteste Option ist meist ein Last-Minute-Ticket nach Bangkok kombiniert mit einem Billigflug nach Myanmar.

## Ankunft

Der Mingaladon International Airport liegt rund 20 Kilometer nördlich des Zentrums von Rangun. Ankunft, Passkontrolle und Zoll funktionieren im Vergleich zu vielen asiatischen Ländern schnell. Verwahren Sie die Ihnen ausgehändigte Kopie der Zollerklärung, die Sie wieder bei der Ausreise brauchen. Das Gepäck wird vor dem Verlassen des Flughafens häufig überprüft.

In der Ankunftshalle können ausländische Besucher US-Dollar und Euro in Kyat wechseln. Darüber hinaus steht ein Geldautomat zur Verfügung.

**Schild zur Abflughalle (birmanisch und englisch), Thandwe Airport, Ngapali**

### Transfer vom Mingaladon Airport nach Rangun

Besucher, die eine organisierte Reise gebucht haben, werden in der Regel mit klimatisierten Bussen oder Minibussen abgeholt. Individualreisende nehmen sich eines der Taxis, die vor der Ankunfthalle warten. Die Taxifahrer sind zwar in der Regel ehrlich, doch sind die Fahrzeuge nicht mit Taxameter ausgestattet. Besser erfragt man deshalb beim Buchen im Hotel den angemessenen Fahrpreis. Beachten Sie auch, dass Nachtfahrten um 30 Prozent teurer sind. Die Fahrt in die Innenstadt von Rangun dauert nachts auf leeren Straßen ungefähr 45 Minuten, tagsüber in der Rushhour kann man jedoch mehrere Stunden unterwegs sein.

Mit städtischen Bussen kostet die Fahrt in die Stadt weniger als einen US-Dollar. Die Busse erreicht man, wenn man beim Verlassen des Terminals nach rechts etwa zehn Minuten zur Pyay Road geht. Die Buslinie 51 fährt zwischen 7 und 20 Uhr alle 20 Minuten von dort in Ranguns Innenstadt bis zur Sule-Pagode.

**Taxi am Yangon Mingaladon International Airport**

### Einreise über Land

Bisweilen kann man von Yunnan in China auf dem Landweg über den Grenzposten Ruili–Muse nach Myanmar einreisen. Die nötigen Visa und Papiere erhält man in Kunming. Teilweise lassen myanmarische Grenzer Ausländer jedoch nicht oder nur bis Lashio einreisen oder verlangen, dass sie auf demselben Weg wieder ausreisen.

Derzeit sind vier Übergänge an der Grenze zu Thailand für Ausländer geöffnet: Mae Sai–Tachileik, Ranong–Kawthaung, Mae Sot–Myawaddy sowie Ban Phu Nam Ron–Htee Khee. Für Tachileik braucht man heute keine Sondergenehmigung mehr, sondern nur ein gültiges Visum. Die Weiterreise über Land ist dort aber nur nach Kengtung erlaubt, von dort kann man weiterfliegen. An den Grenzübergängen Kawthaung, Myawaddy und Htee Khee sind keine Sondergenehmigungen nötig, und man kann ohne Einschränkungen weiterreisen. Hier werden nur die übliche Kontrollen ausgeführt. Eine Einreise von Kawthaung nach Myeik ist per Fähre (nicht über Land) möglich.

Visa für Myanmar werden an diesen Grenzübergängen nicht ausgestellt. Sie müssen vorab besorgt werden. Der Antrag kann mittlerweile auch online gestellt werden *(siehe S. 226)*. Thailändische Visa erhält man an allen Übergängen. Auf dem Land- und Seeweg nach Laos und Bangladesch gibt es keine Grenzübergänge. Der Grenzübertritt von Tamu in Indien ist Pauschalurlaubern vorbehalten.

**Dreiländereck von Myanmar, Laos und Thailand im Goldenen Dreieck**

## Auf einen Blick

### Anreise mit dem Flugzeug

**Air Asia**
**Stadtplan** D4. 37, Ebene 1, La Pyae Wun Plaza, Alan Pya Pagoda St, Dagon Township, Rangun. ☎ (01) 251 885, 251 886.
**W airasia.com**

**Air India**
**Stadtplan** D4. 127, Sule Pagoda Rd, Pabedan Township, Rangun. ☎ (01) 253 601.
**W airindia.com**

**Austrian**
☎ +43 5 1766 1000 (Ö).
**W austrian.com**

**Condor**
☎ +49 1806 767 767 (D).
**W condor.com**

**Dragonair**
**Stadtplan** D4. 1107 Sakura Tower, 12. Etage, 339 Bogyoke Aung San Rd, Kyauktada Township, Rangun. ☎ (01) 255 320.
**W dragonair.com**

**Lufthansa**
☎ +49 69 86 799 799 (D).
**W lufthansa.com**

**Malaysia Airlines**
**Stadtplan** D4. 1. Etage, Central Hotel, 335–357 Bogyoke Aung San Rd, Pabedan Tsp, Rangun. ☎ (01) 387 645.
**W malaysiaairlines.com**

**Qatar Airways**
**Stadtplan** D5. 3. Etage, Centrepoint Towers, No. 65, Ecke Sule Pagoda Rd u. Merchant Rd, Rangun. ☎ (01) 379 845.
**W qatarairways.com**

**Singapore Airlines/Silk Air**
**Stadtplan** D4. 0202 Sakura Tower, 3. Etage, 339 Bogyoke Aung San Rd, Kyauktada Township, Rangun. ☎ (01) 255 289.
**W silkair.com**

**Swiss**
☎ +41 848 700 700 (CH).
**W swiss.com**

**Thai Airways**
**Stadtplan** D4. 1101 Sakura Tower, 12. Etage, 339 Bogyoke Aung San Rd, Kyauktada Township, Rangun. ☎ (01) 255499.
**W thaiairways.com**

**Vietnam Airlines**
**Stadtplan** D4. 1702 Sakura Tower, 339 Bogyoke Aung San Rd, Kyauktada Township, Rangun. ☎ (01) 255 066.
**W vietnamairlines.com**

**Stadtplan Rangun** *siehe Seiten 84–87*

# In Myanmar unterwegs

Außer auf der neuen Autobahn von Rangun nach Mandalay kommt man auf den holprigen Straßen nur langsam voran. Das Reisen auf der Straße ist meist unbequem. Zugreisen sind jedoch kaum angenehmer: Lokomotiven und Waggons sind alt, und das Schienennetz ist begrenzt. Wer es weniger strapaziös mag, bewältigt die langen Strecken zwischen Hauptreisezielen mit Inlandsflügen. Myanmars Binnenflugnetz wurde in den letzten Jahren erheblich erweitert. Wer ein wenig flexibel ist, ergattert in der Regel auch einen Platz. Gleiches gilt für die Schifffahrten auf dem Irrawaddy. Sie sind eine Option für Reisende, die mehr Zeit mitbringen. Wer jedoch besonders viel von Land und Leuten sehen möchte, mietet sich am besten ein Auto mit Fahrer. Dies ermöglicht beliebige Stopps und interessante Umwege.

## Inlandsflüge

Im Zuge der plötzlichen Zunahme des Tourismus seit 2010 wurde Myanmars Binnenflugnetz schnell erweitert. Mittlerweile operieren neben den staatlichen **Myanmar National Airlines** auch einige private Fluglinien, darunter **APEX Airlines**, **Asean Wings Airways**, **Asian Wings Airways**, **Yangon Airways**, **Air Bagan**, **Air KBZ** und **Air Mandalay**.

Ausländische Reisende meiden eher Myanmar National Airways, die für mangelnde Sicherheit und Unzuverlässigkeit berüchtigt ist. Doch einige der neuen Privatlinien sind kaum besser. An mehreren schweren Flugunfällen in Myanmar waren private Airlines beteiligt – so auch im Dezember 2012 am Heho Airport (Inle-See). Dabei wurden zwei Passagiere getötet und elf verletzt, als eine Fokker 100 von Air Bagan im dichten Nebel in einem Feld landete. Die alten Fokker-Maschinen werden nun glücklicherweise ausgemustert und durch moderne Flugzeuge ersetzt.

Theoretisch sind Inlandsflüge online auf den Websites der Fluglinien zu buchen, praktisch ist diese Option aber noch nicht ausgereift. Bequemer kauft man die Tickets vorab in den Büros der Airlines in Rangun. Buchen Sie so frühzeitig wie möglich, denn in der Hochsaison zwischen Dezember und Februar sind die Flüge in der Regel schon Tage vorher ausverkauft. In Rangun können Sie die Flüge auch zum Normalpreis oder sogar ein wenig günstiger über Reisebüros buchen lassen. Die teuerste, aber sicherste Variante ist jedoch, die Plätze schon zu Hause über einen Reiseveranstalter reservieren zu lassen. Auch hier ist frühzeitige Buchung anzuraten.

**Kleines Propellerflugzeug am Thandwe Airport, dem Tor nach Ngapali**

**Lokomotive des staatlichen Eisenbahnbetriebs Myanmar Railways**

## Züge

Die Briten verlegten in Birma ein knapp 4800 Kilometer langes Schienennetz, das noch heute fast unverändert in Gebrauch ist. Leider hat die Regierung in den letzten Jahrzehnten nicht in die Eisenbahn investiert, sodass die Schienen, Lokomotiven und Waggons in überaus schlechtem Zustand sind. Auch wenn Ausländer mittlerweile nicht mehr deutlich mehr für Zugtickets bezahlen müssen als Einheimische sind Zugfahrten deutlich teurer als Busfahrten.

Trotz der höheren Kosten sind einige Strecken bei Besuchern sehr bliebt, z. B. die knapp 700 Kilometer lange Fahrt von Rangun nach Mandalay, die 15 bis 16 Stunden dauert. Eine Überlegung wert sind auch die fünfstündige Tour zum Goldenen Fels der Kyaiktiyo-Pagode in einem topmodernen, komfortablen Expresszug von 2013, die ratternde Fahrt über den Gokteik-Viadukt von Mandalay oder Pyin U Lwin nach Hsipaw und Lashio, die noch ruckligere Fahrt auf einer Nebenstrecke von Mandalay nach Shwenyaung (beim Inle-See) sowie der Nachtzug von Rangun nach Bagan. Rechnen Sie immer mit Verspätungen, insbesondere auf Nebenstrecken und im Norden.

Weitaus schneller und komfortabler als Lokalbahnen sind die Expresszüge. In ihnen kann man zwischen der 1. Klasse mit gepolsterten Liegesitzen und der 2. Klasse ohne Liegesitze wählen. Einige Züge verfügen auch über Schlafwagen. Für alle Klassen gelten Ausländertarife. Auf der Website **Seat 61** finden Sie Informationen über Zugreisen in Myanmar.

Die Nachfrage nach Fahrkarten ist ganzjährig hoch und steigt in der Hochsaison im Winter noch weiter an. Reservieren Sie Ihre Plätze mindestens einige Tage im Voraus, Schlafwagenkojen noch eher. Am besten geht man dazu in Rangun in das Büro des **MTT** in der Mahabandula Garden Street *(siehe S. 229)*, das über Touristenkontingente verfügt. Oder Sie stellen sich in die Schlange am **Myanmar Railways Booking Office** (tägl. 6–10, 13–16 Uhr).

## Busse

Busfahrten sind weitaus bequemer, schneller und billiger als Zugfahrten, aber nicht so stilvoll. Die meisten Überlandbusse, etwa auf der Strecke Rangun–Mandalay, fahren abends ab und die Nacht hindurch. Unterwegs halten sie alle ein bis zwei Stunden an Cafés, planen Sie also eine eher schlaflose Nacht ein. Die luxuriöseren Busse sind klimatisiert, doch ist dies kein großer Gewinn, da die Temperaturen nachts fallen. Nehmen Sie deshalb Pullover oder Decke mit. Tickets erhält man an den Busbahnhöfen oder in lokalen Reisebüros. Besorgen Sie für beliebte Strecken wie Bagan–Inle-See oder Rangun–Mandalay die Tickets mindestens zwei bis drei Tage vorab. Denken Sie daran, dass für Teilstrecken der volle Preis zu zahlen ist.

## Mietwagen und -motorräder

In Rangun und an den Hauptreisezielen können die meisten Hotels, Gästehäuser und Reisebüros ein Auto mit Chauffeur für Tagesausflüge oder längere Touren besorgen. Dies ist zwar keineswegs die preiswerteste Art zu reisen, aber sicher die flexibelste und bequemste. Am teuersten sind die offiziellen klimatisierten Wagen für Touristen. Sie werden pro Tag für zwölf Stunden gemietet, der Preis enthält die Kosten für Benzin, Maut und die Spesen des Fahrers. In der Regel rund 30 Prozent preiswerter sind »private Fahrer« mit älteren, nicht klimatisierten Autos. Leihwagen ohne Fahrer sind extrem selten, teuer und schwer zu organisieren. Angesichts der Straßen in Myanmar ist dies wohl auch besser so. Motorräder sind praktisch und werden an vielen Hauptreisezielen vermietet. In Mandalay z. B. bietet **Mr Jerry** chinesische 125-ccm-Motorräder unterschiedlichster Qualität an.

## Fähren

Viele Myanmaren nutzen die Flüsse täglich als Transportwege. Die meisten reisen auf den verwahrlosten staatlichen Fähren von Inland Water Transport (IWT). Tickets erhält man vorab an jedem IWT-Kai. Dies ist die langsamste Art Myanmar zu bereisen: Dauert der Flug von Rangun nach Mandalay nur zwei Stunden, braucht man auf dem Fluss dafür vier Tage. Unterwegs erhält man jedoch unvergessliche Eindrücke vom Alltag der Myanmaren. Die beliebteste Route von Mandalay nach Bagan wird auch von einer ganzen Flotte privater Boote befahren.

**Ein Flussboot auf dem Irrawaddy bei Mingun, Region Mandalay**

## Auf einen Blick

### Inlandsflüge

**Air Bagan**
**Stadtplan** C1. 56, Shwe Taung Gyar St, Bahan, Rangun. ☎ (01) 513 322. **W airbagan.com**

**Air KBZ**
**Stadtplan** D5. 33–49, Ecke Bank St u. Mahabandula Garden St, Rangun. ☎ (01) 372 977.
**W airkbz.com**

**Air Mandalay**
1, Pyay Rd, Hlaing Township, Rangun. **W airmandalay.com**

**APEX Airlines**
Airport Estate, Mingaladon Township, Rangun. ☎ (01) 533 311. **W apexairline.com**

**Asian Wings Airways**
**Stadtplan** C1. 34 (A1), Shwe Taung Gyar Stt, Bahan, Rangun.
☎ (01) 515 261.
**W asianwingsairways.com**

**Myanmar National Airlines**
**Stadtplan** E5. 104, Kannar Rd (Strand Road), Rangun.
**W flymna.com**

**Yangon Airways**
**Stadtplan** E3. 166, Level 5, MMB Tower, Upper Pansodan St, Rangun. ☎ (01) 383 100.
**W yangonair.com**

### Züge

**Myanmar Railways Booking Office**
**Stadtplan** E4. Bogyoke Aung San Road, gegenüber Sakura Tower, Rangun.

**Seat 61**
**W seat61.com/Burma.htm**

### Mietwagen und -motorräder

**Mr Jerry**
**Straßenkarte** C3. 83rd St (25/26), bei Mandalay City Hotel, Mandalay.

# Transportmittel

Wie auch die sonstige Infrastruktur ist Myanmars öffentliches Verkehrssystem chronisch unterfinanziert und in schlechtem Zustand. Die Busse sind überfüllt, stickig, heiß und häufig defekt. Die einzige Vorortbahn (in Rangun) ist ebenso wenig effizient. In der Folge steigen Einheimische und Besucher auf die relativ preiswerten Taxis um. Sie gibt es überall in großer Zahl und allen Größen und Formen – von glänzenden Limousinen bis zu klapprigen Rikschas. Auf kurzen Strecken können Kutschen eine gute Alternative sein, insbesondere an den archäologischen Stätten. Für Fahrten zum Markt sind Pick-ups am beliebtesten. Auf deren Ladeflächen drängen sich auf Holzbänken Dutzende Passagiere. In den Städten bieten viele Privatagenturen Ausflüge zu Sehenswürdigkeiten vor Ort und in der Region an. Häufig sind diese Touren sehr gut organisiert und relativ günstig.

## Busse und Minibusse

In allen Städten Myanmars quälen sich ganze Busflotten durch die Straßen, aber nur wenige Ausländer steigen ein. Busse sind überfüllt, sehr unbequem und teilweise in grauenhaftem Zustand. Die Busnetze sind zudem schwer durchschaubar: Es gibt keine Streckenpläne, und die Liniennummern werden nur in birmanischen Ziffern angezeigt.

Gleiches gilt für die kleineren Minibusse, die vor allem die Strecken zu den Märkten abklappern und praktisch überall angehalten werden können. Taxis sind eine gute und recht bequeme Alternative zu Bussen und Minibussen, da sie preiswert und – außer in der Rushhour am Abend – leicht zu bekommen sind.

Werbeschild für Taxis und Leihräder

## Taxis und Motorradtaxis

Seit wenigen Jahren werden die alten Taxis in Myanmars Städten langsam ausgemustert und durch zuverlässigere, geräumige Autos ersetzt. Einige dieser neueren Wagen haben Taxameter und Klimaanlage, die meisten jedoch nicht. Wenn Sie ein Taxi anhalten, machen Sie mit dem Fahrer einen Preis aus. Gefahren wird mit offenem Fenster. Taxis sind stets verfügbar, nur abends muss man vielleicht ein wenig warten. Abends steuern die Fahrer nur ungern oder gar nicht die Vororte an, sondern bleiben lieber in der Innenstadt. Am besten bitten Sie das Hotelpersonal, ein Taxi zu organisieren. In diesem Fall wird der Preis für Sie ausgemacht und sichergestellt, dass der Fahrer weiß, wohin Sie möchten.

In Mandalay und anderen Städten fahren Motorradtaxis. Sie sind beliebt, weil sie billiger als Autos sind und im Stau schneller vorankommen.

## Vorortzüge

Eine Vorortlinie gibt es nur in Rangun. Sie ist für Pendler weitgehend nutzlos, weil ihre Züge im Schnitt langsam sind und nicht in die Gewerbegebiete fahren. Die meisten Pendler fahren deshalb auf der Straße zur Arbeit. Eine Fahrt mit dem Vorortzug ist jedoch für Besucher eine ungewöhnliche, lohnende Form des Sightseeing. Die Züge fahren von 3.45 bis 22.15 Uhr, Start- und Endpunkt der Schleife ist der Bahnhof an der Bogyoke Aung San Road. Die 46 Kilometer lange Rundfahrt dauert rund drei Stunden, unterwegs wird an 39 Stationen gehalten.

Bei einer Zugfahrt erlebt man die landschaftliche Vielfalt des Landes

Rikschas mit seitlichen Sitzen – beliebtes Transportmittel in Myanmar

## Rikschas und Pferdewagen

In kleineren Städten mit wenigen Buslinien sind Rikschas oder *sei-kar* (eine Verballhornung des englischen Worts »*sidecar*«) die bequemste Option. Die unkonventionellen Gefährte wurden in den 1930er Jahren in Mandalay erfunden und sind in ganz Myanmar beliebt. Sie bestehen aus einem Fahrrad mit einem seitlichen Doppelsitz für zwei Passagiere. Der eine blickt nach vorne, der andere nach hinten. Platzsparend, wendig und umweltfreundlich sind sie perfekt geeignet für enge Straßen und Gassen. Die Fahrpreise sind zudem sehr niedrig.

Kutschen oder *myint hlei* sind auf dem Land noch viel in Gebrauch, vor allem an Markttagen. An archäologischen Stätten wie Bagan, Mrauk U und Inwa bringen sie Besucher gemütlich und in großer Zahl auf staubigen Wegen zu den Monumenten. An touristischen Stätten sprechen die Kutscher meist ein wenig Englisch und fungieren auch als Führer. In der Regel engagiert man sie tageweise für Sightseeing-Touren. Bei Buchungen über Hotels oder Reisebüros sind die Preise höher.

## Pick-ups

Pick-ups oder *lein ka* (von »*line car*«) fahren in Städten oft ergänzend zu den Bussen von den Marktvierteln in die entfernten Vororte und zwischen einzelnen Orten. Die Passagiere sitzen auf der in der Regel überdachten Ladefläche auf Holzbänken, auf improvisierten Sitzen an der Seite oder einfach auf Lebensmittelsäcken. Junge Männer und Kinder fahren oft auf dem Dach mit, wenn kein Platz mehr ist.

Ausländische Reisende benutzen diese Gefährte meist nur im Notfall: Die Mitfahrer sind recht eng zusammengequetscht, die Fahrt wird somit schon nach wenigen Kilometern unangenehm. Mancherorts sind *lein ka* jedoch unvermeidbar, z. B. auf dem Weg zur Kyaiktiyo-Pagode. Die Fahrpreise sind mit denen der lokalen Busse vergleichbar. Gegen einen Aufpreis von 50 Prozent darf man eventuell vorne in der Kabine sitzen.

## Touren

In Rangun und Mandalay bieten Agenturen halb- und ganztägige Ausflüge zu Sehenswürdigkeiten in den Städten und deren Umland. Gefahren wird in der Regel mit klimatisierten Minibussen und Autos. Üblicherweise wird man am Hotel abgeholt und wieder abgeliefert, manchmal ist Verpflegung im Preis inbegriffen. Vergleichen Sie die Preise, die Unterschiede sind erheblich. **Asian Trails** bietet Stadtführungen in Rangun sowie Ausflüge nach Bago und in andere Städte an, **Diethelm Travel** organisiert Radtouren zu den Ruinen von Inwa und Spaziergänge durch Ranguns Kolonialviertel, **Shan Yoma Travel and Tours** und **Green Myanmar Travels and Tours** Führungen und Ausflüge nach Bagan und zum Inle-See.

## Auf einen Blick

### Vorortzüge

**Fahrplan Yangon Circular**
W **minamitours.com/yangon_circular.htm**

### Touren

**Asian Trails**
**Stadtplan** C3. 73, Pyay Rd, Dagon Township, Rangun.
(01) 211 212
W **asiantrails.travel**

**Diethelm Travel**
**Stadtplan** E5. 412, Merchant Rd (Ecke 45th St), Botataung Township, Rangun.
(01) 8610 458.
W **diethelmtravel.com**

**Green Myanmar Travels and Tours**
391, Wayzayantar Rd, Rangun.
(0) 9420 077 655.
W **green-myanmar.com**

**Shan Yoma Travel and Tours**
**Stadtplan** F4. 124–126, 50th St, Rangun. (01) 9010 378.
W **exploremyanmar.com**

Eine Reisegruppe am riesigen Stupa von Mingun

# Textregister

Seitenzahlen in **Fettdruck** verweisen auf Haupteinträge.

## G



## H

## L

# Danksagung und Bildnachweis

**Dorling Kindersley** bedankt sich bei allen, die an der Herstellung dieses Buches mitgewirkt haben.

## Autor

David Abram wurde in Wales geboren. Seine Karriere begann als Autor für einen Indien-Führer. 2010 reiste David erneut nach Asien, um den Band Myanmar der Insight Guides zu überarbeiten. Derzeit arbeitet er als Reisejournalist, Fotograf und Berater für Touristikunternehmen.

**Fact Checking** John Oates.
**Korrektorat** Debra Wolter.
**Register** Ankita Awasthi Tröger.
**Beratung** Anna Streiffert.
**Redaktionsassistenz** Fay Franklin, Scarlett O'Hara.
**Weitere Illustrationen** Sunita Gahir.
**Weitere Fotografien** Philip Blenkinsop, Ian O'Leary.

## Bildnachweis

o = oben; u = unten; m = Mitte; l = links; r = rechts.

**Dorling Kindersley** dankt den folgenden Personen, Unternehmen und Bildbibliotheken für die freundliche Genehmigung, ihre Fotografien abzudrucken:

**123RF.com:** Stefan Ember 160u.
**4Corners:** Richard Taylor 173ur.
**David Abram:** 40mr, 175mro.
**Alamy Images:** 19th era 57ul; AF archive 40or; age fotostock/Erich Häfele 191mr; age fotostock/Ignacio Palacios 104o; Rex Allen 176ol; Steve Bly 195ur; epa european press photo agency b.v. 232mlo; F1online digitale Bildagentur GmbH 132or; GM Photo Images 123mr; Chris Hellier 37mro; hemis.fr/Franck Guiziou 39ur, 43mr; Imagestate Media Partners Limited/Impact Photos/Alain Evrard 59ul; Maurice Joseph 43ol, 44mr; JTB Media Creation, Inc. 37ur; Frans Lemmens 96ul; Yadid Levy 33ur, 166ml; Scott Mallon 41or; National Geographic Image Collection/Alex Treadway 182u; Pictorial Press Ltd 57ur; Graham Prentice 29ur; Robert Harding Picture Library/James Strachan 128or; V&A Images 36or; Wim Wiskerke 190ur; Xinhua 40ml.
**Amara Group Myanmar:** amaragroupmyanmar.com 28ml.
**AWL Images:** Michele Falzone 121mr; Katie Garrod 21ur, 51um, 178; Christian Kober 42–43; Nigel Pavitt 39ul, 44ul, 101u; Jane Sweeney 177ol.
**The Bridgeman Art Library:** Luca Tettoni 8–9.
**Corbis:** epa/Law Eh Soe 161o, 161mru; Flame/Angelo Cavalli 5o; Hulton-Deutsch Collection 51mu; Ocean 182o.
**CPA Media:** 38or, 38m, 38mr, 41u, 49mru, 49um, 50um, 52um, 52ur, 53or, 53um, 53ur, 54or, 55mlu, 55ur, 56ol, 56ul, 57mru, 58m, 77um, 92um, 98or, 99mru, 115om, 145ol, 185ur.
**Dreamstime:** Steve Allen 100, 124mlo, 129ul, 170–171, 196–197; Chirawan 31ul; Stefano Ember 167mro; Steve Estvanik 176u; Fischer0182 25ml; Abdul Sami Haqqani 58ur; Hamsterman 38ul; Song Heming 25um; Jackmalipan 12o; Jasmina 124um; Kjersti Joergensen 23or; Anthony Aneese Totah Jr 24mlu; Kkg1 25mr; Georgios Kollidas 58ul; Martin Lehmann 60–61; Markwaters 59or; Hugo Maes 168ul; Mathes 25or; Danilo Mongiello 42mlo; Jerzy Opoka 33ul; Ornthariga 54um; Panuruangjan 24ml; Poomapat Putongtirapisita 81ur; Rgbe 25mu; Seqoya 152; Witchu Sermsawadsri 1; Benjawan Sittidech 166ul; Valery Shanin 240u; Szefei 224–225, 235ul; Timurk 32or; Tiverylucky 30–31; Wing Ho Tsang 237m; Voraorn 2–3; Wilczon 25mru; Zzvet 4ur, 36mr, 36–37m, 37ml, 220ml, 220ul.
**FLPA:** Biosphoto/Michel Gunther 24um; Imagebroker 25ul, 237ul; Imagebroker/Egmont Strigl 25mlo; Photo Researchers 24mru.
**Getty Images:** Flickr/John Seaton Callahan 187u; Hulton Archive/Print Collector 36ur; Keystone 58um; National Geographic/Steve Winter 27mlo; Oxford Scientific/Gerard Soury 24ul; Universal Images Group 24mro.
**Green Hill Valley Elephant Camp:** 172or.
**Himalaya Trekking and Culture Travels and Tours Co. Ltd./S'Nyein Lwin:** snyeinlwin@gmail.com 62or, 185ol.
**iStock:** garth11 107ur; Craig Lovell 177ur.
**Aung Myo Chit:** nkgmaymyo@gmail.com 183ur.
**NASA:** Earth Observatory 27ur.
**Nature Picture Library:** Inaki Relanzon 37om.
**Paukan Cruises:** 28or, 28–29m.
**Photoshot:** U Aung 43ur; Mel Longhurst 136ml, 234mlo; Picture Alliance/P. Wegner 24m; Ezequiel Scagnetti 59ur, 105ul; Xinhua/U Aung 46u, 47mro.
**Robert Harding Picture Library:** Jean-Pierre de Mann 36ml; Richard Maschmeyer 127um; Luca Tettoni 37ul, 129ol.
**Spice Garden:** 213om.

**Vordere Umschlaginnenseiten:** Alle Bilder © Dorling Kindersley außer **AWL Images:** Katie Garrod Rol; **Dreamstime:** Steve Allen Lmlu.

**Umschlag**
*Vorderseite:* **4Corners:** Richard Taylor.
*Rückseite:* **DK Images**.
*Buchrücken:* **4Corners:** Richard Taylor.

# Birmanische Sprache und Schrift

Myanmar ist ein Vielvölkerstaat mit einer überaus heterogen zusammengesetzten Bevölkerung – ein Spiegelbild seiner Lage, seiner vielfältigen Geografie und seiner wechselvollen Geschichte. Die etwa 51 Millionen Einwohner des südostasiatischen Landes gehören insgesamt rund 135 ethnischen Gruppen mit jeweils einer eigenen Sprache an. Größte Ethnie sind die Birmanen (Bamar), die ungefähr 70 Prozent der Gesamtbevölkerung stellen und Politik und Verwaltung dominieren. Vor allem in den Randgebieten des Landes ist das Mosaik an (zahlenmäßig überwiegend kleinen) Bevölkerungsgruppen sehr komplex.

Offizielle Amtssprache in Myanmar ist Birmanisch, das von ungefähr 35 Millionen Menschen als Erstsprache verwendet wird. Darüber hinaus sprechen Angehörige zahlreicher ethnischer Minderheiten aller Landesteile – von den Küstengebieten im Süden über das Binnenland bis zum Hochgebirge im Norden – neben ihrer Muttersprache auch Birmanisch als Zweitsprache. Somit ist die Amtssprache nahezu überall in Myanmar verbreitet.

Birmanisch verfügt über eine eigene Schrift, die ihren Ursprung im Wesentlichen in der indischen Brahmi-Schrift hat. Die frühesten schriftlichen Dokumente des Birmanischen stammen aus dem 12. Jahrhundert. Seither hat sich Birmanisch zu einer bedeutenden Literatursprache entwickelt, bleibt allerdings den allermeisten Besuchern aus anderen Kulturkreisen bei ihrem Aufenthalt in Myanmar weitestgehend fremd – auch wenn Sprache und Schrift im Allgemeinen als rhythmisch bzw. harmonisch gelten.

Vor allem in touristisch interessanten Orten ist eine Verständigung mit Einheimischen auf Englisch möglich, das in Myanmar Handels- und Verkehrssprache ist.

### Birmanische Sprache

Birmanisch ist die Sprache der Birmanen. Von dieser größten Bevölkerungsgruppe in Myanmar leitet sich auch die eigentliche Bezeichnung des Landes (Birma bzw. Burma) ab. Die Sprache wird überall im Land gelehrt, auch in abgelegeneren Landesteilen, in denen eher andere, formal gleichberechtigte (Minderheiten-)Sprachen *(siehe unten)* verbreitet sind. Dazu gehören u. a. Rakhine, Mon, Karen, Kachin, Chin und Shan.

Birmanisch ist eine sehr komplexe tonale Sprache aus dem tibeto-birmanischen Zweig der sino-tibetischen Sprachfamilie, hat jedoch kaum Ähnlichkeiten mit den Sprachen der angrenzenden Länder. Entsprechend fremd klingt die Sprache selbst für Besucher, die bereits andere südostasiatische Länder bereist und sich dort Sprachkenntnisse angeeignet haben.

Beim Sprechen geht mit einer Änderung des Tons auch eine Änderung der Wortbedeutung einher. Der Ton kann sogar die Bedeutung eines Satzes ändern, aber eine Aussage auch höflich oder unhöflich wirken lassen. Daher unterscheidet sich die Bedeutung der überwiegend einsilbigen Wörter durch Kriterien wie Höhe, Phonation (die jeweilige Art der Stimmerzeugung, z. B. gehaucht oder nicht gehaucht), Intensität, Länge und Verlauf von Vokalen. Die jeweilige Tonlage wird mit diakritischen Zeichen oder mit speziellen Buchstaben angezeigt. Auch für Sprachunkundige klingen gesprochene Sätze vor allem bei gemäßigtem Sprechtempo sehr rhythmisch.

Im Gegensatz zum Deutschen ist die geläufige Satzstellung im Birmanischen Subjekt-Objekt-Prädikat, das Verb steht in der Regel am Satzende. Substantive und Verben sind einsilbig und werden nicht dekliniert bzw. konjugiert, Pronomen variieren je nach Geschlecht und Status des Zuhörers. Den Wortschatz der birmanischen Sprache ergänzen viele (mehrsilbige) Lehnwörter. Die meisten von ihnen sind Substantive und stammen aus dem Pali (der Liturgiesprache des Theravada-Buddhismus), dem Mon und dem Englischen sowie – in deutlich geringerem Umfang – aus dem Sanskrit, dem Hindi und dem Chinesischen.

### Birmanische Schrift

Die birmanische Schrift entwickelte sich aus der Mon- oder der Pyu-Schrift, die beide in der altindischen Brahmi-Schrift wurzeln. Sie umfasst 33 Konsonanten und zwölf Vokale, wird horizontal von links nach rechts und ohne Abstand zwischen den einzelnen Wörtern geschrieben. Diese werden zu einem Satz verbunden, der als Ganzes die Bedeutung transportiert. Neuerdings wird jedoch mit Abständen zwischen einzelnen Satzteilen geschrieben, um die Lesbarkeit zu verbessern. Die früher gebräuchliche Unterscheidung zwischen langen und kurzen Vokalen wird seit einiger Zeit nicht mehr vorgenommen. Ein weiteres Charakteristikum der birmanischen Schrift ist die fehlende Unterscheidung zwischen Groß- und Kleinbuchstaben. Im Unterschied zu vielen anderen Sprachen kann man somit nicht auf Eigennamen schließen.

Typisch für die birmanische Schrift sind Kreise, Kreissegmente und Kringel, die ein harmonisches Schriftbild ergeben. Derzeit gibt es keine verbindliche Transkription in die lateinische Schrift, weshalb birmanische Wörter in verschiedenen Schreibweisen zu finden sind. Selbst auf birmanischen Internet-Seiten tauchen für einzelne Begriffe häufig unterschiedliche Varianten auf.

Die birmanische Schrift hat eigene Zeichen für Ziffern, die birmanischen Zahlen basieren auf dem Zehnersystem.

Die Sprachen der meisten Minderheiten in Myanmar verwenden mehr oder weniger abgeleitete Versionen der birmanischen Schrift, die sich zum Teil deutlich voneinander unterscheiden. Vor allem in den ethnisch besonders heterogenen Bergregionen der Grenzgebiete wechseln die Schriften wie auch die Sprachen häufig auf kleinem Raum.

## Birmanische Namen

In birmanischer Sprache und Kultur gibt es keine Familiennamen und somit keine wie in westlichen Kulturen übliche Weitergabe von Namen über Generationen. Die Namen bestehen in vielen Fällen aus einzelnen Bestandteilen, zu denen beispielsweise der Wochentag der Geburt oder astrologische Begriffe sowie Höflichkeitsfloskeln und (positive) Eigenschaften gehören. Aufgrund dieser Aspekte sind viele birmanische Namen nicht geschlechtsspezifisch, Männer und Frauen können somit den gleichen Namen tragen.

## Tipps für den Aufenthalt in Myanmar

Die Beschäftigung mit der birmanischen Sprache ist kein einfaches Unterfangen, zumal neben dem Wortschatz auch die Aussprache eine Herausforderung darstellt. Doch auch in Myanmar freuen sich die Einheimischen, wenn sich Besucher ein paar Begriffe angeeignet haben. Allerdings kommt man auch ohne Kenntnisse in der Landessprache weitestgehend zurecht. In größeren Städten und anderen touristischen Hotspots sprechen viele Mitarbeiter in Hotels, Restaurants, Tourismusbüros und Reiseagenturen sowie an Flughäfen und bei Autovermietungen ein durchaus recht flüssiges Englisch. In kleineren Orten und außerhalb der touristischen Zentren ist dies jedoch häufig nicht der Fall, auch wenn Englisch in den meisten Schulen des Landes als erste Fremdsprache unterrichtet wird.

International verbreitete Begriffe wie z. B. »Computer«, »Internet« oder »E-Mail« versteht aber jeder Einheimische. Auch wenn Sie etwa nach *»bank«*, *»hospital«*, *»drugstore«*, *»taxi«*, *»airport«* oder *»station«* fragen, wird Ihnen selbst in den abgelegeneren Gebieten Myanmars geholfen. Und beim Einkaufen in Läden reicht es oft, auf die gewünschten Waren zu deuten.

Darüber hinaus findet man an Stellen, an denen man online gehen kann, auch Bezeichnungen wie » Internet-Café« oder Ähnliches. In Großstädten erleichtert Besuchern auch die Verwendung einiger international verbreiteter Piktogramme – etwa für Informationsstellen, Toiletten etc. – die Orientierung vor Ort. Mit Ausnahme der wichtigsten Ferienorte findet man auf den Speisekarten der Restaurants in der Regel nur Angaben in birmanischer Schrift. Es schadet auf keinen Fall, sich die Schreibweisen der Ziffern anzueignen, um etwa Preise, Nummern von Buslinien oder Abfahrts- und Ankunftszeiten zu erkennen.

Wenn Sie sich einen Wagen mit Fahrer mieten, sparen Sie sich nicht nur die streckenweise recht mühsame Fahrerei über schlechte Straßen, sondern laufen auch nicht Gefahr, sich zu verfahren, weil Sie die Ortsschilder nicht entziffern können. Übrigens: Auf Banknoten der Landeswährung Kyat *(siehe S. 233)* ist der Wert in birmanischen Ziffern und in für Besucher aus dem westlichen Ausland geläufigen »arabischen« Ziffern verzeichnet.

Sofern Sie geführte Touren unternehmen möchten, sollten Sie darauf achten, dass die jeweiligen Führer Englisch sprechen. Eine Auswahl an Agenturen, die englischsprachige (zum Teil auch deutschsprachige) Guides beschäftigen bzw. vermitteln, finden Sie in diesem Reiseführer *(siehe S. 229)*.

# Straßenkarte Myanmar